KW-223-966

GUINNESS WORLD RECORDS 2012

★ LE PLUS GRAND OBJET SOULEVÉ PAR DES BALLONS À HÉLIUM

Inspiré par le dessin animé *Là-haut* (USA, 2009), la chaîne de télévision National Geographic (USA) a fait voler une maison de 1 966 kg (structure, lest, haubanage et pilote inclus) à une hauteur de 3 050 m au-dessus de Los Angeles (USA), en utilisant un ensemble de 300 ballons à hélium, haut de 10 étages. Le projet, qui a demandé deux semaines de travail en février et mars 2011, a été filmé pour la série télé *How Hard Can It Be?*

AIR

●LA PLUS LONGUE DISTANCE PARCOURUE EN *WING SUIT*

Le 24 septembre 2010, après avoir sauté d'un avion, à 10 550 m au-dessus du comté de Yolo (Californie, USA), Shinichi Ito (Japon) a fait un vol de 16,4 km, en ligne droite et à l'horizontale, pendant 4 min et 57 s. Vitesse de pointe : 287 km/h. Shinichi a ouvert son parachute à une altitude de 929,6 m. Il portait une combinaison "Blade II", de marque Birdman, Inc. (Finlande).

● MISE À JOUR
★ NOUVEAU RECORD

LE PLUS LONG VOL D'UN AVION EN PAPIER
Stephen Krieger (USA) a fait voler un avion en papier sur 63,19 m dans un hangar près de Moses Lake (Washington, USA), le 6 septembre 2003.

LE PLUS D'AVIONS FRÉQUENTÉS PAR UN PASSAGER
En janvier 2007, Edwin A Shackleton (RU) avait déjà voyagé dans 841 types d'avions.

LE PLUS GROS COUSSIN PÉTEUR
D'un diamètre de 3,05 m, le plus grand coussin péteur a été fabriqué par Steve Mesure (RU) pour le projet musical Street Vibe, à l'occasion d'un événement qui s'est déroulé à The Scoop, à Londres (RU), le 14 juin 2008. Des volontaires se sont assis sur le coussin afin de montrer le fonctionnement des instruments à vent.

LA PLUS GRANDE PORTÉE D'UNE VOIX HUMAINE
La portée normale d'une voix humaine masculine en extérieur et par temps calme est de 180 m. Le *silbo gomero*, langage sifflé des habitants hispanophones de l'île de La Gomera, aux Canaries, reste intelligible à 8 km à la ronde, dans des conditions idéales.

La plus grosse bulle de chewing-gum 50,8 cm, Chad Fell (USA), comté de Winston (Alabama, USA), 24 avril 2004.

● La plus grosse bulle de savon en suspension 13,67 m³, Jarom Watts (USA), Spokane (USA), 21 février 2009.

★ La plus grosse bulle de savon gelée 4 315,7 cm³, Sam "Samsam Bubbleman" Heath (RU), Londres (RU), 28 juin 2010.

● Le plus de personnes dans une bulle de savon 94, Hammou Bensalah (Algérie), Soltau (Allemagne), 24 septembre 2009.

★ LA PLUS LONGUE SUSPENSION EN L'AIR D'UN MALTESER
Dermot Whelan (Irlande) a maintenu en l'air un Malteser pendant 3,18 s, en soufflant dessus. C'était à Dublin (Irlande), le 16 septembre 2008.

LE PLUS DE CERFS-VOLANTS TENUS PAR UNE PERSONNE
À Weifang (Chine), le 7 novembre 2006, Ma Qinghua (Chine) a tenu 43 cerfs-volants en même temps.

VOL DE
16,4 KM

Le solide *le moins dense* est un aérogel fabriqué par le Lawrence Livermore National Laboratory (USA). D'une densité de 1 mg/cm³, il est plus léger que l'air.

32 952

C'est le volume en litres de gaz intestinaux que vous évacuerez au cours de votre vie. Vous polluerez l'air ambiant pendant l'équivalent de 8,7 jours non-stop ! Soit assez de gaz pour démolir un petit bloc d'immeubles.

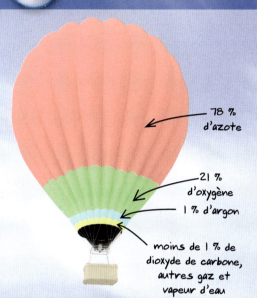

- 78 % d'azote
- 21 % d'oxygène
- 1 % d'argon
- moins de 1 % de dioxyde de carbone, autres gaz et vapeur d'eau

Qu'est-ce que l'air ?

L'air est un mélange gazeux. L'atmosphère est épaisse d'environ 120 km et pèse une tonne. On ne sent pas son poids, car la pression de l'air dans le corps est égale à celle de l'extérieur. Si tel n'était pas le cas, on serait littéralement écrasés. Plus on monte, moins il y a d'air faisant pression. Si vous escaladiez l'Everest, vous traverseriez 70 % de l'atmosphère et, en haut, vous sentiriez moins de pression. L'atmosphère se raréfie encore et encore jusqu'à l'espace.

LE PLUS DE TITRES MONDIAUX D'*AIR GUITAR*

Les championnats mondiaux d'*air guitar* du Music Video Festival d'Oulu (Finlande) ont été remportés par Zac "The Magnet" Monro (RU, ci-dessous), en 2001 et 2002, puis par Ochi "Dainoji" Yosuke (Japon), en 2006 et 2007.

LES PRESTATIONS D'AIR GUITAR SONT NOTÉES SUR 6.0, COMME LE PATINAGE.

★ LE PLUS LONG VOL EN BALLONS HÉLIUM

Piloté par Jonathan Trappe (USA), le *Spirit Cluster* (composé de 57 ballons) a volé pendant 13 h, 36 min et 57 s en Caroline du Nord (USA), les 10-11 avril 2010. Jonathan a parcouru un total de 175 km et a atteint une altitude maximale de 2 278 m.

★ LE PLUS DE SCULPTURES EN BALLONS RÉALISÉES EN 1 MIN

Le 21 novembre 2005, à New York (USA), John Cassidy (USA) a réalisé 13 sculptures en ballons en 1 min : un os, un bracelet, un crocodile, une dague, un teckel, un chien (non déterminé), une libellule, un éléphant, un poisson, un chapeau, une abeille, une coiffe indienne et une épée.

Remerciements particuliers à Matthew White. Crédits photographiques et remerciements, voir p. 284.

Si vous souhaitez établir un record, reportez-vous aux indications p. 14. Contactez-nous avant toute tentative de record.

Vous trouverez sur notre site www.guinnessworldrecords.com des informations régulièrement mises à jour sur les records, ainsi que des vidéos de tentatives de record. Rejoignez la communauté en ligne de GWR.

Développement durable
Le bois utilisé pour la fabrication du papier du *Guinness World Records* provient de forêts gérées selon les principes du développement durable. Le papier de cette édition a été fabriqué par Stora Enso Veitsiluoto, en Finlande. Le site de production assure une traçabilité du bois et bénéficie de la certification ISO 14001.

Polices
Cette édition du *Guinness World Records* est composée en Myriad Pro, une police *sans serif* parfaitement proportionnée et très lisible, conçue au début des années 1990 par Robert Slimbach et Carol Twombly (tous deux USA).
Les titres sont en Continuum. Nette, quelque peu futuriste, elle s'allie avec la Myriad Pro pour donner à cette édition un style élégant.

Page de droite : Chanel Tapper (USA), aucune femme au monde n'a une langue aussi longue – voir p. 82 pour plus de détails.

Pour l'édition française :
Responsable éditoriale : Anne Le Meur
Réalisation : Dédicace, Villeneuve-d'Ascq
Traduction : Stéphanie Alglave, Olivier Cechman, Cécile Giroldi, Arthur Greenspan, Agnès Letourneur, Anne-Marie Naboudet-Martin, Anthony Moinet, Céline Petit.

L'éditeur tient à remercier Justine Boffy pour ses relectures attentives.

Édition française © 2011 Hachette Livre (Hachette Pratique)
Cette édition du Guinness World Records est publiée avec l'autorisation de Guinness World Records Ltd. Toute représentation ou reproduction, intégrale ou partielle, faite sans le consentement de l'auteur ou de ses ayants droit, ou ayants cause, est illicite (article L. 122-4 du Code de la Propriété intellectuelle).
ISBN : 978-2-01-236998-6 - 23-09-6998-01-1 - Dépôt légal : octobre 2011

DIRECTEUR DE LA PUBLICATION
Craig Glenday

DIRECTEUR ÉDITORIAL Stephen Fall

MISE EN PAGE
Rob Dimery, Alex Meloy

ÉQUIPE ÉDITORIALE
Chris Bernstein (index), Rob Cave, Tadg Farrington, Carla Masson (sports), Matthew White (relecture)

CONCEPTION GRAPHIQUE
Nigel Wright et Janice Browne, XAB Design Ltd, Londres, RU

DIRECTEUR GÉNÉRAL DE L'ÉDITION
Frank Chambers

CONSULTANTS ÉDITORIAUX
Dr Mark Aston
Dr Eleanor Clarke
Joshua Dowling
Dick Fiddy
David Fischer
Mike Flynn
Ben Hagger
David Hawksett
Alan Howard
Dave McAleer
Christian Marais
Ocean Rowing Society
Stephen Wrigley
Eric Sakowski
Dr Karl Shuker
Dr Glenn Speer
Stewart Wolpin
World Speed Sailing Records Council
Robert Young

GUINNESS WORLD RECORDS
Directeur exécutif : Alistair Richards
Directeur financier : Alison Ozanne
Contrôleur de gestion (RU) : Neelish Dawett
Contrôleur de gestion (USA & Japon) : Jason Curran
Responsable comptes créditeurs : Kimberley Dennis
Responsable comptes débiteurs et gestion des contrats : Lisa Gibbs
Directeur des affaires juridiques : Raymond Marshall
Directeur informatique : Graham Pullman
Développement des applications Web : Imran Javed

DIRECTION DES ACHATS
Patricia Magill

RESPONSABLE ÉDITORIALE
Jane Boatfield

ASSISTANT D'ÉDITION
Charlie Peacock

CONSULTANTS TECHNIQUES
Esteve Font Canadell, Roger Hawkins, Julian Townsend

IMPRESSION ET FAÇONNAGE
MOHN Media Mohndruck GmbH, Gütersloh, Allemagne

FABRICATION DE LA COUVERTURE
Spectratek Technologies, Inc.

DIRECTION DES RECORDS
Directeur général des records :
Marco Frigatti (Italie)
Responsable de la gestion des records (RU) :
Andrea Bánfi (Hongrie)
Responsable de la gestion des records (USA) : Carlos Martínez (Espagne)
Gestion des records & homologations :
Jack Brockbank (RU), Dong Cheng (Chine), Gareth Deaves (RU), Danny Girton Jr. (USA), Ralph Hannah (RU/Paraguay), Johanna Hessling (USA), Freddie Hoff (Danemark), Louise Ireland (RU), Kaoru Ishikawa (Japon), Mike Janela (USA), Olaf Kuchenbecker (Allemagne), Annabel Lawday (RU), Dougal McLachlan (N-Z), Amanda Mochan (USA), Erika Ogawa (Japon), Anna Orford (France), Kimberly Partrick (USA), Talal Omar (Yémen), Vin Sharma (RU), Chris Sheedy (Australie), Lucia Sinigagliesi (Italie), Elizabeth Smith (RU), Şeyda Subaşı-Gemici (Turquie), Kristian Teufel (Allemagne), Louise Toms (RU), Carim Valerio (Italie), Tarika Vara (RU), Lorenzo Veltri (Italie), Aleksandr Vypirailenko (Lituanie), Xiaohong Wu (Chine)

TÉLÉVISION
Directeur de la programmation :
Christopher Skala
Directeur des droits audiovisuels :
Rob Molloy
Directeur de la distribution audiovisuelle :
Denise Carter Steel
Assistant des droits audiovisuels :
Jonny Sanders

COMMERCIAL
Directeur général commercial : Paul O'Neill
Directeur de la conception : Adam Wide
Responsable des licences : Chris Taday
Responsable des événements en direct :
Fern Holland

RESPONSABLE ÉDITORIAL IMAGE
Michael Whitty

ASSISTANTE ÉDITORIAL IMAGE
Laura Nieberg

RECHERCHES ICONOGRAPHIQUES
Fran Morales

PHOTOGRAPHIES ORIGINALES
Richard Bradbury, Chris Granger, Stuart Hendry, Paul Michael Hughes, Shinsuke Kamioka, Ranald Mackechnie, Ryan Schude, David Torrence, Jay Williams, John Wright

PHOTOGRAVURE
Resmiye Kahraman, FMG, Londres, RU

MARKETING ET COMMUNICATION
Vice-présidente USA et marketing Monde : Samantha Fay
Directeur du marketing (USA) : Stuart E F Claxton
Responsable de la communication senior (USA) : Jamie Panas
Chef de produits, des ventes et de l'édition (USA) : Jennifer Gilmour
Licences, promotion & événementiel (USA) : David Cohen
Assistante relations Presse et marketing (USA) : Sara Wilcox

Directeur du marketing : Nicola Eyre
Responsable marketing : Justine Bourdariat

Directeur de la communication : Amarilis Whitty
Responsable presse : Claire Burgess
Attaché de presse : Damian Field

Direction du développement numérique : Katie Forde
Responsable des contenus vidéo : Adam Moore
Responsable de la communauté web : Dan Barrett

Ventes Édition
Directeur des ventes monde – Édition : Nadine Causey
Directeur de comptes : John Pilley
Assistant ventes et distribution : Richard Stenning

Vice-président Japon : Frank Foley
Directeur du développement (Japon) : Erika Ogawa
Assistants ventes et marketing (Japon) : Momoko Cunneen, Shaun Cunneen

Ressources humaines : Kelly Garrett, Clare McEvoy
Contrôle de gestion (RU) : Jennifer Robson
Administrateur (USA) : Morgan Wilber

OFFICIALLY AMAZING

GUINNESS WORLD RECORDS 2012

SOMMAIRE

Suivez ces petites infos en zigzag sur les détenteurs de record.

Des chronologies replacent les records dans leur contexte historique.

Q. À quoi servent ces petits encadrés aux contours colorés ?

R. Ce sont des questions surprises qui vont chambouler bien des idées reçues (voir aussi Faux mythes p. 16-17).

Ingénierie & technologie
VEHICULES

111 KMH

Sports
HISTOIRE OLYMPIQUE

Nos photographes ont fait le tour du monde pour vous rapporter les images les plus sensationnelles.

Les bulles de couleur apportent un complément d'informations sur un record ou mettent en évidence d'autres records.

BULLES RECORD
Au fil des pages, d'autres infos Guinness World Records sortent de bulles. Les nouveaux records sont signalés par une étoile ★, les mises à jour par une puce ●

Les chapitres sont reconnaissables à leur bandeau couleur.

Guinness World Records vous invite à un tour du monde des records grâce à ces entrées placées en pied de page. À gauche figure un record d'un pays donné, lié à un sujet précis…

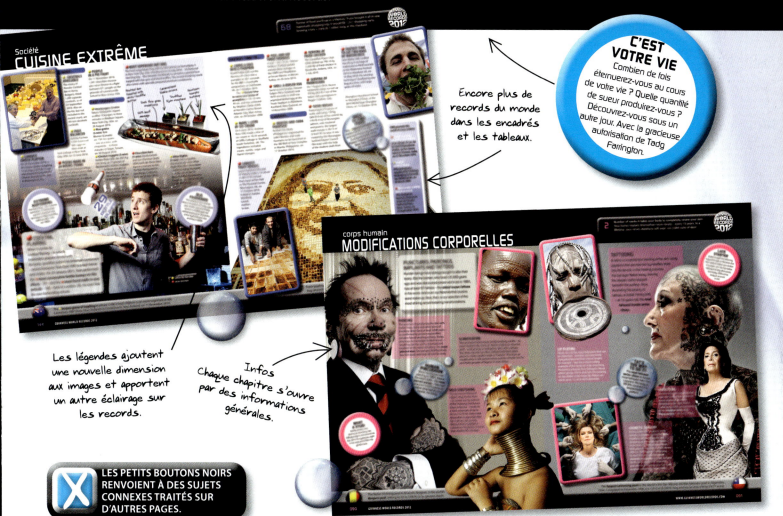

Société
CUISINE EXTRÊME

corps humain
MODIFICATIONS CORPORELLES

Encore plus de records du monde dans les encadrés et les tableaux.

C'EST VOTRE VIE
Combien de fois éternuerez-vous au cours de votre vie ? Quelle quantité de sueur produirez-vous ? Découvrez-vous sous un autre jour. Avec la gracieuse autorisation de Tadg Farrington.

Les légendes ajoutent une nouvelle dimension aux images et apportent un autre éclairage sur les records.

Infos
Chaque chapitre s'ouvre par des informations générales.

LES PETITS BOUTONS NOIRS RENVOIENT À DES SUJETS CONNEXES TRAITÉS SUR D'AUTRES PAGES.

… sujet qui est repris dans l'entrée en page de droite. Ce record a été établi dans un autre pays. Page suivante, vous découvrirez un autre record du même pays. Et ainsi de suite, jusqu'à faire le tour du monde !

LE MOT DE L'ÉDITEUR

OFFICIALLY AMAZING

Deux mots résument parfaitement le Guinness World Records : "officiellement incroyable." En tant qu'autorité mondiale dans le domaine des prouesses en tous genres, nous étudions chaque année des milliers de demandes venues du monde entier. Nous mettons en œuvre notre expertise et notre expérience afin de mener les recherches nécessaires sur chaque revendication. Au final ? Un livre annuel qui vous présente le meilleur de ces exploits, les plus impressionnants et les plus divertissants…

Bienvenue dans la nouvelle édition totalement mise à jour du livre sous copyright le plus vendu au monde. Au cours des douze derniers mois, nous avons traité plus de demandes que jamais ; il en a résulté un nombre de superlatifs à faire tourner la tête. Dans cette édition, les aventures les plus fascinantes, les plus impressionnantes et les plus passionnantes du monde des records foisonnent. Elles sont illustrées de photographies tout aussi incroyables.

Les JO de Londres pointent à l'horizon : 2012 sera une année explosive (certains astrologues prédisent même la fin du monde). Londres est pour la 3e fois la ville hôte des Olympiades. Aussi avons-nous réuni un tas d'informations sur les JO (p. 230-237). Les amateurs de sports noteront que nous avons restructuré la partie Sports (p. 228-277) : vous retrouverez vos sujets favoris par thème.

Si la fin du monde, prédiction faite par les Mayas (voir p. 66), vous inquiète, alors nos pages sur les astéroïdes (p. 26) et le climat (p. 44) vont vous affoler !

Ceux qui pensent (sans doute avec raison) que le

● **LE PLUS LONG TRIPLE SAUT INDOOR (HOMME)**
Teddy Tamgho (France) est l'auteur du plus long triple saut jamais réalisé par un athlète homme indoor, à Paris, le 6 mars 2011. Il a atteint une distance historique de 17,92 m.

● **LA PLUS GRANDE SCULPTURE EN CHOCOLAT**
La plus grande sculpture en chocolat du monde mesure 10 m de haut : c'est un sapin de Noël créé par Patrick Roger (France) à Sceaux, le 1er décembre 2010. D'un poids impressionnant de 4 000 kg, cette sculpture a demandé 1 mois de travail.

★ **LE PLUS DE NOIX ÉCRASÉES EN 1 MIN EN S'ASSEYANT** Michael Levillain (France) a écrasé en s'asseyant dessus 58 noix en 1 min dans les studios de la radio NRJ, à Paris, le 25 novembre 2010.

FAITES LE LIEN
Voici notre 1er record en chaîne. Nous commençons avec la Chine, puis poursuivons avec un record autrichien sur le même thème (à droite). Tournez la page et vous trouverez un autre record autrichien et un record autrichien sur le même sujet obtenu dans un autre pays et ainsi de suite.

La Chine est le **pays qui enregistre la consommation la plus élevée de cigarettes**. 1,69 trillion de cigarettes sont fumées en Chine chaque année, et une cigarette sur trois fumées dans le monde l'est dans ce pays.

27 154

C'est le nombre de détenteurs de record(s) enregistrés dans nos archives. Si vous en faites partie, félicitations : vous appartenez à une élite qui représente 0,00038 % de la population mondiale !

★ LE PLUS DE SERPILLIÈRES EN 30 S PAR UNE PERSONNE

Les solistes du Moulin Rouge Adonis Kosmadakis (Grèce) et Nicolas Pihiliangegedera (France) ont effectué chacun 34 "serpillières" (figures de French cancan) en 30 s, au Moulin Rouge à Paris, le 16 novembre 2010, à l'occasion de la journée du Guinness World Records.

★ LE PLUS DE PERSONNES DANS UN DÉFILÉ

Le 30 septembre 2010, à Paris, les Galeries Lafayette ont réuni le plus grand nombre de personnes pour un défilé de mode : 521. Le parcours faisait 150 m de long. Les participants étaient répartis en 6 groupes de looks : Fashion, Néo-BCBG, Rock, Glamour, Bohème Chic et Sport.

monde ne s'éteindra pas en 2012 pourront s'intéresser à l'Année Alan Turing. Turing fut un pionnier de l'informatique et du déchiffrage de codes ; nous célébrons ce grand scientifique dans une double page consacrée aux codes et à la cryptographie (p. 158) et dans un dossier qui explore l'histoire de l'informatique (p. 162).

L'histoire est à l'honneur dans cette édition. Nous lui avons consacré un chapitre

★ LE PLUS DE LEVERS DE JAMBE EN 30 S PAR UN SEUL RANG DE DANSEUSES

En 30 s, 30 danseuses de cancan du célèbre Moulin Rouge à Paris ont effectué 720 levers de jambe, le 16 novembre 2010, à l'occasion de la journée Guinness World Records. Chaque danseuse a réalisé 24 levers de jambe en 30 s.

● MISE À JOUR
★ NOUVEAU RECORD

Par habitant, les **plus gros fumeurs du monde** sont les Autrichiens : 36,3 % de cette population fume régulièrement.

Introduction
LE MOT DE L'ĒDITEUR

afin de vous en présenter une version tout en superlatifs (Récits d'époque, p. 66-77).

Alors que nous mettions sous presse, un événement historique a eu lieu : le mariage du prince William avec Catherine Middleton, qui a été suivi en ligne par un public record. La Royal Channel de YouTube a enregistré 72 millions de *streams* pendant la noce, ce qui constitue le **plus de *streams live* pour un événement précis**. Parce que ce sera bientôt le jubilé de diamant d'Elizabeth II (la **souveraine actuelle régnant depuis le plus longtemps**), il semblait pertinent de se pencher sur les records de souverains dans Royauté & monarchies (p. 156).

Une autre caractéristique de cette édition réside dans les photographies qui illustrent quelques-uns des plus grands records d'aventures récemment établis. Michael Whitty, l'éditeur iconographe de

GWR, rend hommage dans les pages Esprit d'aventure (p. 116-131) aux jeunes pionniers et montre que notre planète reste un lieu passionnant à explorer, comportant de nombreux défis et risques… Et de souligner qu'on n'est jamais trop jeune pour réaliser des prouesses !

Si vous ne pouvez pas explorer le monde, le mieux est de parcourir le *Guinness World Records 2012*. Visitez les sites inscrits au patrimoine mondial de l'Humanité par l'Unesco dans les pages Prodiges de la nature (p. 40) et Merveilles aquatiques (p. 42) sans quitter votre fauteuil ; voyez ceux qui ont fait l'ascension

de l'Everest (p. 118), vérifiez la hauteur des **plus hauts sommets** ; et si le monde n'est pas assez vaste pour vous, vous partirez à la découverte de nos pages sur la Station spatiale (p. 28) et les Catastrophes (p. 30). Peut-être préférerez-vous lire des records aussi récréatifs que les Jongleries (p. 112) ou les Jeux de cartes à collectionner (p. 206).

Nous pourrions continuer à lister les nouveaux sujets. Pourquoi ne pas vous plonger dès maintenant dans sa lecture et voir ce qui s'y passe par vous-même ? Si vous pensez pouvoir battre un

★ LE PLUS GRAND ÉCRAN DE CINÉMA 3D
Le plus grand écran de cinéma 3D mesurait 297 m^2 et a été présenté par LG Electronics (au niveau mondial) au Grand Palais à Paris, le 21 avril 2011. Il mesurait 27 m de long et 11 m de large. LG a établi un autre record à cette occasion : le ★ **public le plus large réuni pour la projection d'un film en 3D.**

★ LA BÛCHE LA PLUS LONGUE
Longue de 207,8 m, cette bûche a été présentée par Philippe Gardette, de l'Ordre culinaire international, ainsi que Jean-Claude Méritte et Nathalie Raphaël de CODECOM (tous France), à La Défense, Paris, le 1er décembre 2010.

★ LE PLUS DE ROTATIONS EN 1 MIN DE JONGLAGE
Le plus grand nombre de rotations réalisées en 1 min en jonglant est de 735. Mario Berousek (Rép. tchèque) y est parvenu au Moulin Rouge, à Paris, le 16 novembre 2010, à l'occasion de la journée Guinness World Records.

BONNE CAUSE
La bûche, d'un diamètre de 12 cm, a demandé 35 h de travail. Elle a été réalisée pour une bonne cause : 5 000 € ont été réunis en faveur de l'association Enfants de Cœur.

L'Autriche possède le **taux le plus élevé d'exploitations agricoles bio :** 10 % de toutes ses terres sont consacrées à la production bio.

2 C'est le temps en minutes qu'une personne moyenne passe à lire chaque jour des livres de référence, contre 7 min de lecture en ligne. Avec un peu de chance, cette édition vous incitera à lire un peu plus longtemps chaque jour. Autrement, il vous faudra 4 ans pour la finir.

GUINNESS WORLD RECORDS 2012

record, faites-le nous savoir. Vous saurez comment procéder dans "Faire homologuer un record" p. 14. Peut-être que l'an prochain, vous verrez votre nom aux côtés des grands champions olympiques, des derniers oscarisés et des autres membres de la communauté des recordmen de 2012. À condition que le monde ne prenne pas fin en décembre ! Bonne chance !

Craig Glenday
Directeur éditorial
twitter.com/craigglenday

★ LE PLUS LONG MARATHON DE HOCKEY SUR ROLLERS
Les 3 et 4 décembre 2010, des membres du Roller Hockey Guernerin (France) ont réalisé un marathon de hockey sur rollers (aussi appelé roller in line hockey) pendant 25 h et 20 min, à La Guérinière (France). L'équipe des Blancs a battu celle des Jaunes 220-122.

★ LE PLUS DE VICTOIRES CONSÉCUTIVES EN CHAMPIONNAT DES RALLYES
Sébastien Loeb (France) a remporté le championnat du monde des rallyes de la FIA 7 fois consécutives entre 2004 et 2010. Il a obtenu son 7e titre grâce à deux rallyes de la saison 2010, en triomphant au Rallye de France, chez lui en Alsace.

★ LE PLUS DE PERSONNES DANS UNE FIAT 500
14 étudiants de l'école de commerce ESSCA de Paris se sont entassés dans une FIAT 500 originale, le 2 avril 2011. L'événement était organisé par IKEA France afin de promouvoir le covoiturage pendant la journée de l'Environnement en France.

ROLLER IN LINE
Similaire à la version sur glace, le roller in line hockey est rapide. Les championnats de hockey sur rollers ont été organisés par la Fédération internationale de hockey sur glace (IIHF).

● MISE À JOUR
★ NOUVEAU RECORD

Les **plus grands consommateurs d'aliments bio sont les Danois**, qui dépensent 350 millions $ dans des produits bio chaque année, soit 65,88 $ par personne.

Introduction
JOUR GWR

17 NOVEMBRE
... c'est la journée Guinness World Records 2011. Tous les ans, ce jour-là, les gens du monde entier tentent d'établir ou de battre un record Guinness World Record, comme le montrent ces photos de la journée GWR 2010. Vous voulez battre un record ? Découvrez la marche à suivre sur www.guinnessworldrecords.com !

●LE PLUS DE TOURS SUR LA TÊTE EN 1 MIN Aichi Ono (Japon) a exécuté 135 tours sur la tête sur le plateau de Mino Monta no Asazuba (TBS), à l'occasion de la journée GWR 2010.

★LA PLUS GRANDE ŒUVRE D'ART EN VIS Saimir Strati (Albanie) a utilisé 235 500 vis en métal pour réaliser une œuvre d'art représentant Homère, à Tirana (Albanie).

★LE PLUS DE FLAMMES CRACHÉES EN 1 MIN Chaud devant ! Le pasteur et cracheur de feu Muad'dib (Irlande) a craché 69 flammes, en 60 s, au pied du célèbre Tower Bridge de Londres (RU).

●LE PLUS GRAND ENSEMBLE DE MÉLODICAS 158 enfants de l'école élémentaire de Hikone (Japon) ont joué Ah ! vous dirai-je, maman.

★LE PLUS DE LEVERS DE JAMBES SIMULTANÉS EN 30 S PAR UNE TROUPE DE DANSEUSES Les danseuses de french cancan du Moulin Rouge ont exécuté 720 relevés de jambes au Moulin Rouge, à Paris.

★LE PLUS FLÈCHES ATTRAPÉES EN 2 MIN Joe Alexander (Allemagne) a attrapé 43 flèches à la main, à 8 m de distance, à Hambourg (Allemagne).

★LE PLUS GRAND TOURNOI DE GAGNE-TERRAIN 1 290 étudiants du Het Nieuwe Lyceum et du De Werkplaats (tous deux Pays-Bas) se sont affrontés au gagne-terrain à l'occasion de la journée GWR.

●LA PLUS GRANDE TOILE DE PEINTURE AUX NUMÉROS L'école de dessin de Lagos (Nigeria) a inauguré une toile de peinture aux numéros de 63,5 x 49,3 m.

●LE PLUS DE CHIENS DÉGUISÉS La Suncoast Animal League (USA) a rassemblé 426 chiens déguisés, lors de la Dogtoberfest, une fête annuelle de chiens costumés, à Dunedin (Floride, USA).

● MISE À JOUR
★ NOUVEAU RECORD

Les Danois détiennent le ●plus ancien cinéma du monde toujours en service. Le Korsør Biograf Teater a ouvert ses portes le 7 août 1908.

GUINNESS WORLD RECORDS 2012

GUINNESS WORLD RECORDS DAY

★ LE PLUS DE SLAM DUNKS AU BASKET AVEC UN TRAMPOLINE EN 1 MIN L'équipe des Kangourous (Norvège) a effectué 28 slam dunks avec un trampoline, à Marienlysthallen (Norvège).

★ LE PLUS LONG MARATHON DE TRANCHAGE DE VIANDE Francisco Alonso (Espagne) a passé 24 h, 54 min et 6 s à couper du jambon à Tenerife (Espagne), soit 75,641 kg de viande.

★ LE PLUS GRAND RASSEMBLEMENT DE PERSONNAGES DU MAGICIEN D'OZ L'école primaire Mile Oak, à Brighton (RU), a rassemblé 446 personnes déguisées en habitants d'Oz.

★ LA PLUS LONGUE DISTANCE PARCOURUE SUR UN TOBOGGAN EN 4 H Une équipe mixte allemande a parcouru 320,68 km sur un toboggan à eau en 4 h.

● LE PLUS VIEUX MARCHEUR SUR DES AILES D'AVION Thomas Lackey (RU, né le 22 mai 1920) a marché sur les ailes d'un avion en vol au-dessus de Cirencester (Gloucestershire, RU), à 90 ans.

★ LA PLUS GRANDE FEUILLE D'ÉRABLE En octobre 2010, Joseph Donato (Canada) a trouvé une feuille d'érable – symbole national du Canada – de 34,61 cm de large et 29,21 cm de long.

JOURNÉE GWR 2010 Elle a été fêtée par 250 000 personnes dans plus de 15 pays, avec 56 records battus. Nous remercions tous les participants. Ce fut le plus grand jour GWR !

LE MÊME JOUR

★ La plus longue distance parcourue à vélo en 3 min : 5,8 km, par Miguel Angel Castro (Espagne).

★ Le plus de blagues racontées en 1 min : 17, entre Ted Robbins, de BBC Lancashire, et Ben Day, de Touch FM (tous deux RU).

★ Funambulisme – la plus longue distance en 24 h : 5,68 km, par Joey Kelly (Allemagne).

★ Le plus de rotations en jonglant en 1 min : (5 massues) 735, par Mario Berousek (République tchèque), au Moulin Rouge, à Paris (France).

★ Les chaussures les plus lourdes portées : 146,5 kg, par Ashrita Furman (USA).

★ La plus grande mosaïque en boules de riz : 52,63 m², par 500 participants au Gohanshoku Network Conference (Japon).

★ La plus longue enfilade de drapeaux : 2 737,72 m, par le collège et le lycée de Malbank (RU).

★ Le plus de capitales citées en 1 min : 33, par James Way (RU).

★ Le plus de blocs de béton cassés en tenant un œuf cru : 24, par Joe Alexander (Allemagne).

● Le plus de sauts à la corde en Double Dutch (sport d'équipe pratiqué avec deux cordes) : 371, par les Summerwind Skippers (USA).

● Le plus grand saute-mouton : 1348 étudiants et visiteurs du Canterbury Agricultural and Pastoral (A & P), à Christchurch (Nouvelle-Zélande).

★ Le plus de toupies au sol avec grand écart (figure appelée "serpillière") en 30 s : 34, par Adonis Kosmadakis (Grèce) et Nicolas Pihiliangegedera (France).

★ Le plus de mots épelés à l'envers en 1 min : 14, par Emma Britton (RU).

★ La plus haute tour en tasses en carton construite en 30 s : 27 cm, par Masato Kajiwara (Japon).

Le **1er cinéma à avoir ouvert ses portes** est le cinématographe Lumière, au Salon indien, 14 boulevard des Capucines, à Paris (France). Il a été inauguré le 28 décembre 1895.

FAIRE HOMOLOGUER UN RECORD

ÊTES-VOUS EXCEPTIONNEL ?

Il y a bien des façons d'obtenir la certification si convoitée du Guinness World Records. Les records sont ouverts à tous. Si vous avez un talent particulier ou si votre animal est incroyablement doué, dites-le-nous ! Vous pouvez établir ou battre un record lors de nos rendez-vous en direct ou dans le cadre d'une de nos émissions télévisées… Vous serez peut-être cité dans le **livre sous copyright le plus vendu de tous les temps** !

TÉLÉVISION

ÉTAPE 1 : S'INSCRIRE EN LIGNE
Le sentier de la gloire commence sur le site web du GWR : **www.guinnessworldrecords.com**. Sélectionnez "Set a Record" et donnez-nous un maximum d'informations sur le record que vous souhaitez établir ou battre, ce qui nous permet de juger s'il est digne du GWR. Envoyez votre demande au moins 3 semaines avant votre tentative.

ÉTAPE 2 : LIRE LE RÈGLEMENT
Si nous retenons votre idée de record ou si vous voulez tenter de battre un record existant, nous vous enverrons le règlement officiel. Si nous rejetons votre demande, nous justifierons notre choix. Tous les participants doivent respecter les mêmes règles.

RECORDS

GESTION DES RECORDS
Notre équipe d'experts sillonne le monde pour valider les records. Elle gère aussi le règlement et traite 1 000 demandes par semaine. Vous rencontrerez un membre de cette équipe si vous faites une demande de certification sur place.

TOUT PUISSANT
Marco Frigatti, le directeur de l'homologation des records chez GWR, remet son certificat à Khagendra Thapa Magar, l'**homme le plus petit**. "C'est nous qui décidons quels sont les records", dit Marco !

ÉTAPE 3 : TENTER VOTRE RECORD
Planifiez votre record et entraînez-vous ! N'oubliez pas de filmer vos tentatives et d'avoir un maximum de témoins et les déclarations écrites d'au moins deux témoins indépendants. Les instructions complètes figurent dans le règlement.

ÉTAPE 4 : ENVOYER LES PREUVES
Réunissez les preuves selon les termes du règlement et envoyez-les à GWR. Notre équipe de gestion des records évaluera votre demande en étudiant les vidéos, les photos, les témoignages, les notes. En cas de réussite, vous recevez une lettre et un certificat attestant votre record. Ce sera la confirmation que vous êtes OFFICIELLEMENT EXCEPTIONNEL !

Le 13 juillet 1930, Lucien Laurent (France) a marqué le **1er but de coupe du monde de football FIFA** contre le Mexique en Uruguay.

NUMÉRIQUE

VU À LA TÉLÉ

Les émissions de GWR TV sont suivies par 250 millions de téléspectateurs dans plus de 90 pays. Serez-vous la prochaine star à établir un record ? Si vos talents sont spectaculaires, vous risquez de vous retrouver dans la boîte !

TÉLÉ

Seules les tentatives les plus spectaculaires sont sélectionnées pour nos émissions. GWR TV est diffusée dans le monde entier. Si vous êtes sélectionné, vous pouvez vous retrouver sur un plateau de télévision en Chine, en Australie ou encore en Italie.

STAY AHEAD OF THE GAME!

GAMER'S EDITION

HOME   SET A RECORD   FIND A RECORD   NEWS   VIDEOS   PRESS   CORPORATE

Apply now

Register and apply now to get your achievement recognised by Guinness World Records

Find us on Facebook

NUMÉRIQUE

Via Internet ou des applications iPad, GWR Digital fournit des informations sur les records. Consultez le site web guinnessworldrecords.com pour découvrir toutes sortes de records. Vous pouvez aussi y déposer une demande d'homologation ou envoyer votre demande via notre canal vidéo. Vous pouvez vous inscrire aux flux Facebook et Twitter, et rencontrer notre équipe qui vous aidera à réaliser votre record.

EN DIRECT

Les participants à l'événement ont réalisé la ★ plus grande tour en gobelets à café en 3 min (2,08 ml), dans le cadre de l'événement GWR LIVE ! de Barcelone (Espagne), le 14 mai 2010.

EXPERTS

Voici certains des consultants qui nous conseillent dans tous les domaines. Ils sont toujours en quête de nouveaux records. En cas de question, c'est eux que nous interrogeons.

EN DIRECT

Vivez des émotions fortes en tentant de relever un défi GWR en direct devant un public, dans le cadre d'un événement itinérant GWR LIVE ! Vous pouvez ainsi devenir le détenteur d'un record ! C'est si rapide que vous n'arriverez pas à y croire. Notre personnel LIVE ! veille à ce que tout se passe dans les meilleures conditions. Rendez-vous sur guinnessworldrecords.com/live

LIVE !

CONSULTANTS

Le 13 juin 1986, à l'Estadio Neza '86 de Nezahualcoyotl (Mexique), le tacle par derrière de José Batista (Uruguay) sur Gordon Strachan (RU) lui a valu l'exclusion du terrain dès la 1re minute de jeu. C'est le **carton rouge donné le plus tôt** en finale de coupe du monde.

FAUX MYTHES

TESTEZ VOS CONNAISSANCES EN RECORDS DU MONDE

L'Everest est la plus haute montagne du monde ? On peut voir la Grande Muraille de Chine depuis la Lune ? Le Sahara est le désert le plus vaste du monde, n'est-ce pas ? Eh bien, c'est faux ! Oubliez ce que vous croyez savoir et tentez ce test original sur les faux mythes et les erreurs largement répandues !

QUELLE EST LA PLUS HAUTE MONTAGNE DU MONDE ?

Ce n'est pas l'Everest ! Avec ses 8 848 m, l'Everest est le **sommet le plus haut** du monde – record d'altitude. La **plus haute montagne** est le Mauna Kea à Hawaii (USA). Si seuls 4 205 m sont visibles (le reste est sous la mer), sa hauteur absolue est de 10 205 m, car il prend naissance dans les profondeurs du Pacifique.

QUEL EST L'ANIMAL LE PLUS DANGEREUX ?

Le requin blanc ? La grenouille à flèche ? L'araignée chasseuse ? Ces créatures sont toutes redoutables, mais la plus dangereuse est… un moustique ! Malgré ses 3 mm, cet anophèle – et en particulier les parasites porteurs de malaria, du genre *Plasmodium* – est responsable de 50 % de la mortalité humaine depuis l'âge de pierre (hors guerres et accidents).

QUEL EST L'ANIMAL LE PLUS LONG ?

Étonnamment, ce n'est pas la baleine bleue (27 m de long) ni même le *Praya dubia* – un sinophore pouvant atteindre 50 m de long. La **plus grande créature** est le ver lacet, ou ver ruban (*Lineus longissimus*), un némerte habitant dans les eaux peu profondes de la mer du Nord. Le plus grand spécimen connu s'est échoué sur la plage de Fife (RU) en 1864 : il mesurait plus de 55 m.

COMMENT LES CHAUVES-SOURIS VOIENT-ELLES ?

Avec leurs yeux bien sûr ! Les chauves-souris ont l'**ouïe la plus aiguisée de tous les animaux non aquatiques** : certaines peuvent percevoir des fréquences aussi élevées que 250 kHz (contre 20 kHz pour l'homme) et elles utilisent l'écholocalisation pour trouver leur proie et communiquer, mais elles ne sont pas aveugles, même si beaucoup ont une vue mal développée. Les chauves-souris frugivores, par exemple, ont des yeux relativement grands et assez sensibles à la lumière. Les chauves-souris sont surtout actives la nuit afin d'éviter la concurrence d'autres animaux. Elles ont donc besoin de tous les outils sensoriels possibles.

QUI A ÉCRIT LE PLUS GRAND NOMBRE DE JAMES BOND ?

C'est surprenant, mais Ian Fleming, le créateur de James Bond, n'est pas celui qui a écrit le plus de romans de James Bond. Entre 1981 et 1996, John Gardner (RU) a écrit 14 romans de James Bond et 2 adaptations pour le cinéma, dépassant la production de Fleming (12 romans et 2 nouvelles).

LA PLUS LONGUE PÉRIODE DE GESTATION ? Ce n'est pas l'éléphant (22 mois) ni la baleine bleue (11,5 mois), mais le requin lézard (*Chlamydoselachus anguineus*), qui porte ses petits pendant 42 mois !

OÙ TROUVE-T-ON LA PLUS FORTE CONCENTRATION DE DROMADAIRES ?

Près d'un million de dromadaires vivent… ni en Mongolie, ni en Arabie, mais en Australie ! Importés au XIXe siècle comme moyen de transport dans le désert, les dromadaires se sont échappés et prospèrent aujourd'hui à l'état sauvage.

● MISE À JOUR
★ NOUVEAU RECORD

Situé au 45e étage du World Trade Center de Mexico, le *Bellini*, qui couvre 1 044,66 m², est le **plus grand restaurant tournant**.

GUINNESS WORLD RECORDS 2012

LE PAYS LE PLUS TOUCHÉ PAR LES TORNADES ?
En termes de superficie, les Pays-Bas connaissent plus de tornades que tout autre pays : 1 pour 1 991 km² ! Les États-Unis en subissant 1 pour 8 187 km².

LA PLUS HAUTE MONTAGNE CONNUE ?
Eh non ! Ce n'est pas l'Everest ! C'est Olympus Mons sur la planète Mars avec ses 25 km de haut !

Avec ses 3 460 km de long, la Grande Muraille de Chine est le "plus long mur du monde". Contrairement à ce que l'on pense, elle n'est pas visible de la Lune ! Cette information a été démentie par les astronautes d'*Apollo* qui sont allés sur la Lune.

Yang Liwei, le 1er taïkonaute chinois (ou *yǔhángyuán*), a reconnu qu'il n'avait jamais aperçu la Grande Muraille de Chine au cours de son vol en octobre 2003.

De l'espace – surtout en orbite bas –, on distingue principalement les villes, les aéroports, les grands axes routiers, les ponts et les barrages.

QUI FURENT LES 1ERS PASSAGERS D'UN BALLON À AIR CHAUD ?
Les frères Montgolfier ? Eh non, toujours pas ! Joseph-Michel et Jacques-Étienne Montgolfier (France) ont en effet inventé et fabriqué un ballon à air chaud et en ont fait démonstration devant Louis XVI et Marie-Antoinette en 1783, mais les effets du vol sur les hommes étaient alors inconnus. Il a donc été décidé de tester l'aventure sur un mouton (appelé Montauciel), un canard et un coq – les **1ers êtres vivants à voler dans un engin fabriqué par l'homme.**

QUI FUT LE 1ER À FAIRE LE TOUR DU MONDE EN BATEAU ?
Magellan ? Le navigateur qui a donné son nom à un détroit, un pingouin et à des nuages ? Non… S'il a entrepris la **1re circumnavigation** en 1519, il ne l'a jamais achevée. Il a été tué aux Philippines en mars 1521. C'est le navigateur espagnol Juan Sebastián de Elcano qui a terminé le voyage.

Il existe des théories sur des circumnavigations à des dates antérieures, mais il est impossible de les vérifier.

C'EST L'HISTOIRE D'UN TOURISTE AMÉRICAIN QUI AURAIT ACHETÉ LE TOWER BRIDGE
Selon la rumeur, un Américain en visite à Londres aurait acheté le Tower Bridge et l'aurait rapporté dans son pays. Il se serait alors aperçu de sa méprise : le pont en question était le London Bridge (le pont de Londres) !

L'histoire n'est qu'en partie vraie. Robert McCulloch (USA) a bien acheté le London Bridge (sans erreur) en 1962 et l'a fait remonter à 8 530 km, à Lake Havasu City (Arizona, USA) comme attraction touristique. C'est le **déplacement le plus lointain d'un pont.**

EN ANTARCTIQUE, LA PLUS GRANDE ZONE DÉSERTIQUE, LA TEMPÉRATURE MOYENNE EST DE – 20 °C.

20,1°C

QUEL EST LE PLUS GRAND DÉSERT ?
Le Sahara dans le nord de l'Afrique couvre 9,1 millions de km². C'est le plus grand désert *chaud*. Un désert, c'est simplement une zone recevant pas ou peu de précipitations. Selon cette définition, le plus grand désert serait donc l'Antarctique (14 millions de km²), avec 50 mm de précipitations annuelles.

Le restaurant proposant la ★ **carte la plus longue** se trouve en Hongrie. Le restaurant *Mofarguru* à Budapest propose 1 810 plats différents !

LA PLUS GRANDE GALAXIE LOCALE

Andromède est la plus grande galaxie du "Groupe local", dont fait aussi partie notre galaxie, la Voie lactée. Sur cette image de synthèse, ses couloirs de poussière apparaissent en orange et ses systèmes binaires à rayonnement X en bleu. Ils contiennent probablement des trous noirs ou des étoiles à neutrons. Constituée d'un trillion d'étoiles et distante d'environ 2,5 millions d'années-lumière, cette galaxie est l'objet le plus éloigné visible à l'œil nu.

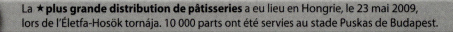

La ★ **plus grande distribution de pâtisseries** a eu lieu en Hongrie, le 23 mai 2009, lors de l'Életfa-Hosök tornája. 10 000 parts ont été servies au stade Puskas de Budapest.

Si vous adorez le pain, filez au Portugal. La **plus longue baguette de pain**, qui mesurait 1 211,6 m, y a été confectionnée lors du festival de pâtisserie de Vagos, le 10 juillet 2005.

WWW.GUINNESSWORLDRECORDS.COM   019

UNE VIE D'ÉTOILE

CYCLE DE VIE D'UNE ÉTOILE

Les étoiles naissent, vivent et meurent. Celles que nous voyons dans le ciel sont toutes à un stade différent de leur vie. Le Soleil est né il y a environ 4,57 milliards d'années. On pense qu'il atteindra l'âge canonique de 14 milliards d'années. Le scénario de la vie d'une étoile varie en fonction de sa masse : les petites ne connaissent pas le même destin que les grosses…

TRANSITION SOLEIL-GÉANTE ROUGE

Vers le milieu de sa vie, l'étoile épuise ses réserves de carburant. Le noyau se contracte et l'hydrogène restant brûle en dégageant une plus grande luminosité. Quand le Soleil sera une géante rouge, il absorbera et détruira les planètes internes.

GÉANTE ROUGE

Quelques centaines de millions d'années

10 milliards d'années

SOLEIL

NAISSANCE D'UNE ÉTOILE

Elle naît dans une nébuleuse interstellaire, nuage de poussière et de gaz. Quand celui-ci s'effondre sous l'effet de la gravitation, il entre en rotation. Son centre chauffe tant qu'une fusion nucléaire se produit. Ce stade, du début de la fusion à l'équilibre, est appelé séquence principale.

NÉBULEUSE INTERSTELLAIRE

TRANSITION ÉTOILE MASSIVE-SUPERGÉANTE ROUGE

Les étoiles plus massives que le Soleil consomment leur hydrogène plus vite. Leur séquence principale ne dure que quelques millions d'années, au lieu de quelques milliards. Elles sont 200 à 800 fois plus grosses que le Soleil.

ÉTOILE MASSIVE

10 millions d'années

SUPERGÉANTE ROUGE

COMPARAISON

Si ce cercle était Belgeteuse, notre Soleil serait de la taille du plus petit des deux cercles ci-contre, l'autre représentant VY Canis majoris, la **plus grande étoile connue**, 2 000 fois plus grosse que lui !

LA SUPERGÉANTE ROUGE LA PLUS PROCHE

Dans la constellation d'Orion, Betelgeuse est à seulement 427 années-lumière du système solaire. Comme toutes les supergéantes rouges, c'est une étoile massive en fin de vie et son espérance de vie n'excède pas quelques millions d'années. Sa masse est 14 fois plus importante que celle du Soleil, et sa taille entre 400 et 600 fois plus importante.

Conçu par Macedo's Pirotecnia Lda, le **plus grand spectacle pyrotechnique**, constitué de 66 326 feux d'artifices, a eu lieu le 31 décembre 2006, à Funchal (Madère, Portugal).

7 350 C'est le nombre de pommes que vous mangerez dans toute votre vie, soit plus que les 6 000 étoiles visibles à l'œil nu dans le ciel – sur les 3 septillions que compte l'Univers.

NÉBULEUSE PLANÉTAIRE

NÉBULEUSE PLANÉTAIRE
Les couches externes de l'étoile mourante se dilatent et sont expulsées, illuminées par la naine blanche qui subsiste en son centre. Elles retournent dans la galaxie, où, une fois recyclées, elles donnent naissance à de nouvelles étoiles. La plupart des étoiles deviennent des nébuleuses planétaires.

NAINE BLANCHE

30 000 ans

NAINE BLANCHE
À la fin de sa vie, l'étoile est une masse extrêmement dense de carbone et d'oxygène ne mesurant qu'une fraction de sa taille initiale (notre Soleil deviendra sans doute aussi petit que la Terre). À court de carburant, cette naine blanche va continuer à se refroidir et former un solide cristallin. Les naines blanches sont donc les **plus gros diamants de l'Univers**.

SUPERNOVA
Quand une étoile massive a consommé tout son hydrogène, son hélium subit à son tour une fusion qui crée des éléments de plus en plus lourds, jusqu'au fer. La fusion du fer étant impossible, le centre de l'étoile s'effondre, produisant une supernova, gigantesque explosion pouvant illuminer toute une galaxie.

LA NÉBULEUSE PLANÉTAIRE LA PLUS PROCHE
Située à environ 400 années-lumière de la Terre, Hélix (ou NGC 7293) est la nébuleuse planétaire (voir définition ci-dessus) qui en est la plus proche. Les nébuleuses planétaires ont été appelées ainsi car leur forme souvent sphérique a d'abord laissé penser aux astronomes qu'il s'agissait de nouvelles planètes.

Dans la constellation australe d'Ara, Stingray est la **nébuleuse planétaire la plus jeune**. D'abord observée en tant qu'étoile dans les années 1970, c'est aujourd'hui le gaz de ses couches superficielles soufflées dans l'espace que l'on voit briller.

ÉTOILE À NEUTRONS

SUPERNOVA

< 1 seconde

ÉTOILES À NEUTRONS
Résultat de l'effondrement d'une étoile massive, une étoile à neutron est la **plus petite étoile** et l'un des 5 objets connu de l'univers les plus denses : sa masse serait celle de l'univers comprimé à la taille d'une ville. Si l'on comprimait l'humanité dans un morceau de sucre, on obtiendrait la même densité qu'une étoile à neutron. Certaines accomplissent plusieurs centaines de tours par seconde.

< 1 seconde

TROU NOIR

TROUS NOIRS
Ce sont les **objets les plus denses de l'Univers**. La gravité de ces zones est telle que même la lumière ne parvient pas à s'échapper. Au centre d'un trou noir se trouve la singularité, où la masse de l'étoile morte est comprimée en un seul point dont la taille est égale à zéro et la densité infinie.

Le **plus grand feu d'artifice de chocolat**, qui mesurait 3 m de haut et contenait 60 kg de chocolat Cailler (Suisse), a été lancé sur la Hechtplatz de Zurich (Suisse), le 31 décembre 2002.

● MISE À JOUR
★ NOUVEAU RECORD

●L'OBJET LE PLUS LOINTAIN DE L'UNIVERS

En janvier 2011, les scientifiques de la NASA ont annoncé que le télescope spatial *Hubble* avait photographié une galaxie si vieille que sa lumière a mis 13,2 milliards d'années à nous atteindre. La galaxie telle que nous la voyons aujourd'hui s'est formée il y a moins de 480 millions d'années après le big-bang.

LES QUASARS SONT DES GALAXIES LOINTAINES PRODUISANT BEAUCOUP D'ÉNERGIE.

●LE TROU NOIR LE PLUS LOINTAIN

En juin 2007, des astronomes ont annoncé la découverte, grâce au télescope *Canada-France-Hawaii* (CFHT) et au télescope de 8 m *Gemini South*, d'un quasar contenant un trou noir supermassif, dont le décalage spectral est de 6,43 (un quasar est un objet céleste très lointain, ancien et brillant, émettant un rayonnement électromagnétique fort). Baptisé CFHQS J2329-0301, ce quasar de la constellation des Poissons se trouverait 2 millions d'années-lumière plus loin que le précédent détenteur du record. Compte tenu des 13 milliards d'années-lumière qui la séparent de nous, il n'a que 0,7 milliard d'années de moins que l'âge estimé de l'Univers au moment du big-bang.

●L'EXOPLANÈTE LA PLUS ÉLOIGNÉE

OGLE-2005-BLG-390Lb se trouve à 21 500 ± 3 300 années-lumière de la Terre, près du centre de la Voie lactée. Elle tourne autour d'une étoile dans la constellation du Scorpion (vue d'artiste, à droite) à une distance qui la situerait dans la région qui sépare Mars de Jupiter dans notre système solaire. C'est sans doute la planète ressemblant à la Terre (avec un noyau rocheux et une atmosphère protectrice) la plus lointaine jamais découverte.

●LA SUPERNOVA LA PLUS LOINTAINE

Une équipe d'astronomes dirigée par Jeff Cooke (USA) a découvert une supernova de type IIn (une énorme étoile en explosion) dans une galaxie située à 11 milliards d'années-lumière de la Terre. Grâce aux données fournies par le *CHFT*, ils ont remarqué une galaxie brillant par intermittence, avec un spectre qui se caractérise par une bande étroite de lumière émise par de l'hydrogène en combustion. L'étude de cette supernova pourrait nous informer sur la taille et les origines de l'Univers.

●L'OBJET LE PLUS LOINTAIN DU SYSTÈME SOLAIRE

La planète naine Sedna possède une orbite très elliptique qui l'amène à 130 milliards de km du Soleil, dont elle fait le tour en 10 500 ans environ. Les scientifiques de l'observatoire de Mount Palomar (Californie, USA) l'ont découverte le 14 novembre 2003. L'image ci-dessus représente une vue d'artiste du Soleil depuis la surface de Sedna.

●L'OBJET ARTIFICIEL LE PLUS ÉLOIGNÉ

Voyager 1, la sonde de la NASA lancée le 5 septembre 1977, est passée à proximité de Jupiter en mars 1979 et de Saturne en novembre 1980. Grâce à l'assistance gravitationnelle fournie par ces deux survols, elle a pu se propulser hors du plan du système solaire. Le 4 février 2011, elle se trouvait à 17 367 000 000 km du Soleil.

PASSIONNÉS D'AVIATION, RENDEZ-VOUS P. 130 !

594 skieurs ont assisté au **plus grand cours de ski**. Il a été donné par Hansjürg Gredig (Suisse), de l'école du ski de Sarn-Heinzenberg, dans la région de Graubünden (Suisse), le 23 février 2008.

235

C'est le poids en kilos du sel que vous mangerez au cours de votre vie. Chaque grain de sel pesant 0,0000585 g, cela représente 4 017 094 017 de grains de sel, soit 4 grains par étoile que compte la Voie lactée.

LA MATIÈRE LA PLUS RAPIDE

Les objets les plus rapides sont des gouttes de plasma surchauffé éjectées de trous noirs au cœur de galaxies très actives appelées blazars. Ces gouttes, de la même masse que Jupiter, ont été observées se déplaçant à 99,99 % de la vitesse de la lumière.

La **vitesse la plus rapide** est celle de la lumière, atteinte par la lumière et d'autres formes de rayonnement électromagnétique, comme les ondes radio, les rayons X ou le rayonnement infrarouge. La vitesse de la lumière varie en fonction de ce qu'elle traverse. C'est dans le vide qu'elle est la plus rapide, parcourant 299 792 458 m/s. Quand on regarde la Lune, on la voit donc telle qu'elle était 1,3 s avant, et on voit le Soleil tel qu'il était 8,3 min avant.

L'ÉTOILE LA PLUS RAPIDE DE LA GALAXIE

Le 8 février 2005, une équipe d'astronomes du Harvard-Smithsonian Center for Astrophysics de Cambridge (Massachusetts, USA) a annoncé avoir découvert une étoile se déplaçant à plus de 2,4 millions km/h. Nommée SDSS J090745.0 + 24507, l'étoile a probablement pris de la vitesse en rencontrant un trou noir supermassif au centre de notre galaxie, la Voie lactée, il y a un peu moins de 80 millions d'années.

NEPTUNE N'A ÉTÉ DÉCOUVERTE QU'EN 1846 MAIS SON EXISTENCE AVAIT ÉTÉ CALCULÉE MATHÉMATIQUEMENT AVANT.

LA GALAXIE S'APPROCHANT LE PLUS VITE

Certaines galaxies se rapprochent de la nôtre. M86, galaxie lenticulaire située à 52 millions d'années-lumière, dans la constellation de la Vierge, se rapproche de la Voie lactée à 419 km/s.

LA PLUS GRANDE STRUCTURE DE L'UNIVERS

En octobre 2003, une équipe d'astronomes menée par Richard Gott III et Mario Juri (USA) de Princeton (New Jersey, USA) a annoncé la découverte d'un mur de galaxies de 1,37 milliard d'années-lumière de long, grâce aux données du télescope de la Sloan Digital Sky Survey, un projet visant à cartographier 1 million de galaxies.

LA PLUS GRANDE EXPLOSION

La plupart des astronomes sont convaincus que l'Univers est né il y a 13,7 milliards d'années par une explosion cataclysmique : le big-bang.

Au moment du big-bang, on pense que la température de l'Univers était infinie (la **température la plus élevée de l'histoire**) car il avait la forme d'un seul point infiniment petit et dense. 10^{-43} s plus tard, l'Univers avait atteint une taille d'environ 10^{-33} cm de diamètre et une température d'environ 10^{32} kelvin (0 °C = 273,15 kelvin).

L'ENDROIT LE PLUS FROID DE LA VOIE LACTÉE

La nébuleuse du Boomerang, à 5 000 années-lumière de la Terre, est un nuage issu de l'expansion rapide des gaz et des poussières s'échappant de son étoile centrale vieillissante. Il y règne une température de – 272 °C.

★ LE SYSTÈME BINAIRE LE PLUS PROCHE DE LA TERRE

Le terme "système binaire" fait référence à deux objets célestes suffisamment proches l'un de l'autre pour que leurs gravités respectives s'influencent, ce qui les fait tourner autour d'un point commun. La planète naine Pluton (1 153 km de diamètre) et son satellite Charon (603 km de diamètre) forment le seul système planétaire binaire du système solaire. Charon est tellement plus grand que Pluton qu'ils gravitent autour d'un point commun au-dessus de Pluton. Lorsqu'un satellite naturel gravite autour d'une planète, le point de l'espace autour duquel ils tournent tous les deux est près du centre de la planète en question, ce qui produit une petite oscillation dans l'orbite de celle-ci. Les vrais systèmes binaires gravitent autour d'un point situé à l'extérieur des deux corps.

★ LA SOURCE D'ONDES RADIO LA PLUS LUMINEUSE

Cassiopée A est la source d'ondes radio la plus lumineuse visible de la Terre. Cette étoile est le vestige d'une supernova qui a explosé il y a 11 000 ans. On pensait que la lumière produite par l'explosion (et les ondes radio qu'on perçoit aujourd'hui) avait atteint la Terre il y a 300 ans, mais la poussière interstellaire a sans doute rendu cette observation difficile à l'époque.

VAGABONDS
Les astronomes de l'Antiquité avaient noté que certains corps célestes se déplaçaient ensemble, tandis que d'autres suivaient leur propre chemin. Ils les qualifièrent de planètes, "vagabonds".

Q. Pourquoi Pluton est-elle une planète dite "naine" ?

R. D'après les nouveaux critères de l'UAI, une vrai planète doit avoir une gravité suffisante pour empêcher d'autres corps célestes de flotter autour d'elle.

L'ÉTOILE LA PLUS LOINTAINE DU SYSTÈME SOLAIRE

Depuis que l'Union astronomique internationale (UAI) a déclassé Pluton en 2006, Neptune est considérée comme la planète la plus éloignée du Soleil. Elle en est à 4,5 milliards de km, et gravite autour de lui à 5,45 km/s. Elle met donc 164,79 ans pour en accomplir le tour. C'est aussi là que soufflent les **vents solaires les plus rapides du système solaire** – des pointes ont été mesurées à environ 2 400 km/h.

Espace
JUPITER

LE JOUR SIDÉRAL LE PLUS COURT

Jupiter, qui accomplit une rotation complète autour de son axe en 9 h, 55 min et 29,69 s, a le jour le plus court des huit grandes planètes du système solaire.

★ LE PLUS GRAND OCÉAN D'HYDROGÈNE MÉTALLIQUE

Jupiter renferme un océan d'hydrogène métallique dont la profondeur peut atteindre 55 000 km. L'hydrogène métallique est issu de l'ionisation que subit l'hydrogène quand il est soumis à d'importantes pressions. Les propriétés conductrices de cet océan créent le **champ magnétique le plus puissant du système solaire** – 19 000 fois celui de la Terre.

★ LE PREMIER SURVOL DE JUPITER

Lancée par la NASA en 1972, la sonde *Pioneer 10* a atteint Jupiter le 3 décembre 1973. Premier engin spatial à traverser la ceinture d'astéroïdes, il a aussi été le premier à survoler Jupiter, à 130 000 km. Ce survol a permis de recueillir les premières images rapprochées de la planète et des données sur son champ magnétique, ainsi que de constater qu'elle est presque entièrement constituée de liquide.

★ LA PLANÈTE EXTERNE LA PLUS SURVOLÉE

Huit sondes ont survolé Jupiter. Après *Pioneer 10* en 1973 et *Pioneer 11* en 1974, les sondes *Voyager 1* et *Voyager 2* l'ont approchée en 1979. La sonde *Ulysses* a effectué deux longs survols en 1992 et 2004, tandis que *Galileo* a orbité autour de Jupiter entre 1995 et 2003. *Cassini-Huygens* et *New Horizons* se sont servi de cette planète pour rebondir respectivement vers Saturne en 2000 et Pluton en 2007.

LE SURVOL LE PLUS LONG D'UNE PLANÈTE EXTERNE

Lancée par la NASA le 18 octobre 1989, *Galileo* a atteint Jupiter le 7 décembre 1995, date à laquelle elle est entrée dans son orbite, devenant la première sonde à orbiter autour d'une planète externe. Ce survol, qui a duré près de 8 ans, s'est achevé le 21 septembre 2003, date à laquelle l'engin, à court de carburant, s'est désintégré dans l'atmosphère de Jupiter.

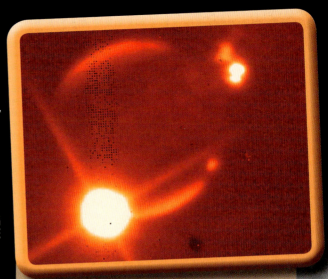

LE PLUS GROS IMPACT ENREGISTRÉ DANS LE SYSTÈME SOLAIRE

Les 16-22 juillet 1994, des fragments de la comète Shoemaker-Levy 9 ont percuté Jupiter. Le plus gros impact a été provoqué par le fragment "G" (photo), qui a explosé en dégageant environ 6 millions de mégatonnes de TNT (600 fois l'arsenal nucléaire mondial). Jupiter a également subi l'★ **impact d'astéroïde le plus important du système solaire**. Le 3 juin 2010, l'astronome amateur Anthony Wesley (Australie) a observé un astéroïde de 8-13 m de diamètre en train de s'écraser sur elle.

LA GÉANTE GAZEUSE

La masse de Jupiter représente 318 fois celle de la Terre et environ 3 fois la masse de toutes les planètes du système solaire réunies. Elle est essentiellement composée de gaz et de liquide entourant un noyau solide relativement petit.

JUPITER EN CHIFFRES

Homonyme :
Dieu du ciel

Adjectif :
Jovien

Date de sa découverte :
Inconnue

Distance moyenne par rapport au Soleil :
778 330 000 km

Diamètre :
143 884 km

Masse :
318 fois la Terre ;
1 898 130 000 000 000 000 000 000 kg

Période orbitale :
11,86 années

Période de rotation :
9 h, 55 min et 29,69 s

Appellations :
Planète externe ; géante gazeuse

Satellites :
63, dont 4 sont des corps importants à l'échelle du système solaire ; a aussi un système d'anneaux de poussière fins découvert en 1979

ATMOSPHÈRE
Similaire à celle du Soleil : 86,1 % d'hydrogène et 13,8 % d'hélium, avec des traces de tous les éléments (plus du méthane, de l'ammoniac et de la vapeur d'eau).

HYDROGÈNE MOLÉCULAIRE
La pression et la température compriment l'hydrogène gazeux et le transforment en un brouillard qui s'épaissit jusqu'à devenir liquide.

HYDROGÈNE MÉTALLIQUE
L'augmentation de la pression transforme l'hydrogène en un métal conducteur. La rotation rapide de Jupiter génère un gigantesque champ magnétique, bien plus puissant que celui de la Terre.

BANDES ATMOSPHÉRIQUES
Faites de nuages de méthane et de cristaux de glace d'ammoniac blancs, elles se sont formées sous l'effet des violents orages qui secouent l'atmosphère de Jupiter.

NOYAU
La pression intense (et les températures de l'ordre de 30 000 K) ont permis la création d'un noyau solide rocheux dont la taille est 1 à 2 fois celle de la Terre.

La **plaque minéralogique la plus chère du monde** – composée du seul chiffre "1" – a été vendue 14,2 millions $, à Saeed Abdul Ghaffar Khouri (ÉAU), lors d'une vente spéciale organisée à Abu Dhabi (EAU), le 16 février 2008.

28 745

C'est le nombre de couchers du soleil auxquels vous assisterez durant les 78,7 tours que la Terre effectuera autour du Soleil au cours de votre vie. C'est peu comparé aux 1 600 000 000 000 de tours qu'elle a effectués en 4,6 milliards d'années.

SOMMETS VERTIGINEUX

Boosaule Montes, sur Io (lune de Jupiter), culmine à 17 000 m d'altitude. C'est davantage que les deux plus hauts sommets de la Terre (Everest et K2) réunis.

LES AURORES LES PLUS PUISSANTES DU SYSTÈME SOLAIRE

Les aurores de Jupiter sont 1 000 fois plus puissantes que celles de la Terre. Provoquées par la précipitation vers les pôles, sous l'effet du champ magnétique de Jupiter, de particules énergétiques provenant du Soleil, elles embrasent les atomes de sa haute atmosphère comme le gaz d'un tube au néon. Elles produisent une énergie d'environ 1 million de MW (de quoi alimenter une centaine de grandes villes). Les aurores joviennes couvrent parfois un espace aussi large que la Terre.

LA PLUS GRANDE PLANÈTE DU SYSTÈME SOLAIRE

Avec un diamètre équatorial de 143 884 km et un diamètre polaire de 133 708 km, Jupiter est la plus grosse des huit planètes du système solaire. Sa masse correspond à 317 828 fois celle de la Terre et son volume à 1 323,3 fois celui de notre planète. Sa composition proche de celle du Soleil, son champ magnétique puissant et ses 60 lunes en font un système solaire en miniature. Jupiter serait une étoile si sa masse était suffisante pour qu'elle s'effondre et déclenche une réaction thermonucléaire.

LES LUNES DE JUPITER

Jupiter compte 63 lunes reconnues, dont 8 "régulières" (les 4 lunes galiléennes décrites ci-dessous en font partie) et 55 "irrégulières". Les lunes galiléennes – qui doivent leur nom à Galilée, l'astronome Italien qui les découvrit – représentent 99,997 % de la masse du système de satellites et d'anneaux de Jupiter.

LE PLUS GROS ANTICYCLONE DU SYSTÈME SOLAIRE

La grande tache rouge de Jupiter (à droite) est l'anticyclone le plus vaste que l'on connaisse. Depuis sa découverte en 1664, sa taille a changé, mais il a mesuré jusqu'à 40 000 km de long (environ 3 fois le diamètre de la Terre) et 14 000 km de large. Il tourne dans le sens inverse des aiguilles d'une montre à 435 km/h et s'élève à 8 km du sommet des nuages environnants.

★ LE PREMIER VOLCAN EXTRATERRESTRE ACTIF DÉCOUVERT

Après la rencontre de la sonde *Voyager 1* avec Jupiter en 1979, l'ingénieur de navigation Linda Morabito (USA) a découvert sur un cliché noir et blanc une protubérance derrière Io, une lune de Jupiter. On s'est rendu compte qu'il s'agissait d'un volcan situé sur Io. Morabito avait découvert le premier volcan actif sur une planète autre que la Terre.

L'ÉRUPTION LA PLUS PUISSANTE JAMAIS OBSERVÉE

En février 2001, Surt, un volcan d'Io, a connu une éruption d'une puissance estimée à 78 000 gigawatts, ce qui est énorme comparé à celle de l'Etna (Sicile, Italie) en 1992, qui était de 12 GW. L'éruption a été observée à l'aide d'un télescope de l'observatoire W.M. Keck d'Hawaii (USA) et présentée dans la revue *Icarus* en novembre 2002.

LE PLUS HAUT PANACHE VOLCANIQUE

Le 6 août 2001, *Galileo,* qui survolait Io à 194 km de sa surface, a traversé le sommet d'un panache volcanique d'environ 500 km de haut. Ce panache volcanique produit par l'éruption du Tvashtar, un volcan situé près du pôle nord d'Io, est le plus haut jamais observé dans le système solaire.

★ LA PLANÈTE POSSÉDANT LE PLUS D'ASTÉROÏDES TROYENS

Les astéroïdes troyens sont des groupes de petits corps partageant l'orbite d'une planète, en avance ou en retard de 60° par rapport à celle-ci. En janvier 2011, 4 793 troyens de Jupiter avaient été découverts, alors que Neptune en a sept et Mars quatre. Ces astéroïdes portent le nom de personnages de la guerre de Troie, le premier étant 588 Achille, découvert en 1906 par l'astronome Max Wolf (Allemagne). Ceux en avance appartiennent au "camp grec" et ceux en retard appartiennent au "camp troyen".

IO

La plus proche de Jupiter. Connaît la **plus grande activité volcanique du système solaire**. Se comprime et "gonfle" sous les effets des forces de marée de Jupiter et Europe.

EUROPE

Recouverte de glace, avec des sommets n'excédant pas quelques centaines de mètres, elle présente la **surface la plus lisse du système solaire**.

GANYMÈDE

Plus gros satellite naturel du système solaire, avec un diamètre de 5 267 km. Plus gros que Mercure et 2 017 fois plus lourd que la Lune, le satellite naturel de la Terre.

CALLISTO

Lune la plus éloignée de Jupiter. Sa surface est entièrement perforée de cratères dont la formation est due à des impacts de météorites. Sa distance par rapport à Jupiter et sa stabilité géologique en font un objectif probable pour des missions d'exploration humaine du système solaire externe.

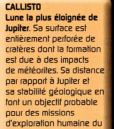

● MISE À JOUR
★ NOUVEAU RECORD

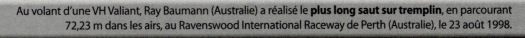
Au volant d'une VH Valiant, Ray Baumann (Australie) a réalisé le **plus long saut sur tremplin**, en parcourant 72,23 m dans les airs, au Ravenswood International Raceway de Perth (Australie), le 23 août 1998.

WWW.GUINNESSWORLDRECORDS.COM　　025

ASTÉROÏDES

LE PLUS GROS CRATÈRE D'IMPACT SUR TERRE

Sur les 150 cratères d'impact identifiés à ce jour sur Terre, le plus grand est celui de Vredefort, près de Johannesbourg (Afrique du Sud). Son diamètre est estimé à 300 km. Cette énorme structure érodée s'est formée il y a environ 2 milliards d'années lorsqu'un astéroïde ou une comète ont percuté la Terre.

★ LE 1ER ASTÉROÏDE TRIPLE

L'astéroïde 87 Sylvia a été découvert en 1866 dans la ceinture principale d'astéroïdes. Son premier satellite a été découvert en 2004, le second en 2005. Il est alors devenu le premier astéroïde ayant deux satellites.

★ LE 1ER ASTÉROÏDE GÉOCROISEUR TRIPLE

L'astéroïde 2001 SN263 est un astéroïde géocroiseur – il évolue à proximité de la Terre et non dans la ceinture principale d'astéroïdes. Le point de son orbite le plus proche de la Terre est à 11,2 millions de km. En 2008, des astronomes du radiotélescope d'Arecibo

L'IMPACT TERRESTRE LE PLUS GROS

Les astronomes pensent qu'il y a 4,5 milliards d'années, une planète de la taille de Mars a percuté la Terre. Certains débris issus de ce cataclysme sont entrés en orbite autour de notre planète et se sont agglomérés pour former la Lune. L'impact aurait eu des effets dévastateurs sur la Terre. Toute la croûte terrestre a vraisemblablement été soufflée, laissant sur la surface de la Terre un océan de magma en fusion.

★ LES 1ERS ÉCHANTILLONS RAPPORTÉS D'UN ASTÉROÏDE

Le 13 juin 2010, la sonde spatiale *Hayabusa*, construite et exploitée par l'agence spatiale japonaise JAXA, est revenue sur Terre avec environ 1 500 minuscules grains de matière solide prélevés essentiellement à la surface de l'astéroïde Itokawa. *Hayabusa* a été le **1er engin spatial à décoller d'un astéroïde**.

(Porto Rico) lui ont envoyé par radar une énergie de 500 000 watts et découvert à partir des signaux retransmis qu'il est constitué de trois petits astéroïdes gravitant les uns autour des autres. Ils ne mesurent respectivement que 2, 1 et 0,4 km de diamètre.

LA PLUS GRANDE CONCENTRATION D'ASTÉROÏDES

Entre Mars et Jupiter se trouve la plus grande concentration d'astéroïdes du système solaire, ou ceinture principale d'astéroïdes. Elle contient de 700 000 à 1 700 000 astéroïdes d'au moins 1 km de diamètre et plusieurs millions de corps plus petits.

Le **plus gros astéroïde** de la ceinture principale d'astéroïdes est 1 Cérès. D'un diamètre moyen de

941 km, il a été découvert par Giuseppe Piazzi, prêtre italien, le 1er janvier 1801.

Découvert en 1885, 253 Mathilde se trouve lui aussi dans la ceinture principale d'astéroïdes. Il mesure 66 x 48 x 46 km. Depuis juin 1997, date à laquelle *NEAR Shoemaker*, une sonde de la NASA, l'a photographiée, c'est le troisième et **plus gros astéroïde approché par un engin spatial**.

★ LE 1ER ASTÉROÏDE POSSÉDANT UN SATELLITE

En 1993, *Galileo*, une sonde de la NASA qui se dirigeait

vers Jupiter, a survolé l'astéroïde Ida. Le 17 février 1994, l'analyse des images enregistrées lors du survol a révélé qu'Ida, dont l'axe le plus long mesure 53,6 km, possède un satellite naturel. Dactyl ne mesure que 1,6 x 1,4 x 1,2 km de diamètre et son orbite autour d'Ida dure 20 h.

MAUVAISE CHUTE

La 1re personne à avoir été blessée par une météorite est Ann Hodges, de Sylacauga (Alabama, USA). Le 30 novembre 1954, un morceau de chondrite de 5,5 kg a traversé le toit de sa maison. Elle s'en est sortie avec des contusions.

★ LE 1ER IMPACT D'ASTÉROÏDE PRÉVU AVEC PRÉCISION

Le 6 octobre 2008, des astronomes ont découvert un petit astéroïde baptisé 2008 TC3. L'analyse de son orbite indiquait qu'il arriverait sur Terre 21 h plus tard. Le 7 octobre, à 2 h 46 du matin (UTC), il est entré dans l'atmosphère à une telle vitesse qu'il s'est désintégré à 37 km au-dessus du Soudan. Sur la grande photo, un scientifique de la NASA près de débris de l'explosion. La petite photo, à droite, montre la trace de l'astéroïde déformé par les vents d'altitude.

La **batte de cricket la plus chère** – "The Don", utilisée par Sir Don Bradman, légende du cricket, lors de son premier test-match en 1928 – a été vendue 121 900 dollars chez Leski Auctions, à Melbourne (Australie), le 24 septembre 2008.

1 / 700 000

Vous avez 1 risque sur 700 000 d'être tué par un astéroïde. Des astéroïdes d'un diamètre inférieur à 10 m entrent chaque année dans l'atmosphère, mais explosent immédiatement sans faire de dégâts.

★ LE 1ᴱᴿ ASTÉROÏDE FRÔLÉ PAR UN ENGIN SPATIAL
951 Gaspra, frôlé par la sonde américaine *Galileo*, le 29 octobre 1991.

L'ASTÉROÏDE LE PLUS BRILLANT
Découvert le 29 mars 1807, l'astéroïde 4Vesta est le seul astéroïde visible à l'œil nu. Ce phénomène est dû à sa surface brillante, à sa taille (576 km de diamètre) et au fait qu'il s'approche à moins de 177 millions de km de la Terre.

LE PLUS PETIT ASTÉROÏDE
Plusieurs astéroïdes peuvent prétendre à ce record. Découvert le 21 mai 1993, l'astéroïde 1993KA2 a un diamètre de 5 m environ. 2000LG6, découvert le 4 juin 2000, semble avoir le même diamètre. Les autres candidats sont 1991BA, 1991TU, 1991VG et 1994ES1.

LE 1ᴱᴿ ATTERRISAGE SUR UN ASTÉROÏDE
La sonde *NEAR Shoemaker* s'est posée sur l'astéroïde 433 Eros, le 12 février 2001. La sonde a transmis 69 images de sa surface pendant sa descente, montrant des détails de petites roches de quelques centimètres seulement. Eros mesure environ 33 km de diamètre.

★ LE 1ᴱᴿ ASTÉROÏDE GÉOCROISEUR DÉCOUVERT
433 Eros, découvert le 13 août 1898 en même temps par Carl Gustav Witt (Allemagne) et Auguste Charlois (France).

★ LE 1ᴱᴿ ASTÉROÏDE AYANT UNE QUEUE
P/2010 A2, découvert en 2010, dans la principale ceinture d'astéroïdes entre Mars et Jupiter.

LE PLUS GROS OBJET AYANT UNE ROTATION CHAOTIQUE
Hypérion, satellite de Saturne mesurant 410 × 260 × 220 km, est le plus grand corps céleste très irrégulier du système solaire. C'est l'un des deux seuls corps découverts dans le système solaire à avoir une rotation complètement chaotique. Il fait des culbutes à l'intérieur de son orbite autour de Saturne. Le second, l'astéroïde 4179 Toutatis, mesure 4,5 × 2,4 × 1,9 km.

★ L'ASTÉROÏDE À LA ROTATION LA PLUS LENTE
L'astéroïde 288 Glauke a été découvert par un télescope en 1890. Il mesure 32 km de diamètre et met 50 jours à tourner sur son axe. De tous les corps du système solaire, seuls Mercure et Vénus ont une rotation plus lente.

LA PLUS GRANDE DÉCOUVERTE D'ASTÉROÏDES
L'éminent astrogéologue Eugene Shoemaker (USA, 1928-1997) a découvert 1.125 astéroïdes, pour la plupart avec sa femme et collègue astronome, Carolyn.

L'ASTÉROÏDE À LA PLUS COURTE PÉRIODE
L'astéroïde 2004 JG6 fait le tour du Soleil en 184,46 jours. Il a été découvert par Brian Skiff (USA) depuis l'observatoire de Lowell, à Flagstaff (Arizona, USA). L'annonce a été faite le 13 mai 2004.

"GÉOCROISEURS", OBJETS DE PETITE TAILLE DONT L'ORBITE PASSE À PROXIMITÉ DE LA TERRE.

L'IMPACT LE PLUS ANCIEN
Un astéroïde de 20-30 km de diamètre s'est écrasé sur Terre il y a 3,47 milliards d'années, laissant des débris en Australie et en Afrique du Sud. Ils ont été découverts en 2002 par des scientifiques américains.

- ● MISE À JOUR
- ★ NOUVEAU RECORD

ÉCHELLE DE TURIN

Cette échelle a été conçue par le professeur Richard P Binzel du Massachusetts Institute of Technology, pour évaluer les risques de collision d'un objet céleste avec la Terre.

0	Aucun danger	Aucun risque de collision d'un météore ou d'un astéroïde.
1	Normal	Passage d'un corps près de la Terre, mais le risque est faible.
2	Méritant l'attention des astronomes	Passage près de la Terre, mais sans danger. Pas de raison de s'inquiéter.
3		Risque de collision ou de dégâts localisés extrêmement faible.
4		Risque peu important de collision et de dégâts localisés.
5	Menace	Risque considérable, mais incertain. Mérite l'attention des astronomes.
6		Risque considérable, mais incertain d'impact d'un objet de grande taille. Mérite l'attention des astronomes.
7		Impact d'un objet de grande taille possible. Exige la planification de mesures au niveau international.
8	Collisions certaines	Destruction localisée.
9		Destruction massive d'une région.
10		Collision certaine. Catastrophe climatique planétaire possible. Événement se produisant en moyenne tous les 100 000 ans.

La **batte de baseball la plus chère** a appartenu à George Herman Ruth alias "Babe". Elle a été vendue chez Sotheby's à New York (USA), le 2 décembre 2004, pour 1 265 000 dollars.

Espace
LA STATION SPATIALE

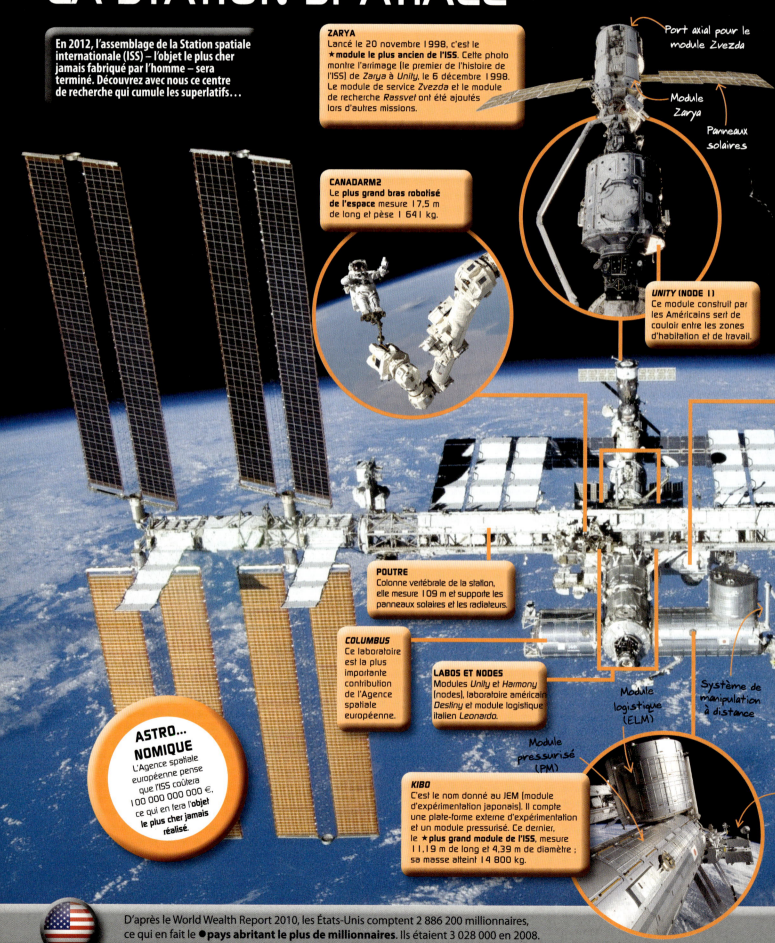

En 2012, l'assemblage de la Station spatiale internationale (ISS) – l'objet le plus cher jamais fabriqué par l'homme – sera terminé. Découvrez avec nous ce centre de recherche qui cumule les superlatifs…

ZARYA
Lancé le 20 novembre 1998, c'est le ★ **module le plus ancien de l'ISS**. Cette photo montre l'arrimage (le premier de l'histoire de l'ISS) de *Zarya* à *Unity*, le 6 décembre 1998. Le module de service *Zvezda* et le module de recherche *Rassvet* ont été ajoutés lors d'autres missions.

CANADARM2
Le **plus grand bras robotisé de l'espace** mesure 17,5 m de long et pèse 1 641 kg.

Port axial pour le module *Zvezda*

Module *Zarya*

Panneaux solaires

UNITY (NODE 1)
Ce module construit par les Américains sert de couloir entre les zones d'habitation et de travail.

POUTRE
Colonne vertébrale de la station, elle mesure 109 m et supporte les panneaux solaires et les radiateurs.

COLUMBUS
Ce laboratoire est la plus importante contribution de l'Agence spatiale européenne.

LABOS ET NODES
Modules *Unity* et *Harmony* (nodes), laboratoire américain *Destiny* et module logistique italien *Leonardo*.

Module logistique (ELM)

Système de manipulation à distance

Module pressurisé (PM)

ASTRO… NOMIQUE
L'Agence spatiale européenne pense que l'ISS coûtera 100 000 000 000 €, ce qui en fera l'**objet le plus cher jamais réalisé**.

KIBO
C'est le nom donné au JEM (module d'expérimentation japonais). Il compte une plate-forme externe d'expérimentation et un module pressurisé. Ce dernier, le ★ **plus grand module de l'ISS**, mesure 11,19 m de long et 4,39 m de diamètre ; sa masse atteint 14 800 kg.

D'après le World Wealth Report 2010, les États-Unis comptent 2 886 200 millionnaires, ce qui en fait le ●**pays abritant le plus de millionnaires**. Ils étaient 3 028 000 en 2008.

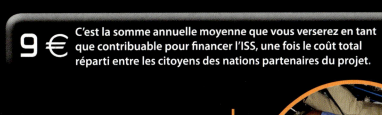
9 € C'est la somme annuelle moyenne que vous verserez en tant que contribuable pour financer l'ISS, une fois le coût total réparti entre les citoyens des nations partenaires du projet.

PANNEAUX PHOTOVOLTAÏQUES
Quatre paires d'ailes alimentent l'élément principal de la station.

Verre de silice fondue et borosilicate

EXPLOSIF
Pour éviter l'accumulation nocive de gaz intestinaux à bord des stations spatiales, la NASA a publié une liste des aliments interdits, comme le chou et les haricots !

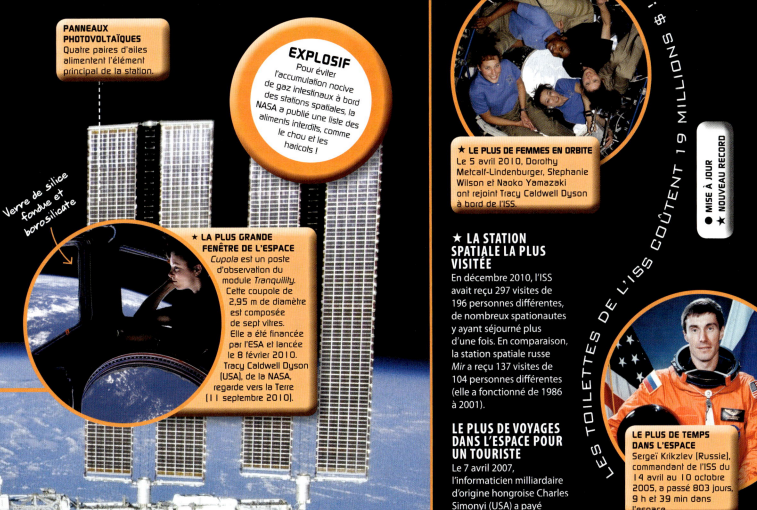

★ **LA PLUS GRANDE FENÊTRE DE L'ESPACE**
Cupola est un poste d'observation du module *Tranquility*. Cette coupole de 2,95 m de diamètre est composée de sept vitres. Elle a été financée par l'ESA et lancée le 8 février 2010. Tracy Caldwell Dyson (USA), de la NASA, regarde vers la Terre (11 septembre 2010).

ELC
L'ExPRESS Logistics Carrier (ou palette logistique express) sert de support à des expériences scientifiques et de lieu de stockage de pièces détachées.

Plate-forme externe d'expérimentation (EF)

★ **LE PLUS GROS SATELLITE ARTIFICIEL**
Avec ses dimensions de 109 x 51 x 20 m, l'ISS est le plus gros objet artificiel en orbite autour de la Terre. Il fait le tour de celle-ci en 91 min et se voit à l'œil nu depuis le sol quand il fait nuit.

★ **LE PLUS DE FEMMES EN ORBITE**
Le 5 avril 2010, Dorothy Metcalf-Lindenburger, Stephanie Wilson et Naoko Yamazaki ont rejoint Tracy Caldwell Dyson à bord de l'ISS.

• MISE À JOUR
★ NOUVEAU RECORD

★ **LA STATION SPATIALE LA PLUS VISITÉE**
En décembre 2010, l'ISS avait reçu 297 visites de 196 personnes différentes, de nombreux spationautes y ayant séjourné plus d'une fois. En comparaison, la station spatiale russe *Mir* a reçu 137 visites de 104 personnes différentes (elle a fonctionné de 1986 à 2001).

LE PLUS DE VOYAGES DANS L'ESPACE POUR UN TOURISTE
Le 7 avril 2007, l'informaticien milliardaire d'origine hongroise Charles Simonyi (USA) a payé 25 millions $ pour voyager à bord d'un lanceur *Soyouz* et séjourner 12 jours dans l'ISS.

LES TOILETTES DE L'ISS COÛTENT 19 MILLIONS ; $

LE PLUS DE TEMPS DANS L'ESPACE
Sergeï Krikzlev (Russie), commandant de l'ISS du 14 avril au 10 octobre 2005, a passé 803 jours, 9 h et 39 min dans l'espace.

Deux ans plus tard, à 60 ans, Simonyi a payé 35 millions $ pour un second voyage vers l'ISS, soit **le voyage touristique le plus onéreux**. Il a décollé le 26 mars 2009 et est revenu le 9 avril 2009.

LE MARATHON LE PLUS RAPIDE DANS L'ESPACE
Sunita Williams, une astronaute de la NASA originaire de Needham (Massachusetts, USA), a battu le record du marathon en orbite autour de la Terre à bord de l'ISS. Le 16 avril 2007, elle a couru 42 km harnachée à un tapis roulant. Cette participante officielle au 111e marathon de Boston (USA) a réalisé un temps de 4 h et 24 min.

★ **LE 1ER ÉQUIPAGE RÉSIDENT À BORD DE L'*ISS***
L'équipage de l'*Expédition 1* (Sergei Krikalev (à g.), Yuri Pavlovich Gidzenko (au centre) (Russie) et William Shepherd (USA) est arrivé dans l'ISS le 2 novembre 2000. **Le 1er séjour d'un équipage à bord de l'ISS** a duré 136 jours.

Le pays à la ★ **plus forte concentration de millionnaires** (en dollars) n'est pas les États-Unis mais Singapour. 8,5 % des ménages y avaient 1 million $ d'actifs sous gestion en 2009.

Espace
CATASTROPHES

LA PLUS GRAVE CATASTROPHE POUR UN VOL HABITÉ

Entre le début de la conquête spatiale et février 2011, environ 300 vols habités ont été lancés. Deux ont entraîné la mort de 7 personnes. Le 28 janvier 1986, une explosion a eu lieu à 14 020 m d'altitude, 73 s après le décollage de la mission STS-51L de la navette spatiale *Challenger* depuis Kennedy Space Center (Floride, USA) : 5 hommes et 2 femmes ont péri. Une deuxième tragédie a eu lieu en 2003 (voir ci-contre).

★ LA PLUS FORTE ROTATION INCONTRÔLÉE

En mars 1968, lors du premier arrimage dans l'espace, les deux vaisseaux – la capsule *Gemini 8,* pilotée par Neil Armstrong (USA, à droite) et David Scott (USA), et la fusée-cible *Agena*, inhabitée – se sont mis à tourner sur eux-mêmes de façon incontrôlée. Après un désarrimage d'urgence, *Gemini 8* a tourné encore plus vite. La force gravitationnelle était telle que l'équipage risquait de perdre la vue. Armstrong a stoppé le roulis avec les moteurs de rentrée et a mis fin à la mission en effectuant un amerrissage d'urgence (ci-dessous, à droite).

★ LE PREMIER INCENDIE DANS UNE STATION SPATIALE

Le 23 février 1997, des bouteilles de perchlorate de lithium ont pris feu à bord de la station spatiale russe *Mir*, déclenchant un incendie. Il a été éteint juste avant que l'équipage n'évacue *Mir* à bord du vaisseau de secours *Soyouz*.

LOIN !
Le 15 avril 1970, à 1 h 21 GMT, l'équipage d'*Apollo 13* a atteint l'apocynthion (le point le plus éloigné de la Lune), à 400 171 km de la Terre. C'est le point le plus éloigné de la Terre jamais atteint par l'homme.

[X] **POUR LES EXPLORATIONS SUR TERRE, RENDEZ-VOUS P. 120**

★ LE PREMIER ACCIDENT MORTEL LORS D'UN TEST DE DÉCOLLAGE

Le 27 janvier 1967, à Cap Canaveral (Floride, USA), les astronautes Virgil Ivan "Gus" Grissom, Edward Higgins White II et Roger Bruce Chaffee (tous USA) ont péri dans la capsule d'*Apollo 1* lors d'un test de décollage, une étincelle due à un circuit électrique défectueux ayant embrasé l'oxygène pur de la capsule.

DÉBRIS SPATIAUX

Des milliers d'objets produits par l'homme (de la particule microscopique au satellite hors service) tournent autour de la Terre, dont 20 000 surveillés par radar. On y trouve :

Une caméra lâchée dans l'espace par l'astronaute Suni Williams (USA) alors qu'il travaillait sur la station spatiale internationale *Mir*.

Une pince à bec lâchée en novembre 2007 par Scott Parazynski (USA) alors qu'il réparait un panneau solaire.

Un gant perdu en 1965 par Ed White, le premier Américain à être sorti dans l'espace. Il a tourné 1 mois autour de la Terre avant de se désintégrer dans l'atmosphère.

Une spatule perdue par Piers Sellers (USA, né au RU) en 2006, sur le vol Discovery STS-121, lors d'un test de matériel destiné à la réparation des boucliers thermiques.

Une sacoche à outils complète d'une valeur d'environ 100 000 $, perdue lors d'une sortie dans l'espace par Heide Stefanyshyn-Piper (USA), en novembre 2008.

 Singapour est un port d'escale important. En 2009, 472 millions de tonnes de marchandises ont transité par ses quais, ce qui en fait le ●**plus grand port de commerce en tonnage**.

2 833

La probabilité de mourir dans un accident est de 1 sur 36. 2 833 ans est donc l'âge que vous pourriez atteindre avant de connaître un accident mortel… à condition de ne pas mourir de maladie ou de vieillesse avant.

★ LA MISSION LUNAIRE HABITÉE LA PLUS COURTE

En avril 1970, lors de la mission *Apollo 13*, l'explosion d'un réservoir d'oxygène a obligé l'équipage américain à évacuer le module de commande et à utiliser le module lunaire comme vaisseau de secours. Il a adopté une "trajectoire de retour libre", qui utilisait la force gravitationnelle de la Lune pour contourner celle-ci et se catapulter vers la Terre. Les trois astronautes sont sortis vivants de ce cauchemar de 5 jours et 22 h.

LA PLUS GRAVE CATASTROPHE SPATIALE AU SOL

91 personnes ont été tuées par l'explosion d'un missile R-16 lors du remplissage de ses réservoirs, à Baïkonour (Kazakhstan), le 24 octobre 1960.

LA COLLISION SPATIALE LA PLUS GRAVE

Le 25 juin 1997, un véhicule de ravitaillement Progress (sans équipage) de 7 t a percuté la station spatiale russe *Mir*. Les cosmonautes ont dû colmater à la hâte une brèche dans la coque du module *Spektr*, tandis qu'un astronaute américain préparait la capsule *Soyouz* pour une éventuelle évacuation. L'accident n'a pas fait de victime, mais il a provoqué une baisse de l'alimentation en électricité et en oxygène de *Mir* et sa rotation incontrôlée pendant quelques instants.

★ LE PREMIER ENGIN SPATIAL FOUDROYÉ EN COURS DE MISSION

Moins de 1 min après le décollage d'*Apollo 12* de Cap Canaveral (Floride, USA), le 14 novembre 1969, des anomalies électriques ont

★ LE PREMIER DÉCÈS EN ORBITE

La chienne Laïka ("aboyeuse" en russe), lancée à bord du vaisseau soviétique *Spoutnik 2*, le 3 novembre 1957, est le premier animal mis en orbite autour de la Terre. On a appris en octobre 2002 qu'elle était morte de stress et de chaleur peu après le décollage.

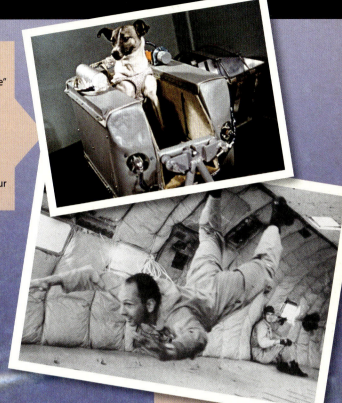

affecté la fusée, notamment les piles à combustibles du module de commande, dont l'alimentation a basculé sur batteries. Les contrôleurs au sol et l'équipage ont réussi à garder le cap de l'orbite terrestre. On a découvert que la foudre avait frappé 2 fois la fusée : 36 s et 52 s après son lancement.

★ LE 1ᵉʳ ASTRONAUTE TUÉ EN VOL DURANT UN ENTRAÎNEMENT

Theodore ("Ted") Freeman (USA), en photo lors d'un entraînement, est mort le 31 octobre 1964 quand son T-38 est entré en collision avec une oie. Les deux moteurs se sont enflammés ; alors qu'il tentait un atterrissage d'urgence à l'écart des bâtiments de la base aérienne d'Ellington, Freeman s'est éjecté trop près du sol pour en réchapper.

● MISE À JOUR
★ NOUVEAU RECORD

★ LA RENTRÉE DANS L'ATMOSPHÈRE LA PLUS CATASTROPHIQUE

Le 1ᵉʳ février 2003, la navette *Columbia* s'est désintégrée lors de sa rentrée dans l'atmosphère terrestre au terme d'une mission orbitale de 15 jours. L'enquête a démontré qu'un morceau de la mousse isolant le réservoir extérieur de carburant s'était détaché, percutant le bord d'attaque de l'aile gauche lors du lancement. La brèche ainsi ouverte a permis à la chaleur de s'accumuler pendant la rentrée dans l'atmosphère, provoquant la rupture de l'aile et la désintégration de l'engin.

★ LES PREMIÈRES VICTIMES DU VIDE SPATIAL

Quand la mission *Soyouz 11* s'est achevé le 30 juin 1971, Viktor Ivanovich Patsayev, Vladislav Nikolayevich Volkov (Russie) et Georgy Timofeyevich Dobrovolsky (Ukraine) venaient de passer 3 semaines dans la station *Salyout 1*. Après le désarrimage, une soupape a cédé, soumettant les cosmonautes au vide spatial à 168 km d'altitude. Ils sont morts asphyxiés en quelques secondes.

Le réseau national des chemins de fer chinois a transporté 2 178 milliards de tonnes de marchandises en 2004. Selon l'UIC (Union internationale des chemins de fer), c'est le **réseau ferré le plus grand en volume de marchandises transportées**.

LES ORAGES LES PLUS LONGS

Les supercellules sont des orages puissants se formant autour d'un mésocyclone (zone orageuse présentant une rotation marquée). Elles peuvent mesurer plusieurs kilomètres de diamètre et durer plusieurs heures. Ce sont donc les ★**orages à la durée de vie et à l'envergure les plus importantes**. Assez fréquents dans les Grandes Plaines (USA), ils engendrent parfois des tornades. Celui-ci a été photographié en juillet 2010 dans le Montana (USA) par Sean Heavey. "Il mesurait de 8 à 16 km de diamètre avec des rafales de vent à 140 km/h, raconte-t-il. Je n'ai pas honte de dire que j'ai eu la peur de ma vie."

En 2006, la Chine était le **plus grand producteur d'énergie du monde**, avec 1 749 Mtep (millions de tonnes d'équivalent pétrole). La "tep" est une unité de mesure correspondant à la quantité d'énergie produite par la combustion d'une tonne de pétrole brut.

ANATOMIE DE LA TERRE

LA PLANÈTE DE TOUS LES RECORDS

La Terre est la **plus grande planète tellurique**, la **planète intérieure la plus active sur le plan géologique** et la **plus dense**, et le seul corps du système solaire en grande partie recouvert d'eau. Elle abrite la seule forme de vie connue de l'Univers. Aux hommes s'ajoutent au moins 2 millions d'espèces animales connues, mais il en existe sans doute 100 millions de plus. La Lune est le **satellite le plus gros par rapport à la planète autour de laquelle il gravite**.

Nous tournons avec elle autour du Soleil à 29,78 km/h.

QUE DE ZÉROS !

La masse de la Terre est de 5,972 x 10²⁴ kg, ce qui peut aussi s'écrire 5 972 000 000 000 000 000 000 000 kg ou 5,972 septillions kg.

LA TERRE EN CHIFFRES

Âgée de 4,6 milliards d'années, la Terre est un sphéroïde oblate : son axe polaire est plus court (de 43 km) que son axe équatorial, ce qui lui donne une forme aplatie.

LA TERRE*	
Masse (totale)	5,972 x 10²⁴ kg
Masse (atmosphère)	5,1 x 10¹⁸ kg
Masse (hydrosphère)	1,4 x 10²¹ kg
Superficie (totale)	510 072 000 km²
Superficie (eau)	361 132 000 km²
Circonférence (équatoriale)	6 378,1 km
Circonférence (polaire)	6 356,8 km
Volume	1,083 x 10¹² km³
Période de rotation	23 h, 56 min et 4,1 s
Température moyenne	15 °C
EXTRÊMES	
Point le plus élevé	8 848 m (mont Everest, Népal)
Point le plus bas (émergé)	418 m (rives de la mer Morte, Israël et Jordanie)
Point le plus profond	10 971 m (fosse Challenger dans la fosse des Marianness)
Température la plus élevée jamais enregistrée	58 °C (El Azizia, dans le désert du Sahara, Libye)
Température la plus basse jamais enregistrée	– 89,2 °C (base de Vostok, Antarctique)

*Sources : NASA, National Geophysical Data Center.
Les limites, et donc les données, varient d'une agence à l'autre.

Atmosphère
- Couche gazeuse qui enveloppe le globe grâce à l'attraction terrestre et s'étend jusqu'à 100 000 km. Toutefois, on considère que la limite avec l'espace se situe à 100 km, altitude au-dessous de laquelle se trouve presque 100 % de l'atmosphère.
- Poids : 5 x 10¹⁸ kg.
- Compte 5 couches principales :
- Troposphère (0-17 km)
- Stratosphère (17-50 km)
- Mésosphère (50-85 km)
- Thermosphère (85-690 km)
- Exosphère (jusqu'à 100 000 km)

Croûte continentale
- Couche de faible épaisseur constituée de minéraux formant les continents.
- Représente 0,375 % de la masse de notre planète.

Croûte océanique
Couche la plus fine formant le plancher océanique, soit 0,099% de la masse totale.

PROFONDEUR
TEMPÉRATURE

6 378 km — 7 200 °C
5 150 km — 6 000 °C
2 800 km — 4 000 °C
650 km — 1 400–3 000 °C
400 km — 870 °C

Noyau interne (2 442 km de diamètre)
- Boule constituée de nickel et de fer. C'est le plus grand cristal de la Terre.
- Zone à la rotation la plus rapide.

Noyau externe (2 259 km d'épaisseur)
- Représente 29,3% de la masse de la Terre (16% de son volume).
- **Plus grand corps liquide**, fait de fer, de nickel, de soufre et d'oxygène.

Manteau inférieur
- Couche visqueuse de silicium, magnésium et oxygène.
- **Partie la plus importante** qui représente 49,2 % de sa masse totale.

Manteau supérieur
- Couche rigide formant, avec la croûte, la lithosphère.
- Représente 10,3% de la masse de la Terre.

MISE À JOUR
★ NOUVEAU RECORD

BESOIN D'AIR ?
RETOURNEZ À LA TOUTE PREMIÈRE PAGE.

Le 23 mai 2006, un Qatari anonyme a payé 10 millions QAR (1,85 million €) pour obtenir le numéro 666-6666. C'est la **plus grosse somme d'argent jamais versée pour un numéro de téléphone mobile**.

8 136 C'est votre part de la Terre en mètres carrés, c'est-à-dire la surface des terres cultivables divisée par le nombre d'habitants du globe. Hormis le poisson, tout ce que vous mangez provient d'un morceau de terre de la taille d'un terrain de football.

LA COMPOSITION DE LA TERRE

La Terre s'est formée à partir du même nuage de gaz et de poussière que le Soleil et les autres planètes. Sa composition chimique est très différente de celle du reste de l'Univers, où l'hydrogène est l'**élément le plus abondant** (au moins 90 % de la matière qui le compose). L'★ **élément le plus abondant sur Terre** est le fer, qui représente environ 36 %. Tous les autres éléments constitutifs de la Terre sont représentés ici à l'état brut ; l'essentiel de l'oxygène (hautement réactif) est emprisonné dans les minéraux – solides cristallins dont les roches sont constituées. Les ★**minéraux les plus abondants sur Terre** sont les silicates (formés avec du silicium et de l'oxygène), qui constituent environ 95 % de la croûte terrestre, ce qui explique pourquoi l'oxygène (gaz incolore figuré par le bocal sur la photo ci-contre) représente une telle proportion de sa masse, environ 46 %.

Fer (Fe) 32,1 %

Oxygène (O) 30,1 %

Nickel (Ni) 1,8 %

Aluminium (Al) 1,4 %

Silicium (Si) 15,1 %

Oligo-éléments 1,2 %

Calcium (Ca) 1,5 %

Soufre (S) 2,9 %

Magnésium (Mg) 13,9 %

Terre (29,1 % de sa surface)
Superficie : env. 148 940 000 km²
Toutes les zones émergées de notre planète réunies formeraient une île parfaitement ronde de 13 770 km de diamètre, soit la distance du Mexique à la Chine en passant par le Pacifique, plus 1 000 km à chaque extrémité !

LA PLANÈTE BLEUE

La Terre est connue sous le nom de Planète bleue car sa surface est majoritairement recouverte d'eau. Aucune autre planète ne possède autant d'eau liquide à sa surface. Le terme "hydrosphère" désigne l'eau présente à la surface, au-dessus et à l'intérieur d'une planète. Néanmoins, l'hydrosphère de la Terre ne représente que 0,023 % de sa masse, alors que 70,9 % de sa surface est couverte d'eau.

La profondeur moyenne des océans est de 3 790 m (environ l'altitude des Alpes), mais le **point le plus profond des océans** se situe à 10 911 m. Si on immergeait l'Everest à cet endroit, il culminerait à 2 km sous le niveau de la mer.

Q. De quelle couleur est l'eau ?

R. Elle est bleue ! Pourquoi ? Parce qu'elle absorbe la lumière à l'extrémité rouge du spectre et que nous la voyons donc de la couleur opposée : le bleu.

Eau (70,9 % de la surface)
Superficie : env. 361,9 millions km²
Eau douce/glace (1,6 %), nappes phréatiques (0,6 %) et lacs/rivières (0,36 %) représentent 2,5 %. Le reste est formé des océans et des mers.

Pacifique (50,1 % du vol.)
• Superficie : 33,03 %
• Volume : 669,8 millions km³
• Profondeur moyenne : 4 080 m

Atlantique (23,3 % du vol.)
• Superficie : 16,69 %
• Volume : 310,4 millions km³
• Profondeur moyenne : 3 646 m

LES OCÉANS

La Terre est couverte à 97 % environ par les océans. On en distingue jusqu'à sept, mais ils sont reliés entre eux et forment une masse d'eau continue couvrant 3,6 x 10⁸ km² environ. Les gouttes d'eau représentées ici indiquent le volume relatif des cinq principaux océans. Si on les rassemblait, on obtiendrait une goutte d'eau de 1 371 km de diamètre, soit environ la distance Brest-Toulon.

Océan Antarctique (5,4 % du vol.)
• Superficie : 4,3%
• Volume : 71,8 millions km³
• Profondeur moyenne : 3 270 m

Océan Indien (19,8 % du vol.)
• Superficie : 13,83 %
• Volume : 264 millions km³
• Profondeur moyenne : 3 741 m

Océan Arctique (1,4 % du vol.)
• Superficie : 3,05%
• Volume : 18,75 millions km³
• Profondeur moyenne : 1 205 m

Source : NOAA National Geophysical Data Center

●L'ESPÉRANCE DE VIE LA PLUS COURTE

En raison des mauvaises conditions sanitaires et des nombreuses épidémies, les 13 millions d'habitants de l'Angola ont une espérance de vie de 38,48 ans. En 2010, elle était de 39,52 ans pour les femmes et de 37,48 ans pour les hommes.

●L'ESPÉRANCE DE VIE LA PLUS LONGUE

Les riches habitants de Monaco ont une espérance de vie moyenne de 89,78 ans – 85,81 ans pour les hommes et 93,9 ans pour les femmes –, soit 2,5 fois plus que les Angolais !

★LA VILLE LA PLUS PEUPLÉE AU NORD DU CERCLE POLAIRE ARCTIQUE

Bien qu'elle soit située dans une zone inhospitalière, à 2° au nord du cercle polaire arctique, la ville portuaire de Mourmansk compte 311 000 habitants.

LE VILLAGE LE PLUS AUSTRAL

Puerto Toro, sur l'île de Navarino (Chili), est le lieu de peuplement permanent le plus austral – ce qui exclut les stations de recherche de l'Antarctique. Il comptait 36 habitants en 2002.

★LA PLUS GRANDE MIGRATION HUMAINE

En Chine, 1,3 milliard de travailleurs retournent dans leur famille à la campagne pour le Nouvel An. En 2010, les Chinois ont effectué 2,26 milliards de trajets en train sur cette période de 40 jours.

★L'ÉVOLUTION SAISONNIÈRE LA PLUS IMPORTANTE

La population humaine de l'Antarctique n'est pas permanente puisqu'elle est répartie de façon temporaire dans plusieurs stations de recherche sur tout le continent. Elle est multipliée par 5 entre l'hiver et l'été, passant de 1 000 à 5 000 habitants environ.

★ LA LANGUE LA MOINS PARLÉE

Le yaghan est une langue indigène de la Terre de Feu, archipel de l'extrême-sud de l'Amérique du Sud. Les Yaghan étaient 10 000 quand l'Argentine et le Chili ont commencé à explorer leurs îles à la fin du XIXᵉ siècle. En 1930, ils n'étaient plus que 70, la population ayant été décimée par les maladies, la déportation et l'exploitation. Née vers 1938, Cristina Calderón (photo) est la dernière indigène parlant encore cette langue.

●LE PAYS LE PLUS DENSÉMENT PEUPLÉ

Minuscule État souverain de 1,95 km², la principauté de Monaco compte 30 586 habitants. Il détient ainsi le record de la densité de population. Il compte en effet 15 685 personnes au km².

★ LE TERRITOIRE LE PLUS DENSÉMENT PEUPLÉ

Les 567 957 habitants de Macao (Chine) se partagent une superficie de 29,2 km², ce qui correspond à une densité de 19 450 habitants au km² !

LES PLUS GRANDES ÎLES EN ROSEAU

Le lac Titicaca (Pérou/Bolivie) est connu pour sa population unique de plusieurs centaines de personnes, les Uros, qui vivent sur ses eaux, sur un archipel de 42 îles "faites main". Fabriquées en roseaux (les *totoras*), ces îles sont en construction permanente, car elles pourrissent en 3 mois.

Découvrez les endroits les plus peuplés de la planète, où l'espace est un luxe…

Ville : Tokyo (Japon) 36 millions d'habitants. Le grand Tokyo abrite 28 % des 126,8 millions de Japonais.

●**Île : Java (Indonésie)** 136 millions d'habitants, soit 57 % de la population indonésienne !

●**Pays : Chine** 1,330 milliard d'habitants, devant l'Inde (1,148 milliard) et les États-Unis (303,8 millions).

Continent : Asie 4 milliards d'habitants, vivant pour l'essentiel en Chine et en Inde.

● MISE À JOUR
★ NOUVEAU RECORD

Situé à Longyearbyen sur l'île de Svalbard (Norvège), le Radisson Blu Polar Hotel est l'**hôtel-restaurant le plus septentrional** du monde, puisqu'il ne se trouve qu'à 1 333 km du pôle Nord.

290 C'est le nombre de personnes que vous connaîtrez à un moment donné de votre vie. Sur toute une vie, vous croiserez 1 981 personnes (amis, collègues, relations...), soit 0,0000003 % de la population mondiale.

GUINNESS WORLD RECORDS 2012

PETIT ET GRAND Les habitants de Nauru, la plus petite république du monde, présentent un indice de masse corporelle moyen de 35. Cette île du Pacifique Nord abrite la ●**plus grande population d'obèses**.

●LA PLUS PETITE RÉPUBLIQUE
Dans le Pacifique, l'île de Nauru ne couvre que 21 km² pour 9 267 habitants, ce qui en fait la plus petite république indépendant du monde.

●LE TAUX DE FÉCONDITÉ LE PLUS ÉLEVÉ
Au Niger, chaque femme met en moyenne 7,68 enfants au monde. La population de cet État d'Afrique de l'Ouest se développe de 3,66 % par an.

★LA TRIBU ARBORICOLE QUI VIT LE PLUS EN HAUTEUR Les Korowaï, tribu isolée de Papouasie (Indonésie), vivent dans des cabanes construites dans les arbres, à 30 m au-dessus du sol.

GRIMPEURS Découverts vers 1970, les Korowaï se réfugiaient dans les arbres pour échapper aux inondations, aux animaux et à leurs ennemis. Ils sont aujourd'hui 3 000.

Q. Quel est le pays à la plus faible densité de population ?

R. La Mongolie – à la frontière avec la Chine, pays le plus peuplé – est un lieu désertique, avec 1,97 habitant au km².

★LA PLUS FORTE CONCENTRATION DE TRIBUS ISOLÉES

D'après l'association de défense des droits de l'homme Survival International, la planète compte une centaine de tribus isolées. Plus de la moitié d'entre elles vivraient dans la forêt amazonienne (comme cette tribu photographiée en 2008 à la frontière entre le Pérou et le Brésil). La plupart ne veulent avoir aucun contact avec le monde extérieur et sont parfois hostiles aux étrangers.

Avec une surface totale au sol de 53 m², l'hôtel Eh'hausl, à Amberg (Allemagne), est le **plus petit hôtel** du monde. Il ne peut accueillir que deux hôtes par nuit.

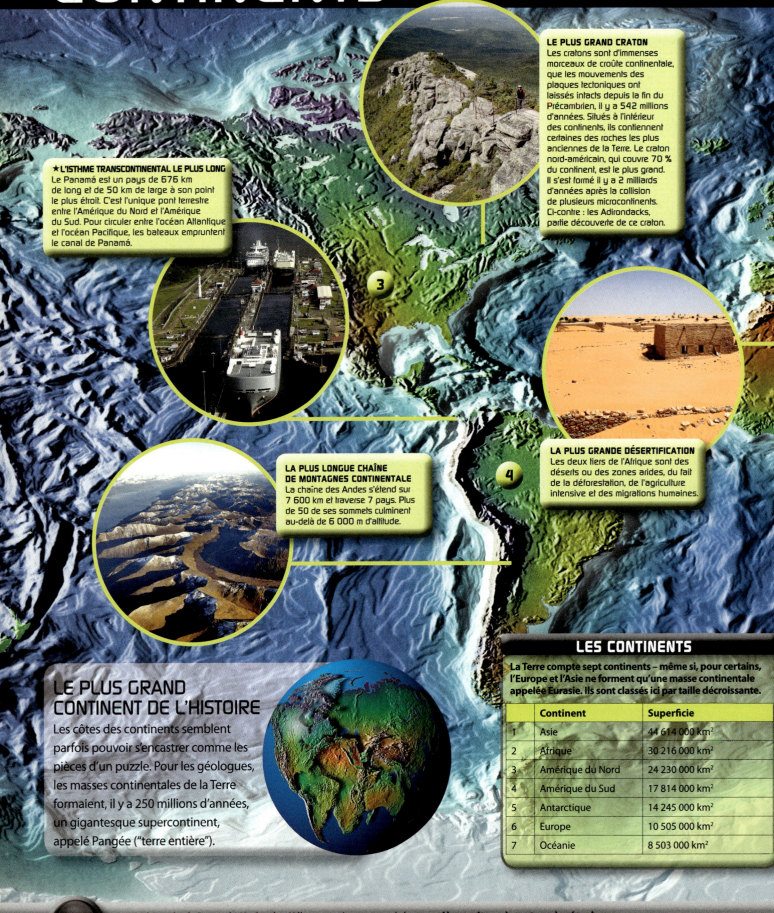

La Terre
CONTINENTS

LE PLUS GRAND CRATON

Les cratons sont d'immenses morceaux de croûte continentale, que les mouvements des plaques tectoniques ont laissés intacts depuis la fin du Précambrien, il y a 542 millions d'années. Situés à l'intérieur des continents, ils contiennent certaines des roches les plus anciennes de la Terre. Le craton nord-américain, qui couvre 70 % du continent, est le plus grand. Il s'est formé il y a 2 milliards d'années après la collision de plusieurs microcontinents. Ci-contre : les Adirondacks, partie découverte de ce craton.

★ L'ISTHME TRANSCONTINENTAL LE PLUS LONG

Le Panamá est un pays de 676 km de long et de 50 km de large à son point le plus étroit. C'est l'unique pont terrestre entre l'Amérique du Nord et l'Amérique du Sud. Pour circuler entre l'océan Atlantique et l'océan Pacifique, les bateaux empruntent le canal de Panamá.

LA PLUS GRANDE DÉSERTIFICATION

Les deux tiers de l'Afrique sont des déserts ou des zones arides, du fait de la déforestation, de l'agriculture intensive et des migrations humaines.

LA PLUS LONGUE CHAÎNE DE MONTAGNES CONTINENTALE

La chaîne des Andes s'étend sur 7 600 km et traverse 7 pays. Plus de 50 de ses sommets culminent au-delà de 6 000 m d'altitude.

LE PLUS GRAND CONTINENT DE L'HISTOIRE

Les côtes des continents semblent parfois pouvoir s'encastrer comme les pièces d'un puzzle. Pour les géologues, les masses continentales de la Terre formaient, il y a 250 millions d'années, un gigantesque supercontinent, appelé Pangée ("terre entière").

LES CONTINENTS

La Terre compte sept continents – même si, pour certains, l'Europe et l'Asie ne forment qu'une masse continentale appelée Eurasie. Ils sont classés ici par taille décroissante.

	Continent	Superficie
1	Asie	44 614 000 km²
2	Afrique	30 216 000 km²
3	Amérique du Nord	24 230 000 km²
4	Amérique du Sud	17 814 000 km²
5	Antarctique	14 245 000 km²
6	Europe	10 505 000 km²
7	Océanie	8 503 000 km²

Karl Friedrich Benz, de Karlsruhe (Allemagne), a construit la **première voiture à moteur à pétrole**, le Tricycle Benz 1, testé à Mannheim fin 1885.

3

C'est la longueur de pousse en millimètre de vos ongles chaque mois – c'est aussi le rythme auquel l'Amérique du Nord et l'Europe s'éloignent. Sur une vie, cela représente 2,05 m.

GUINNESS WORLD RECORDS 2012

LE PLATEAU CONTINENTAL LE PLUS LARGE
Le plateau continental le plus large se prolonge sur 1 210 km au large des côtes de Sibérie (Russie), dans l'océan Arctique.

LA PLUS GRANDE ZONE VOLCANIQUE
La ceinture de feu du Pacifique est un arc d'environ 40 000 km de long présentant une forte activité sismique et volcanique. Elle compte 452 volcans et plus de 75 % des volcans actifs ou en sommeil du monde. Le Japon, par exemple, connaît 1 500 séismes chaque année ; 10 % des volcans de la planète s'y trouvent. Cette carte en couleurs montre la hauteur des vagues lors du tsunami dévastateur qui a touché le Japon le 11 mars 2011.

JAPON

OCÉAN PACIFIQUE

Wave Height (cm)
0 20 40 60 80 100 120 140 160 180 200 220 240+

LA MASSE CONTINENTALE LA PLUS RAPIDE
Les plaques continentales se déplacent les unes par rapport aux autres. Le mouvement le plus important est celui de la microplaque des Tonga, qui avance dans le Pacifique au rythme de 24 cm par an.

LE POINT LE PLUS ÉLOIGNÉ DE LA MER
Le point de la Terre le plus éloigné de la mer (latitude 46°15,8'N, longitude 86°40,2'E) se trouve dans le bassin de la Djoungarie (Xinjiang, Chine), à 2 648 km de la côte la plus proche.

★LE CONTINENT LE MOINS EXPLORÉ
Les côtes de l'Antarctique ont été vues pour la première fois en 1820 par le capitaine William Smith (RU) et l'explorateur Fabian Gottlieb von Bellingshausen (Russie). C'est le dernier continent à avoir été découvert.

★LE CONTINENT À LA PLUS FAIBLE ACTIVITÉ VOLCANIQUE
La masse continentale de l'Australie n'a connu aucune éruption volcanique depuis plus de 5 000 ans. Ce sont d'autres processus géologiques qui ont façonné le paysage. Wave Rock (photo), formation de granit de plus de 2,7 milliards d'années, est due à l'érosion de la pluie et du vent. L'altitude moyenne de l'Australie est à peine supérieure à 200 m, ce qui en fait la **masse continentale la plus plate**. Le point le plus élevé, le mont Kosciusko, culmine à 2 229 m au-dessus du niveau de la mer.

● MISE À JOUR
★ NOUVEAU RECORD

Aujourd'hui, la voiture est un objet banal, surtout au Luxembourg, qui compte le **plus fort taux de propriétaires de voitures** au monde : 647 pour 1 000 habitants.

PRODIGES DE LA NATURE

Au fil des quatre pages qui suivent, Guinness World Records vous présente notre planète dans toute sa diversité, des déserts aux étendues glacées, des volcans aux montagnes sous-marines. Les photos montrent des animaux ou des lieux que l'UNESCO a inscrits au Patrimoine mondial en raison de leur importance culturelle.

★ LA PLUS HAUTE CHAÎNE MONTAGNEUSE TROPICALE

Le Huascarán, plus haut sommet du parc national de Huascarán, dans la Cordillera Blanca (Pérou), culmine à 6 768 m d'altitude. La zone protégée couvre 340 000 ha et comprend 33 sommets de plus de 5 500 m.

LES PLUS GRANDS HIÉROGLYPHES

Le Pérou abrite les lignes de Nazca, constituées de 70 gigantesques dessins d'animaux, lignes et formes tracés sur le sol du désert de Nazca entre 300 av. J.-C. et 540 apr. J.-C. Ces dessins ne peuvent être vus que du ciel. Ils sont en effet trop grands pour être perçus du sol.

LA PLUS HAUTE PAROI

Le Rupal, l'un des versants du Nanga Parbat, dans l'ouest de l'Himalaya, est une paroi d'un seul tenant mesurant 5 000 m depuis le fond de la vallée. Le Nanga Parbat, qui culmine à 8 125 m d'altitude, est le 8e plus haut sommet du monde.

C'EST-QUOIA !

Les arbres comme le séquoia à feuilles d'if (ci-dessous) peuvent vivre extrêmement longtemps. Certains spécimens ont environ 2 000 ans !

LE PLUS GRAND ARBRE

Le 25 août 2006, un séquoia à feuilles d'if (Sequoia sempervirens) a été découvert par Chris Atkins et Michael Taylor (tous deux USA) dans le parc national Redwood (Californie, USA). Baptisé "Hyperion", il mesurait 115,54 m de haut, soit plus de 2 fois la hauteur de la statue de la Liberté, en septembre 2006. La zone fait partie du parc national et d'État de Redwood, qui abrite des milliers de séquoias à feuilles d'if, dont les plus grands spécimens du monde.

★ LA PLUS FORTE DENSITÉ DE BALEINES DE L'ÉOCÈNE Depuis 1905, 379 fossiles de baleines datant de l'Éocène (56–34 millions d'années) ont été découverts à Wadi Al-Hitan (Égypte).

LE PLUS GRAND TEMPLE BOUDDHISTE Borobudur, près de Yogyakarta, à Java (Indonésie), a été construit entre 750 et 842. Il mesure 34,5 m de haut sur une base de 123 m de côté.

● MISE À JOUR
★ NOUVEAU RECORD

La **plus longue carte des vins** est celle du restaurant Chiggeri à Luxembourg (grand-duché de Luxembourg). Elle comptait 1 746 vins au 31 décembre 2008.

456

C'est la quantité de beurre en kilos que vous mangerez au cours de votre vie, ce qui correspond à une motte grosse comme un réfrigérateur et demi. Si l'Everest était en beurre, il pourrait alimenter le monde entier pendant 1 348 ans.

LA MONTAGNE QUI GRANDIT LE PLUS VITE

Le Nnanga Parbat (Pakistan) grandit de 7 mm par an. Cette montagne fait partie du plateau himalayen, qui s'est formé lorsque l'Inde est entrée en collision avec la plaque eurasienne, il y a 30 à 50 millions d'années.

★ LA PLUS GRANDE COULÉE DE BOUE D'ORIGINE VOLCANIQUE

Une coulée de boue baptisée Osceola Mudflow s'est produite il y a 5 600 ans sur les pentes du mont Rainier, dans la chaîne des Cascades (USA). Provoquée par une éruption volcanique, elle a entraîné un flot de débris de 3 km³ sur les flancs du volcan à 90 km/h. Lorsqu'elle a atteint Puget Sound, baie située à plus de 100 km, la coulée de boue mesurait encore environ 30 m d'épaisseur. Son passage a créé 460 km² de nouvelles terres sur la côte.

LE VOLCAN LE PLUS ACTIF

À Hawaii (USA), le Kilauea est en permanence en éruption depuis 1983. La lave s'écoule au rythme de 5 m³/s.

En mer Tyrrhénienne (Italie), le Stromboli émet de petites quantités de gaz et de lave depuis au moins le VIIᵉ siècle av. J.-C. C'est le **volcan qui connaît l'éruption continue la plus longue de l'histoire**. Ses émissions – il y en a en général plusieurs par heure – lui ont valu le surnom de "phare de la Méditerranée".

LE PREMIER "DARK SKY PARK"

L'International Dark Sky Association (qui milite contre l'éclairage nocturne) a désigné le Natural Bridges National Monument (Utah, USA) comme premier "Dark Sky Park" – lieu d'où le ciel peut être observé la nuit, sans pollution lumineuse.

★ LE PLUS ANCIEN BÂTIMENT EN BOIS

Le temple d'Hōryū-ji, à Ikaruga, préfecture de Nara (Japon), a été construit en 607. C'est l'un des 48 bâtiments en bois protégés par l'UNESCO dans cette zone. Il comprend un bâtiment de 5 étages : le Gojunoto.

LA PLUS GRANDE ARCHE NATURELLE

Les deux arches naturelles les plus longues se trouvent dans l'Utah (USA). Landscape Arch (parc national des Arches) et Kolob Arch (parc national de Zion) forment un passage de 94,5 m de large. La première – la plus impressionnante – surplombe un ravin et ne mesure que 5 m d'épaisseur dans sa partie la plus fine.

★ LA PREMIÈRE DÉCOUVERTE DE PEINTURES RUPESTRES

En 1879, Don Marcelino Sanz de Sautuola, archéologue amateur, et sa fille Maria (tous deux Espagne) ont découvert des peintures rupestres dans la grotte d'Altamira (Cantabrie, Espagne). Les peintures d'animaux et les empreintes de mains auraient entre 25 000 et 35 000 ans.

★ LES PLUS ANCIENS FOSSILES DE REPTILES

Les falaises fossilifères de Joggins, qui s'étirent sur 15 km le long de la baie de Fundy (Canada), sont riches en fossiles du Carbonifère (354-290 millions d'années). Des fossiles de 148 espèces y ont été découverts, notamment des fossiles d'*Hylonomus* qui vécut il y a 315 millions d'années, ce qui en fait l'un des plus anciens reptiles connus.

★ LA PLUS VASTE ZONE D'HABITAT DU PANDA GÉANT

Les sanctuaires du panda géant du Sichuan, dans les montagnes de Qionglai et de Jiajin (Sichuan, Chine), représentent la plus vaste zone d'habitat contigu du panda géant (*Ailuropoda melanoleuca*). Plus de 30 % des pandas du monde vivent dans cet ensemble de réserves naturelles et de parcs paysagers qui couvre 9 245 km².

GÉANT !
La population de pandas géants a décliné pendant plusieurs années, mais il semble qu'elle soit stabilisée. D'après les derniers chiffres disponibles (2004), ils seraient 1 600 dans le monde.

Les **plus grandes caves viticoles** sont celles de la Koöperatiewe Wijnbouwers Vereniging, à Paarl (province du Cap, Afrique du Sud). Elles couvrent 22 ha et peuvent contenir 121 millions de litres de vin.

La Terre
MERVEILLES AQUATIQUES

LA PLUS GRANDE SOURCE CHAUDE

La plus grande rivière d'eau bouillante jaillit des sources thermales de Deildartunguhver, au nord de Reykjavik (Islande), au rythme de 245 l/s.

LE FLEUVE LE PLUS LONG

Le Nil est considéré comme le plus long fleuve du monde. Il prend sa source principale dans le lac Victoria, au cœur de l'Afrique de l'Est. Depuis le Burundi, il parcourt 6 695 km.

Le **fleuve le plus large** est l'Amazone, en Amérique du Sud. Lorsqu'il n'est pas en crue, son bras principal peut atteindre une largeur de 11 km. Sa largeur est bien plus importante au niveau de son estuaire.

L'Amazone est aussi le **fleuve ayant le plus gros débit**. Elle déverse en moyenne 200 000 m^3/s dans l'Atlantique, le débit atteignant plus de 340 000 m^3/s quand la crue est à son maximum. Le débit de l'Amazone est 60 fois plus important que celui du Nil.

★ LES RAPIDES LES PLUS LARGES

Pendant la mousson, le volume du Mékong, à la frontière entre le Cambodge et le Laos, est multiplié par 20. Il inonde alors les plaines de la région de Siphandone, créant une zone de rapides pouvant atteindre 14 km de large. Le débit est 2 fois plus important que celui des chutes du Niagara : 10 millions de litres d'eau se frayent chaque seconde un chemin à travers le labyrinthe de canaux entourant les îles.

LE PLUS GRAND MARAIS

Situé essentiellement dans le sud-ouest du Brésil mais incluant aussi une petite partie de la Bolivie et du Paraguay, le Pantanal ("marais" en espagnol) couvre 150 000 km^2. Pendant la saison des pluies (de décembre à mai), 80 % du Pantanal sont inondés. La diversité des plantes aquatiques qu'il abrite est la plus importante au monde.

LA PLUS GRANDE ÎLE FLUVIALE

L'île de Majuli, sur le Brahmapoutre, au nord-est de l'Inde, couvre environ 880 km^2.

Du fait de la fréquence des crues du Brahmapoutre, Majuli subit une forte érosion : au cours des 30 à 40 dernières années, on estime qu'elle a perdu un tiers de sa superficie. Elle compte aujourd'hui environ 160 000 habitants.

LA GLACE LA PLUS ÉPAISSE

Le 4 janvier 1975, une équipe de sismologues a mesuré l'épaisseur de la glace recouvrant la terre de Wilkes, dans l'est de l'Antarctique. Elle atteignait 4,77 km, soit presque 23 tours Montparnasse empilées les unes sur les autres ! La calotte glaciaire de l'Antarctique est la plus grande masse d'eau douce de la planète. Ses 30 millions de km^3 représentent environ 70 % des réserves mondiales.

LA CHAÎNE DE MONTAGNES SOUS-MARINE LA PLUS LONGUE

La dorsale médio-océanique s'étend sur 65 000 km

★ LA PLUS FORTE CONCENTRATION DE GEYSERS Le parc national de Yellowstone (USA) compte au moins 300 geysers dont 250 sont actifs, soit 2/3 des geysers de la planète.

EXPLOSIF
Les geysers sont des sources chaudes dont l'eau bouillante jaillit régulièrement. Le volume normal de la vapeur souterraine peut être multiplié par 1 500.

LA PLUS GRANDE ÎLE DE SABLE
Au large de la côte du Queensland (Australie), Fraser Island possède une dune de 120 km de long, couvrant environ 163 000 ha.

★ LE PLUS VASTE CHAMP DE GLACE NON POLAIRE

Le parc national et la réserve de Kluane, dans le territoire du Yukon (Canada), abrite le plus vaste champ de glace en dehors des régions polaires. Situé entre 2 500 et 3 000 m d'altitude, celui-ci occupe plus de la moitié du parc. Certains de ses glaciers s'étirent sur 60 km.

L'Afrique du Sud est le **pays possédant le plus de langues officielles**. Sur les 11 qu'elle compte, la plus parlée est l'isiZulu, suivie (dans l'o l'isiXhosa, l'afrikaans, le sepedi, le setswana, l'anglais, le sesotho, le xitsonga, le siSwati, le tshivenda et l'isiNdebele.

1,25 C'est la quantité d'urine en litre que chaque personne produit en moyenne par jour. Sur une vie, cela fait 35 931 l. Il faudrait que vous fassiez pipi 22 jours en continu pour arriver à ce chiffre.

Quelques autres sites inscrits au Patrimoine mondial de l'UNESCO :

Lac Baïkal (Russie)
Plus grand lac d'eau douce, 23 000 km³

Shark Bay (Australie)
Abrite une colonie vivante de stromatolites qui a commencé à se développer il y a 3,5 milliards d'années (âge des plus vieux fossiles connus)

Orénoque (Amérique du Sud)
Habitat du boto, ou dauphin rose d'Amazonie (*Inia geoffrensis*). Avec ses 2,6 m de long, c'est le plus grand dauphin d'eau douce

de l'océan Arctique à l'Atlantique, contournant l'Afrique, l'Asie et l'Australie, et allant jusqu'à la côte ouest de l'Amérique du Nord en passant sous le Pacifique. Son altitude maximale au-dessus du plancher océanique est de 4 200 m, soit 20 fois la hauteur de la tour Eiffel.

LA PLUS HAUTE MONTAGNE SOUS-MARINE

Le mont Pico (Açores, Portugal) a une hauteur totale, de la base au sommet, de 8 449 m – un peu moins que l'Everest. Seuls 2 351 m se trouvent au-dessus du niveau de la mer, sa partie immergée représente 6 098 m, ce qui en fait la plus haute paroi montagneuse sous-marine.

LES CHUTES D'EAU LES PLUS HAUTES

Les chutes de Salto Angel (Venezuela), sur un bras du Carrao, ont une hauteur totale de 979 m, avec une chute en une seule partie de 807 m.

Si l'on considère le débit moyen annuel, les **plus grandes chutes** sont celles de Boyoma (République démocratique du Congo, ancien Zaïre), avec 17 000 m³/s.

★ LA PLUS VASTE ZONE MARITIME PROTÉGÉE

La zone protégée des îles Phoenix (République de Kiribati) couvre 408 250 km². Elle abrite environ 500 espèces de poissons, 200 de coraux, 44 d'oiseaux et 18 de mammifères marins.

★ LE PLUS GRAND RÉCIF-BARRIÈRE DE L'HÉMISPHÈRE NORD

Les réserves du récif-barrière du Bélize couvrent 963 km². Ce réseau côtier constitué d'atolls, de cayes sablonneuses, de mangroves, de lagons et d'estuaires abrite la plus grande formation récifale de l'hémisphère Nord. La plate-forme sous-marine et le récif-barrière s'étendent du Mexique au Guatelama. C'est le deuxième en taille, derrière la Grande Barrière de corail (Australie). La photo représente le Grand Trou bleu, une fosse de 124 m située au large du Bélize.

● MISE À JOUR
★ NOUVEAU RECORD

LA PLUS VASTE MANGROVE Les Sundarbans s'étendent sur presque 15 540 km² à travers l'Inde et le Bengladesh. Certains de ses arbres dépassent 21 m de haut.

par **La langue la plus répandue** est le chinois, parlée par plus de 1,1 milliard de personnes. Le mandarin (Pûtônghuà) est la forme standard du chinois. La prononciation est celle en usage à Pékin.

La Terre
CLIMAT MEURTRIER

★ LE CYCLONE TROPICAL LE PLUS LONG

L'ouragan-typhon John s'est formé dans l'est de l'océan Pacifique le 11 août 1994. Il a duré 31 jours et a parcouru la ★**plus longue distance couverte par un cyclone tropical jamais enregistrée**, soit 13 280 km. Il a traversé tout le Pacifique d'est en ouest. Chaque région utilise un nom différent (ouragan et typhon) pour désigner les cyclones tropicaux.

★ LA TORNADE LA PLUS LONGUE

Le 18 mars 1925, une tornade a parcouru au moins 352 km à travers le Missouri, l'Illinois et l'Indiana (USA), tuant 695 personnes. C'est la tornade la plus meurtrière des États-Unis. C'est aussi la plus longue : elle a duré 3 h 30.

★ LE PLUS GRAND CYCLONE TROPICAL

Le 12 octobre 1979, sur l'océan Pacifique, le typhon Tip a atteint un diamètre d'environ 2 200 m à son apogée. La tempête qui a accompagné ce typhon a soufflé sur une zone d'environ 3,8 millions km². Tip a été étudié en détail par l'armée de l'air américaine, qui a mené 60 missions de recherche à l'intérieur du cyclone.

★ LA PLUS FORTE HAUSSE DU NIVEAU DES OCÉANS

Depuis que l'on effectue des relevés précis, c'est-à-dire depuis le milieu du xixe siècle, le niveau des océans a augmenté de 20 cm. Au xxe siècle, la moyenne a été de 1,7 mm par an. Grâce aux satellites d'observation, on sait qu'il a augmenté d'environ 3 mm par an depuis 1993.

★ LA PLUS GRANDE PERTURBATION AÉRIENNE D'ORIGINE CLIMATIQUE

Le 14 avril 2010, le volcan Eyjafjallajökull (Islande) est entré dans une phase hautement explosive, rejetant un nuage de cendres fines dans l'atmosphère à plus de 8 km d'altitude. Ce nuage a été poussé par un jet-stream (courant d'air très rapide) vers le continent européen. Du 14 au 21 avril, 313 aéroports ont été fermés, environ 100 000 vols annulés et 7 millions de personnes bloquées. Cette perturbation aurait coûté 1,53 milliard € aux compagnies aériennes.

★LE COULOIR DE DÉGÂTS LE PLUS LARGE Le 22 mai 2004, 56 tornades ont frappé le Midwest (USA). Celle d'Hallam (Nebraska) a laissé un couloir de dégâts atteignant par endroits 4 km de large.

FRAPPANT
La Terre est frappée par la foudre environ 40 fois chaque seconde. Un seul éclair peut entraîner une décharge de plus de 100 millions de volts et atteindre 27 700 °C.

EXPRESS
Le 12 mars 2006, dans le Missouri, Matt Suter (USA) a été aspiré par une tornade. Il s'est retrouvé à 398 m, parcourant la ● distance la plus longue dans une tornade en arrivant sain et sauf.

★LA PLUS GRANDE CONCENTRATION D'ÉCLAIRS Le ciel d'une région située près de Kifuka (République démocratique du Congo) est strié de 158 éclairs par km² et par an.

● MISE À JOUR
★ NOUVEAU RECORD

La **plus ancienne monnaie-papier que l'on connaisse** est chinoise et remonte à la dynastie Song (960-1279). Elle était utilisée par un groupe de commerçants et d'hommes d'affaires de Sichuan (Chine), berceau de l'imprimerie.

6715

C'est le nombre d'ouragans, cyclones et typhons qui se produisent dans le monde au cours d'une vie humaine, soit une moyenne de 85 par an.

LE PLUS DE PRÉCIPITATIONS EN 1 MOIS

9 300 mm de pluie sont tombés à Cherrapunji (Inde), en juillet 1861. La ville a aussi enregistré les **précipitations les plus abondantes en un an** : 26 461 mm de pluie entre le 1er août 1860 et le 31 juillet 1861.

★ LES DÉGÂTS LES PLUS IMPORTANTS INFLIGÉS AUX RÉCIFS CORALLIENS

En 1998, environ 16 % des récifs coralliens ont été détruits ou gravement endommagés. Ce désastre aurait été provoqué par le phénomène El Niño.

LE PLUS DE PRÉCIPITATIONS EN 24 H

1 870 mm de pluie sont tombés en 24 h à Cilaos (île de la Réunion), dans l'océan Indien, les 15 et 16 mars 1952, ce qui équivaut à 18 652 t d'eau par hectare.

Il faut aller à Hawaii pour trouver le **plus de jours de pluie**. Sur le mont Wai`ale`ale (île de Kauai), il peut pleuvoir jusqu'à 350 jours par an.

LES PLUS GROS DÉGÂTS DUS À UNE TEMPÊTE DE NEIGE

La tempête de neige qui a traversé la côte est des États-Unis les 12 et 13 mars 1993 a provoqué 1,2 milliard $ de dégâts. 500 personnes sont mortes au cours de cette gigantesque tempête dont un météorologue a dit qu'elle avait "le cœur d'un blizzard et l'âme d'un ouragan".

LA TEMPÉRATURE LA PLUS BASSE DANS UN ENDROIT HABITÉ EN PERMANENCE

Dans les étendues désertiques de l'est de la Russie, à 63°16'N, 143°15'E, Oymyakon (Sibérie) est l'endroit habité le plus froid. Le 6 février 1933, la température – la plus basse jamais enregistrée en dehors de l'Antarctique – est descendue à – 67,7 °C.

La deuxième place revient à Verkhoyansk (67°33'N, 133°23'E), où il a fait – 67,6 °C, les 5 et 7 février 1892.

L'AMPLITUDE THERMIQUE LA PLUS GRANDE

Verkhoyansk connaît aussi les plus grandes variations de température de la planète. 105 °C séparent en effet le record de froid atteint en 1892 (– 67,6 °C) et le record de température estivale de 37,3 °C atteint en 1988.

Les 23 et 24 janvier 1916, Browning (Montana, USA) a connu la **plus grande amplitude thermique sur une journée** : un front froid venu de l'Arctique a fait passer la température de 7 °C à – 49 °C, soit un écart de 56 °C.

LA PLUS FORTE CHALEUR JAMAIS ENREGISTRÉE

La plus haute température jamais enregistrée a atteint 58 °C à Al'Aziziyah, dans le désert du Sahara (Lybie), le 13 septembre 1922.

★ LA VAGUE DE CHALEUR LA PLUS MEURTRIÈRE

Au cours de l'été 2010, l'hémisphère nord a subi une série de vagues de chaleur terribles. C'est en Russie que ses effets ont été les plus dévastateurs : la canicule, la sécheresse, les incendies de forêt et le brouillard ont fait 56 000 morts, dont 11 000 victimes dans la seule ville de Moscou.

GRÊLONS

Cette photo représente grandeur nature un grêlon tombé à Vivian (Dakota du Sud, USA), le 23 juillet 2010, lors d'une tornade qui a soufflé à 135 km/h. Ses 20,3 cm de diamètre (record américain) font pâle figure à côté du **plus gros grêlon jamais observé**, une masse de 6 m de long (appelée "méga-cryométéorite" par les scientifiques) tombée à Ord (Écosse, RU), le 13 août 1849. Dans les deux cas, le grêlon était constitué de petits morceaux de glace soudés les uns aux autres.

Les **grêlons les plus lourds**, pesant jusqu'à 1 kg (leur poids a été mesuré avec précision), sont tombés sur la région de Gopalganj (Bangladesh), le 14 avril 1986. Ils auraient tué 92 personnes.

100%

SUPER-GRÊLON
Ce grêlon a été découvert par Les Scott, un habitant de Vivian. Il l'a stocké dans son congélateur jusqu'à ce que sa taille puisse être établie. Même légèrement fondu, il pesait 0,87 kg !

La **plus grande pièce de monnaie** se trouve au Canada. Elle pèse 100 kg et mesure 50 cm de diamètre et 3 cm d'épaisseur. Sa valeur nominale est de 1 million CAN$.

LA VIE

★ LE PLUS GROS CROCODILE EN CAPTIVITÉ

Le crocodile marin *(Crocodylus porosus)* est la plus grosse espèce de crocodile vivant. Capturé en Australie, Cassius, que l'on voit ici, est le plus gros spécimen en captivité. Il mesure 5,5 m de long et vit à Marineland Melanesia, la réserve naturelle de l'Île verte en Australie-Occidentale.

CLAC !
Les crocodiles marins peuvent vivre plus de 100 ans et atteindre 7 m de long. Les adultes pèsent jusqu'à 1 tonne. Ce sont des superprédateurs (voir p. 54) particulièrement dangereux !

L'île Devon, d'une superficie d'environ 55 247 km², est la **plus grande île inhabitée**. Elle se trouve dans l'archipel arctique canadien, au nord de l'île de Baffin.

5,5 M DE LONG

SACRÉES BESTIOLES

QUI S'Y FROTTE, S'Y PIQUE

C'est chez les insectes que l'on trouve les formes de vie les plus nombreuses et les plus variées. Nous présentons ici les titans de cet univers. Si certains ne sont que de gros inoffensifs, d'autres sont des prédateurs féroces, munis d'aiguillons, de crochets et même de poils mortels. Les images sont en taille réelle, aussi saurez-vous à qui vous avez affaire si, par hasard, vous en rencontrez !

L'ARAIGNÉE LA PLUS VENIMEUSE

Attention où vous posez le pied dans les forêts ombrophiles d'Amérique du Sud, car le venin de l'araignée aranéomorphe (*Phoneutria*, "assassin" en grec) qu'on y rencontre est très meurtrier. 0,006 mg tue une souris.

LE SCARABÉE LE PLUS LONG

Le titan d'Amérique du Sud (*Titanus giganteus*) ne fait pas moins de 15 cm de long, sans les antennes ! Curieusement, les adultes n'absorbent aucune nourriture. Ils consacrent leur vie à la reproduction.

L'INSECTE LE PLUS LOURD

Les goliaths d'Afrique équatoriale (famille des *Scarabaeidae*) sont les poids lourds de l'entomologie. Plus grand que la femelle, le mâle mesure 11 cm du bout des cornes frontales à l'extrémité de l'abdomen et pèse de 70 à 100 g.

LE SCORPION LE PLUS VENIMEUX

C'est sa queue qui donne à l'*Androctonus australis* de Tunisie tout son piquant. Elle est responsable de 80 % des piqûres et de 90 % des morts attribuées aux scorpions du Maghreb.

Le pergélisol recouvrant les deux tiers nord de sa superficie, le Groenland, d'une densité démographique de 0,16 habitant/km², est **le territoire le moins peuplé**.

100 trillions

Nombre de cellules dont vous êtes constitué. Cela peut paraître énorme et pourtant les bactéries sont bien plus nombreuses encore à circuler dans votre corps (10 puissance 15, contre 10 puissance 14 pour les cellules).

LA PLUS GROSSE GUÊPE

Native des montagnes du Japon, *Vespa mandarinia* peut atteindre 5,5 cm de long. Elle a une envergure de 7,6 cm et un aiguillon de 0,6 cm qui peut injecter un venin capable de dissoudre le tissu humain. Étant donné sa taille, vous ne risquez pas de la manquer.

LE MILLE-PATTES LE PLUS LONG

Mesurant jusqu'à 26 cm de long, *Scolopendra gigantea* d'Amérique centrale et du Sud est un effroyable prédateur aux mâchoires énormes, capable de tuer souris, grenouilles, lézards et même des chauves-souris.

POUR DES BÊTES PLUS CÂLINES, RENDEZ-VOUS P. 148.

LA PLUS GROSSE ARAIGNÉE

Le mâle de l'araignée Goliath *(Theraphosa blondi)*, qui peut peser jusqu'à 170 g, a une envergure de 28 cm, soit le diamètre d'une grande assiette. Plus prédateur que proie, elle se nourrit des oiseaux des forêts ombrophiles des régions côtières du Surinam, du Guyana, de la Guyane, du Brésil et du Venezuela.

SUR LA DÉFENSIVE

Étant donné la longueur de ses crochets, il est préférable de se placer derrière l'araignée Goliath plutôt que devant. Cette furie velue peut attaquer de tous côtés. Menacée, elle décoche des piques depuis son abdomen.

LE PLUS GRAND WETA

Long de 11 cm et mesurant 17,5 cm d'envergure de pattes, le weta géant de l'île Hauturu *(Deinacrida heteracantha)* est tout sauf insignifiant. Originaire de Nouvelle-Zélande, ce grillon aux airs de cafard peut peser 70 g, soit 3 fois le poids d'une souris.

● MISE À JOUR
★ NOUVEAU RECORD

En raison de sa superficie, le Vatican a une densité démographique relativement élevée. Avec 821 habitants en 2007, il n'en demeure pas moins le ●**pays le moins peuplé**.

La vie
LES NOUVEAUX

★ LE DERNIER VARAN DÉCOUVERT

Long de plus de 2 m, le varan *Varanus bitatawa* a été officiellement décrit et baptisé au printemps 2010. Cette espèce jaune et noire est très insolite, car elle se nourrit de fruits, ce qui en fait la troisième espèce de lézard frugivore connue au monde.

DERNIÈRES DÉCOUVERTES

★ OISEAU DE PROIE

L'oiseau de proie découvert le plus récemment est la buse Socotra (*Buteo socotraensis*), décrite officiellement et baptisée en 2010. On ne trouve l'oiseau que sur l'archipel de Socotra (Yémen).

RACE DE CHAT

Engendré pour la première fois en 1996, le sphinx n'est reconnu comme race officielle que depuis 2002. Ce chat, qui semble dépourvu de poils, est en fait recouvert d'un fin duvet très court.

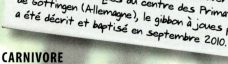

★ LE DERNIER GRAND SINGE Découvert par des scientifiques du centre des Primates de Göttingen (Allemagne), le gibbon à joues pâles a été décrit et baptisé en septembre 2010.

CARNIVORE

À Bornéo, des chercheurs écologistes croient avoir repéré une nouvelle espèce de carnivore, ce qui en ferait la première découverte de ce genre dans l'île depuis celle du blaireau-furet de Bornéo en 1895. L'animal, qui semble un hybride entre le chat et le renard, a été photographié dans les forêts ombrophiles montagneuses du parc national de Kayan Mentarang en 2003, mais son existence a été tenue secrète tant que les recherches se poursuivaient. Certains ont émis l'hypothèse d'un viverridé – famille qui inclut les civettes –, mais cette nouvelle race n'a pas encore été confirmée. Selon la dernière théorie, il ne s'agirait pas d'un carnivore, mais d'un spécimen de la race déjà connue d'écureuil volant géant.

CÉTACÉ

Officiellement reconnu comme une espèce à part entière en 2005, le dauphin à aileron retroussé d'Australie (*Orcaella heinsohni*) est la dernière espèce de cétacé découverte. Ce timide dauphin à trois couleurs, au front bulbeux et à l'aileron dorsal fin et court avait été aperçu régulièrement dans les eaux peu profondes de la Grande Barrière de corail (Australie), mais, tant que les analyses ADN n'avaient pas confirmé son statut particulier, on l'avait classé avec le dauphin de l'Irrawaddy (*O. brevirostris*).

CRUSTACÉ

En 1979, en faisant de la plongée dans les grottes sous-marines de l'île de Grand Bahama (Bahamas), la biologiste Jill Yager (USA) a découvert de tout petits crustacés, comme des vers. Il s'agissait non seulement d'une nouvelle espèce – baptisée *Speleonectes lucayensis* –, mais d'une espèce tellement à part que, pour la répertorier, on a créé, en 1981, une nouvelle classe taxonomique de crustacés, les rémipèdes (Remipedia).

★ ESPÈCE HUMAINE

Le reste humain fossile le plus récemment exhumé est celui de l'hominidé Denisova, dont l'existence a été révélée en mars 2010. Les fragments osseux découverts dans la grotte de Denisova (Sibérie) seraient ceux d'un jeune ayant vécu il y a 41 000 ans (à gauche, une de ses dents). En décembre 2010, après l'analyse ADN mitochondrial, cet individu a été classé dans une branche jusque-là inconnue du genre hominien *Homo*, qui se distingue de l'homme de Néandertal, son contemporain, et des humains d'aujourd'hui.

★ LA DERNIÈRE MANGOUSTE DÉCOUVERTE

Salanoia durrelli, espèce de mangouste semi-aquatique de Madagascar, n'a attiré l'attention de la communauté scientifique qu'en 2004, lorsqu'un spécimen a été aperçu dans les eaux d'un lac isolé. Elle n'a été reconnue comme espèce nouvelle qu'en 2010. La mangouste que nous voyons ici est tenue fermement, car les mangoustes sont parfois agressives.

● MISE À JOUR
★ NOUVEAU RECORD

Le Vatican est le **plus petit État indépendant**. L'enclave, d'une superficie de 0,44 km², a vu sa souveraineté reconnue par le gouvernement italien lors des accords du Latran, le 11 février 1929.

237
C'est le nombre de rhumes que vous attraperez au cours de votre vie. Comme ces virus sont en mutation permanente, la plupart des espèces que vous rencontrerez viendront se loger dans votre nez. Vous passerez 3,5 ans de votre vie enrhumé.

★ AMPHIBIENS

Le 25 novembre 2010, on a annoncé la découverte de trois nouvelles espèces d'amphibiens : une espèce de crapaud aux yeux rubis (ci-dessus, à gauche), une grenouille aux cuisses striées de rouge (ci-dessous) et un petit crapaud avec un long bec qui se dissimule sous les feuilles mortes. Originaires des forêts ombrophiles de Choco (Colombie), elles ne sont à ce jour ni décrites ni baptisées scientifiquement.

que sa taille est spectaculaire – il peut atteindre 18 m avec des feuilles palmées de 5 m de large – et son cycle de vie étrange.

L'arbre met des décennies à fleurir, mais, au moment de sa floraison, produit au-dessus de sa cime une explosion de centaines de fleurs riches en nectar donnant, chacune, un fruit. Ce faisant, l'arbre consomme toutes ses réserves,

si bien que, une fois les fruits à maturité, il dépérit rapidement et meurt.

★ CHAT SAUVAGE

La dernière espèce reconnue de chat sauvage est le léopard tacheté de Bornéo (*Neofelis diardi*). En 2006, les scientifiques, le jugeant suffisamment différent du léopard tacheté (*N. nebulosa*), lui ont attribué le statut d'espèce à part entière.

IGUANE

La découverte de grands lézards aux couleurs vives est très rare. Pourtant, en 2009, une nouvelle espèce d'iguane rose, pouvant mesurer jusqu'à 1,75 m de long, a été découverte sur le Wolf, l'unique volcan de l'île Isabela, dans l'archipel des Galápagos.

Des tests génétiques ont confirmé qu'il s'agissait d'une espèce distincte, mutation de l'autre espèce d'iguane brun-jaune connue sur l'île, survenue à l'époque où l'archipel était encore en formation, il y a 5 millions d'années. Le personnel du parc de l'île avait déjà noté, en 1986, l'existence de l'iguane rose, baptisé *Conolophus rosada*, mais on pensait simplement avoir affaire à un spécimen aberrant de l'iguane jaune indigène (*C. subcristatus*).

ARBRE

Découvert par hasard par une famille au cours d'un pique-nique dans une région boisée et isolée de Madagascar en 2006, *Tahina spectabilis* n'a été reconnu comme une nouvelle espèce et un nouveau genre que l'année suivante, grâce à une analyse ADN, et n'a été officiellement baptisé et décrit qu'en 2008. Sa découverte tardive est d'autant plus surprenante

● LE DERNIER SINGE DÉCOUVERT *Callicebus caquetensis* a été décrit et baptisé scientifiquement en 2010. Il évolue en Amazonie colombienne, près de la frontière avec le Pérou et l'Équateur.

★ LE DERNIER LÉMURIEN DÉCOUVERT

Récent au point de ne pas avoir de nom zoologique officiel, cette espèce de lémurien à fourche du genre *Phaner* est de la taille d'un écureuil. Elle se distingue des autres lémuriens par sa façon particulière de dodeliner de la tête.

UNE FOIS N'EST PAS COUTUME
Repéré en 1995 par Russell Mittermeier, ce lémurien de Madagascar n'a plus été revu jusqu'en 2010, lorsqu'il a été filmé par Mittermeier et la BBC

D'une superficie de 2 724 900 km², le Kazakhstan est le **plus grand pays sans littoral** et le 9ᵉ plus grand du monde.

★ GALAGO

Selon l'UICN, *Galagoides rondoensis* figure parmi les 25 primates les plus en danger. Décrit pour la première fois en 1996, il évolue dans les confins de huit petits coins de forêt hautement menacés, d'une superficie totale de 100 km², sur la façade maritime de la Tanzanie.

★ CIVETTE

Autrefois très courante, la civette de Malabar *(Viverra civettina)* est aujourd'hui classée en danger critique par l'UICN. Il ne reste peut-être plus que 250 de ces petits mammifères à l'état sauvage, dans le sud du Malabar (Inde).

★ MAMMIFÈRE OVIPARE

Zaglossus attenborough, l'espèce la plus rare de monotrème, porte le nom de David Attenborough, naturaliste chevronné de la télévision britannique. On n'en connaît qu'un seul spécimen,

LE GROUPE DE MAMMIFÈRES LE PLUS RARE Les monotrèmes sont des mammifères primitifs, ovipares plutôt que vivipares. Parmi les 5 espèces vivantes figure l'ornithorynque (ci-dessus).

★ LE BOURDON LE PLUS RARE

Bombus franklini des États-Unis figure sur la liste d'espèces en voie de disparition de l'Union internationale pour la conservation de la nature (UICN). Alors qu'en 1998, 94 spécimens avaient été repérés sur 8 sites ; en 2006, on n'en a retrouvé qu'un sur sa zone d'habitat dans le sud de l'Oregon et le nord de la Californie. C'est l'aire de répartition la plus réduite de tous les bourdons.

LES PLUS RARES

★ BUIS

Autrefois présent en Jamaïque, à Porto Rico et dans les îles Vierges américaines, le buis de Vahlii *(Buxus vahlii)*, dont l'habitat se rétrécit, est aujourd'hui menacé d'extinction, selon l'UICN. À Porto Rico, on trouve encore deux petites populations ne dépassant pas 50 spécimens.

retrouvé mort en 1961, sur un sommet de la Papouasie-Occidentale (Nouvelle-Guinée). Des chasseurs prétendent en avoir vu vivant, mais à ce jour, aucun repérage n'a été enregistré.

★ OPOSSUM

Décrit scientifiquement en 1981, l'opossum-souris de Handley *(Marmosops handleyi)* est en voie de disparition, selon l'UICN. On n'en connaît que deux spécimens recueillis dans un petit coin de forêt ombrophile d'Antioquia (Colombie), à une altitude de 1 400 m.

LE HÉRON GOLIATH (ARDEA GOLIATH) EST LE PLUS GRAND.

EN MANQUE DE POISSON ?

Les hérons raffolent de poissons, mais il y a peu de chance pour qu'ils tombent sur l'espèce la plus menacée. Il ne reste plus que 200 à 500 *Cyprinodon diabolis*.

● MISE À JOUR
★ NOUVEAU RECORD

★ LE HÉRON LE PLUS RARE

Le héron impérial *(Ardea insignis)* des contreforts de l'Himalaya occidental est l'espèce de héron la plus rare au monde. On estime que sa population compte de 50 à 249 spécimens. Ce grand animal gris et blanc est en danger critique d'extinction.

La **fusée la plus puissante** – la N-1 de l'ex-URSS – a décollé du cosmodrome Baikonur à Tyuratam (Kazakhstan), le 21 février 1969. Elle a explosé 70 s après son lancement.

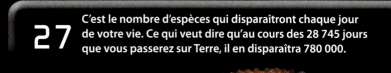

27 C'est le nombre d'espèces qui disparaîtront chaque jour de votre vie. Ce qui veut dire qu'au cours des 28 745 jours que vous passerez sur Terre, il en disparaîtra 780 000.

★ LE CAMÉLEON LE PLUS RARE

Bradypodion taeniabronchum, en danger critique d'extinction, selon l'UICN, a un habitat estimé à 400 km², près de la baie d'Algoa (Afrique du Sud).

CE CAMÉLÉON CHANGE DE COULEUR POUR SE CAMOUFLER.

★ LE PARESSEUX LE PLUS RARE

Décrit scientifiquement comme nouvelle espèce en 2001, le paresseux nain *(Bradypus pygmaeus)* n'est connu que sur l'île d'Escudo de Veraguas, au large de Panamá. Espèce en danger critique d'extinction, selon l'UICN, il en existerait environ 300, vivant exclusivement dans des manguiers rouges.

REPTILE

Il ne reste plus qu'un seul représentant de la tortue géante *Geochelone elephantopus abingdoni* de l'île Pinta, un vieux mâle appelé Lonesome George, qui est le plus vieux reptile au monde. Comme il y a peu d'espoir d'en trouver une autre, cette sous-espèce de tortue géante des Galápagos est effectivement déjà éteinte, à moins qu'on ne parvienne à en reproduire par clonage.

Bien entendu, George peut également se targuer d'être l'**animal le plus en danger de disparition**.

SERPENT

Il ne resterait plus que 150 colubridés *Alsophis antiguae*, y compris ceux en captivité. Autrefois courants dans l'île d'Antigua, ils ont disparu à la suite de l'introduction d'espèces allogènes de prédateurs : d'abord le rat noir et le rat brun *(Rattus rattus* et

R. norvegicus), ensuite la petite mangouste indienne *(Herpestes javanicus)*. Leur population augmente, mais ils n'en figurent pas moins sur la liste rouge de l'UICN d'espèces en danger critique d'extinction.

★ ÉPINOCHE

Pungitius hellenicus est l'épinoche le plus rare. En danger critique d'extinction, son habitat se limite à trois zones de la vallée du Spercheios (Grèce), d'une superficie de moins de 10 km².

★ LE FÉLIN LE PLUS RARE

La panthère de Chine ou panthère d'Amour *(Panthera pardus orientalis)*, en danger critique d'extinction, habite les forêts couvrant le nord-est de la Chine et la Russie orientale. Il en existerait moins de 35 spécimens.

QUE FAIRE ?
Pour en savoir plus sur les espèces extraordinaires d'animaux et de plantes, et savoir comment les protéger, visitez le site Internet du Fonds mondial pour la nature : www.wwf.org

Sur le pas de lancement, *Saturn V* – la **plus grande fusée** au monde – mesurait 110,6 m, y compris le véhicule spatial *Apollo* qui y était posé, et pesait 2 903 t.

LES SUPERPRÉDATEURS

LE PLUS GROS POISSON PRÉDATEUR

Au sommet de la chaîne alimentaire marine se trouve le grand requin blanc (*Carcharodon carcharias*), dont l'adulte mesure de 4,3 à 4,6 m de long et pèse jusqu'à 770 kg. Certains requins atteindraient 10 m de long, mais cela n'a jamais été vérifié. Le grand requin blanc se nourrit de poissons (voire d'autres requins) et de mammifères marins comme les phoques et les otaries.

IL SAISIT SA PROIE EN SURGISSANT DES PROFONDEURS À 70 KM/H.

70 KM/H

UN SUPERPRÉDATEUR EST UN ANIMAL QUI SE TROUVE AU SOMMET DE LA CHAÎNE ALIMENTAIRE. UNE FOIS ADULTE, IL N'EST LA PROIE D'AUCUNE AUTRE ESPÈCE ANIMALE…

★ LE PREMIER SUPERPRÉDATEUR

Anomalocaris – gros invertébré carnivore à l'apparence d'un crustacé – habitait les mers peu profondes dans la première moitié du cambrien, il y a 500-540 millions d'années. Mesurant jusqu'à 1 m de long, ce qui était énorme pour l'époque, il se serait nourri de trilobites et d'organismes primitifs.

★ LE PLUS GROS LABBE

Les labbes constituent une famille d'oiseaux de mer apparentés aux goélands, sans prédateur naturel. Ils se nourrissent de petits mammifères et de poissons, qu'ils volent souvent à d'autres oiseaux. La plus grande espèce, le labbe antarctique (*Stercorarius antarcticus*), à gros corps et à grandes ailes, mesure 60 cm de long.

LE PRÉDATEUR LE PLUS EFFICACE

Le lycaon (*Lycaon pictus*) a un taux de réussite de 50 à 70 % à la chasse, ce qui représente le chiffre le plus élevé chez les mammifères.

★ LE PLUS GROS CANIDÉ SAUVAGE

L'épicyon (*Epicyon hayden*) est le plus gros canidé sauvage de tous les temps. Évoluant en Amérique du Nord au milieu et à la fin du miocène, il aurait pesé jusqu'à 170 kg, soit presque 6 fois le poids du labrador moyen.

LE PRÉDATEUR TERRESTRE QUI VIT À LA PLUS HAUTE ALTITUDE

Le territoire du léopard des neiges (*Uncia uncia*) s'étend sur 12 pays dans les régions montagneuses de l'Asie centrale et du sud. Rarement observé, ce félin a été photographié à une altitude de 5 800 m.

LE REQUIN LE PLUS DANGEREUX

Entre 1900 et 1999, sur 1 860 agressions vérifiables contre des hommes, le grand requin blanc (à gauche) en a commis 251, dont 66 fatales, chiffre le plus élevé chez les requins. Ces quatre dernières années ont connu en moyenne 4 attaques meurtrières.

LES CROCHETS DE SERPENT LES PLUS LONGS Ceux de la vipère du Gabon, un serpent d'Afrique tropicale, mesurent 50 mm, soit la taille d'un pouce !

LES PLUS GROS CROCODILIENS Le crocodile marin des tropiques d'Asie et du Pacifique peut atteindre 10 m, soit la longueur d'une limousine allongée.

Un bec puissant pour déchirer une peau dure et déchiqueter la chair.

Des serres acérées comme un rasoir pour tenir sa proie.

★ LES PLUS GROS DÉGÂTS ÉCOLOGIQUES CAUSÉS PAR UN SUPERPRÉDATEUR

Peu après la Seconde Guerre mondiale, l'introduction involontaire du serpent arboricole *Boiga irregularis* sur l'île de Guam, loin de son habitat dans le Pacifique Sud, entraîna une dévastation sans précédent.

Alors que l'absence de prédateurs avait fait exploser la population animale de l'île, ce serpent a entraîné la disparition de la plupart des espèces vertébrées, y compris des oiseaux. Il a provoqué des pannes d'électricité, s'est attaqué à des animaux domestiques et au bétail, et est allé jusqu'à semer la panique en envahissant des maisons.

LE PLUS GROS FÉLIN CARNIVORE Le tigre de Sibérie mâle (*Panthera tigris altaica*) mesure généralement 3,15 m du museau à la queue. Adulte, son poids équivaut à celui de 4 hommes !

● MISE À JOUR
★ NOUVEAU RECORD

L'AIGLE LE PLUS GRAND

Le pygargue empereur (*Haliaeetus pelagicus*) domine les airs au-dessus des régions côtières de la Russie et de certaines parties du Japon et de la Corée. Avec des ailes d'une envergure de 2,2 à 2,45 m, cet assassin aviaire pèse de 5 à 9 kg. Sa proie ? Le saumon, la morue, la truite, mais s'il se délecte d'autres oiseaux, tels les oies et les canards. Un phoque peut même devenir la proie de cet animal aussi beau que meurtrier.

LE PLUS GROS CARNIVORE TERRESTRE

Le plus gros des carnivores est l'ours polaire (*Ursus maritimus*). L'adulte mâle pèse de 400 à 600 kg et, du museau à la queue, mesure de 2,4 à 2,6 m.

L'ours kodiak (*Ursus arctos middendorffi*), sous-espèce de l'ours brun habitant l'île Kodiak et les îles adjacentes d'Afognak et de Shuyak dans le golfe d'Alaska (USA), est moins long que son cousin du nord, mais plus robuste.

LE CHAROGNARD LE PLUS EFFICACE

Aucun animal n'ingère sa proie comme la hyène tachetée (*Crocuta crocuta*). Les puissants muscles de sa mâchoire sont capables de broyer les os des grands vertébrés tels les zèbres et les gnous, son système digestif de décomposer la matière organique des os, des sabots, des cornes et des peaux. Cas extrême, on a vu un groupe de 38 hyènes dévorer un zèbre adulte en moins de 15 min !

L'**université la plus ancienne** est celle de Karueein, fondée en 859 à Fès (Maroc). C'est l'établissement universitaire resté le plus longtemps en activité sans interruption.

★ LES PLUS GRANDES TONNELLES D'AMOUR

Pour attirer la femelle, le mâle des Ptilonorhynchidae d'Australie et de Nouvelle-Guinée construit et décore des "berceaux d'amour". Ressemblant à des huttes, mesurant jusqu'à 1,6 m de large et 1 m de haut, ces structures comprennent une "pelouse" de plusieurs mètres carrés qui, après avoir été débarrassée des brindilles, est ornée d'objets reluisants comme des fruits, des fleurs, des élytres de coléoptères et des débris de couleur.

★ LE RÉCIF CALCAIRE LE PLUS LONG

Vieux d'environ 300 millions d'années, le récif calcaire qui s'étend sur plus de 32 km le long de la côte de Norfolk (RU) comprend une série d'arches gigantesques et de goufres profonds. On y trouve de nombreuses espèces de poissons, de limaces de mer, d'éponges et autres variétés de la vie marine. Il a été découvert par le plongeur sous-marin Rob Spray et son équipe de 20 écologistes bénévoles.

● LA PLUS GRANDE TOILE D'ARAIGNÉE

Les plus grandes toiles d'araignées – jusqu'à 2,8 m² – sont tissées par une espèce d'araignée malgache nouvellement découverte, l'araignée d'écorce de Darwin (*Caerostris darwini*).

Elle tisse sa toile au-dessus des cours d'eau, joignant les deux rives par un procédé encore inconnu. Elle réalise aussi les ★ **toiles les plus longues** – 25 m – et ● **les plus solides**, leur résistance à l'étirement allant jusqu'à 520 MJ/m³, soit deux fois plus que n'importe quelle soie. C'est le ★ **bio-matériau le plus résistant au monde**.

★ LA PLUS ANCIENNE TOILE D'ARAIGNÉE

Enfermée dans de l'ambre il y a 140 millions d'années, au crétacé, la plus vieille toile d'araignée a été découverte par deux frères chasseurs de fossiles amateurs, Jamie et Jonathan Hiscocks, sur une plage à Bexhill (East Sussex, RU). C'est également **le plus ancien fil de la Vierge** (ces filaments blancs tissés par les araignées) jamais découvert.

LE PLUS GROS MAMMIFÈRE CREUSANT UN TERRIER

Le wombat (*Vombatus ursinus*) d'Australie et de Tasmanie est une créature trapue qui peut mesurer jusqu'à 1,2 m et peser jusqu'à 35 kg. Avec sa poche qui ouvre par le bas, ses grosses pattes et ses griffes puissantes, il creuse des tanières aux multiples passages communicants pouvant faire 20 m de long et 2 m de profondeur.

LA PLUS GRANDE TANIÈRE DE BLAIREAU

Le blaireau européen (*Meles meles*), qui passe plus de la moitié de sa vie sous terre, construit des tanières plus grandes que celles des autres espèces. Estimée à 879 m de long, la plus grande comptait 50 chambres souterraines et 178 entrées.

Le jardinier satiné rassemble des déchets en plastique bleu pour attirer un partenaire !

UNE TERMITIÈRE PEUT PESER PLUS DE 100 TONNES !

TOUR DE FORCE
Le termite mesurant environ 1 cm, la termitière représente la plus grande structure construite par rapport à la taille d'un individu. L'équivalent humain serait une tour de 1 400 m, soit presque deux fois la hauteur de la tour la plus élevée.

6 M DE HAUT

LE PLUS GRAND INSECTE CONSTRUCTEUR

Les termitières des termites (ordre Isoptera) de l'est de l'Australie peuvent mesurer jusqu'à 6 m de haut et 30,5 m de circonférence. On y trouve des jardins de champignons, des greniers, des celliers et des garderies, ainsi que des conduits d'aération pour maintenir la bonne température dans les chambres de couvaison et le palais royal qu'habite la reine. Elles sont construites par des termites "soldats" qui mélangent leur salive à du sable et à du grès.

● MISE À JOUR
★ NOUVEAU RECORD

La mosquée Hassan II, à Casablanca (Maroc), possède le **plus grand minaret**, 200 m de haut. Elle peut accueillir 105 000 fidèles, ce qui en fait la cinquième plus grande mosquée du monde.

1 000 trillions

Nombre de bactéries habitant votre peau et vos intestins, soit 160 000 fois la population de la planète. Pensez-y la prochaine fois que vous vous sentirez seul...

LE PLUS GRAND MAMMIFÈRE CONSTRUCTEUR DE NID

Tous les jours, à partir de la végétation trouvée sur place, le gorille (Gorilla gorilla) construit un nouveau nid au sol. De forme circulaire, les nids font environ 1 m de diamètre. Ainsi le gorille, qui mesure de 1,7 à 1,8 m et pèse de 136 à 227 kg, est-il le plus grand mammifère constructeur de nid.

LA COLONIE DE CHAUVES-SOURIS LA PLUS PROFONDE

1 000 petites chauves-souris brunes (Myotis lucifugus) – la plus courante en Amérique du Nord – hibernent dans une mine de zinc de l'État de New York à une profondeur de 1 160 m, soit 6 fois la profondeur à laquelle elles nichent habituellement.

DES NIDS ÉNORMES

Le Léipoa ocellé d'Australie construit le ★ plus gros nid de couvaison. Il pèse 300 tonnes, soit le poids d'un Boeing 747.

LE PLUS GRAND NID D'OISEAU

Le pygargue à tête blanche (Haliaeetus leucocephalus, voir photo) construit le plus grand nid individuel. Un couple de pygargues à tête blanche a construit, près de Saint Petersburg (Floride, USA), un nid qui mesurait 2,9 m de large et 6 m de profondeur. En 1963, on a estimé son poids à 2 tonnes.

LE PLUS GRAND MAMMIFÈRE ARBORICOLE

Le plus grand mammifère arboricole est l'orang-outan, qui habite la canopée des forêts tropicales de Bornéo et de Sumatra. Le mâle de Bornéo (Pongo pygmaeus) et de Sumatra (P. abelii) pèse 83 kg et mesure 1,5 m. Il est doté d'orteils opposables. L'envergure de ses bras (2 m environ) lui permet de se balancer de branche en branche en se nourrissant de fruits, de jeunes pousses et d'écorces. Plus légère (37 kg), la femelle fait son nid dans les arbres, alors que le mâle dort au sol.

LES PLUS GRANDS NIDS COMMUNAUX D'OISEAUX

Le nid du républicain social (Philetairus socius) du sud-ouest de l'Afrique mesure jusqu'à 8 m de long et 2 m de haut. Il ressemble à une meule gigantesque suspendue à un arbre ou à un poteau télégraphique et abrite jusqu'à 300 nids individuels. L'arbre auquel il est attaché s'écroule parfois sous son poids !

★ L'ANIMAL LE PLUS CASANIER

Le tamia rayé (Tamias striatus) est l'animal qui peut rester le plus longtemps inactif chez lui. Lorsque la nourriture se fait rare, il rentre dans son terrier où il peut vivre de ses réserves de graines pendant 1 an.

LE PLUS GRAND NID DE GUÊPES

En avril 1963, dans une ferme à Waimaukau (Nouvelle-Zélande), on a découvert un nid de guêpes mesurant 3,7 m de long, 1,75 m de diamètre et 5,5 m de circonférence. Il pesait si lourd qu'il était tombé de l'arbre auquel il était suspendu et s'était scindé en deux. Il avait sans doute été construit par des guêpes germaniques (Vespula germanica) introduites dans le pays.

LA PLUS GRANDE STRUCTURE CONSTRUITE PAR UN ANIMAL TERRESTRE

Le castor (Castor canadensis, encadré) d'Amérique du Nord construit des barrages avec de la boue, du bois, de la végétation et des pierres afin de créer une mare dormante où établir sa hutte pour l'hiver. La **plus grande hutte de castor** répertoriée mesurait 12,1 m de large et 4,8 m de haut ; le **plus grand barrage** de castor s'étendait sur 1,5 km.

VITE FAIT !

D'habitude, le castor met 20 jours à construire sa hutte, en utilisant 3 tonnes de matériaux. Une famille de quatre castors peut ériger un pan de barrage long de 1,5 m en 1 journée.

Mesurant 100 m de long et 40 m de large, la Grande Mosquée de Djenné (Mali) est le **plus grand édifice en terre crue adobe** du monde. La structure actuelle a été érigée en 1905 d'après les plans d'une mosquée du XIe siècle.

La vie
MIGRATIONS

LA PLUS LONGUE MIGRATION D'INSECTE

Un monarque mâle (*Danaus plexippus*), lâché à Presqu'île Provincial Park, près de Brighton (Ontario, Canada), le 10 septembre 1988, a été recapturé le 8 avril 1989, à Austin (Texas, USA). L'insecte ayant sans doute hiverné au Mexique, il aurait parcouru au moins 4 635 km, et peut-être même le double.

★ LA PLUS LONGUE MIGRATION D'AMPHIBIES

La migration des amphibies est assez limitée, car ils doivent rester près de l'eau. Deux espèces de grenouilles européennes – la petite grenouille verte (*Rana lessonae*) et la grenouille comestible (*R. esculenta*) – auraient parcouru jusqu'à 15 km.

LA PLUS LONGUE MIGRATION D'ANIMAUX TERRESTRES

Le caribou des bois (*Rangifer tarandus*), qui habite l'Alaska et le Yukon (Canada), parcourt jusqu'à 4 800 km par an à la recherche de lieux d'hivernage abrités.

LE PLUS GRAND TROUPEAU DE MAMMIFÈRES

Au XIXᵉ siècle, de vastes troupeaux de springboks (*Antidorcas marsupialis*) migraient à travers les plaines du sud-ouest de l'Afrique. En 1849, une migration observée par John Fraser, fils d'un pasteur de la région, a mis 3 jours à traverser la ville de Beaufort West (Afrique du Sud).

★ LA PLUS LONGUE MIGRATION DE REPTILES

La tortue luth (*Dermochelys coriacea*), la **plus grande tortue vivante**, détient aussi le record de la plus longue migration. Entre 2006 et début 2008, sa pérégrination de 20 558 km a été suivie par satellite, de son site de nidification sur les plages de Papouasie (Indonésie) à sa zone d'alimentation au large de l'Oregon (USA). Il lui a fallu 647 jours !

★ LE PLUS GRAND RASSEMBLEMENT DE MAMMIFÈRES

Chaque mois d'octobre, de 5 à 10 millions de roussettes paillées africaines (*Eidolon helvum*), parties de toute l'Afrique, convergent sur Kasanka (Zambie), pour se nourrir de mangues mûres.

★ LA PLUS GRANDE MIGRATION TERRESTRE

Entre 1 et 2 millions de gnous font un circuit qui les conduit de la plaine de Serengeti (Tanzanie) au Kenya et de l'autre côté du fleuve Mara. Au cours de cet aller-retour annuel à la recherche de l'eau, ils sont accompagnés de millions d'autres animaux, comme les zèbres, les impalas et les gazelles, mais aussi de leurs prédateurs.

Tous les 60 ans environ, les Dogon du Mali célèbrent le Sigui, un festival commémorant la transmission des secrets d'une génération à l'autre. Le dernier Sigui s'est déroulé de 1967 à 1973, ce qui en fait la **cérémonie religieuse la plus longue**.

● MISE À JOUR
★ NOUVEAU RECORD

2 342 Nombre de jours de vacances dans votre vie. 1 186 d'entre eux étant des congés scolaires, vous en aurez déjà épuisé plus de la moitié à la fin de votre scolarité.

LA PLUS LONGUE MIGRATION D'OISEAU

La sterne arctique (*Sterna paradisaea*) se reproduit au nord du cercle Arctique, puis, pendant l'hiver, se rend en Antarctique. L'aller-retour couvre environ 80 467 km.

LA STERNE PASSE LA MAJEURE PARTIE DE SA VIE DANS LES AIRS.

80 467 KM

LA PLUS COURTE MIGRATION D'OISEAU

L'hiver, le tétras sombre (*Dendragapus obscurus*) d'Amérique du Nord habite des forêts de sapins montagneuses. Au printemps, lorsque arrive la nidification, il parcourt juste 300 m pour se nourrir des premières graines et des jeunes pousses des zones boisées caducifoliées.

★ LA 1ʳᵉ MIGRATION D'OISEAUX GUIDÉE PAR L'HOMME

En 1993, à bord d'avions ultralégers, William Lishman et Joseph Duff (tous deux USA) ont guidé 18 oies le long des 644 km séparant l'Ontario (Canada) de la Virginie (USA), montrant qu'il est possible d'"apprendre" aux oiseaux à suivre des routes migratoires sûres.

LA PLUS LONGUE MIGRATION DE MAMMIFÈRES

La baleine à bosse (*Megaptera novaeangliae*) parcourt jusqu'à 8 200 km entre sa zone de reproduction près de l'équateur et les eaux plus froides riches en krill de l'Arctique et de l'Antarctique.

Le 21 septembre 2001, une baleine à bosse femelle, repérée au large du Brésil en août 1999, a été vue à 9 800 km de là, près de Madagascar. Baptisée baleine à bosse de l'Antarctique n° 1 363, elle avait parcouru le quart du globe. C'est le **plus long voyage jamais observé d'un mammifère isolé**.

★ LE PLUS PETIT MIGRATEUR

Les codépodes (sous-phylum *Crustacea*), organismes planctoniques mesurant en moyenne 1 mm de long, sont la principale source d'alimentation de bon nombre de créatures marines, dont les baleines. Ils passent la majeure partie de leur temps au fond de la mer pour éviter les prédateurs. Ils montent à la surface la nuit pour se nourrir.

À PIED !

L'hiver, des colins des montagnes, de l'ouest de l'Amérique du Nord parcourent 1 500 km à pied pour atteindre des altitudes plus chaudes : c'est la ★ **plus longue migration d'oiseau à pied**.

★ LA MIGRATION À LA PLUS HAUTE ALTITUDE

L'oie à tête barrée (*Anser indicus*) survole l'Himalaya pour hiverner en Inde, au Pakistan et au Myanmar. Au cours du voyage d'environ 1 600 km, elle atteint régulièrement des altitudes de 9 000 m. Certains l'auraient observée à 10 175 m.

★ LE PLUS GRAND MIGRATEUR

Pouvant mesurer jusqu'à 27 m et peser 160 tonnes, la baleine bleue (*Balaenoptera musculus*) est le **plus gros animal** (en poids) et le plus grand à migrer. Pendant l'hiver, elle parcourt des milliers de kilomètres de sa zone d'alimentation en Arctique ou en Antarctique à des zones de reproduction plus chaudes. Les baleineaux, dont la couche de lard est fine à la naissance, ne survivent que dans des eaux tempérées.

FESTIN

Chaque nuit, des milliers de zooplanctons montent des profondeurs de la mer pour se nourrir de phytoplanctons. En nombre, c'est la ★ **plus grande migration animale**.

BOVIDÉS

Le ★ **plus grand migrateur terrestre** – et le **plus grand animal terrestre d'Amérique du Nord et d'Europe** – est le bison. Il pèse environ 1 tonne et mesure jusqu'à 2 m au garrot.

Le carnaval annuel de Rio de Janeiro (Brésil), qui se déroule généralement la première semaine de mars et attire environ 2 millions de personnes par jour, est le **plus grand carnaval du monde**.

La vie
AU MICROSCOPE

LE VENIN DE CETTE FOURMI PEUT TUER UN HOMME EN 15 MIN.

★ L'ANIMAL LE PLUS APTE À VOYAGER DANS L'ESPACE

En 2007, des scientifiques ont envoyé en orbite deux espèces de tardigrade (créatures microscopiques à 8 pattes), les exposant au vide de l'espace et à un taux de radiation susceptible d'incinérer le corps humain. À leur retour, un tiers d'entre eux étaient encore en vie, ce qui en fait les seuls animaux de notre planète à avoir survécu par eux-mêmes aux conditions extraterrestres.

★ LE PLUS PETIT ORGANISME VIVANT

Le plus petit être reconnu comme vivant (d'après certains scientifiques, les nanobes, qui sont plus petits, ne sont pas vivants) est le *Nanoarchaeum equitans*. Ce microbe a été découvert en 2002 dans une bouche hydrothermale au fond de la mer au large de l'Islande. Ses cellules ne font que 400 nanomètres de large. (1 nanomètre = 1 milliardième de mètre.)

LA PLUS PETITE CELLULE

Les cellules du cervelet mesurent 0,005 mm environ, soit 5 microns.

LA FOURMI LA PLUS DANGEREUSE

Connue pour sa férocité et sa ténacité, *Myrmecia pyriformis* vit dans les régions côtières d'Australie. Au cours d'une attaque, ses longues mandibules immobilisent sa proie tandis qu'elle y injecte son venin. Depuis 1936, elle a provoqué la mort d'au moins 3 hommes. Le dernier était un agriculteur en 1988.

LE PLUS PETIT PARASITE

Responsable de la pneumonie chez l'homme, *Pneumocystis jirovecii* se loge dans les poumons. Il mesure de 0,5 à 1 mm.

★ LE PLUS PETIT ORGANISME CAPABLE DE SE REPRODUIRE INDÉPENDAMMENT

Mycoplasma genitalium, une espèce parasitique d'ultramicrobactérie vivant dans les voies respiratoire et génitales des primates, est le plus petit être capable de se reproduire et de croître indépendamment. Sa taille varie de 200 à 300 nanomètres.

LA PLUS GRANDE FAMILLE D'ARAIGNÉES

Salticidae, qui comprend les araignées sauteuses, est la plus grande famille zoologique d'araignées. On en connaît 4 400 espèces, dont la plupart habitent des régions tropicales. L'araignée sauteuse tisse rarement une toile. Elle attrape sa proie en lui bondissant dessus.

LES JEÛNES DE PARASITE LES PLUS LONGS

La tique molle *(Ornithodoros turicata)*, qui transmet des spirochètes, bactérie responsable de la fièvre à rechute, peut survivre sans s'alimenter pendant 5 ans. La punaise des lits (*Cimex lectularius*, à gauche), qui se nourrit de sang humain, peut survivre sans alimentation pendant 1 an.

En 2005, on a estimé la couverture forestière du Brésil à 477 698 00 ha, soit 57,2 % du territoire national, ce qui en fait le **pays le plus boisé du monde**.

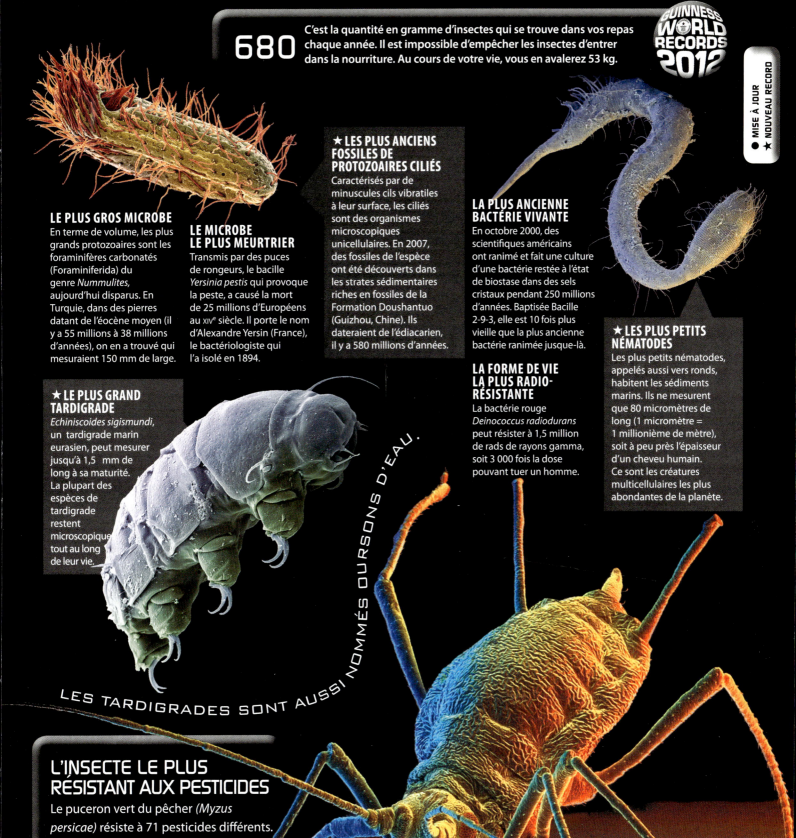

680 C'est la quantité en gramme d'insectes qui se trouve dans vos repas chaque année. Il est impossible d'empêcher les insectes d'entrer dans la nourriture. Au cours de votre vie, vous en avalerez 53 kg.

LE PLUS GROS MICROBE

En terme de volume, les plus grands protozoaires sont les foraminifères carbonatés (Foraminiferida) du genre *Nummulites,* aujourd'hui disparus. En Turquie, dans des pierres datant de l'éocène moyen (il y a 55 millions à 38 millions d'années), on en a trouvé qui mesuraient 150 mm de large.

LE MICROBE LE PLUS MEURTRIER

Transmis par des puces de rongeurs, le bacille *Yersinia pestis* qui provoque la peste, a causé la mort de 25 millions d'Européens au XIVe siècle. Il porte le nom d'Alexandre Yersin (France), le bactériologiste qui l'a isolé en 1894.

★ LES PLUS ANCIENS FOSSILES DE PROTOZOAIRES CILIÉS

Caractérisés par de minuscules cils vibratiles à leur surface, les ciliés sont des organismes microscopiques unicellulaires. En 2007, des fossiles de l'espèce ont été découverts dans les strates sédimentaires riches en fossiles de la Formation Doushantuo (Guizhou, Chine). Ils dateraient de l'édiacarien, il y a 580 millions d'années.

LA PLUS ANCIENNE BACTÉRIE VIVANTE

En octobre 2000, des scientifiques américains ont ranimé et fait une culture d'une bactérie restée à l'état de biostase dans des sels cristaux pendant 250 millions d'années. Baptisée Bacille 2-9-3, elle est 10 fois plus vieille que la plus ancienne bactérie ranimée jusque-là.

LA FORME DE VIE LA PLUS RADIO-RÉSISTANTE

La bactérie rouge *Deinococcus radiodurans* peut résister à 1,5 million de rads de rayons gamma, soit 3 000 fois la dose pouvant tuer un homme.

★ LES PLUS PETITS NÉMATODES

Les plus petits nématodes, appelés aussi vers ronds, habitent les sédiments marins. Ils ne mesurent que 80 micromètres de long (1 micromètre = 1 millionième de mètre), soit à peu près l'épaisseur d'un cheveu humain. Ce sont les créatures multicellulaires les plus abondantes de la planète.

★ LE PLUS GRAND TARDIGRADE

Echiniscoides sigismundi, un tardigrade marin eurasien, peut mesurer jusqu'à 1,5 mm de long à sa maturité. La plupart des espèces de tardigrade restent microscopiques tout au long de leur vie.

LES TARDIGRADES SONT AUSSI NOMMÉS OURSONS D'EAU.

L'INSECTE LE PLUS RÉSISTANT AUX PESTICIDES

Le puceron vert du pêcher (*Myzus persicae*) résiste à 71 pesticides différents. À leur maturité, les aphides mesurent à peu près 2,3 mm de long et varient en couleur du vert au jaune pâle ou au rose.

X SI VOUS AVEZ UN FAIBLE POUR CE QUI EST MINUSCULE, RENDEZ-VOUS P. 166.

L'allée de sugis (*Cryptomeria japonica*), qui se trouve à Imaichi (Japon), mesure 35,41 km. C'est la **plus longue avenue bordée d'arbres** du monde. Plus de 13 500 des 200 000 sugis plantés entre 1628 et 1648 sont encore en vie.

La vie
ÉTONNANTE MÉNAGERIE

★ LE GORILLE LE PLUS RARE

Le parc zoologique de Barcelone a accueilli Petit Flocon, gorille des plaines de l'ouest *(Gorilla gorilla gorilla)*, de 1996 jusqu'à sa mort en novembre 2003. Chose rare, ce mâle albinos avait les yeux bleus, ce qui en ferait un chinchilla albinos, mutation causée par un gène récessif mutant appelé chinchilla, également responsable du tigre blanc.

★ LA PLUS GRANDE COLLECTION D'ANIMAUX À DEUX TÊTES

La collection la plus impressionnante d'animaux à deux têtes est celle de Todd Ray (USA). Il a dépensé 157 824 $ pour acquérir ses 22 spécimens différents. Y figurent un colubridé à deux têtes, une chèvre à deux têtes, un malaclemys terrapin à deux têtes, un lampropeltis (serpent) à deux têtes, un pogona (serpent) à deux têtes appelés Pancho et Lefty, et la seule tortue à trois têtes vivante au monde.

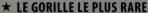

★ LA PIEUVRE LA PLUS TENTACULAIRE

En décembre 1998, dans la baie de Matoya (Japon), on a capturé vivant un spécimen extraordinaire de pieuvre commune *(Octopus vulgaris)*. Chacun de ses huit tentacules s'étant ramifié, elle en avait 96 !

★ LA PLUS FORTE POPULATION DE TIGRES BLANCS

Plus de 34 tigres blancs habitent le parc zoologique de Nandankanan (Orissa, Inde). Au fil des ans, le parc en a élevé en grand nombre et en a envoyé dans des zoos du monde entier.

★ LA PLUS ANCIENNE ESPÈCE VIVANTE

De toutes les créatures vivantes, le *Triops cancriformis* posséderait le plus ancien pedigree. L'examen de fossiles semble indiquer qu'il n'a guère évolué au cours des 200 millions d'années de son existence.

● LA PLUS PETITE VACHE

Diana, vache âgée de 7 ans, née et élevée dans le centre de conservation Vechur (Kerala, Inde), ne mesurait que 77 cm au garrot, le 9 novembre 2010.

POURQUOI BLANC ?

L'albinisme touche tous les vertébrés. Il résulte du manque de l'enzyme nécessaire à la production de la mélanine, responsable de la pigmentation des yeux, des cheveux et de la peau.

★ LE PLUS GRAND MARCHEUR SUR L'EAU

Le basilic commun *(Basiliscus basiliscus)* peut se déplacer sur l'eau à deux pattes à 1,5 m/s, sur environ 4,5 m, sans couler. Ce lézard peut aussi "marcher sur l'eau" à quatre pattes, ce qui allonge la distance parcourue d'environ 1,3 m. Il existe aussi de petits insectes capables de traverser la surface de l'eau des mares et des lacs.

Des pattes puissantes propulsent le lézard.

1,5 m/s

En 2009, au Japon, l'âge médian – c'est-à-dire la population divisée en 2 groupes numériquement égaux – était de 44,7 ans, ce qui fait des Japonais le ● **plus vieux peuple du monde**.

13 807

Œufs de poule que vous mangerez au cours de votre vie, de quoi faire une omelette d'un diamètre de 50 m, longueur d'une piscine olympique.

★ LA PLUS LONGUE CORNE D'OISEAU
Le kamichi cornu (Anhima cornuta) est pourvu d'une corne courbée qui peut mesurer jusqu'à 15 cm de long.

BISCORNU
La corne du kamichi cornu est en fait une tige de plume cartilagineuse. Présente chez les deux sexes, trop fragile pour servir d'arme, sa fonction reste à déterminer.

★ LE PLUS GRAND TYMPAN
Le tympan du gorille (Gorilla gorilla) mesure environ 97 mm². À titre de comparaison, le nôtre fait 62 mm².

LE POISSON AYANT LE PLUS D'YEUX
Bathylychnops exilis évolue dans le Pacifique Nord-Est, à une profondeur variant de 91 à 910 m. Mince et long de 45 cm, ce brochet possède, dans la moitié inférieure de ses deux yeux principaux, deux autres yeux, plus petits, appelés globes secondaires. Orientés vers le bas et munis de lentilles et de rétines, ceux-ci pourraient servir à augmenter la sensibilité à la lumière dans les eaux ombrageuses.

Une troisième paire d'yeux se trouve derrière les globes secondaires. Sans rétines, ils dévient la lumière vers les yeux principaux.

★ LA TORTUE D'EAU DOUCE LA PLUS PARESSEUSE
La tortue à carapace molle géante de Cantor (Pelochelys cantorii) passe 95 % de sa vie à guetter sa proie, immobile, dans les sables, au fond du Mékong (Cambodge). Elle ne remonte à la surface que deux fois par jour, pour respirer.

★ LE CHAMEAU AVEC LE PLUS DE BOSSES
Le chameau de Bactriane (Camelus bactrianus) a normalement deux bosses, tandis que le dromadaire (C. dromedarius) n'en a qu'une. Pourtant, au début des années 1970, le Dr Bernard Grzimek, zoologue allemand, a observé un phénomène apparemment unique : un dromadaire à quatre bosses entièrement formées.

★ LE CHAT JANUS LE PLUS VIEUX
Phénomène congénital rare, causé par une protéine appelée le sonic hedgehog (SHH), un diprosope est un fœtus présentant une duplication plus ou moins prononcée de la face. Il en existe chez le chat domestique (Felis catus). Certains de ces chatons ont même atteint l'âge adulte. En souvenir de Janus, la divinité romaine qui présidait aux passages, le Dr Karl Shuker, zoologue britannique, les a baptisés chats Janus. Parmi ceux-ci, Frank et Louie (Connecticut, USA) font figure de doyens, ayant atteint l'âge de 6 ans, en juillet 2006.

LE PLUS GRAND FÉLIN HYBRIDE
Le ligre (pas de désignation scientifique) naît de l'union du lion et de la tigresse. En règle générale, sa longueur (de 3 à 3,6 m) dépasse celle de ses parents. Quoique concevable dans la nature, ce croisement a généralement lieu dans des zoos ou des ménageries.

★ LE CRUSTACÉ LE PLUS POILU
La galathée yéti (Kiwa hirsuta) habite les bouches hydrothermales au fond du Pacifique Sud. Ses longues pinces et ses pattes thoraciques plus petites sont couvertes de filaments blonds appelés soie. Ils ressemblent à des poils et abriteraient des bactéries.

LE MAMMIFÈRE QUI MANGE LE PLUS VITE
Le Dr Kenneth Catania (USA) a constaté que la taupe étoilée (Condylura cristata) ingère son repas en 230 millisecondes.

La longue queue du lézard l'aide à maintenir l'équilibre quand il court à la surface de l'eau sur ses deux pattes.

La peau entre les orteils retient des bulles d'air.

Les Hollandais forment le **peuple le plus grand** du monde, l'homme mesurant en moyenne 184 cm.

La vie
PLANTES INSOLITES

★ LES CÔNES LES PLUS LONGS

De toutes les espèces de conifères, le pin à sucre (*Pinus lambertiana*, ci-dessous, à gauche), que l'on trouve dans l'ouest des États-Unis et dans la péninsule de Basse-Californie (Mexique), a les cônes les plus longs. Ils mesurent de 25 à 66 cm avec un diamètre de 10 à 13 cm.

JUSQU'À 66 CM

★ LA PREMIÈRE FLEUR BIOLUMINEUSE

En décembre 1999, le professeur Chia Tet Fatt du National Institute of Education de Singapour, a créé les premières fleurs biolumineuses. Il a introduit de l'ADN biologiquement actif contenant le gène luciférase des lucioles dans les tissus des orchidées *Dendrobium* à pétales blancs. Celles-ci ayant retenu le gène après propagation, leurs pétales, racines, tiges et feuilles émettent une lumière blanc verdâtre qui peut luire sans interruption pendant 5 h.

LA PLANTE QUI POUSSE LE PLUS VITE

Parmi les 45 genres de bambou, certaines espèces peuvent croître à la vitesse de 91 cm par jour, soit 0,00003 km/h. Le ★ **bambou le plus grand** – *Dendrocalamus giganteus* de l'Asie du Sud-Est tropicale – peut atteindre 50 m.

★ LE LOBELIA LE PLUS MENACÉ
Il n'existerait plus que 8 spécimens de l'espèce *Lobelia monostachya*, tous à l'ombre du vent dans les montagnes Ko'olau (Oahu, Hawaii, USA).

★ L'ARBRE QUI POUSSE LE PLUS VITE

Le paulownia impérial *(Paulownia tomentosa)* peut croître de 30 cm en 3 semaines et de 6 m au cours de sa 1re année. Originaire de l'ouest et du centre de la Chine, il prospère en Amérique.

La superficie des Pays-Bas est d'environ 41 526 km², dont 27 % se trouvent au-dessous du niveau de la mer, ce qui en fait le **pays le plus bas du monde.**

158 000 C'est le nombre de nouvelles espèces de plantes qui seront découvertes au cours de votre vie, soit 2 000 par an, c'est-à-dire plus de 5 par jour.

● LA PLUS GRANDE INFLORESCENCE

Le kitanka *(Puya raimondii)* est une espèce rare de Broméliacée géante des hautes montagnes boliviennes. Lors de sa floraison, la panicule (tige verticale) peut atteindre 10,7 m de haut, avec un diamètre de 2,4 m, et donner naissance à 8 000 petites fleurs blanches. Cette énorme inflorescence est assez solide pour supporter le poids d'un homme.

★ L'ARBRE LE PLUS DANGEREUX

On rencontre le mancenillier *(Hippomane mancinella)* dans les Everglades (Floride, USA) et les régions côtières des Caraïbes. Sa sève fait boursoufler la peau humaine. Un seul morceau de son petit fruit peut être fatal. Si on brûle cet arbre, la fumée, tout comme la sève, peut provoquer la cécité si elle entre en contact avec les yeux.

★ LES PLUS GRANDES PLANTES ALBINOS

Il existe de 25 à 60 séquoias à feuilles d'if *(Sequoia sempervirens)* en Californie (USA), dont certains atteignent 21 m de haut. Dépourvus de chlorophylle, ils sont blanc pâle.

● L'INFLORESCENCE LA PLUS HAUTE

Le 18 juin 2010, Louis Ricciardiello (USA) a exposé chez Winnipesaukee Orchids (New Hampshire, USA) un arum titan *(Amorphophallus titanum)* de 3,1 m.

● LE TRÈFLE AYANT LE PLUS DE FEUILLES

Le 10 mai 2009, Shigeo Obara (Hanamaki, Japon) a découvert un trèfle blanc *(Trifolium repens L.)* à 56 feuilles.

★ LA PLUS PETITE ESPÈCE DE NÉNUPHAR

Nymphaea thermarum a des feuilles qui ne mesurent que 10 à 20 mm de diamètre.

Le **plus grand nénuphar**, *Victoria amazonica*, a des feuilles géantes d'un diamètre de 3 m. Elles flottent à la surface, tenues en place par une tige sous-marine de 7 à 8 m de long.

★ LE PLUS VIEIL ARBRE PLANTÉ PAR L'HOMME

Âgé de 2 300 ans, le pipal, ou arbre de la Bodhi *(Ficus religiosa)*, baptisé Sri Maha Bodhiya, se trouve à Anuradhapura (Sri Lanka). Il a été planté en 288 av. J.-C. C'est sous l'arbre-mère dont il est issu que le Bouddha, Siddhartha Gautama, s'est assis pendant 3 jours et 3 nuits avant d'atteindre la connaissance suprême.

LE PLUS GRAND ARBRE VIVANT

Dans le parc national de Séquoia (Californie, USA) se dresse un séquoia géant *(Sequoiadendron giganteum)* appelé général Sherman. D'un âge estimé à 2 100 ans, il mesure 82,6 m avec une circonférence de 25,9 m. Lors de la dernière prise de dimensions en 1980, le tronc avait un volume de 1 487 m³. En 2004, on l'estimait à 1 530 m³, de quoi fournir le bois pour construire 35 pavillons de cinq pièces.

● MISE À JOUR
★ NOUVEAU RECORD

HISTOIRE VIVANTE
Sans parents proches, cette espèce ancienne, d'une étonnante longévité, est classée fossile vivant. Sa durée de vie varie de 400 à 1 500 ans.

★ LA PLANTE DÉSERTIQUE AUX FEUILLES LES PLUS LONGUES

Vivant dans les déserts côtiers de Namibie et d'Angola, *Welwitschia mirabilis* ne produit que deux feuilles, mais chacune mesure de 2 à 4 m de long. Soumises à des conditions de vie extrêmes et aux vents arides, les feuilles se fendent ou se désagrègent à leur extrémité.

Les Maldives ont une altitude maximale de 2,4 m. **Pays le plus plat du monde**, il est menacé par l'érosion côtière et la montée du niveau de la mer.

Les Maldives affichent le **taux de divorces le plus élevé** du monde, avec 10,97 divorces pour 1 000 habitants par an.

★ LE PLUS VIEUX CALENDRIER PRÉCOLOMBIEN D'ACTUALITÉ

On se réfère encore aux calendriers sacrés méso-américains réalisés par les civilisations précolombiennes des actuels Mexique et Amérique centrale et qui ont été transmis des Olmèques (1500-400 av. J.-C.) aux Mayas (jusqu'en 900 apr. J.-C.) et enfin aux Aztèques (jusqu'au XVIe siècle). L'image représente un calendrier aztèque qu'abrite le musée d'Anthropologie de Mexico.

Le **plus vieux calendrier encore utilisé** est le calendrier juif, largement répandu depuis le IXe siècle av. J.-C. Il a été réalisé sur la base de calculs bibliques datant la création à 3761 av. J.-C.

UNE FIN PROCHE ?

Le calendrier des Mayas compte trois cycles représentant le Grand Cycle du temps. Le cycle actuel doit s'achever le 23 décembre 2012. Pour les Mayas, ce ne serait pas la fin du monde, mais une renaissance spirituelle.

En 1994 (dernière année pour laquelle nous disposons de statistiques), la République dominicaine affichait le **taux de mariage le plus faible** du monde, avec 2 mariages pour 1 000 habitants.

BRÈVE HISTOIRE DU TEMPS

MESURER LE TEMPS

La mesure du temps règle nos vies et ces 5 000 dernières années ont vu se développer des moyens de plus en plus précis de le calculer. Faites le tour du cadran à partir de 1 h pour savoir comment l'homme a exploité l'énergie du soleil, de l'eau, du feu, de la gravité, de l'électricité et même de l'atome dans le simple but de dire l'heure.

11 L'HORLOGE À QUARTZ

Vers 1880, on constate que lorsqu'un courant électrique traverse des cristaux à quartz, il les fait vibrer avec une régularité idéale pour le chronométrage. Les premières horloges à quartz des années 1920 étaient volumineuses. Dans les années 1960, grâce aux avancées technologiques, on voit apparaître des modèles adaptés à l'usage courant, tel l'Astro-Chron (ci-dessous) et la toute première montre-bracelet à quartz analogique.

10 L'HORLOGE ÉLECTRIQUE

En 1841, Alexander Bain (RU, 1811-1877) se voit accorder le brevet de la ★ **première horloge électrique**. Bain mesure encore le temps à l'aide d'un pendule, mais l'impulsion provient non plus d'un jeu de poids et de ressorts, mais d'un courant électrique. Ci-contre, une version améliorée de l'horloge de Bain qui, selon Marcel Moulin (1881-1914) et Maurice Favre-Bulle (1870-1954), les deux inventeurs français qui l'ont mise au point, pouvait fonctionner 800 jours avec une pile.

9 LE CHRONOMÈTRE DE MARINE DE HARRISON

Le **premier chronomètre de marine**, le H4, a été conçu par John Harrison (RU, 1693-1776) en réponse au défi lancé par le gouvernement britannique à la recherche d'un mécanisme capable de calculer la longitude d'un bateau à 0,5° près (soit 2 min). Entre le 18 novembre 1761 et le 9 janvier 1762, à bord du *Deptford*, qui ralliait la Jamaïque, le petit H4 – 13 cm de large pour 1,45 kg – n'a retardé que de 5,1 s. Le "problème de la longitude" ainsi résolu, Harrison a révolutionné l'art de la navigation maritime pour les voyages au long cours.

MONTRE EN MAIN

Le bracelet-montre était la suite logique de la montre de poche. À sa création, les hommes ont refusé de la porter. Le ● **premier bracelet-montre** a été fabriqué en 1868 par Patek Philippe (Suisse), pour sa femme : la comtesse Koscowicz de Hongrie.

8 LA PENDULE

Galilée (Italie, 1564-1642) figure parmi les premiers scientifiques à avoir constaté l'éventuelle application chronométrique de l'oscillation régulière du balancier. En 1656, l'horloger Christiaan Huygens (Pays-Bas, 1629-1695) a construit la ★ **première pendule fonctionnelle**. Sa précision – à 1 min près par jour – représentait un progrès énorme. Vers la fin du siècle, l'écart a été ramené à 0,5 s, ce qui a permis l'introduction de la première trotteuse à la fin des années 1690.

★ LE PREMIER CROQUIS D'UNE PENDULE

Galilée entreprend de construire une pendule vers la fin des années 1630, mais il meurt avant de la terminer. Son projet est réalisé au XIXe siècle, à partir d'un de ses croquis.

LE PLUS GRAND SABLIER

En 2000, Bob Ciscell (USA) a construit le plus grand sablier. Haut de 1,06 m et large de 38 cm, les 29,4 kg de sable qu'il contient mettent 8 h à s'écouler.

7 LE SABLIER

Le ★ **premier sablier** mesurait le temps par l'écoulement du sable d'un bulbe de verre à un autre. Il pourrait être l'invention d'un certain Liutprand, moine français du VIIIe siècle, mais les premières traces concrètes se trouvent dans les inventaires maritimes du XIVe siècle. Apparu avec les grandes découvertes, il s'est avéré bien adapté aux traversées en mer, le tangage n'affectant pas sa précision.

Âgé de 89 ans lors de son dernier mandat, Joaquín Balaguer (1907-2002), président de la République dominicaine à 3 reprises (1960-1962, 1966-1978 et 1986-1996), a été le **plus vieux président du monde**.

● MISE À JOUR
★ NOUVEAU RECORD

78 C'est le nombre d'orbites que vous décrirez autour du Soleil – 1 pour chaque année de votre vie. Vous recevrez par ailleurs 1 450 cartes d'anniversaire, soit 18 par orbite.

12 L'HORLOGE ATOMIQUE

Aujourd'hui, c'est le temps atomique qui règle notre vie. La vibration des atomes permet une précision sans précédent : un écart de 1 s sur plusieurs millions d'années. Si l'horloge atomique existe depuis les années 1930, l'horloge à césium, construite en 1955 par Louis Essen (RU, 1908-1997), est la première dont la justesse dépasse celle des pendules et des mécanismes électriques. Depuis l'invention des horloges radiocommandées, telle la Space Timer (à gauche), nous n'avons plus d'excuse pour nos retards.

2 L'OBÉLISQUE

Entre 2500 et 2000 av. J.-C., les Égyptiens ont créé l'obélisque, grand pilier de pierre monolithe à quatre faces. Forme monumentale du cadran solaire, il fonctionnait comme le gnomon, mesurant le temps selon la position relative du soleil et des ombres qu'il projetait.

L'HORLOGE ATOMIQUE LA PLUS RAPIDE
Des physiciens du Colorado (USA) ont construit une horloge atomique qui fait tic-tac un quadrillion de fois par seconde. Son erreur de justesse serait de 1 s sur 30 milliards d'années.

1 LE GNOMON

Utilisé pour la première fois en Mésopotamie vers 3500 av. J.-C., le gnomon est la ★**plus ancienne forme d'horloge**. Le temps se mesurait à l'ombre, projetée par une tige verticale, qui changeait de longueur et de position à mesure que le soleil "se déplaçait". Sur des versions améliorées, tel ce modèle tibétain du XIXe siècle, on trouve une graduation différente pour chaque mois.

D'AUTRES RECORDS D'ANTAN EN P. 86.

★ LE CADRAN SOLAIRE AYANT LA PLUS GRANDE VALEUR

Le cadran solaire de Yanggu (Corée du Sud) est constitué de 2 kg d'or, de 2,3 kg de dorure et de 8,5 t de bronze. Sa valeur est estimée à 667 225 $.

3 LA CLEPSYDRE

Comme le cadran solaire dépendait de la lumière du jour, les Égyptiens ont créé la clepsydre ("voleuse d'eau" en grec) au XVe siècle av. J.-C. Cette ●**première horloge fonctionnant par tous les temps**, 24 h sur 24, évoquait une grosse casserole avec un trou dans le fond d'où l'eau gouttait à un rythme régulier mesurable.

LA PLUS VIEILLE HORLOGE
Fabriquée vers 1386, l'horloge mécanique sans cadran de la cathédrale de Salisbury (RU) a été restaurée en 1956, après avoir sonné l'heure pendant 498 ans et fait tic-tac plus de 500 millions de fois.

5 L'HORLOGE BOUGIE

Inventée vers l'an 800, l'horloge bougie est la ★**première horloge d'intérieur**. Les graduations sur le côté permettaient de lire l'heure à mesure que la bougie se consumait. À la fin du IXe siècle, Alfred le Grand a fabriqué une horloge complexe avec 6 grandes bougies qui mettaient chacune 4 h à brûler.

4 LE CADRAN SOLAIRE

Le cadran solaire, comme celui que l'on voit à gauche, a été inventé vers 300 av. J.-C. Une tige verticale – le *gnomon* ("celui qui sait" en grec) – projetait une ombre sur une plate-forme aux traits gravés qui marquaient les heures. La nuit, on y ajoutait des "merkhets" pour lire l'heure aux étoiles.

6 L'HORLOGE HYDRAULIQUE

Vers 1088, l'astronome Su Song (Chine) a construit pour l'empereur une horloge mue par une roue à aubes de 3,3 m de diamètre (voir maquette à gauche). C'est l'un des premiers exemples de l'échappement d'horlogerie, mécanisme par lequel un mouvement est transformé en tic-tac régulier.

●**LA 1RE HORLOGE MÉCANIQUE**
La 1re horloge mécanique, c'est-à-dire qui utilise l'échappement, a été construite en 725 par Yi Xing et Liang Lingzan (tous deux Chine).

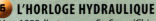

Fidel Castro (né le 13 août 1927) a dirigé Cuba du 26 juillet 1959 jusqu'à son départ à la retraite le 19 février 2008, soit 48 ans et 208 jours. Il est le **chef d'état non monarchique qui a exercé le plus longtemps**.

★ LA PLUS ANCIENNE CARTE

Dans les années 1920, des fouilles archéologiques à Nuzi (Irak) ont révélé des tablettes d'argile datant de 2300 av. J.-C. et représentant l'Euphrate et des collines, des habitations et des ruisseaux environnants. Ces "cartes" sont les plus anciens exemples de cartographie connus.

★ LA PLUS ANCIENNE CARTE INDIQUANT LES DISTANCES

Dans les années 1970, on a découvert à Hebei (Chine) une carte gravée sur bronze datant du IVe siècle av. J.-C. Elle représente les 5 mausolées de l'empereur Wang Cuo et porte la mention *Zhao Yu Tu* ("plan du mausolée") et des chiffres indiquant les distances.

★ L'ATLAS LE PLUS CHER

Le 10 octobre 2006, un exemplaire de la *Cosmographie* de Ptolémée datant de 1477 a été adjugé chez Sotheby's (Londres, RU) 3 990 010 $.

★ LA CARTE LA PLUS CHÈRE

Le 3 décembre 2010, une carte des États-Unis, la première à y être imprimée, a été adjugée chez Christie's (New York, USA) 2 098 500 $, commissions comprises. Réalisée en 1784, elle faisait partie de la collection de la New Jersey Historical Society. Elle est l'une des 7 cartes connues de ce genre, la ★ première imprimée aux États-Unis à afficher le drapeau national et la ★ première aux États-Unis à porter un copyright.

★ LE PREMIER ATLAS DU MONDE PUBLIÉ

Œuvre du cartographe flamand Abraham Ortelius, *Theatrum Orbis Terrarum* (Théâtre du monde) a été imprimé en 1570 chez Gilles Coppens van Diest, à Anvers. Rédigé en latin, l'original comptait 70 cartes sur 53 pages. Entre 1570 et 1612, de nombreuses versions actualisées ont suivi en allemand, néerlandais, français, espagnol, anglais et italien.

★ LA PREMIÈRE CARTE DU NOUVEAU MONDE

Martin Waldseemüller (Allemagne) a été le premier cartographe à dresser une carte du Nouveau Monde. Créée en 1507, elle représente pour la première fois les terres explorées par Christophe Colomb et Amerigo Vespucci, et utilise le mot "Amérique" créé par Waldseemüller en hommage à Vespucci.

★ LA PREMIÈRE CARTE GÉOLOGIQUE D'UN PAYS

Datant de 1801, *Délinéation des strates de l'Angleterre et du pays de Galles* de William Smith (RU) est la première carte d'un pays à illustrer les diverses strates de roche. En 1799, Smith, "le père de la géologie anglaise", avait déjà dressé la ★ première carte géologique de la région de Bath (RU).

★ LES PREMIÈRES CARTES SUR SOIE

En 1973-1974, dans le Hunan (Chine), des archéologues ont découvert, dans une tombe datant du IIe siècle av. J.-C., une série de cartes sur soie représentant la topographie de la province jusqu'à la mer de Chine méridionale.

★ LA PREMIÈRE CARTE ROUTIÈRE

Bâtisseurs de routes prolifiques, les Romains sont également les premiers à les avoir représentées sous forme de carte, gravant leur réseau routier sur une pierre près du Forum à Rome (Italie). Ce projet gigantesque, sous la direction de Marcus Agrippa (63-12 av. J.-C.), fils de l'Empereur, traçait les milliers de kilomètres du *cursus publicus* ("routes") de l'Empire, qui s'étendait à travers l'Europe et jusqu'au Moyen-Orient. Une fois terminé, l'Itinerarium, comme on l'appelait, facilitait l'administration de l'Empire et symbolisait la puissance de Rome.

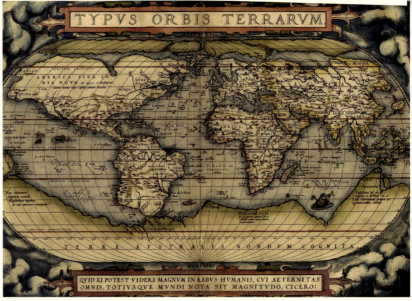

TYPVS ORBIS TERRARVM

QVID EI POTEST VIDERI MAGNVM IN REBVS HVMANIS, CVI AETERNITAS OMNIS, TOTIVSQVE MVNDI NOTA SIT MAGNITVDO. CICERO.

Le colibri d'Elena *(Mellisuga helenae)*, qui vit sur l'île de la Jeunesse à Cuba, est le **plus petit oiseau du monde**. Le mâle pèse 1,6 g et mesure 57 mm de long, dont le bec et la queue constituent la moitié.

514

C'est la quantité en litres de glace que vous mangerez au cours de votre vie. Si l'envie vous prend de les transformer en outils pour étudier la géographie, vous aurez de quoi faire 92 globes de la taille d'un ballon de foot !

★ LE PREMIER CALCULATEUR D'ITINÉRAIRE INTERACTIF

Créé en 1920, le Plus Fours Routefinder est le curieux précurseur du système actuel de navigation par satellite. Il se présentait sous la forme d'un bracelet dans lequel on introduisait des cartes routières du Royaume-Uni inscrites sur de petits rouleaux, qu'un système de roulettes permettait de dérouler.

LA PLUS GRANDE CARTE EN LIGNE

Fait de données recueillies par satellite, Google Earth, qui appartient au moteur de recherche Google, est un globe terrestre virtuel en 3D, en accès libre sur Internet.

LA PLUS PETITE CARTE

En 1992, H. Jonathon Mamin, chercheur pour IBM à Zurich (Suisse), s'est servi d'impulsions électriques pour réaliser une carte de l'hémisphère occidental faite d'atomes. Elle a un diamètre d'un micron, soit 1/100ᵉ de celui d'un cheveu humain.

★ LA PREMIÈRE CARTE POUR PILOTE

En 1895, en prévision d'une course de voitures le jour de Thanksgiving, le *Chicago Sun Herald* a publié le plan des 86 km séparant Jackson Park de Waukegan (Illinois, USA). L'ayant découpé dans le journal, Frank Duryea – premier Américain à inventer une voiture commercialisée – s'en est servi pour remporter la victoire.

★ LA VOIX DE SYSTÈME DE NAVIGATION LA PLUS POPULAIRE

Selon Tom-tom, leader sur le marché des systèmes de navigation, Homer Simpson, dont la voix est enregistrée par Dan Castellaneta, a été téléchargé 128 500 fois depuis 2009.

BÂTON DE PÈLERIN

En 330, un pèlerin français rédige le premier guide touristique : *Itinerarium Burdigalense*. Il y décrit le chemin jusqu'à Jérusalem (Israël) et commente les auberges et les points d'eau.

LA PLUS GRANDE COLLECTION DE CARTES

La bibliothèque du Congrès (Washington DC, USA) abrite la collection cartographique la plus vaste et complète au monde : 4,5 millions de cartes, 60 000 atlas, 6 000 œuvres de référence, de nombreux globes et maquettes en relief, ainsi qu'une grande variété de matériel cartographique dont certains numériques.

LE PLUS GRAND ATLAS

Épais de 11 cm, l'énorme atlas de Klencke mesure 1,78 m de haut et 1,05 m de large. Il a été offert au roi d'Angleterre Charles II par un marchand hollandais autour de 1660. Ses 39 pages présentent 41 cartes datant toutes de la première moitié du XVIIᵉ siècle.

★ LE PLUS ANCIEN GLOBE TERRESTRE

En 1491-1492, Martin Behaim, cosmographe et explorateur allemand au service de la cour du Portugal, a créé l'*Erdapfel* ("Terre-Pomme"), une sphère recouverte d'une peinture de la Terre de Georg Glockendon (Allemagne). Comme Christophe Colomb n'est rentré de son célèbre voyage qu'en 1493, les Amériques n'y figurent pas.

LE PLUS GRAND GLOBE TOURNANT

L'*Erdapfel* (à gauche) est petit comparé à *Eartha*, le plus grand globe terrestre tournant au monde. Réalisé en 1998 par Delorme (USA), fabricant de GPS et de cartes numériques, ce globe de 12,52 m de diamètre, qui pèse 2 540 kg, occupe un atrium vitré de deux étages au siège social de la société, dans le Maine (USA). Mu par deux moteurs électriques réglés par ordinateur, il tourne suspendu à un bras spécial.

● MISE À JOUR
★ NOUVEAU RECORD

★ LA CARTE EN 3D À LA PLUS PETITE ÉCHELLE

La représentation du relevé des galaxies 2Df de Crystal Nebulae (RU) a été réalisée à une échelle de 1 cm : 1 milliard d'années-lumière. Elle a gravé au laser 200 000 galaxies sur un cube de 6 cm³.

LA PLUS ANCIENNE CARTE DE LA LUNE

Des gravures vieilles de 5 000 ans, taillées dans une pierre à Knowth (Irlande), ont été identifiées comme la plus vieille carte de la Lune.

★ LA PLUS ANCIENNE CARTE DU CIEL SUR MANUSCRIT

Datant de 649-684 et découverte en 1907, la carte céleste de Dunhuang (Chine) est une série de dessins du ciel sur rouleaux de manuscrit, représentant les constellations visibles depuis l'hémisphère Nord. Elle compte 1 300 étoiles.

L'oiseau-éléphant (*Aepyornis maximus*) est le **plus grand oiseau qui ait jamais existé**. Incapable de voler, il évoluait à Madagascar, mesurait de 3 à 3,3 m et pesait environ 500 kg.

★ LA PLUS VIEILLE CHAUSSURE EN CUIR

En 2008, sur le site Areni-1, dans le Vayots Dzor (en Arménie), des archéologues ont découvert une chaussure en cuir de 5 500 ans.

● LE PREMIER ZOO

En 2009, des fouilles archéologiques effectuées au sud de Louxor (Égypte) auraient révélé l'existence d'une importante ménagerie datant de 3500 av. J.-C. Elle comptait jusqu'à 112 bêtes, dont des éléphants, des félins sauvages, des babouins et des hippopotames. Le zoo, qui semble avoir appartenu à un particulier, a été exhumé sur le site d'Hiérakonpolis.

★ LA PREMIÈRE VILLE

Datant de 3200 av. J.-C., Ourouk (Mésopotamie sud, actuel Irak) comptait 50 000 habitants, soit la plus forte densité démographique de l'époque. Elle était entourée d'une enceinte de 9,5 km et couvrait 450 ha. Rendue prospère par le commerce et l'agriculture, elle était un grand centre artistique.

★ LE PLUS VIEUX CIMETIÈRE ROYAL

En 1922, l'archéologue Leonard Woolley (RU) a découvert, à Ur (Mésopotamie), ce qui serait le premier cimetière royal. Il a mis au jour 1 800 tombes remontant au moins à 2600 av. J.-C., dont 16 révélant des salles ornées d'objets impressionnants. Les tombes contenaient aussi des restes de serviteurs et de membres de la cour.

LA PLUS VIEILLE MOMIE

La momification date de 2600 av. J.-C. (IVᵉ dynastie des pharaons). La plus vieille momie complète, celle de Wati (2400 av. J.-C.), a été découverte dans la tombe de Néfer, à Saqqarah (Égypte).

★ LA PREMIÈRE COURSE DE CHEVAUX

Dès 1400 av. J.-C., l'équitation faisait partie de la culture hittite d'Anatolie (Turquie). En Grèce, les courses hippiques ont intégré les 33ᵉ jeux Olympiques en 648 av. J.-C.

LE PREMIER CHIEN DOMESTIQUÉ

Les plus anciennes traces de chiens domestiqués (*Canis familiaris*) remontent à il y a environ 15 000 ans (paléolithique), en Asie de l'Est où, par croisements successifs, on a éliminé les gènes agressifs des loups (*Canis lupus*).

★ LE PREMIER ACTEUR

Thespis d'Icare, prêtre de Dionysos, faisait partie d'un chœur qui interprétait chants et danses inspirés des mythes grecs. Lors d'une représentation à Athènes, en 534 av. J.-C., il se serait détaché du chœur pour interpréter les personnages des chansons.

LES PYRAMIDES LES PLUS ANCIENNES

★ **Première pyramide en pierre taillée**, s'élevant à 62 m, la pyramide à degrés de Djoser (à gauche), à Saqqarah (Égypte) a été construite en 2750 av. J.-C. De semblables structures (jusqu'à 20 pyramides) datant de la même époque ont été découvertes ultérieurement à Caral (Pérou, ci-dessous). Il est impossible de savoir lesquelles sont les plus vieilles.

8000 av. J.-C.	5000 av. J.-C.	3200 av. J.-C.	v. 3000 av. J.-C.	1800 av. J.-C.	1100 av. J.-C.	1200-800 av. J.-C.

PRINCIPALES ÉTAPES DE L'HISTOIRE DE L'HOMME, DES DÉBUTS DE L'AGRICULTURE À LA FONDATION DE L'ISLAM, 600 ANS APR. J.-C. ENVIRON.

Naissance de l'agriculture : on cultive le blé, l'avoine, le seigle et l'orge sur les rives du Tigre, de l'Euphrate et du Nil.

Émergence de la Mésopotamie ; premières lois, développement des mathématiques et de l'astronomie.

Fondation d'Ourouk, la **première ville**, dans le sud de la Mésopotamie.

TABLETTE ASTROLOGIQUE
Tablette sur laquelle des données ont été gravées en écriture cunéiforme.

Selon la tradition israélite, naissance d'Abraham, à Ur (Babylone).

Naissance de la civilisation mésoaméricaine ; construction des premières habitations au Mexique par les Olmèques.

SCULPTURE OLMÈQUE
Hache en jade vert, avec des sourcils "en flamme".

Madagascar est la **plus vieille île du monde**. Séparée du sous-continent indien il y a 80 à 100 millions d'années, elle se trouve actuellement plus près des côtes africaines que de celles de l'Inde.

★ LE PREMIER THÉÂTRE PERMANENT

Construit dans l'Athènes antique en 500 av. J.-C., le théâtre en plein air de Dionysos est le premier du genre. On y accueillait jusqu'à 17 000 spectateurs.

★ LA PLUS ANCIENNE GRAINE GERMÉE

Une graine de palmier-dattier, de 2 000 ans, retrouvée à Masada (Israël), dans les années 1960 et replantée en 2005 par Sarah Sallon (Israël) et Elaine Soloway (USA), a germé après 8 semaines. La datation au carbone 14 a permis de situer la graine au temps du siège de Masada par les Romains en 73, au cours duquel des centaines de fanatiques juifs se sont donné la mort.

LE PLUS VIEUX ROMAN

Chéréas et Callirhoé de Chariton d'Aphrodise (Grèce) au Iᵉʳ siècle raconte les aventures de Callirhoé, une jeune mariée très belle.

LE PLUS VIEUX CHÂTEAU

Dans la vieille ville de Sana'a (Yémen), le château Gomdan date d'avant 200. Il comptait à l'origine 20 étages.

★ LE PREMIER PEUPLE À CONSIGNER L'HISTOIRE AUX AMÉRIQUES

Les Mayas ont été les premiers à consigner des faits historiques. Leur écriture (qui n'est pas la première dans le Nouveau Monde) est composée d'éléments idéographiques et phonétiques gravés sur des monuments de pierre. Ils ont aussi été les ★ premiers à mentionner le tabac.

★ LA PLUS GRANDE ÉCOLE DES GLADIATEURS

Avec pour seule protection une armure rudimentaire (voir casque ci-dessous), les gladiateurs offraient un spectacle. Dans la Rome antique, le *Ludus Magnus* était le plus important des quatre centres d'entraînement, son arène pouvant accueillir jusqu'à 3 000 spectateurs.

Mis en scène par les fils de Junius Brutus Pera pour célébrer sa mort, les **premiers combats de gladiateurs** ont eu lieu en 264 av. J.-C. D'autres citoyens ont ensuite organisé leurs propres combats.

LA PLUS GRANDE BATAILLE NAVALE DE L'ANTIQUITÉ

La bataille de Salamine (Grèce), en automne 480 av. J.-C., fut la plus grande bataille navale de l'Antiquité. Il y aurait eu 800 vaisseaux dans la flotte perse, défaite, et 380 dans celle, victorieuse, des Athéniens et de leurs alliés. 200 000 hommes auraient été impliqués dans le conflit.

| 776 AV. J.-C. | v.753 AV. J.-C. | 600 AV. J.-C. | 500 AV. J.-C. | 214 AV. J.-C. | 4 AV. J.-C. | 80 | 476 | 570 |

Iᵉʳˢ jeux Olympiques.

Fondation de Rome.

BOUDDHA Représentation du Bouddha en or pur.

Se détournant des richesses matérielles en faveur de la sagesse spirituelle, Siddhartha Gautama fonde le bouddhisme.

MASQUE THÉÂTRAL Masque en terre de la période hellénique (Vᵉ siècle).

Naissance du théâtre occidental en Grèce.

Naissance de Jésus.

Achèvement de la Grande Muraille de Chine.

LE COLISÉE Amphithéâtre romain pouvant accueillir 50 000 spectateurs.

Des combats de gladiateurs ont lieu au Colisée, **plus grand amphithéâtre romain**.

Naissance à la Mecque de Mahomet, fondateur de l'Islam.

Chute de l'Empire romain d'Occident ; le chef germanique Odoacre dépose Romulus Augustule.

L'Islande, la **plus grande île volcanique**, a été formée par les éruptions de la dorsale médio-atlantique. D'une superficie de 103 000 km², l'île correspond principalement au fond émergé de l'océan.

● MISE À JOUR
★ NOUVEAU RECORD

★ LE 1ER EMPIRE

L'Empire néo-assyrien en Mésopotamie (actuel Irak) date de la fin du Xe siècle av. J.-C. Il a atteint son apogée au VIIIe av. J.-C. Les territoires qu'il dominait s'étendaient du golfe Persique à la Méditerranée. La destruction de sa capitale, Nineveh (actuel Mosul), par les Babyloniens et leurs alliés, a marqué la chute de cet empire en 612 av. J.-C. L'image représente un prêtre assyrien datant de 721 à 705 av. J.-C.

★ L'EMPIRE LE PLUS PEUPLÉ EN POURCENTAGE

Avec environ 49,4 millions des 112,4 millions de personnes vivant en 480 av. J.-C. – soit 44 % – l'Empire achéménide, plus connu sous le nom d'Empire perse, est l'empire le plus peuplé. Fondé par Cyrus II sur les terres de l'actuel Iran, il réunissait des régions d'Asie centrale, du bassin méditerranéen et d'Afrique du Nord,

ainsi que certaines parties de l'Europe, comme la Thrace et la Macédoine antiques.

LA PLUS GRANDE CIVILISATION DU NOUVEAU MONDE

Autour de l'an 1200, la ville de Cuzco a été fondée par les Incas. Avant l'arrivée des Européens, la civilisation inca était la plus importante et la plus évoluée du Nouveau Monde. À son apogée, vers 1460, elle comptait 10 millions de personnes et administrait une région à l'ouest de l'Amérique du Sud aussi vaste que l'Empire romain.

L'EMPIRE LE PLUS VASTE (TERRES CONTIGUËS)

Sous la dynastie Khan, en particulier sous Kubilai Khan (voir image), l'Empire mongol (1206-1367) comptait, à son apogée, en 1279, 100 millions d'habitants. Il s'étendait sur un territoire comprenant la Chine, la Russie, la Mongolie, l'Asie centrale, le Moyen-Orient et la Corée actuels.

★ LE PREMIER SÉNAT

Le terme "sénat" vient du latin *senex*, signifiant "ancien", "vieillard" ou "conseil des sages". Le sénat romain remonte aux origines de Rome, au VIIIe siècle av. J.-C. Au début, le sénat était une assemblée délibérante, qui ne proposait ni ne votait de lois. D'après l'historien romain Tite-Live, il comptait 100 sénateurs dont le rôle était de conseiller le roi de Rome.

| 618 apr. J.-C. | 712 apr. J.-C. | 797 apr. J.-C. | 800 apr. J.-C. | 871 apr. J.-C. | 1066 |

PRINCIPALES ÉTAPES DE L'HISTOIRE DE L'HOMME, DE LA DYNASTIE TANG EN 618 AU VOYAGE DE CHRISTOPHE COLOMB EN 1492.

Début de la dynastie Tang qui, pendant près de 300 ans, préside à l'unification de la Chine.

Conquête musulmane de l'Espagne après une guerre de 8 ans.

Le *Livre de Kells*, version des quatre Apôtres, magistralement illustrée par des moines irlandais.

SCULPTURE EN BRONZE
Sculpture datant de 814 représentant Charlemagne couronné empereur d'Occident en 800.

Début du règne du Saxon Alfred le Grand en Angleterre.

TAPISSERIE
Ayant vaincu Harold, Guillaume le Conquérant devient roi d'Angleterre. La tapisserie de Bayeux célèbre sa victoire.

Fabriquée en Islande en 1994 par Stefan Geir Karlsson, dans du pin parasol spécialement traité, la **plus grande flûte à bec** mesure 5 m. Chacun de ses trous fait 8,5 cm de diamètre.

42

Quantité de miel en kilos que vous mangerez au cours de votre vie. C'est l'aliment le moins périssable. On en a retrouvé dans des tombes pharaoniques vieilles de 4 000 ans, encore consommable.

★ L'EMPIRE LE PLUS VASTE

L'Empire britannique fut le plus grand de l'histoire. En 1922, il couvrait 34 millions km² et se targuait d'avoir des territoires sur tous les continents, sauf l'Antarctique. L'image représente un militaire britannique en Inde. Le timbre indique en rouge l'étendue du Royaume-Uni, étayant la formule selon laquelle « le soleil ne se couche jamais sur l'Empire britannique ».

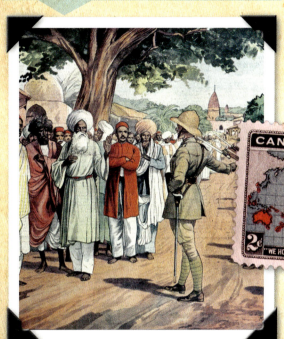

LA PLUS GROSSE RANÇON DE L'HISTOIRE

La plus grosse rançon de l'histoire est celle versée au conquistador espagnol Francisco Pizarro, en 1532-1533, à Cajamarca (Pérou), pour libérer Atahualpa, le dernier empereur inca. Remplissant la moitié d'une vaste salle en or et en argent, elle équivalait à 1,5 milliard $ actuels. Atahualpa a été mis à mort par la suite.

★ L'EMPIRE LE PLUS PEUPLÉ

Lorsqu'éclate la Première Guerre mondiale en 1914, on estime la population de l'Empire britannique à 400 millions d'habitants. Dès 1922, à la suite d'acquisitions territoriales, le chiffre atteint 458 millions. Il connaît son apogée en 1938, à la veille de la Seconde Guerre mondiale, frôlant 531 millions, ce qui fait de l'Empire britannique le plus grand de l'histoire en terme démographique. Aujourd'hui, la population des 54 États membres du Commonwealth est estimée à 2 milliards d'habitants.

★ L'EMPIRE LE PLUS PÉRENNE

L'Empire romain commence en 27 av. J.-C., lorsqu'Octavien renverse la République et se nomme empereur Auguste. En 476, Rome tombe aux mains des Barbares, mais l'Empire byzantin, basé à Constantinople (actuel Istanbul), qui en est né, est généralement considéré comme son prolongement. La chute de Constantinople en 1453 met fin à une période de domination qui dura près de 1 500 ans.

LE PALAIS LE PLUS GRAND

Sur un terrain de 72 ha, le Palais impérial de Pékin (Chine) couvre une superficie de 960 x 750 m. Le plan au sol est celui élaboré sous Yongle, 3e empereur Ming (1402-1424). En raison des réaménagements constants, la plupart des bâtiments datent toutefois du XVIIIe siècle. À titre de comparaison, le château de Versailles, dont la construction a été terminée pour Louis XIV en 1682, mesure 580 m de long.

★ LE PREMIER EMPIRE À L'ÉCHELLE PLANÉTAIRE

Au XVe siècle, sous le règne d'Henri le Navigateur, qui envoie des expéditions en Afrique et en Asie, le Portugal établit le premier empire maritime et commercial aux dimensions planétaires. Aux XVIe et XVIIe siècles, des colonies sont établies au Brésil, en Afrique, au Timor oriental, en Inde et à Macao. Sur cette carte du XVIe siècle figurent deux territoires africains revendiqués par les Portugais : « Guine » (Guinée) et « Amina » (côte de la Mine, connue aussi sous le nom de côte de l'Or portugaise, puis côte de l'Or (actuel Ghana).

1095

Début de la Première Croisade, qui a duré 4 ans.

1100

Premières statues de l'île de Pâques.

MONNAIE MONGOLE
Un dirham et un dinar du règne de Genghis Khan (1206-1227).

1206

Ascension au pouvoir de Gengis Khan. En 21 ans, il a établi l'Empire mongol, s'emparant de territoires en Chine, en Perse et vers la mer Caspienne.

1299

Naissance de l'Empire ottoman, 1re puissance du bassin méditerranéen oriental.

1325

Tenochtitlán (actuel Mexico) est fondé par les Aztèques.

v. 1350

La peste, la **pandémie la plus meurtrière** (75 millions de morts).

LA PESTE
Gravure sur bois d'une victime de la peste.

v. 1400

Début du petit âge de Glace en Europe.

1492

Christophe Colomb fait appareiller 3 navires au départ de l'Espagne vers l'Amérique.

Lors de l'émission télévisée *Guinness World Records*, à Madrid (Espagne), le 23 janvier 2009, Rosario Varela (Espagne) a exécuté 1 274 claquettes de flamenco, soit le **plus de claquettes de flamenco réalisées par une femme en 1 min**.

LE PLUS VIEUX LIVRE IMPRIMÉ SUR PRESSE

Premier livre à sortir d'une presse, la *Bible* de Gutenberg, a été imprimée à Mainz (Allemagne), vers 1455, par Johann Henne zum Gensfleisch zur Laden, appelé Gutenberg (1398-1468). Les Chinois auraient pourtant inventé les caractères d'imprimerie mobiles 6 ou 7 siècles plus tôt.

★ LA PREMIÈRE MONTRE

On attribue à Peter Henlein (Allemagne) l'invention, vers 1509, d'une montre portable : son "œuf de Nuremberg", en forme de tambour, marquait seulement les heures. On a découvert depuis des références à une "montre de poche" qui aurait précédé son invention de 40 ans, mais on continue à penser

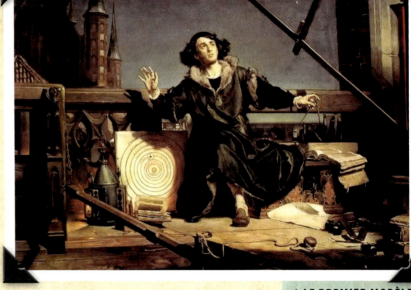

★ LA PREMIÈRE COLONIE PERMANENTE DANS LE NOUVEAU MONDE

La Isabela, dans l'île d'Hispaniola (aujourd'hui République dominicaine), a été fondée en 1493 par l'équipage de Christophe Colomb lors de son deuxième voyage aux Amériques. Première colonie permanente européenne au Nouveau Monde, elle devait servir à l'exploitation des métaux précieux, mais elle a été abandonnée au bout de 5 ans, victime d'ouragans, de maladie, de disette, de mutins.

que Henlein est le premier à en avoir fabriqué et à avoir introduit la notion d'horaire.

★ LE MUSÉE LE PLUS ANCIEN

Le British Museum à Londres (RU) n'a pas changé de site depuis sa fondation en 1753. Offrant une entrée gratuite, il a ouvert ses portes le 15 janvier 1759. La première exposition a été montée

LE MANUSCRIT LE PLUS CHER

Rédigé par Léonard de Vinci (Italie) en 1508-1510, le *Codex Leicester* a été adjugé à Bill Gates (USA), le 11 novembre 1994, chez Christie's (New York, USA), pour 30 802 500 $. On y trouve des croquis de sous-marin et de moteur à vapeur accompagnés des observations de l'auteur.

en puisant dans la collection du scientifique Hans Sloane.

LE PREMIER VOL D'HOMME

François Pilâtre de Rozier (France) serait le premier homme à avoir volé. Le 15 octobre 1783, il s'est élevé de 26 m à bord d'un ballon à air chaud amarré au sol, fabriqué par les frères Joseph et Jacques Montgolfier.

★ LE PREMIER MODÈLE D'UN SYSTÈME SOLAIRE HÉLIOCENTRIQUE

En 1543, Nicolas Copernic (Pologne) publie *Des Révolutions des sphères célestes*, où il annonce les principes révolutionnaires de l'astronomie héliocentrique, à savoir que les planètes tournent autour du Soleil. Il faudra attendre 150 ans pour que ses idées soient acceptées.

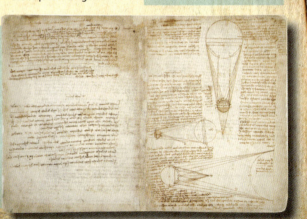

1512	1588	1620	1682	1776

PRINCIPALES ÉTAPES DANS L'HISTOIRE DE L'HOMME, DEPUIS LES FRESQUES DE MICHEL-ANGE À LA CHAPELLE SIXTINE JUSQU'À LA NAISSANCE DU WEB.

Michel-Ange termine les fresques du plafond de la chapelle Sixtine, au Vatican.

Partie conquérir l'Angleterre, l'*Invincible Armada* est mise en échec par la marine britannique et les tempêtes.

SHAKESPEARE
Estampe d'après une peinture de l'écrivain, mort en 1616.

Les Pères pèlerins quittent Plymouth (Angleterre), à bord du *Mayflower*, pour les Amériques.

Les colonies américaines font sécession, ce qui mène à la guerre d'Indépendance contre l'Angleterre.

Pierre Ier le Grand prend le pouvoir en Russie, inaugurant une ère de modernisation.

NAPOLÉON
Aquarelle de Jean-Baptiste Isabey, datée de 1812.

Pablo Picasso (Espagne) est l'**artiste professionnel le plus prolifique**. Il a réalisé 13 500 tableaux et dessins, 100 000 estampes et gravures, 34 000 illustrations de livres et 300 sculptures et céramiques.

7,5 C'est la quantité de pommes de terre en tonne que vous mangerez au cours de votre vie. Découvert au Nouveau Monde, le légume le plus populaire est légèrement toxique. 7,5 t contiennent assez de neurotoxine pour tuer 3 750 personnes.

LE PLUS DE MORTS

On estime à 56,4 millions le nombre de morts – combattants et civils de tous les pays – de la Seconde Guerre mondiale (1939-1945). C'est aussi la **guerre qui a coûté le plus cher**, les dépenses totales de 1,5 trillion $ dépassant le coût de toutes les autres guerres de l'histoire réunies.

LE PREMIER APPEL TÉLÉPHONIQUE

Le 14 février 1876, Alexander Graham Bell (RU) déposait un brevet pour le téléphone. Un mois plus tard, à Boston (USA), il "téléphonait" à son assistant dans la pièce d'à côté. "Venez, Watson, j'ai besoin de vous."

★ LE PREMIER PHONOGRAPHE

Le premier phonographe, de Thomas Alva Edison (USA), date de 1877. Il servait à enregistrer et réécouter les messages d'une autre invention récente : le téléphone. Pour enregistrer le son, Edison a enveloppé un cylindre en acier de papier en étain.

LES PREMIERS HOMMES SUR LA LUNE

Premiers hommes à fouler le sol lunaire, Neil Alden Armstrong et Edwin Eugene "Buzz" Aldrin (USA) sont sortis de leur module lunaire *Eagle* pour mettre le pied sur la mer de la Tranquillité, le 21 juillet 1969.

LE PREMIER PAYS À LÉGIFÉRER LE DROIT DE VOTE AUX FEMMES

La Pétition pour le suffrage des femmes a fait de la Nouvelle-Zélande le premier pays en voie d'industrialisation à leur accorder le droit de vote.

★ LA PREMIÈRE CHAÎNE DE MONTAGE MOBILE

En 1913, Ford a introduit une chaîne de montage mobile dans son usine à Highland Park (près de Detroit, USA). Le temps de montage chute de 12,5 h à 1 h et 33 min. Des 200 000 véhicules fabriqués en 1913 on passe à plus de 1 million en 1920.

★ LE PEMIER GRATTE-CIEL

Construit en 1884-1885, à Chicago (USA), le Home Insurance Building comptait 10 étages et mesurait 42 m.

LE PREMIER NAVIGATEUR HYPERTEXTE

En octobre 1990, Tim Berners-Lee (RU) lance un projet de navigateur hypertexte. Il en résulte le navigateur Web, qui devient disponible sur Internet pour la première fois au cours de l'été 1991.

LE PREMIER TÉLÉPHONE PORTABLE

Le 3 avril 1973, Martin Cooper (USA) de Motorola, inventeur du premier mobile, a passé son premier appel à son rival, Joel Engel, directeur de recherches chez Bell. Le premier réseau téléphonique fut ouvert au Japon en 1979.

---

v. 1826 1829   1859   1914 1917   1939   1961   1991

Joseph Nicéphore Niépce réalise la **première photographie permanente**.

Fin des guerres d'indépendance en Amérique du Sud.

Publication de *De l'origine des espèces* de Charles Darwin.

Début de la Première Guerre mondiale.

La Révolution russe renverse le tsar et aboutit à la création de l'Union soviétique.

Adolf Hitler lance l'invasion de la Pologne, déclenchant la Seconde Guerre mondiale, qui touchera 61 pays.

Le cosmonaute russe Yuri Gagarin devient **le premier homme à voyager dans l'espace**.

Lancement du Web, créé par Tim Berners-Lee.

MONNAIE VÉNÉZUÉLIENNE Pièce de monnaie frappée en hommage à Simón Bolívar (1783-1830).

MASQUE de pompier britannique de la Seconde Guerre.

Arushi Bhatnagar (Inde) a réalisé sa première exposition en solo à la Kalidasa Akademi, à Ujjain (Inde), le 11 mai 2003, soit 344 jours après sa naissance. C'est l'**artiste professionnelle la plus jeune**.

CORPS HUMAIN

LA PERSONNE LA PLUS TATOUÉE

Après avoir enluminé son corps de motifs colorés et pluriethniques, Lucky Diamond Rich (Australie, né en Nouvelle-Zélande) a opté pour une couverture intégrale à l'encre noire. Il superpose des tatouages blancs sur fond noir… et au-dessus, de nouveaux motifs polychromes. Ces superpositions de tatouages recouvrent ainsi plus de 200 % de son épiderme !

« La première fois, je me suis fait tatouer une petite massue de jonglage sur la hanche. À l'époque, j'avais un peu peur de la réaction de ma mère… »

Le **quai de gare le plus long** se trouve à Kharagpur, au Bengale-Occidental (Inde). Il mesure 833 m de long, soit 12 jumbo jets mis bout à bout.

La Société nationale des chemins de fer belges (NMBS) a construit le **plus long train de voyageurs**.
Il mesurait 1 732,9 m de long et était constitué de 70 wagons tirés par une locomotive électrique.

PERFORATIONS, PIERCINGS, IMPLANTS ET TATOUAGES

L'homme a toujours voulu altérer son image. Ötzi, l'homme des glaces né il y a 5 300 ans et découvert momifié dans la glace en 1991, arborait au moins 57 tatouages – les **plus vieux tatouages connus**. Même nos cousins de Neandertal portaient du maquillage. Nous vous proposons ici un aperçu des plus saisissantes modifications corporelles.

PIERCING

Perforer la peau pour y placer anneaux métalliques, épingles ou autres bijoux n'est pas récent. On a retrouvé des momies vieilles de 5 000 ans avec les oreilles percées. Aujourd'hui, les piercings ne se limitent plus aux lobes auriculaires. Au nom de la mode, toute partie du corps peut être perforée. Rolf Buchholz, l'●**homme le plus percé**, arbore 453 ornements, de la tête aux pieds.

PELOTE D'ÉPINGLES

Depuis son premier piercing en 1997, Elaine Davidson (RU) – la **femme la plus percée** – compte 4 225 objets métalliques sur son corps.

SCARIFICATION

Cette opération irréversible consiste à inciser la peau avec un couteau – plus traditionnellement, une pierre, un tesson de verre ou une écorce de noix de coco. Les plaies sont badigeonnées de sève de plantes toxiques pour obtenir une cicatrice en relief, aussi appelée cicatrice chéloïde. La scarification est toujours pratiquée par les femmes de certaines tribus soudanaises, comme les Nuer et les Kush de Nubie.

ÉLONGATION DU COU

Les anneaux successifs en laiton placés autour du cou des femmes-girafes des tribus padaung et kayan (Myanmar) entraînent une élongation du cou pouvant atteindre 40 cm. L'inconfort ressenti à la pose des anneaux ne durerait pas. La distance entre le lobe de l'oreille et la clavicule est tout de même multipliée par deux en moyenne.

CRIBLÉ !

Originaire de Dortmund (Allemagne), Rolf Buchholz compte 94 piercings autour et à l'intérieur de sa bouche, 25 sur les arcades sourcilières, 8 sur le nez et 278 sur les parties génitales.

Avec 33 m en son point le plus bas, la fosse de plongée Nemo 33, à Bruxelles (Belgique), est la **piscine la plus profonde**.

GUINNESS WORLD RECORDS 2012

TATOUAGES

Un tatouage est un marquage indélébile de la peau effectué par l'injection de pigments dans les couches les plus profondes de l'épiderme. Au cours de la cicatrisation, l'épiderme supérieur pèle, dévoilant le tatouage sous-cutané. Isobel Varley (RU), 72 ans, véritable ambassadrice du tatouage, est **la retraitée la plus tatouée**.

SUR LE TARD
Isobel a fait son premier tatouage à 49 ans, après la visite d'une convention dédiée à cette pratique. Aujourd'hui, son épiderme est 93 % recouvert d'encre !

LÈVRES DE PLATEAUX
L'élongation corporelle ne se limite pas au cou. Ainsi, les lobes d'oreilles sont très souvent allongés, parfois de façon disproportionnée. L'étirement labial reste lui particulièrement stupéfiant. Nous voyons ici une femme à plateaux de la tribu éthiopienne des Mursi, portant un disque d'argile inséré dans sa lèvre inférieure. Le disque peut atteindre un diamètre de 15 cm.

● MISE À JOUR
★ NOUVEAU RECORD

DANS LA PEAU !
Après avoir été l'homme le plus tatoué, Tom Leppard est devenu **le retraité le plus tatoué**. Son épiderme est recouvert à 99,9 % d'un motif léopard.

LA MODE DU CORSET
Grâce au corset, on peut obtenir la taille de guêpe en vogue à l'époque victorienne. Cathie Jung (USA) affiche le **plus petit tour de taille d'une personne vivante**, soit 38,1 cm.

CHIRURGIE ESTHÉTIQUE
Le scalpel reste une option très populaire auprès des amateurs de modification corporelle, même si les chiffres sont en baisse – en 2009, plus de 1,5 million d'interventions ont été effectuées aux États-Unis, soit 20 % de moins qu'en 2000. Cindy Jackson (USA) a connu **le plus d'interventions de chirurgie esthétique**. Depuis 1988, elle en a subi 47, dont 9 opérations de grande envergure.

La **plus grande piscine du monde** se trouve à San Alfonso del Mar, à Algarrobo (Chili). Achevée en décembre 2006, cette piscine d'eau de mer mesure 1 013 m de long et couvre 8 ha.

LA LANGUE LA PLUS LARGE

Avec 7,9 cm en son point le plus large, la langue de Jay Sloot (Australie) est la plus large. Elle a été mesurée sur le plateau de *Lo Show dei Record* à Rome (Italie), le 18 mars 2010.

POUR LE RECORD

The Dutchess n'a pas laissé ses 18 ans de pousse d'ongles entraver sa carrière de musicienne, elle a déjà enregistré un album studio, *Live and Let Live.*

LES PLUS LONGS ONGLES DE L'HISTOIRE

Lee Redmond (USA) avait cessé de couper ses ongles en 1979 et les entretenait soigneusement. Mesurés le 23 février 2008, sur le plateau de *Lo Show dei Record*, à Madrid (Espagne), ils atteignaient 8,65 m. Lee a perdu ses ongles dans un accident de voiture en 2009.

Melvin Boothe (USA) possédait les **ongles de main les plus longs pour un homme**. Ils faisaient 9,85 m de long lorsqu'ils ont été mesurés à Troy (Michigan, USA), le 30 mai 2009. Melvin est mort en décembre 2009.

●LES ONGLES DE MAIN LES PLUS LONGS

Les ongles de la main gauche de Chris "The Dutchess" Walton (USA) mesurent 309,8 cm et ceux de sa main droite 292,1 cm. Chanteuse de rock et artiste studio, The Dutchess s'est vu décerner son record par le Guinness World Records, à Las Vegas (Nevada, USA), le 21 février 2011.

HISTOIRE D'ONGLES

The Dutchess a succédé à Lee Redmond (USA), qui avait laissé pousser ses ongles pendant 30 ans avant de les perdre dans de malheureuses circonstances (voir ci-contre).

●LES MAINS LES PLUS GRANDES

Sultan Kösen (Turquie) – l'**homme le plus grand du monde** – possède des mains de 28,5 cm de long. Elles ont été mesurées du poignet à l'extrémité du majeur le 8 février 2011. Il possède également l'★ **envergure de main la plus grande**, avec 30,48 cm.

Les **mains les plus imposantes** restent l'apanage de Robert Pershing Wadlow (USA, 1918-1940), l'**homme le plus grand de tous les temps.** Ses mains mesuraient 32,3 cm du poignet à l'extrémité du majeur.

Le désert d'Atacama (Chili) couvre seulement 105 200 km². C'est le **plus petit désert.**

2,6 C'est la quantité en litres d'acide chlorhydrique produit chaque jour par un estomac humain, soit assez pour remplir une baignoire tous les 2 mois. Dans une vie entière, on pourrait se dissoudre entièrement 440 fois dans son propre estomac.

LE PLUS LONG NEZ (PERSONNE VIVANTE)

Mehmet Ozyurek (Turquie) possède un nez hors du commun : mesuré le 18 mars 2010, sur le plateau de *Lo Show dei Record* à Rome (Italie), l'appendice faisait 8,8 cm de la base à la pointe.

[A RHINOLOGIE EST L'ÉTUDE DU NEZ.]

● LE REIN LE PLUS GROS

Le 26 janvier 2010, le Dr Abdul Rasheed Shaikh a retiré un rein à Waziran Malah (Pakistan), au Chandka Medical College Hospital, à Larkana Sindh (Pakistan). L'organe pesait 1,8 kg et mesurait 30 x 13 x 10 cm.

LE MUSCLE LE PLUS GROS

Des 639 muscles connus du corps, *gluteus maximus*, ou fessier, qui s'étend jusqu'à la cuisse, est le plus volumineux. Pendant la grossesse, l'utérus, d'un poids normal de 30 g à peine, peut atteindre plus de 1 kg !

À contrario, le **plus petit muscle** du corps est le muscle stapédien, qui contrôle l'étrier – l'**os le plus petit**, situé dans l'oreille. Ce muscle fait en effet moins de 0,127 cm de long.

Les muscles oculaires battent plus de 100 000 fois par jour, ce qui en fait les **muscles les plus actifs du corps**.

★ LA LANGUE LA PLUS LONGUE (FEMME)

La langue de Chanel Tapper (USA, ci-dessus, à gauche) mesurait 9,75 cm de long, en Californie (USA), le 29 septembre 2010. La **langue la plus longue** reste celle de Stephen Taylor (RU) dont l'organe atteignait 9,8 cm le 11 février 2009.

LES PIEDS LES PLUS GRANDS

Hormis les patients atteints d'elephantiasis, Sultan Kösen (Turquie) a les plus grands pieds. Mesurés en 2009 à Ankara (Turquie), son pied droit faisait 36,5 cm, et son pied gauche, 35,5 cm.

Qu'en est-t-il des **pieds les plus grands de l'histoire** ? Ce sont ceux de Robert Wadlow, qui portait des chaussures taille 75, pour des pieds de 47 cm de long.

LA PLUS GROSSE ARTÈRE

Lorsqu'elle quitte le cœur, l'aorte a un diamètre de 3 cm. À son extrémité, au niveau de la quatrième vertèbre lombaire, son diamètre se réduit à 1,75 cm.

Légèrement plus large que l'aorte, la veine cave inférieure transporte le sang de la moitié inférieure du corps vers le cœur. C'est la **veine la plus grosse**.

L'ORGANE INTERNE LE PLUS GROS

Un foie adulte pèse en moyenne de 1,2 à 1,5 kg et mesure 22 cm de long sur 10 cm de large.

LES JAMBES LES PLUS LONGUES (FEMME)

Le 8 juillet 2003, les interminables jambes de Svetlana Pankratova (Russie) faisaient 132 cm, lors de leur mesure à Torremolinos (Espagne).

La plus longue dent arrachée : 3,2 cm – Loo Hui Jing (Singapour).

La plus large dent arrachée : 1,67 cm – un enfant de 9 ans, Shane Russell (Canada).

Le plus de dents à la naissance : 12 – Sean Keaney (RU), le 10 avril 1990.

La personne la plus âgée à avoir une nouvelle dent : Brian Titford (Australie), 76 ans, s'est paré de 2 nouvelles dents de sagesse (maxillaire supérieur) en mars 2009.

LONGUES JAMBES

Svetlana doit porter des vêtements sur mesure, se courber pour passer les portes et se recroqueviller pour voyager en voiture ou en avion.

Recouvrant une surface approximative de 22 000 km², la vallée et le delta du Nil constituent la **plus grande oasis**. Sans le Nil, l'Égypte serait entièrement désertique.

Corps humain
LES EXTRÊMES

LES HOMMES LES PLUS LOURDS

De l'histoire : Jon Brower Minnoch (USA, 1941-1983) a souffert d'obésité depuis son enfance. Il a atteint son poids record en mars 1978. Admis à l'University Hospital de Seattle (USA), les médecins avaient calculé qu'il pesait plus de 635 kg.

Actuel : Manuel Uribe Garza (Mexique) pesait 416 kg lors d'une mesure effectuée en décembre 2009.

Jumeaux : Billy Leon et Benny Loyd McCrary, alias Billy et Benny McGuire (tous deux USA), avaient un poids normal jusqu'à 6 ans. En novembre 1978, Billy et Benny pesaient respectivement 337 kg et 328 kg, pour un tour de taille de 2,13 m.

LES FEMMES LES PLUS PETITES

De l'histoire : "Princess" Pauline Musters (Pays-Bas, 1876-1895) mesurait 61 cm à sa mort – une pneumonie l'a emportée à 19 ans.

Actuelle : Madge Bester (Afrique du Sud) mesure 65 cm. Atteinte d'une ostéogénèse imparfaite de type 3, Madge ne peut quitter son fauteuil roulant.

● **Actuelle (valide) :** Bridgette Jordan (voir à droite).

Actuelle (adolescente) : Mesurée par une équipe médicale à Tokyo (Japon), pour *Bikkuri Chojin 100 Special #2* (Fuji TV), Jyoti Amge (Inde, née le 16 décembre 1993) faisait 61,95 cm, le 6 septembre 2009. En admettant que sa taille n'évolue pas jusqu'à son 18e anniversaire en 2011, Jyoti sera la **plus petite femme (valide)**.

LES HOMMES LES PLUS PETITS

À la mise sous presse, Khagendra Thapa Magar (Népal, né le 14 octobre 1992, ci-dessous à gauche) était le ● **plus petit homme**. Mesuré par GWR, au Fewa City Hospital de Pokhara (Népal), le 14 octobre 2010, il faisait 67,08 cm. En avril 2011, nous avons repéré un autre homme, encore plus petit. Même si GWR doit encore le mesurer officiellement, Junrey Balawing (ci-dessous à droite), âgé de 17 ans et originaire de Zamboanga del Norte (Philippines), est supposé faire 55,8 cm de haut. Il est donc, officieusement, le **plus petit adolescent**. À ses 18 ans, il deviendra le **plus petit homme**. Si ces chiffres sont confirmés, Junrey serait encore plus petit que Gul Mohammed (Inde, 1957-1997), **l'adulte le plus petit de tous les temps** qui mesurait 57 cm.

★ LES FRÈRE ET SŒUR LES PLUS PETITS

Bridgette et Brad Jordan (tous deux USA) mesurent respectivement 71,1 cm et 96,5 cm. Leur petite taille est due à un nanisme ostéodysplastique primordial de Majewski type II. Leur pathologie ne les empêche pas de mener une vie bien remplie – d'ailleurs, Bridgette souhaite devenir mannequin. Bridgette est par ailleurs la ● **plus petite femme (valide)** – titre qu'elle risque de perdre en décembre 2011, aux 18 ans de Jyoti Amge (voir texte principal).

LE NOUVEAU-NÉ LE PLUS LÉGER

Le nouveau-né le plus léger qui ait survécu pesait 260 g. Rumaisa Rahman (USA) est née au Loyola University Medical Center, Maywood (Illinois, USA), le 19 septembre 2004, après une gestation de 25 semaines et 6 jours.

● LE COUPLE MARIÉ LE PLUS GRAND (ACTUEL)

Wayne (209,3 cm) et Laurie (198 cm) Hallquist (USA) ont une taille combinée de 407,3 cm.

★ LE MANNEQUIN PROFESSIONNEL LE PLUS GRAND

Amazon Eve (USA) faisait 201,66 cm lorsqu'elle a été mesurée à Beverly Hills (Californie, USA), le 25 février 2011. Photographiée ici avec le mannequin de petite taille Qeyda Penate, Amazon est aussi catcheuse et actrice. Elle pense devoir sa stature à ses origines néerlandaises et allemandes.

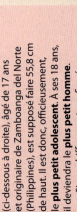

● L'HOMME LE PLUS GRAND

Sultan Kösen (Turquie) – l'**homme le plus grand** – semble avoir terminé sa croissance, à 251 cm. Grâce à un traitement chirurgical au gamma-knife effectué sur la tumeur qui affectait son hypophyse, à l'université de Virginie (USA), en août 2010, sa production d'hormones de croissance a été arrêtée.

HISTOIRE DE TAILLE

Brenden Adams (USA, né le 20 septembre 1995) est **l'adolescent le plus grand**. Avec ses 225,1 cm, Brenden est plus grand que Robert Wadlow (voir ci-dessous) au même âge.

UN BÉBÉ DE TITAN
Anna Bates (Canada, 1846-1888), 2,27 m, a donné naissance à un garçon de 10,8 kg chez elle, à Seville (Ohio, USA), le 19 janvier 1879. C'est le nouveau-né le plus lourd de l'histoire.

RETROUVEZ LES GÉANTS DES JARDINS P. 140.

●LA FEMME VIVANTE LA PLUS LOURDE
Pauline Potter de Sacramento (Californie, USA) pesait 291,6 kg, le 13 mai 2010. Si Pauline joue dans la cour des poids lourds, elle paraîtrait svelte comparée à Rosalie Bradford (USA) – la femme la plus lourde de l'histoire – dont le poids a culminé à 544 kg en janvier 1987.

● MISE À JOUR ★ NOUVEAU RECORD

L'homme le plus grand de l'histoire :
Robert Pershing Wadlow (USA) : 272 cm

La femme la plus grande de l'histoire :
Zeng Jinlian (Chine) : 248 cm

La femme la plus grande aujourd'hui :
Yao Defen (Chine) : 233,3 cm

Le couple marié le plus grand de l'histoire :
Anna Hanen Swan (Canada) : 227 cm et Martin van Buren Bates (USA) : 220 cm. Taille combinée : 447 cm.

Le khmer (Cambodge) est la langue qui compte le plus de lettres : 74, dont certaines ne sont toutefois plus utilisées.

Le plus ancien exemple d'alphabet remonte à 1900 avant J.-C. On en a retrouvé des traces dans du calcaire à Wadi el Hol, près de Louxor (Égypte).

●LA PERSONNE LA PLUS ÂGÉE

Le 13 mai 2011, Maria Gomez Valentim (née le 9 juillet 1896, à droite) de Carangola (Brésil) a été déclarée doyenne de l'humanité, à 114 ans et 308 jours.

Jeanne Louise Calment (21 février 1875-4 août 1997) d'Arles (France) a vécu jusqu'à 122 ans et 164 jours. C'est le **plus grand âge jamais enregistré officiellement pour un être humain**.

●L'HOMME LE PLUS ÂGÉ

Jiroemon Kimura (Japon, né le 19 avril 1897, à droite) est devenu l'homme le plus âgé, 5 jours avant ses 114 ans. C'est aussi le dernier homme né au XIXe siècle.

●LES JUMEAUX LES PLUS ÂGÉS

Benjamin Franklin Colvett et Rose Frances Bruce (tous deux USA) sont nés près d'Alamo (Tennessee, USA), le 23 août 1912.

Glen et Dale Moyer (USA) ont chacun atteint 105 ans, devenant ainsi les **jumeaux les plus âgés de l'histoire**. Nés le 20 juin 1895, ils ont décroché leur titre le 23 janvier 2000.

★ LA JUMELLE ORPHELINE LA PLUS ÂGÉE DE L'HISTOIRE

Mary Belle Murphy Crombie (USA, 1890-2003) a vécu 113 ans et 78 jours, tandis que sa jumelle, Mabel Jean, est décédée en 1984 à 94 ans.

★ L'ÂGE COMBINÉ LE PLUS ÉLEVÉ POUR 4 FRÈRES ET SŒURS

Au 14 mars 2011, les 4 enfants Stepham (RU) totalisaient 390 ans et 81 jours : Clara Goldsmith (100 ans et 37 jours), Belle Dell (98 ans et 344 jours), Anne Goldsmith (96 ans et 119 jours) et Jack Stepham (94 ans et 311 jours). Jack est décédé le 14 mars 2011.

LES DOYENS DE L'HUMANITÉ

Au 13 mai 2011, voici les 10 doyens de l'humanité. À leur naissance, la reine Victoria était encore en vie et la marque de voitures Ford n'existait pas encore.

	Identité	Âge	Sexe	Né(e)
1	Maria Gomez Valentim (Brésil, à droite)	114	Femme	9 juill. 1896
2	Besse Cooper (USA, ci-dessus à droite)	114	Femme	26 août 1896
3	Chiyono Hasegawa (Japon)	114	Femme	20 nov. 1896
4	Venere Pizzinato-Papo (Italie)	114	Femme	23 nov. 1896
5	Shige Hirooka (Japon)	114	Femme	16 janv. 1897
6	Dina Manfredini (Italie/USA)	114	Femme	4 avr. 1897
7	Jiroemon Kimura (Japon, à droite)	114	Homme	19 avr. 1897
9	Delma Kollar (USA)	113	Femme	31 oct. 1897
9	Toshi Horiya (Japon)	113	Femme	8 nov. 1897
10	Leila Denmark (USA)	113	Femme	1er févr. 1898

LONGUE VIE AUX FEMMES ! Pour décrocher un record de longévité, mieux vaut être une femme ! Sur plus de 75 personnes ayant atteint 114 ans, seules 5 étaient de sexe masculin.

VOYAGEZ DANS LE TEMPS, À PARTIR DE LA P. 72.

● MISE À JOUR
★ NOUVEAU RECORD

L'HOMME LE PLUS ÂGÉ

En dépit de son penchant pour la cigarette – pratique qui ne rime généralement pas avec longévité –, Thomas Peter Thorvald Kristian Ferdinand "Christian" Mortensen (Danemark, né le 16 août 1882) de San Ramon (Californie, USA) est l'homme le plus âgé de tous les temps. Il s'est éteint le 25 avril 1998, à 115 ans et 252 jours.

Angkor Wat (temple de la ville) est la **plus grande structure religieuse jamais érigée**. Situé au Cambodge, ce temple de 162,6 ha dédié à la déesse hindoue Vishnou a été construit par le roi khmer Suryavarman II entre 1113 et 1150.

3019 107 744

C'est le nombre de battements de cœur dans une vie entière. Un cœur est légèrement plus petit qu'un poing fermé. Il commence à battre 8 mois avant la naissance, lorsque le fœtus n'est pas plus gros qu'un pouce.

● LES JUMELLES LES PLUS ÂGÉES

Âgées de 101 ans, Lily Millward (à gauche) et Ena Pugh (nées Thomas, toutes deux RU) sont les jumelles les plus âgées. Filles de fermier, elles sont nées le 4 janvier 1910, à Llechach (RU).

★ LES DÉBUTS LES PLUS TARDIFS D'UN RÉALISATEUR

Takeo Kimura (Japon, né le 1er avril 1918) avait 90 ans et 207 jours lorsqu'il a tourné son premier film, *Dreaming Awake*, sorti le 18 octobre 2008.

● LA BALLERINE LA PLUS ÂGÉE

Grete Brunvoll (Norvège, née le 27 juillet 1930) est la ballerine en activité la plus âgée. Elle a débuté la danse à 6 ans et a donné sa première représentation professionnelle à 15 ans, au Nathionalteater en 1945.

★ LE MÉDECIN EN ACTIVITÉ LE PLUS ÂGÉ

Dr Walter "Papa Doc" Watson (USA), obstétricien né en 1910, travaillait toujours à l'University Hospital d'Augusta (Géorgie, USA), en mai 2010, à 100 ans.

● LA PERSONNE LA PLUS ÂGÉE À RECEVOIR UN DOCTORAT

Le professeur honoraire Dr Heinz Wenderoth (Allemagne) a reçu son doctorat en science à l'université Gottfried Wilhelm Leibniz de Hanovre, le 29 septembre 2008, à 97 ans, 8 mois, et 18 jours. Sa thèse s'intitulait : *Étude de la biologie cellulaire, de la morphologie et de la physiologie des Placozoons Trichoplax Adhaerens.*

● LE PROFESSEUR DE YOGA LE PLUS ÂGÉ

Âgée de 90 ans, Gladys Morris (RU, née le 31 janvier 1921) donnait régulièrement ses cours de yoga au Shaw Lifelong Learning Centre d'Oldham (RU). Elle s'est éteinte en mars 2011.

LES PLUS VIEUX PROFESSIONNELS

Si vous avez la chance d'avoir une santé de fer, il n'y a aucune raison pour que vous ne puissiez exercer votre profession jusqu'à un âge vénérable.

Le plus ancien...	Nom	Âge/date de l'exploit
● Escaladeur en rappel	Doris Cicely Long (RU)	96 ans et 11 jours ; 29 mai 2010
● Sauteur à l'élastique	Mohr Keet (Afr. du Sud)	96 ans ; 10 avril 2010
● Médecin	Leila Denmark (USA)	Retraitée en mai 2001 ; 103 ans
● Plongeur (en eaux profondes)	Saul Moss (Australie)	85 ans et 14 jours ; 1er août 2009
Premier ministre nommé	Morarji Ranchhodji Desai (Inde)	81 ans ; mars 1977
Oscarisée (Meilleure actrice)	Jessica Tandy (RU)	80 ans et 295 jours ; 29 mars 1990
Oscarisé (Meilleur acteur)	Henry Fonda (USA)	76 ans et 317 jours ; 29 mars 1982
Danseur de ballet	Frank Russell Galey (USA)	74 ans et 101 jours ; 17 décembre

SOUVENIRS, IMMORTALISÉS Jeanne Calment, la femme la plus âgée de l'histoire, était la dernière personne à avoir connu Van Gogh. À 114 ans, elle a joué son propre rôle dans *Vincent et moi* (Canada, 1990), devenant l'actrice la plus âgée.

★ LE JOUEUR DE CURLING LE PLUS ÂGÉ

Au 18 novembre 2010, le centenaire Stephen Gittus (Canada, né le 17 février 1910) participait régulièrement à des compétitions au Curling Club de Kamloops (Colombie-Britannique, Canada). Il s'est lancé dans ce sport à 43 ans.

D'une facture très moderne, l'Ice Hotel de Jukkasjärvi (Suède) est la **plus grande structure glacée.** Reconstruit chaque décembre depuis 1990, l'Ice Hotel couvre entre 4 000 et 5 000 m².

LA PLUS LONGUE MOUSTACHE

Ram Singh Chauhan (Inde) possède la plus longue moustache du monde, qu'il entretient depuis 1982. Cette phénoménale moustache atteignait 4,29 m de long lorsqu'elle a été mesurée lors de *Lo Show dei Record* à Rome (Italie), le 4 mars 2010. Ram s'est inspiré de son compatriote rajasthani, Karna Bheel, ancien détenteur du record.

RAM LISSE SA MOUSTACHE AVEC DE L'HUILE DE NOIX DE COCO.

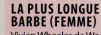

LA PLUS LONGUE BARBE (FEMME)

Vivian Wheeler de Wood River (Illinois, USA) a commencé à se raser dès l'âge de 7 ans. En 1990, elle arborait une barbe intégrale. La mèche la plus longue, du follicule à la pointe, mesurait 27,9 cm en 2000. Vivian est photographiée ici avec son fils.

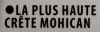

● LA PLUS HAUTE CRÊTE MOHICAN

Il aura fallu 4 h pour réaliser la crête de Kazuhiro Watanabe (Japon), haute de 105 cm. Le record a été homologué au salon de coiffure MACRO de Sapporo, Hokkaido (Japon), le 10 janvier 2011. L'impressionnante crête dépassait de 25 cm le précédent record, établi en Allemagne.

● LA FAMILLE LA PLUS POILUE

Jesús Manuel Fajardo Aceves et Luisa Lilia de Lira Aceves (Mexique) viennent d'une famille atteinte d'une pathologie rare, l'hypertrichose congénitale généralisée, qui entraîne une pilosité faciale et corporelle excessive. Ils sont ici photographiés près de la ★ **voiture la plus chevelue**. Cette Fiat 500 appartenant à Maria Lucia Mugno (Italie) est recouverte de 100 kg de cheveux humains.

L'ENFANT LA PLUS POILUE

Selon l'échelle Ferriman Gallwey – qui évalue la pilosité de neuf parties du corps de 0 (légère) à 4 (intense) –, Supatra Sasuphan (Thaïlande) est l'enfant la plus poilue du monde. Ce record a été attesté à Rome (Italie), le 4 mars 2010.

★ LE PLUS GRAND RASSEMBLEMENT DE ROUX NATURELS

Le 17 juillet 2010, Anne Lindsay (USA) a réuni 890 roux au collège Skyline de Sammamish (Washington, USA).

● LE PLUS GRAND RASSEMBLEMENT DE MOUSTACHUS

L'événement organisé par KARE-1 TV au Xcel Energy Center de St Paul (Minnesota, USA), le 26 novembre 2010, a attiré 1 131 moustachus.

★ LA CHEVELURE LA PLUS ASSURÉE

La marque de shampoing Head & Shoulders a assuré les boucles de Troy Polamalu (USA), icône du football américain et joueur des Pittsburgh Steelers (USA), pour 1 million $, auprès de la Lloyd's de Londres, le 30 août 2010.

● LES PLUS LONGUES EXTENSIONS

Sarina Russo (Australie) a dévoilé des extensions de cheveux rose et blond de 294,49 m, au Sydney Convention and Exhibitions Centre de Sydney (Australie), le 13 juin 2010.

LA COIFFURE LA PLUS HAUTE

Les coiffeurs de KLIPP unser Frisör de Wels (Autriche), ont créé une coiffure de 2,66 m de haut, le 21 juin 2009.

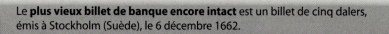

Le **plus vieux billet de banque encore intact** est un billet de cinq dalers, émis à Stockholm (Suède), le 6 décembre 1662.

9,5 C'est la longueur des cheveux (en mètres) qui vont pousser sur votre tête au cours de votre vie, au rythme de 1,25 cm par mois. L'entretien d'une chevelure requiert environ 2 ans à une femme et seulement 2 semaines à un homme…

PERTE DE CHEVEUX
Nous perdons de 50 à 100 cheveux par jour. Pas de panique ! D'autres poussent tous les jours.

Le plus long poil de bras
4,61 m, Justin Shaw (USA).

La plus longue barbe (de l'histoire)
5,33 m, Hans N Langseth (Norvège).

Le plus long poil de torse
22,8 cm, Richard Condo (USA).

Le plus long poil d'oreille
18,1 cm, Anthony Victor (Inde).

Le plus long sourcil
17,8 cm, Toshie Kawakami (Japon).

Le plus long poil de jambe
16,51 cm, Wesley Pemberton (USA).

Le plus long poil de téton
12,9 cm, Douglas Williams (USA).

COUPES DE CHEVEUX

●LE PLUS DE COUPES CONSÉCUTIVES EN 24 H (PAR ÉQUIPE)
Dix coiffeurs du Pump Salon ont réalisé 618 coupes en 24 h, à Rookwood Commons & Pavilion, à Cincinnati (Ohio, USA), les 24- 25 septembre 2010.

●LE PLUS DE COUPES CONSÉCUTIVES EN 24 H (INDIVIDUEL)
Bharat L Galoriya (Inde) a effectué 465 coupes en 24 h lors d'un événement du Sunil Surani, à Rajkot (Inde), le 20 mai 2009.

★LE PLUS DE COUPES CONSÉCUTIVES EN 12 H (ÉQUIPE)
Les Sport Clips Haircuts (USA) ont réalisé 329 coupes consécutives en 12 h, à Nottingham (Maryland, USA), le 22 juillet 2010.

●LA COUPE LA PLUS RAPIDE
Ivan Zoot (USA) a exécuté une coupe en 55 s, au Men's Grooming Center d'Austin (Texas, USA), le 22 août 2008.

Réalisée par Stuart Phillips (RU), à Londres (RU), le 29 octobre 2007, la **coupe la plus chère** a coûté 8 000 £ (9 092 €).

★LE PLUS DE COIFFEURS EN ACTION
Le 9 novembre 2010, 1 155 coiffeurs ont prouvé leurs talents lors d'un événement organisé par la United Dansk, à Yokohama (Japon).

● MISE À JOUR
★ NOUVEAU RECORD

●LA PLUS LONGUE BARBE (HOMME)
Sarwan Singh (Canada) a une barbe de 2,37 m, un record attesté sur le plateau du *Lo Show dei Record* à Rome (Italie), le 4 mars 2010.

2,37 M

★LA PLUS GROSSE COIFFURE AFRO
Aevin Dugas (USA) arbore fièrement une coupe afro record. Mesurée à La Nouvelle-Orléans (USA), le 4 octobre 2010, sa chevelure avait une circonférence de 1,32 m. Aevin rafraîchit sa coiffure deux à trois fois par an et utilise près de cinq produits lorsqu'elle se lave les cheveux.

AFRO
La coupe afro était à la mode dans les années 1960 et au début des années 1970. Ses origines datent du milieu du XIXe siècle.

Le **plus petit billet de banque national jamais émis** est un billet de 10 bani, produit par le ministère des Finances roumain et mis en circulation en 1917. Sa surface imprimée mesurait 27,5 x 38 mm.

ACROBATES URBAINS

3RUN est la première équipe britannique de parkour et de freerunning. Le parkour et le freerunning sont une combinaison de disciplines et de mouvements permettant de franchir les obstacles.

COLE ARMITAGE

CANE ARMITAGE

ADAM BRASHAW

SCOTT FIDGETT

LE PLUS DE RECORDS AVEC 3RUN

GWR a passé la journée du 8 septembre 2010 à constater les records de 3RUN – une équipe britannique de freerunning. En plus d'établir des records individuels (voir ci-contre), 3RUN, constitué de Cane et Cole Armitage, Adam Brashaw, Scott Fidgett, Sam Parham et James Stokes (tous RU), a effectué le ★**plus de flips arrière contre un mur en 1 min** : 55.

Le palais du Parlement de Bucarest (Roumanie) est le **bâtiment le plus lourd**. Il est constitué de 700 000 t d'acier et de bronze, de 1 million de m² de marbre, de 3 500 t de cristal et de 900 000 m² de bois.

C'est le nombre de paires de chaussures de course que vous utiliserez dans votre vie. Comme il est recommandé de les remplacer tous les 480 km, vous parcourrez donc 5 310 km avec ce type de chaussures, soit 127 marathons.

11

SAM PARHAM

MICHAEL WILSON

CHASE ARMITAGE

ADAM
(RU, né le 15/10/1984)
Le ★flip latéral
le plus long
4,48 m
8 septembre 2010

CANE
(RU, né le 20/02/1991)
Le ★saut le plus long
d'un élément à l'autre
2,85 m
8 septembre 2010

CHASE
(RU, né le 02/08/1985)
Le ●flip arrière depuis
un mur le plus long
3,48 m
24 mai 2010

COLE
(RU, né le 07/10/1987)
Le ★saut debout le plus
long à partir d'un équilibre
sur les mains
2,37 m
8 septembre 2010

MICHAEL
(RU, né le 02/02/1982)
La ★distance la plus
longue en courant
sur un mur
2,69 m
8 septembre 2010

SAM
(RU, né le 03/02/1987)
La ★distance la plus
longue franchie en
plongeant entre
deux éléments
2,35 m
8 septembre 2010

SCOTT
(RU, né le 17/09/1988)
Le ★saut en courant
le plus long avec
réception sur les mains
2,22 m
8 septembre 2010

❝ Il s'agit d'envisager son environnement comme une course d'obstacles et de gérer tous les objets que vous rencontrez, aussi bien physiquement que psychologiquement. ❞
Sam Parham

Réalisé par Kwang Hua Industries, le **plus grand bâtiment de papier** mesurait 15,2 x 17,9 m à la base et 6,4 m de haut. Inauguré à Bangkok (Thaïlande), en octobre 2003, il représentait une maison traditionnelle thaïlandaise.

Grands numéros : infos
TROP DANGEREUX

L'AVENIR APPARTIENT AUX AUDACIEUX

"Quel est le record le plus dangereux dont vous avez été témoin ?" C'est une des questions le plus souvent posées aux juges de GWR. Nous assistons en effet à des records extrêmement dangereux. Ces tentatives sont d'ailleurs exclusivement réservées aux professionnels qui les ont rigoureusement préparées et qui disposent d'années d'expérience.

LE JONGLAGE LE PLUS LONG AVEC DES TRONÇONNEUSES

Aaron Gregg (Canada) a jonglé avec 3 tronçonneuses, les rattrapant 88 fois, sur le plateau d'*El Show Olímpico*, à Mexico (Mexique), le 28 juillet 2008.

LE PARCOURS À MOTO LE PLUS LONG DANS UN TUNNEL DE FEU

Le 27 janvier 2008, le cascadeur professionnel Clint Ewing (USA) a franchi un tunnel de feu de 60,96 m à moto, à Universal City, à Los Angeles (USA). Ce record a été tenté pour l'émission spéciale de NBC *GWR Live – The Top 100*.

LE PLUS DE TORCHES HUMAINES SIMULTANÉES

17 personnes se sont transformées en torches humaines simultanément. Ce record brûlant a été réalisé au cours d'un événement organisé par Ted Batchelor et l'Ohio Burn Unit (tous deux USA), à South Russell (Ohio, USA), le 19 septembre 2009. Tous les participants sont restés en feu pendant au moins 43,9 s.

VOIR CHAPITRE 7 POUR DÉCOUVRIR D'AUTRES FOUS DU DANGER.

Le Thai Elephant Orchestra, du Thai Elephant Conservation Centre de Lampang (Thaïlande), est le **plus grand orchestre animal**. Composé de 12 membres, cet orchestre à vent et à percussions a été fondé en 2000 afin de protéger les éléphants d'Asie.

314 C'est le nombre de consultations médicales que vous aurez dans votre vie. Une visite moyenne durant 11,7 min, cela fait 61 h, ou 2,5 jours. Vous passerez donc l'équivalent d'un long week-end avec votre médecin.

● MISE À JOUR
★ NOUVEAU RECORD

●LE PLUS D'IMMEUBLES ESCALADÉS SANS ASSISTANCE

En 2010, Alain Robert, alias Spiderman (France), avait escaladé 100 tours, monuments et gratte-ciel à mains nues, sans aucune assistance. Bizarrement, Alain est sujet au vertige.

LE PLUS DE FRACTURES OSSEUSES

Si le motard casse-cou Evel Knievel (USA, né Robert Craig Knievel) ne détient aucun record pour ses sauts de la mort, il détient celui du **plus d'os cassés dans toute une vie** ! Lorsqu'il a pris sa retraite en 1975, il avait subi 433 fractures (des mêmes 35 os, incluant les côtes) et 14 fractures ouvertes, soit un total de 36 mois d'hospitalisation.

BANZAÏ !

Avez-vous entendu parler du "banzai skydiving", le parachutisme kamikaze ? Dans ce sport extrême originaire du Japon, vous montez à 3 000 m d'altitude, vous jetez votre parachute de l'avion, vous attendez 2 s et vous sautez. Le but ? Rattraper le parachute en vol !

AVALER DES ÉPÉES

Depuis des années, GWR refuse d'assister à ces exploits pour les homologuer comme records du monde. Après des discussions argumentées avec la communauté des avaleurs d'épées, nous avons reconsidéré notre position et acceptons les demandes des avaleurs entraînés, appuyés par la Sword Swallowers Association International. Matt Henshaw (Australie, ci-contre) s'est entraîné pendant des années pour établir ce record du ●**plus grand nombre d'épées avalées simultanément**, soit 21.

L'ÉVASION DANS LES AIRS LA PLUS PROCHE DU SOL

Robert Gallup (Australie) avait les mains et les pieds menottés et enchaînés. Enfermé dans un sac de jute et dans une cage, il a été jeté d'un avion C-123, à 5,485 m d'altitude au-dessus du désert du Mojave (Californie, USA). Moins de 1 min avant l'impact – à 240 km/h –, il s'est libéré, a ouvert son parachute et a atterri sans problème.

LISEZ-MOI !

Avant de vous lancer dans une tentative de record, contactez-nous sur www. guinnessworldrecords.com Nous validerons votre idée et vous enverrons les règles.

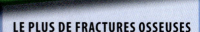

Le **plus petit éléphant** est le pygmée de Bornéo : il mesure de 1,7 à 2,6 m de haut. Comme son nom l'indique, il vit à Bornéo, dans la partie malaise.

LE SAVIEZ-VOUS ?

En 1 min : la Terre effectue une rotation de 28 km et est frappée 6 000 fois par l'éclair, la lumière parcourt 17 987 547,48 km et les cheveux poussent de 0,00068 cm.

★ LE PLUS DE MENOTTES DÉVERROUILLÉES

Merlin Cadogan (RU) a déverrouillé 6 menottes en 1 min, sur le plateau de l'émission d'ITV *Magic Numbers*, à Londres (RU), le 28 août 2010.

★ LE PLUS DE GANTS ENFILÉS

Le 12 novembre 2009, Alastair Galpin (Nouvelle-Zélande) a passé 10 gants sur une main en 1 min, au Britomart Transport Centre (Auckland, Nouvelle-Zélande).

★ LE PLUS DE BLAGUES RACONTÉES

Ted Robbins (RU) de BBC Radio Lancashire et Ben Day (RU) de la station de radio Touch FM ont établi le record du plus de blagues racontées en 1 min, soit 17 blagues, le 18 novembre 2010, à l'occasion de la journée GWR.

●LE PLUS DE BOUTEILLES DE CHAMPAGNE SABRÉES

Le 14 février 2010, Andrew Duminy (Afrique du Sud) a sabré 27 bouteilles de champagne en 1 min, au the Bull Run Restaurant de Sandton (Afrique du Sud). La tradition de sabrer le champagne remonte à Napoléon Ier.

★ LE PLUS DE POMPES SUR LE DOS DES MAINS AVEC UN SAC À DOS DE 18,2 KG

Andre Turan (USA) a effectué 40 pompes sur le dos des mains en 1 min, en portant un sac à dos de 18,2 kg, au Catskill Mountain Boot Camp dans le comté de Sullivan (New York, USA), le 15 novembre 2008.

●LE PLUS DE PIÈCES EN ÉQUILIBRE SUR LE VISAGE

Marica Rosengård (Finlande) a disposé 27 pièces en équilibre sur son visage, à Stockholm (Suède), le 20 novembre 2010.

★ LE MOINS DE SAUTS AU BÂTON SAUTEUR

Sanctionné au cours du Pogopalooza (championnat du monde de sports de bâton sauteur), cet exploit exige d'effectuer le moins de sauts possibles, sans rester sur place ni tomber. L'idéal est d'exécuter des sauts très hauts. Biff Hutchison (USA) n'a sauté que 39 fois en 1 min, au Redstone Center, à Park City (Utah, USA), le 20 août 2010.

LE PLUS DE JUS EXTRAIT DE GRAPPES DE RAISIN

Martina Servaty (Allemagne) a extrait 5,4 l de jus de raisin en 1 min en foulant les grappes aux pieds à Mesenich (Allemagne), le 9 novembre 2008. Ce record a eu lieu dans le cadre de la journée GWR.

★ LE PLUS DE JETÉS EN ART MARTIAL

Karipidis Konstantinos (Grèce) a effectué 51 jetés en art martial en 1 min, au complexe sportif du stade central d'Alexandroupolis (Grèce), le 26 juin 2010.

AU COURS DE 1 MIN, 267 PERSONNES NAISSENT ET 108 MEURENT.

● LE PLUS DE GRAPPES DE RAISIN ATTRAPÉES À LA BOUCHE

Ashrita Furman (USA) a attrapé 85 grappes de raisin avec la bouche en 1 min, à New York (USA), le 9 septembre 2010.

★ LE PLUS DE PASTÈQUES COUPÉES SUR LE VENTRE

Jim Hunter a coupé 25 pastèques sur le ventre de Celia Curtis (tous deux Australie) en 1 min, à l'aide d'une machette, sur le plateau d'*Australia Smashes Guinness World Records*, au Seven Network Studios de Sydney (Nouvelle-Galles du Sud, Australie), le 16 août 2005.

 Avec une population de plus de 22,5 millions d'habitants et 336 000 entrées en 2003, la Malaisie affiche la **plus faible fréquentation des salles de cinéma par habitant** avec 14,83 entrées pour 1 000 habitants, soit 0,01483 visite par habitant.

GUINNESS WORLD RECORDS 2012

●LE PLUS DE LANCERS DE TARTES À LA CRÈME

Ashrita Furman a reçu 56 tartes à la crème en plein visage, lancées par Bipin Larkin (tous deux USA), au Sri Chinmoy Center de New York (USA), le 7 avril 2010. Ashrita a reçu 59 tartes, mais seules 56 en plein visage, comme cela était exigé.

★LE PLUS DE SOUS-BOCKS RATTRAPÉS

David Cowling-Cass (RU) a lancé et rattrapé 70 sous-

LE PLUS DE LASSO TEXAS SKIPS EN 1 MIN

Daniel Ledda (Espagne) a exécuté 80 lasso Texas skips en 1 min, sur le plateau de *GWR – El Show de los Records*, à Madrid (Espagne), le 11 juin 2006. Un Texas skip consiste à faire tournoyer un lasso en créant une boucle verticale d'un côté du corps, puis à faire un saut latéral en avant et en arrière pour sauter dans la boucle, puis en ressortir.

bocks en 1 min au World Trade Centre de Barcelone (Espagne), le 14 mai 2010.

★LE PLUS DE PASSES DE FOOTBALL EN DUO

Le 4 mai 2010, Shunsuke et Ryosuke Kaketani (tous deux Japon) ont réalisé 79 passes de football en 1 min, au Park Challenge/GWR Live! de Tokyo (Japon).

●LE PLUS DE BAISERS DONNÉS

Dans le cadre de la Journée mondiale de lutte contre le sida, Rohit Timilsina (Népal) a donné 116 baisers en 1 min, à Katmandou (Népal), le 1er décembre 2009.

★LE PLUS DE MARCHES MONTÉES AVEC UN LIVRE EN ÉQUILIBRE SUR LA TÊTE

Le 25 octobre 2009, Ashrita Furman (USA) a gravi 122 marches avec un livre de 3,5 kg en équilibre sur la tête, dans le métro entre Lexington Avenue et 63rd Street, à New York (USA).

★LE PLUS DE BALLONS ÉCLATÉS A L'AIDE D'UN BÂTON SAUTEUR

Mark Aldridge (RU) a éclaté 57 ballons en 1 min avec un bâton sauteur. Ce record a été réalisé sur le plateau de *Lo Show dei Record* à Rome (Italie), le 1er avril 2010. Mark a éclaté les ballons au rythme d'un peu plus de 1 par seconde

●LE PLUS D'ŒUFS ÉCRASÉS AVEC LA TÊTE

Leo Mondello (Italie) a écrasé 130 œufs avec la tête en 1 min, à Patti (Messine, Italie), le 24 avril 2010.

★LE PLUS DE LOOPINGS INTÉRIEURS AU YO-YO

Le 6 juillet 2010, Arron Sparks (RU) a exécuté 151 loopings intérieurs au yo-yo, au Camden Town Hall de Londres (RU).

●LE PLUS DE COUPS DE FOUET DONNÉS AVEC 2 FOUETS

Le 7 août 2010, Adam Winrich (USA) a exécuté 513 coups de fouet, avec 2 fouets, en 1 min, au Bristol Renaissance Faire de Kenosha (Washington, USA).

●LE PLUS DE FRAPPES AUX CLAQUETTES

Tony Adams (Nouvelle-Zélande) a exécuté 1 056 frappes aux claquettes en 1 min, sur le plateau de l'émission de télévision néo-zélandaise *Good Morning Show*, dans les Avalon TV Studios, à Wellington (Nouvelle-Zélande), le 19 juin 2009.

●LE PLUS DE COUPS DE PIED À LA TÊTE

Walt Saine (Suisse) s'est administré 110 coups de pied à la tête en 1 min, à Lausanne (Suisse), le 30 octobre 2010. Saine a utilisé ses deux jambes pour se frapper le front à un rythme moyen de 1,8 fois par seconde.

Q. Quel objet créé par l'homme a franchi le mur du son en 1er?

R. Le fouet. Le "crack" est un mini-bang causé par l'extrémité du fouet quand il atteint une vitesse supersonique dépassant le mur du son.

BREVETÉS EN 1919, LES 1ERS BÂTONS SAUTEURS ÉTAIENT EN BOIS.

●MISE À JOUR
★ NOUVEAU RECORD

The Panasonic IMAX Theatre de Darling Harbour, à Sydney (Australie), mesure 35,72 x 29,57 m : c'est le **plus grand écran IMAX du monde**.

WWW.GUINNESSWORLDRECORDS.COM   095

Grands numéros
EN I HEURE

★ LE PLUS DE POTS RÉALISÉS

Le maître potier Mark Byles (RU) a remporté le concours de fabrication de pots organisé au marché des potiers Ceramics South East Potters Market, à The Friars (Aylesford, RU), le 28 juin 2009. Mark a réalisé 150 pots de fleurs en argile en 1 h, loin devant sa proche rivale, Mary Chapellhow (RU), qui a réalisé 118 pots dans le même temps.

● LE PLUS DE SAUTS Le 5 septembre 2009, l'équipe du Blue Falcons Gymnastic Display a fait un saut dans les Guinness World Records en effectuant 6 250 sauts, au Meadows Shopping Centre de Chelmsford (RU).

★ LE PLUS DE TASSES DE THÉ SERVIES

Dirigés par Alex Loughlin (RU) et le chanteur de *X Factor* Olly Murs (RU, en photo avec Miquita Oliver de la chaîne anglaise Channel 4 TV), 12 amateurs de thé ont servi 491 tasses de thé en 1 h, sur le plateau de *T4: Battlefront*, à Witham Hall (Essex, RU), le 17 janvier 2010.

● LE PLUS DE COCKTAILS PRÉPARÉS

Le barman Matthias Knorr (Allemagne) a préparé 937 cocktails en 1 h sur le plateau de *ZDF Fernsehgarten*, à Mayence (Allemagne), le 25 juillet 2010.

● LE PLUS DE PIZZAS PRÉPARÉES

Brian Edler (USA) a confectionné 206 pizzas, au Domino's Pizza de la North Main Street, à Findlay (Ohio, USA), le 9 décembre 2010.

● LE PLUS DE LANCERS FRANCS AU BASKET

Perry Dissmore (USA) a effectué 1 968 lancers francs au basket, lors de l'émission télévisée *Live! with Regis and Kelly*, à New York (USA), le 14 septembre 2010.

★ LE PLUS DE BALLONS GONFLÉS

Le 20 juin 2010, Brian Jackson (USA) a gonflé 335 ballons en 1 h, au Three Forks Harbor de Muskogee (Oklahoma, USA).

LE PLUS DE JAMBES ÉPILÉES À LA CIRE

Susanne Baird (RU) a épilé à la cire 40 paires de jambes, au Grange Cricket Club de Stockbridge, près d'Édimbourg (Écosse, RU), le 14 avril 2008.

● LE PLUS DE COUPES DE CHEVEUX

Le 22 août 2008, Ivan Zoot (USA), le coiffeur le plus rapide du monde, a coupé les cheveux de 34 clients, au Men's Grooming Center d'Austin (Texas, USA).

★ LE PLUS DE CHÂTEAUX DE SABLE CONSTRUITS

Le 12 juillet 2010, le personnel, les amis, les familles et des bénévoles de l'hôpital Lewis-Manning (RU) ont construit une ville de sable sur la plage de Southbanks Beach, à Poole (RU), érigeant 539 châteaux en 1 h et battant le record de 520 de 2007.

VOL EN FOLIE
Steve Slade (RU) a réalisé 102 décollages et atterrissages en 1 h, aux commandes de son RANS 56, un avion léger, à l'aéroport de Kemble Airfield (RU), le 27 juillet 2002.

★ LE PLUS DE RETRAITS DE MENOTTES

En se libérant 10 625 fois de menottes en 24 h, Zdeněk Bradáč (République tchèque) a battu un nouveau record en retirant 627 fois ses menottes en 1 h, au Liberec Film Club (République tchèque), le 12 février 2010.

★ LE PLUS DE SAUTS À L'ÉLASTIQUE

À l'aide d'un élastique de 6 m, James Field (RU) a effectué 42 sauts en 60 min, lors d'un événement organisé par l'Extreme Element & UK Bungee Club au London Rat Race (RU), le 26 septembre 2010.

La circonscription électorale fédérale de Kalgoorlie en Australie-Occidentale s'étend sur plus de 2,6 millions km² – une superficie supérieure à celle de l'Europe de l'Ouest. C'est la **plus grande circonscription électorale du monde**.

● LA PLUS LONGUE DISTANCE PARCOURUE SUR ROUES SANS LES MAINS Erik Skramstad (USA) a parcouru 37,41 km sans les mains, à Las Vegas (USA), le 23 juin 2009.

★ LE PLUS DE BLUNT-TO-FAKIES

Le 18 septembre 2010, Cohl Orebaugh (USA), 14 ans, a effectué 794 blunt-to-fakies en 1 h, à Liberty Lake (Washington, USA). Dans cette figure exécutée sur un half-pipe, le skateur monte et descend de part et d'autre de la rampe et balance le skate sur le bord de la rampe à la fin de chaque trajectoire.

★ LA PLUS LONGUE DISTANCE EN PORTANT UNE VOITURE

Au cours de 60 min intenses, Mark Anglesea (RU) a porté une voiture de 380 kg sur une distance de 407,7 m, sur la piste Herringthorpe Running Track de Rotherham (RU), le 2 octobre 2010.

● **LA PLUS LONGUE DISTANCE SUR UN MONOCYCLE**
Ken Looi (Nouvelle-Zélande) a parcouru 29,993 km en 1 h sur son monocycle, au Victoria Park Oval (Nouvelle-Galles du Sud, Australie), le 18 août 2009.

● **LA PLUS LONGUE DISTANCE EN MOONWALK**
Krunoslav Budiselic (Croatie) a parcouru 5,7 km en moonwalk, à Zagreb (Croatie), le 12 octobre 2009.

★ **LA PLUS LONGUE DISTANCE EN POUSSANT UN MINI-SCOOTER**
Harald Hel (Autriche) a poussé un mini-scooter sur 26,66 km, à Vienne (Autriche), le 30 septembre 2007.

● **LA PLUS LONGUE DISTANCE EN VÉLO STATIQUE**
En pédalant très vite, Miguel Angel Castro (Espagne) a parcouru 92,6 km en 1 h, au centre sportif de Tenerife (Espagne), le 20 mars 2010.

POUR DÉCOUVRIR LES TOURS DE FORCE, RENDEZ-VOUS P. 104.

● MISE À JOUR
★ NOUVEAU RECORD

LEVERS DE VOITURE
Mark Anglesea détient le record du **plus de levers de voiture en 1 h**. Il a soulevé l'arrière d'une Mini Metro de 810 kg, à 580 reprises, le 3 octobre 1998.

Considérée comme la **plus grande démocratie du monde**, l'Inde détient le record de ●**participation à une élection nationale**, 59,7 % de la population s'étant rendue aux urnes, soit 417,2 millions de votes en cinq phases, entre le 16 avril et le 13 mai 2009.

WWW.GUINNESSWORLDRECORDS.COM   097

● LE PLUS DE DANSEURS DE BALLET SUR LES POINTES

Le 2 août 2010, lors d'un événement organisé par Ellen et Gene Schiavone (toutes deux USA), 230 danseurs de ballet se sont tenus sur les pointes à Central Park, à New York (USA).

Le ★ **plus de pirouettes effectuées en 30 s par une femme** est de 50. Ce record a été réalisé par Alicia Clifton (USA) sur le plateau de *Zheng Da Zong Yi – Guinness World Records Special*, à Pékin (Chine), le 19 décembre 2010.

● LA DANSE LA PLUS LONGUE

Kalamandalam Hemaletha (Inde) a dansé la danse traditionnelle indienne pendant 123 h et 15 min, du 20 au 26 septembre 2010, à l'académie Kerala Sangeetha Nadaka de Thrissur (Kerala, Inde).

Le ● **plus grand cours de danse classique**

comptait 1 055 danseurs. Cet événement a été organisé par l'opéra Staatsoper, à Hanovre (Allemagne), le 13 juin 2010.

★ LE PLUS DE PARTENAIRES EN 24 H

Les 23-24 novembre 2007, Michael Hull (Allemagne) a dansé avec 1 068 partenaires, à Osnabrück (Allemagne).

● LE PLUS DE PIROUETTES EN 1 MIN

Marina Femia (Italie) et Alexander Caicedo Sastoque (Colombie) ont exécuté 195 pirouettes en 1 min pour *Lo Show dei Record*, à Rome (Italie), le 27 mars 2010.

JEUX DE DANSE

★ LE 1ER JEU DE DANSE INTÉGRAL

Sorti le 25 septembre 2007 sur la console Wii, *Dance Dance Revolution Hottest Party* (Konami, 2007) est le 1er jeu de danse à repérer les mouvements de tout le corps du joueur.

★ LA FRANCHISE DE JEU DE DANSE LA PLUS DURABLE

Il s'est écoulé 11 ans et 227 jours entre la sortie de *Dance Dance Revolution* (Konami, 1998) et le dernier opus de la série, *Dance Dance Revolution X2* (Konami, 2010), sorti le 7 juillet 2010.

★ **LA PLUS GRANDE DANSE TUCA TUCA** 494 personnes ont dansé le tuca tuca dans le cadre d'un événement organisé par la ville de Bellaria Igea Marina (Italie), le 7 août 2010.

★ **LA PLUS GRANDE DANSE DU PARAPLUIE** Le 5 août 2010, 322 personnes ont exécuté la danse du parapluie lors d'un événement organisé par Achariya World Class Educational Institutions (Inde), à Pondichéry (Inde).

✕ MÉLOMANES, RENDEZ-VOUS P. 214.

● LE PLUS DE PARTICIPANTS À UN JEU DE DANSE

Le 2 juillet 2010, 120 danseurs ont exécuté un enchaînement de danse sur tapis lors d'un événement organisé par West Sussex West School Sport Partnership et Cyber Coach (RU), à l'Arena Sports Centre, à Bognor Regis (RU). Ils ont dansé sur le jeu *Disco Disco*, sur la plate-forme Webskape.

★ LE PLUS LONG MARATHON D'UN JEU DE DANSE

Le 23 octobre 2010, Chris McGivern (RU) a joué à *Dance Dance Revolution* pendant 13 h, 33 min et 56 s, à Funland, à Londres (RU).

L'INVENTION DU WINDMILL EST ATTRIBUÉE À CRAZY LEGS DU GROUPE NEW-YORKAIS THE ROCK STEADY CREW.

50 WINDMILLS

● LE PLUS DE WINDMILLS EN 30 S

Mauro Peruzzi (Italie), alias Cico, a exécuté 50 windmills (également appelés « moulins » ou « coupoles ») en 30 s, à la finale du championnat du monde Sony Ericsson UK B-Boy, à Londres (RU), le 10 octobre 2010.

● MISE À JOUR
★ NOUVEAU RECORD

La **voiture de série la moins chère** est la Tata Nano indienne, une voiture familiale quatre portes, cinq places, ne dépassant pas 70 km/h. Elle est sortie en mars 2009 au prix de 100 000 INR (1 564 €).

137 C'est le nombre de paires de chaussures que vous utiliserez dans votre vie pour marcher, courir et danser, soit une paire tous les 6 mois. En estimant que chaque achat prend 1 h 30, vous consacrez 8 jours et demi à acheter des chaussures !

GUINNESS WORLD RECORDS 2016

LES PLUS GRANDS RASSEMBLEMENTS

★ CANCAN

Le 13 septembre 2009, 1 503 danseurs ont dansé le cancan, à Glasgow Green (RU), lors d'un événement organisé par IRN-BRU.

● SABOTS

2 605 personnes ont dansé avec des sabots lors d'une fête organisée par la Pella Historical Society, à Pella (USA), le 8 mai 2010.

PAS D'ÂGE !
Fred Salter (RU, né le 13 février 1911) est le ●danseur de salon de compétition le plus âgé. Il a passé ses examens du lingot d'or à 99 ans, 3 mois et 2 jours, le 15 mai 2010.

★ LE PLUS GRAND BHANGRA

Le 11 novembre 2010, 2 100 personnes de l'Art of Living Foundation (RU) ont dansé le bhangra, au Punjab Agricultural University Campus, à Ludhiana (Inde), en costumes traditionnels.

★ LA PLUS GRANDE DANSE DES BAMBOUS

Le 12 mars 2010, le gouvernement de Mizoram, à Aizawl (Inde), a organisé la plus grande *cheraw*, ou danse des bambous, avec 10 736 danseurs.

★ FANDANGO

Le 30 novembre 2009, 1 146 personnes ont dansé le fandango, danse andalouse, lors d'un événement organisé par FUNDEV (Colombie), à Cereté (Córdoba, Colombie).

● HOKEY-COKEY

Le 3 septembre 2010, 7 384 personnes ont dansé le hokey-cokey, une sorte de farandole, dans le cadre d'un événement organisé par FRY Fest (USA), au FRY Fest de Coralville (Iowa, USA)

● MACARENA

Le 12 novembre 2010, lors de la journée GWR, 1 861 personnes ont dansé la macarena lors d'un événement organisé par Ancaster High School (Ontario, Canada). Cette danse a été inspirée par le succès de Los del Río (1995).

★ POLONAISE

Lors d'un événement organisé par la Polish Tourist Organization, 300 personnes ont dansé la polonaise à Londres (RU), le 12 septembre 2010.

★ SWING

Le 11 juillet 2009, 291 personnes ont dansé le swing dans le cadre du festival de danse organisé par Øystein Ulen (Norvège). Le swing, une danse inspirée du jazz, est né dans les années 1920. Le type de swing le plus connu est le très remuant lindy hop.

★ LE LIMBO LE PLUS PROCHE DU SOL (FEMME)

Shemika Charles (USA) est passée sous une barre placée à 21,59 cm du sol, sur le plateau de *Live! with Regis and Kelly*, à New York (USA), le 16 septembre 2010.

● THÉ DANSANT

306 couples ont participé à un thé-dansant, à Glasgow (RU), le 12 septembre 2010. Un thé dansant doit proposer du thé et des biscuits. La musique doit être jouée par un orchestre – Swing Sensation Big Band, dans le cadre de ce record.

AUJOURD'HUI CONNUE POUR SES QUALITÉS DE BREAK-DANCER, B-GIRL ROXY FAISAIT AUTREFOIS DU TRAMPOLINE.

25 SPINS

39 FLARES

★ LE PLUS DE VIRGIN AIR FLARES EN 1 MIN

B-Boy Junior (France) a réalisé 39 virgin air flares (figure de break-dance) en 1 min, à la finale du championnat du monde Sony Ericsson UK B-Boy, le 10 octobre 2010.
B-Girl Roxy (RU), alias Roxanna Milliner, a exécuté le **plus de *head spins* (tours sur la tête) réalisés par une femme** – 25 en tout !

9 personnes de l'école technique finnoise Espoon Ammattioppilaitos ont démonté une voiture familiale de cinq portes en 35 min, le 28 novembre 2001 – un **temps record pour démonter une voiture**.

Grands numéros
FRINGUES DE FOLIE !

245

●LE PLUS DE TEE-SHIRTS ENFILÉS LES UNS SUR LES AUTRES
Krunoslav Budiselić (Croatie) a enfilé 245 tee-shirts les uns sur les autres à Utrine, près de Zagreb (Croatie), le 22 mai 2010. Les tee-shirts utilisés allaient de la taille M à la taille 10XL.

DIADÈME LE PLUS CHER
Gianni Versace (Italie) a créé un diadème en or serti de diamants 100 carats, estimé à 5 millions $.

DÉFILÉS ET MANNEQUINS

★ LE PLUS DE COUVERTURES DE *VOGUE* EN GRANDE-BRETAGNE
Kate Moss (RU) a fait 30 fois la une de *Vogue*. Sa première couverture remonte à mars 1993 et la dernière date de septembre 2010.

●LE MANNEQUIN LE PLUS ÂGÉ
Daphne Selfe (RU), mannequin professionnel, a fêté son 82e anniversaire en juillet 2010. Sa carrière a débuté il y a plus de 60 ans.

★ LE PLUS DE MANNEQUINS SUR UN PODIUM
521 mannequins ont défilé simultanément sur un podium de 150 m de long, devant les Galeries Lafayette à Paris, le 30 septembre 2010.

●LES REVENUS LES PLUS ÉLEVÉS POUR UN MANNEQUIN
Gisele Bündchen (Brésil) a gagné 25 millions $ en 2010, ce qui en fait la top model la mieux payée. Elle travaille pour Ralph Lauren, Dolce & Gabbana et Versace.

LE MANNEQUIN LE PLUS GROS
Le mannequin Teighlor (Debra Perkins) pesait 326,14 kg au début des années 1990. Elle a fait une belle carrière en apparaissant sur des cartes de vœux, dans des films et des publicités.

LES REVENUS ANNUELS LES PLUS ÉLEVÉS POUR UN CRÉATEUR DE MODE
Giorgio Armani (Italie) a gagné 135 millions $ en 1999, selon le magazine *Forbes*.

●LE PLUS GRAND TEE-SHIRT
La Qatar PetroChemical Company a dévoilé un tee-shirt de 72,2 m de long et 48,7 m de large à ASPIRE Park, à Doha (Qatar), le 23 novembre 2010.

●LA MARQUE DE VÊTEMENTS LA PLUS VENDUE
Nike a fait un chiffre d'affaires de 19 milliards $ au cours de l'année fiscale clôturée le 31 mai 2010.

●LA MARQUE DE CRÉATEUR LA PLUS VENDUE
Ralph Lauren a annoncé un revenu annuel de plus de 4,9 milliards $, le 3 avril 2010.

●LA PLUS GRANDE FRANCHISE DE MODE
Benetton est présent dans plus de 120 pays avec 6 000 boutiques franchisées et de grands magasins détenus par la société. Le groupe vend 150 millions de vêtements chaque année, la plupart sous la marque United Colors of Benetton.

●LA PLUS LONGUE ENFILADE DE CHAUSSETTES
Une corde à linge de 2 324,08 m a été garnie de chaussettes à l'initiative de l'Erlebnispark Tripsdrill à Cleebronn (Allemagne), le 23 mai 2010.

SIGNE DES TEMPS
Charles Frederick Worth, mort en 1895, fut le 1er couturier à signer et à exposer ses créations sur des mannequins vivants lors de défilés, créant ainsi la haute couture.

★ LE PLUS GRAND TURBAN
Major Singh (Inde), sikh nihang, porte un turban fait de 400 m de tissu, tenu par une centaine d'épingles à cheveux et 51 symboles religieux en métal. Ce *dumaala* est répandu chez les sikhs nihang.

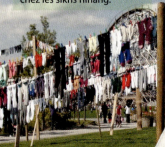

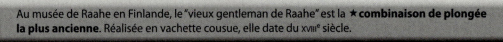

Au musée de Raahe en Finlande, le "vieux gentleman de Raahe" est la ★ **combinaison de plongée la plus ancienne**. Réalisée en vachette cousue, elle date du XVIIIe siècle.

39 825 € Ce sont les dépenses en vêtements de toute une vie ! Les tenues de travail et les chaussures représenteraient 3 629 €. Le reste, 36 196 €, c'est juste pour la mode !

●LA PLUS GRANDE CHAUSSURE

Le Nationaal Fonds Kinderhulp (Pays-Bas) a dévoilé une chaussure monumentale de 5,5 x 2,11 m, pour une hauteur de 2,9 m, à Amsterdam (Pays-Bas), le 17 novembre 2010, à l'occasion de la Journée GWR 2010. Cette chaussure est une réplique exacte d'une Converse Chuck Taylor All Star et correspond – en pointure française – à du 183,5 !

★LE PLUS PETIT PYJAMA SUR MESURE

Créé par John Richmond (RU), le plus petit pyjama se compose d'une veste de 21 cm de long et d'un pantalon de 46 cm. He Pingping (Chine) – **l'homme le plus petit du monde** à l'époque – l'a porté sur le plateau du *Lo Show dei Record*, le 26 avril 2009.

★LES PLUS GRANDS KNICKERS EN CUIR

Les plus grands knickers en cuir du monde mesurent 5 m de haut et 3,75 m de large. Ils ont été créés par Walter Sinnhofer (Autriche), à Henndorf am Wallersee (Autriche), le 5 août 2010. Ils ont nécessité 77 m² de cuir de vache suédé… pour un poids total de 46 kg !

ARTICLES DE MODE

●LE SOUTIEN-GORGE LE PLUS CHER

Créé en 2001, le Heavenly Star Bra de Victoria's Secret coûte 12,5 millions $. Il est orné de 1 200 saphirs roses du Sri Lanka et d'une émeraude de 90 carats d'une valeur de 10,6 millions $.

●LE PLUS GRAND DIRNDL

Un dirndl est un costume traditionnel des Alpes. Le plus grand mesure 4,9 m de long et 3,8 m de large. Il a été présenté par GDL-Handels-und Dienstleistungs GmbH, à Bad Ischl (Autriche), le 17 juillet 2010.

★LE PLUS GRAND CHAPEAU TRICOTÉ

Confectionné par des volontaires de toute l'Europe, le plus grand chapeau tricoté mesure 6,9 m de haut et 15,05 m de circonférence. Il a été assemblé et présenté à Puchheim (Allemagne), le 5 octobre 2008.

★LE PLUS GRAND CHAPEAU DE PAILLE

Créé par Atalia Bis & Partners Company à Kozieglowy (Pologne), le plus grand chapeau de paille mesure 6,65 m de diamètre et 2,6 m de haut. Il a été mesuré en août 2006.

LA 1 RE CULOTTE DE PEAU A ÉTÉ FABRIQUÉE AU VIᴱ SIÈCLE.

AUSTRIA
Leder & Trachten
SINNHOFER
Henndorf/Sbg. 06214/6166
www.lederhosen.at

MY TAILOR IS RICH ! L'ancien étudiant en médecine Giorgio Armani (Italie) pèse 5,3 milliards $, ce qui fait de lui le créateur de mode le plus riche du monde !

● MISE À JOUR
★ NOUVEAU RECORD

La **plongée avec tuba la plus profonde** a été réalisée par Nuno Gomes (Afrique du Sud). Il a plongé à 318,25 m de profondeur dans la mer Rouge, au large de Dahab (Égypte), le 10 juin 2005.

RECORDS DE PARTICIPATION

★ LA PLUS GRANDE RÉUNION DE PERSONNES DÉGUISÉES EN SUMO

Le 19 juin 2010, 205 personnes ont revêtu des tenues de sumo gonflables pour participer au Sumo Run, une course de 5 km organisée chaque année par Gemin-i.org au Battersea Park, à Londres (RU).

EN L'AIR
1 062 étudiants fans de football ont joué au "keepy uppy", à Yangi (Chine), le 10 juillet 2010, battant ainsi le ● record du nombre de personnes gardant un ballon en l'air.

COSTUMES EN FOLIE

Dans l'univers loufoque des rassemblements de masse, il n'y a rien de tel qu'un bon costume pour réunir des centaines voire des milliers de personnes. Voici un échantillon des rassemblements déguisés organisés cette année à travers le monde.

Catégorie	Participants	Organisateur	Lieu	Date
● Pirates	6 166	Roger Crouch (RU)	Hastings (East Sussex, RU)	6 août 2010
★ Peter Pan	5 206	Great Ormond Street Hospital Children's Charity (RU)	Diverses écoles du Royaume-Uni	30 avr. 2010
★ Maillots de corps	3 500	Deniliquin Ute Muster (Australie)	Deniliquin (Nouvelle-Galles du Sud, Australie)	2 oct. 2010
● Gorilles	1 061	Mountain Gorilla Conservation Fund (USA)	Denver (Colorado, USA)	31 oct. 2009
★ Anges	1 039	Hauzenberg aktiv (Allemagne)	Hauzenberg (Bavière, Allemagne)	13 déc. 2009
★ Personnages de la *Famille Pierrafeu*	905	Muckno Mania Festival (Irlande)	Comté de Monaghan (Irlande)	16 juill. 2010
★ Bonnets à pompon	764	St Anne's Primary School (Irlande du Nord)	Belfast (Irlande du Nord)	18 nov. 2010
● Elvis	645	Nike Western Europe (USA)	Hôtel Aria, Las Vegas (Nevada, USA)	23 nov. 2010
● Personnages de *Star Trek*	543	Creation Entertainment (USA)	Hôtel Hilton, Las Vegas (Nevada, USA)	7 août 2010
★ Costumes de style regency	409	Jane Austen Festival (RU)	Bath (Somerset, RU)	19 sept. 2009
● Personnages de contes	359	Higham Ferrers juinior School (RU)	Rushden (Northamptonshire, RU)	18 nov. 2010
★ Vampires	354	Loveland Road Runners (USA)	Loveland (Colorado, USA)	17 oct. 2009
● Superman	288	Cuchulainn Gaels (Irlande)	Omeath, (Louth, Irlande)	21 août 2010
★ Gandhi	255	AVB Matriculation Higher Secondary School (Inde)	Coimbatore (Inde)	13 juin 2010

● LE PLUS GRAND LANCER DE BALLONS DE BASKET SIMULTANÉ

Le 22 juillet 2010, 7 556 personnes ont lancé un ballon de basket simultanément au cours d'un événement organisé par United Nations Relief and Works Agency (UNRWA), à Rafah, dans la bande de Gaza (Palestine).

★ LA PLUS GRANDE COURSE DE VÉLO

La course cycliste Cape Argus Pick'n Pay Cycle Tour, une course folle de 109 km à travers Le Cap (Afrique du Sud) a attiré 42 614 participants en 2004, parmi lesquels Miguel Indurain (Espagne), 5 fois vainqueur du Tour de France.

★ LA PLUS GRANDE BALLE AUX PRISONNIERS

Le 4 février 2011, 2 012 personnes ont joué à la balle aux prisonniers (*dodgeball* en anglais), jeu rendu populaire grâce au film *Dodgeball ! Même pas mal !* (2004). La partie a été organisée par l'université d'Alberta, à Edmonton (Alberta, Canada).

● MISE À JOUR
★ NOUVEAU RECORD

La morgue de Salt River au Cap (Afrique du Sud) a enregistré plus de 30 000 corps en 1998 – c'est la **morgue la plus active du monde**. Près de 4 000 de ces cadavres n'ont pas été identifiés, s'agissant probablement de victimes de crimes.

159 635

C'est le nombre de personnes qui mourront le même jour que vous. Vous préférez sans doute penser aux 18 562 289 personnes qui fêtent leur anniversaire le même jour que vous !

COLLÉS SERRÉS

Le *Green Scream* accepte 40 personnes par tour. Il a ainsi pu battre le précédent record de 32 participants nus dans la même attraction, détenu par *Nemesis*, à Alton Towers (Staffordshire, RU).

GREEN SCREAM A DÛ TOURNER 3 FOIS POUR PERMETTRE À CHACUN DE PARTICIPER.

● **LE PLUS DE PERSONNES SAUTANT À LA CORDE**
Le 1er février 2010, 70 880 enfants de 294 écoles ont sauté à la corde lors d'un événement organisé par la California Association for Health, Physical Education, Recreation & Dance et la Jamba Juice (Californie, USA).

★ **LA PLUS GRANDE CROIX HUMAINE**
935 personnes vêtues de rouge ont formé une croix humaine, sous l'égide de la Croix Rouge d'Oslo (Norvège), devant l'opéra d'Oslo (Norvège), le 7 mai 2010.

★ **LE PLUS GRAND SMILEY HUMAIN**
Le 22 septembre 2010, 551 personnes ont réalisé un smiley, sous l'égide d'Igors Puntuss (Lettonie) à Riga (Lettonie).

● **LE PLUS DE SUPER-HÉROS RÉUNIS**
Dans le cadre de la sortie de *Megamind* de Dreamworks, 1 580 personnes ont revêtu un costume de super-héros, à Los Angeles (USA), le 2 octobre 2010, à l'occasion d'un événement organisé par Paramount Studios (USA).

● **LE PLUS DE PASSAGERS NUS DANS UN MANÈGE**
102 personnes ont fait un tour de manège entièrement nus ! Ce record a été réalisé par des visiteurs enthousiastes sur la montagne russe *Green Scream* à l'Adventure Island de Southend-on-Sea (Essex, RU), le 8 août 2010.

● **LE PLUS GRAND MILLE-PATTES HUMAIN**
À l'initiative de Thai Beverage Marketing Co. et Have a Good Dream Co., un mille-pattes de 2 961 personnes a défilé à Ratchaburi (Thaïlande), le 16 juin 2010.

● **LA PLUS GRANDE CHAÎNE DE DOMINOS HUMAINS**
10 267 dominos humains ont formé une chaîne de 7,2 km, à Ordos (Chine), le 12 août 2010.

★ **LE PLUS DE PERSONNES PORTANT UN NEZ ROUGE**
Le 5 juin 2010, 15 956 personnes portaient un nez rouge au Mega Pic-Nic 2010, organisé par Realizar Eventos Especiais et Modelo, à Lisbonne (Portugal).

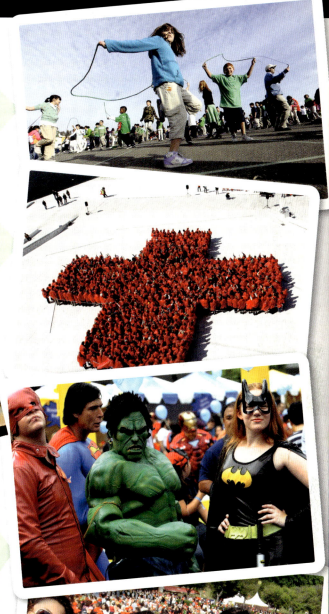

★ **LE PLUS DE PERSONNES DÉGUISÉES EN ANIMAUX DANS UNE COURSE**
Lors d'un concours organisé par RSA, Have a Heart and Action on Addiction, 37 équipes de 2 personnes déguisées en animaux ont participé à une course, à Goodwood Racecourse (RU), le 24 juin 2010.

10,2 millions de personnes auraient suivi le convoi funéraire de l'ayatollah Khomeiny jusqu'au cimetière de Behesht-e Zahra de Téhéran (Iran), le 11 juin 1989. Ce sont les **plus grandes funérailles**.

TROP FORTS !

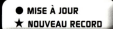

★ LE PLUS DE VITRES DE VOITURE CASSÉES

Kevin Taylor (USA) a brisé 20 vitres de portière de voiture à la seule force de ses poings sur le plateau de *Lo Show dei Record*, à Rome (Italie), le 25 février 2010. Il ne lui a fallu que 1 min et 35 s.

● LE PLUS DE POMPES EN 24 H

Les 24-25 avril 1993, Charles Servizio (USA) a effectué 46 001 pompes en 24 h, au Fontana City Hall, à Fontana (Californie, USA).

● LE PLUS DE COMBATS CONSÉCUTIFS D'ARTS MARTIAUX

Paddy Doyle (RU) a effectué 141 combats consécutifs d'arts martiaux au St Benedict's School Sports Centre de Cheltenham (RU), le 19 novembre 2005.

● LE PLUS DE TRACTIONS EN 1 H

Le 2 juin 2010, Stephen Hyland (RU) a exécuté 968 tractions à la barre en 1 h, à Stoneleigh (Surrey, RU).

★ LA TRACTION DE LA MAISON LA PLUS LOURDE

Kevin Fast (Canada) a tiré une maison de 35,9 t sur 11,95 m, à Cobourg (Ontario, Canada), le 18 septembre 2010.

1 MIN ET 35 S

1 min, ça paraît peu, mais c'est assez pour...

★ **écraser 11 citrouilles** (Ben Shephard, RU).

★ **écraser 88 réveils avec le pied** (Jay Wheddon, RU).

★ **casser 55 battes de base-ball ou** ● **111 noix de coco à la main** (Muhamed Kahrimanovic, Allemagne, pour les deux records).

● **écraser 40 pastèques avec la tête** (John Allwood, Australie).

● **exécuter 805 coups de poing directs** (Robert Ardito, Australie).

★ **porter 1 752,68 kg en soulevé de terre** (Thienna Ho, Vietnam).

ELLE COURT ! Cristina Borra (Italie) a couru 13 marathons entre les 16 et 28 février 2010, à Turin (Italie). C'est le ● **plus de marathons courus consécutivement**.

Le ★ **nombre record d'annuaires déchirés dans le dos en 3 min** est de 6. C'est le fait d'Alexander Muromskiy (Russie), le 17 octobre 2009, au centre moscovite des arts martiaux (Russie).

La femme d'affaires irano-américaine Anousheh Ansari est devenue la **1re touriste de l'espace**, le 18 septembre 2006.

1 348 C'est le nombre de litres de sang que vous perdrez au cours de votre vie, avec 2 531 l de sueur et 73 l de larmes – assez pour 10 bains de sang, de la transpiration pour 5 h de douche et des larmes pour laver 8 survêtements !

● LE PLUS DE PASTÈQUES ÉCLATÉES AU POING EN 1 MIN

Davide Cenciarelli (Italie) a éclaté 70 pastèques avec le poing en 1 min sur le plateau de *Lo Show dei Record,* à Rome (Italie), le 18 mars 2010.

Le ★**record de temps pour écraser 10 pastèques avec la tête** est de 16 s. Il a été réalisé par Leonardo D'Andrea (Italie) sur le plateau de *Zheng Da Zong Yi* , à Pékin (Chine), le 17 décembre 2006.

★ LE PLUS LONG MAINTIEN DE POIDS AVEC LES BRAS TENDUS

Le 4 mars 2010, Tomi Lotta (Finlande) a porté un poids (minimum 20 kg) à bout de bras tendus pendant 1 min et 16,63 s, sur le plateau de *Lo Show dei Record*, à Rome (Italie).

● RECORD DE TEMPS POUR PLIER UNE BARRE DE FER ET LA PLACER DANS UNE VALISE

Alexander Muromskiy (Russie) a plié une barre de 6 m de long et l'a rangée dans une valise en 25 s, à Saint-Pétersbourg (Russie), le 9 novembre 2008.

FAIRE UN CHOKESLAM : SAISIR LE COU DE SON ADVERSAIRE POUR LE PLAQUER AU SOL.

● LE PLUS DE BLOCS DE BÉTON CASSÉS EN 1 MIN

Ali Bahçetepe (Turquie) a cassé 1 145 blocs de béton en 1 min, au centre de taekwondo de Datça (Turquie), le 17 novembre 2010.

● RESPIRATION RETENUE LE PLUS LONGTEMPS (HOMME)

Le 1er avril 2010, Stig Åvall Severinsen (Danemark) a retenu sa respiration pendant 20 min et 10 s, dans le bassin à requins, au Kattegatcentret de Grenaa (Danemark).

★ LE PLUS LONG CONTACT CORPS-NEIGE

Jin Songhao (Chine) est resté enseveli sous la neige 46 min et 7 s, à l'éco-square d'A'ershan, (Mongolie intérieure, Chine), le 17 janvier 2011. La température était de – 37 ºC. Le monticule de neige avait un diamètre de 1,7 m à la base et mesurait 70 cm de haut.

LE PLUS DE CHOKESLAMS EN 1 MIN

Nury Ayachi (alias Kaio), Carlo Lenzoni (alias Charlie Kid) et Mariel Shehi (tous trois Italie) ont effectué 34 chokeslams (prises de catch) en 1 min, sur le plateau de *Lo Show dei Record*, à Rome (Italie), le 25 février 2010.

Les touristes extraterrestres en visite sur Terre voudront peut-être utiliser le **1er ovniport officiel**, construit dans la petite ville de St Paul (Alberta, Canada) et inauguré le 3 juin 1967.

Grands numéros
À LA MAISON

● **LE PLUS RAPIDE POUR PLACER 6 ŒUFS DANS DES COQUETIERS AVEC LES PIEDS**

Le 16 février 2008, Tatiana Dudzan (Ukraine) a déposé 6 œufs dans des coquetiers avec les pieds, en 42,60 s, sur le plateau de *Lo Show dei Record*, à Madrid (Espagne).

★ **LE PLUS RAPIDE POUR FAIRE TENIR 12 ŒUFS EN ÉQUILIBRE**

Le 22 septembre 2009, Ashrita Furman (USA) a fait tenir en équilibre sur une table 12 œufs l'un sur l'autre en 1 min et 36 s, dans la cuisine du Sri Chinmoy Center, à New York (USA).

★ **LE PLUS RAPIDE POUR BEURRER 10 TARTINES**

Alastair Galpin (Nouvelle-Zélande) a beurré 10 tranches de pain en 52,42 s, à Point Chevalier (Auckland, Nouvelle-Zélande), le 3 décembre 2009.

LE PLUS RAPIDE POUR FAIRE BOUILLIR DE L'EAU

Avec de l'électricité lui passant dans le corps, Slavisa Pajkic "Biba" (Yougoslavie) a fait passer une tasse d'eau de 15 ml de 25 à 97 °C en 1 min et 37 s, sur le plateau de *Guinness Rekord TV*, à Stockholm (Suède), le 24 novembre 2001.

★ **LE PLUS RAPIDE POUR POSER UNE MOQUETTE**

Le 7 août 2008, sur le plateau de *60 minute Makeover* (RU), Stephen Dineley (RU) a posé 12 m² de moquette en 6 min et 20,18 s.

● **LE LAVEUR DE VITRES LE PLUS RAPIDE**

Terry Burrows (RU) a lavé 3 fenêtres de bureau standard (114,3 x 114,3 cm) en 9,14 s avec une raclette de 300 mm de long et 9 l d'eau, à la National Window Cleaning Competition de Blackpool (RU), le 9 octobre 2009.

LE PLUS RAPIDE POUR FAIRE UN LIT (ÉQUIPE)

Depuis le 26 novembre 1993, personne n'a réussi à battre le record des infirmières Sharon Stringer et Michelle Benkel du Royal Masonic Hospital de Londres (RU). Le duo a fait un lit avec une alèse, un drap-housse, un drap, une couverture, deux oreillers dont un avec taie et un couvre-lit en 14 s !

LE PLUS RAPIDE POUR FAIRE ÉCLATER 3 BOUILLOTTES

Brian Jackson (USA) a fait éclater 3 bouillottes standard en soufflant dedans, en 1 min et 8 s, sur le plateau *Lo Show dei Record*, à Milan (Italie), le 19 avril 2009.

★ **LE PLUS DE VAISSELLE LAVÉE EN 8 H**

Le 10 janvier 2011, le liquide vaisselle coulait à flots quand Louise Dooey (RU) s'est lancée dans une vaisselle marathon : elle a lavé 2 250 assiettes, saladiers et casseroles ! Louise a réalisé cet exploit dans les bureaux du Guinness World Records à Londres (RU).

Trever McGhee (Canada) a réalisé la **plus longue marche sur le feu** : il a parcouru 181,9 m sur des braises atteignant 853,33 °C, au Symons Valley Rodeo Grounds, à Calgary (Canada), le 9 novembre 2007.

3,5
C'est le nombre de machines à laver que vous posséderez au cours de votre vie. Vous passez en moyenne 11 min par jour à vous occuper de votre linge, ce qui représente 219 jours sur toute une vie – autant qu'en 1900, où on lavait moins souvent ses vêtements.

● LE PLUS LONG MARATHON DE REPASSAGE

À l'occasion d'une action caritative, Daniel Peetz (Allemagne) a repassé les vêtements d'inconnus pendant 58 h, à Rheinberg (Allemagne), du 17 au 19 juin 2010.

On peut bien s'amuser avec des slips !

●*Le plus de slips portés en même temps*
231, Taro Yabe (Japon), 29 août 2010.

●*Le plus de slips enfilés en 1 min*
22, Sheena Reyes (Australie), 27 mars 2010.

★*Le plus de slips enfilés en sautant dedans en 1 h*
234, Kevin Velaiden (RU), 27 mars 2009.

★*Le plus de slips enfilés par saut périlleux en 90 s*
94, la Team Spektaculer (Allemagne), groupe de 12 gymnastes, 20 janvier 2000.

●**LE PLUS DE CHAUSSETTES ENFILÉES SUR UN PIED**
Le 13 novembre 2010, Krunoslav Budiselic (Croatie) a enfilé 150 chaussettes sur son pied droit, au City Centar One de Zagreb (Croatie). Budiselic a utilisé les chaussettes du fabricant local Jadran Hosiery. Il lui a fallu 45 min pour les enfiler !

●**LE PLUS DE CHAUSSETTES TRIÉES EN 1 MIN**
John Harrold (RU) a rassemblé 17 paires de chaussettes en 1 min. John a présenté ce nouveau record au GWR Live ! organisé au World Trade Center de Barcelone (Espagne), le 14 mai 2010.

●**LE PLUS DE VÊTEMENTS RETIRÉS D'UN FIL À LINGE PAR UN CHIEN**
Gustl, le terrier cross de 4 ans de Heidi Deml (Allemagne), a récupéré 13 vêtements d'un fil à linge en 1 min, au centre des congrès de Vienne (Autriche), le 29 novembre 2009. Ce chien répond à 50 ordres.

★**LE PLUS D'ŒUFS CASSÉS EN 1 H**
Sachant qu'on ne peut pas faire d'omelettes sans casser d'œufs, Bob Blumer (Canada) a cassé 2 069 œufs d'une seule main en 1 h, au festival de l'omelette géante, à Granby (Québec, Canada), le 24 juin 2010.

★**LE PLUS DE JUS D'ORANGE EXTRAIT EN 1 MIN**
Ulaş Baş (Turquie) a pressé des oranges et extrait 880 ml de jus en 1 min au GWR Live ! Roadshow au Forum Mersin, à Mersin (Turquie), le 20 juin 2010.

58 HEURES

GUINNESS WORLD RECORDS LIVE

GUINNESS WORLD RECORDS

PAS ÇA !
Le 23 août 2009, Jonathan Macfarlane (Nouvelle-Zélande) a réalisé le ★**plus long lancer de lave-linge**, soit 4,01 m !

● MISE À JOUR
★ NOUVEAU RECORD

Organisé par ŠKD Mladi Boštanj, le **plus grand feu de joie** – 1 715,7 m³ – a été allumé le 30 avril 2007, à Boštanj (Slovénie).

C'EST PAS ORDINAIRE !

★ LE MILE LE PLUS RAPIDE AVEC UN BALLON DE FOOT EN ÉQUILIBRE SUR LA TÊTE

Yee ming Low (Malaisie) a parcouru 1 mile (1 609 m) en 8 min et 35 s, avec un ballon de foot sur la tête, au stade MPSJ Athletics de Selangor (Malaisie), le 20 mars 2010.

● LE PLUS DE HARPONS TIRÉS D'UN FUSIL RATTRAPÉS EN 1 MIN

Joe Alexander (Allemagne) a rattrapé 7 harpons tirés d'un fusil sous l'eau, à une distance de 2 m, en 1 min, au cours de l'émission télévisée en direct *ZDF Fernsehgarten*, à Mayence (Allemagne), le 6 septembre 2009.

le 30 novembre 2009. Ce record a été égalé par Rohit Timilsina (Népal), à Dharmasthali (Katmandou, Népal), le 15 mai 2010.

40 pièges à souris sur sa langue en 1 min, sur le plateau de *Lo Show dei Record* à Milan (Italie), le 14 avril 2011.

● ÉLASTIQUES TENDUS SUR LE VISAGE

Shay Horay, plus connu sous le nom de Rubberband Boy (Nouvelle-Zélande), a tendu 78 élastiques sur son visage, sur le plateau de *Lo Show dei Record*, à Milan (Italie), le 8 avril 2011.

LE PLUS DE...

★ TOUPIES LANCÉES SIMULTANÉMENT

Steve Faulkner (RU) a lancé simultanément 22 toupies à Londres (RU), le 30 novembre 2010.

● BALLES DE GOLF DANS UNE MAIN

Guillaume Doyon (Canada) a tenu 24 balles de golf dans une seule main pendant 10 s, au collège Saint-Alexandre, à Gatineau (Québec, Canada),

★ SAUTS DE GRENOUILLE EN 30 S PAR UN DUO

Haruka Nakano et Asuka Ogawa (tous deux Japon) ont effectué 25 sauts de grenouille en 30 s, au Park Challenge GWR Live !, à Tokyo Midtown (Tokyo, Japon), le 5 mai 2010.

★ PIÈGES À SOURIS DÉCLENCHÉS SUR LA LANGUE EN 1 MIN

Joshuah Hoover alias Sweet Pepper Klopek (Canada) a déclenché

● ŒUFS LANCÉS ET RATTRAPÉS EN 1 MIN PAR UN DUO

Ashrita Furman et Bipin Larkin (tous deux USA), distants de 5 m, ont lancé et rattrapé 75 œufs sur la place Felvonulasi, à Budapest (Hongrie), le 14 mai 2010.

★ CLAQUEMENTS CONSÉCUTIFS D'UNE MAIN

Le plus de claquements consécutifs d'une main est de 310. Cet exploit a été réalisé par Abhinav Upadhyaya (Inde), aux Pranav Studios de Bangalore (Karnataka, Inde), le 16 mai 2010.

★ ÉVASIONS DE MENOTTES EN 24 H

Zdeněk Bradáč (Rép. tchèque) a effectué 10 625 évasions de menottes, à Liberec (Rép. tchèque), les 12 et 13 février 2010.
   Le 9 septembre 2009, il a aussi été le ● **plus rapide à se libérer de 3 paires de menottes sous l'eau** : 38,69 s, à Jablonec nad Nisou (Rép. tchèque).

★ LE PLUS DE PASSAGES AU TRAVERS D'UNE RAQUETTE DE TENNIS EN 3 MIN

Skye Broberg (Australie) est passée 7 fois au travers d'une raquette de tennis en 3 min, sur le plateau de *Lo Show dei Record* à Rome (Italie), le 25 février 2010. Skye est artiste de théâtre de rue et de cirque : en plus du contorsionnisme, elle pratique le hula-hoop et le cerceau aérien. L'une de ses spécialités consiste à se tapir dans une petite boîte en verre !

La grotte de Vrtoglavica (qui signifie "vertige") est un puits continu de 603 m de profondeur situé dans le Kanin, dans les Alpes juliennes (Slovénie). C'est le **plus grand puits naturel** : il pourrait abriter deux tours Eiffel (300 m).

437 292 000

C'est le nombre de mots que vous prononcerez au cours de votre vie. Nos sujets de conversation préférés sont la météo, le travail, la famille, les loisirs et la télévision.

LE 100 M HAIES LE PLUS RAPIDE AVEC DES PALMES

Christopher Irmscher (Allemagne) a couru un 100 m haies avec des palmes, en 14,82 s, sur le plateau du *Guinness World Records : Die Größten Weltrekorde*, à Cologne (Allemagne), le 13 septembre 2008.

Veronica Torr (Nouvelle-Zélande) a réalisé le même exploit en 18,523 s, lors du *Zheng Da Zong Yi – Guinness World Records Special*, à Pékin (Chine), le 8 décembre 2010, c'est le ●**100 m haies avec des palmes le plus rapide pour une femme**.

La distance la plus longue pour…

●**propulser une pièce d'une chiquenaude** 12,11 m, par Alastair Galpin (Nouvelle-Zélande), au Britomart Transport Centre d'Auckland (Nouvelle-Zélande), le 12 novembre 2009.

●**propulser une pièce en soufflant dessus** 4,947 m, par Ashrita Furman (USA), au Jamaica YMCA, à Jamaica (New York, USA), le 9 octobre 2010.

lancer une bouse de vache sèche 81,1 m, par Steve Urner (USA), au Mountain Festival de Tehachapi (Californie, USA), le 14 août 1981.

LE PLUS VITE POUR…

★ COUPER EN DEUX 10 ALLUMETTES À LA HACHE

Bipin Larkin (USA) a coupé en deux à la hache 10 allumettes, en 3,59 s, au Sri Chinmoy Center de New York (USA), le 20 octobre 2010.

TÊTE FROIDE

Le ★**trajet le plus long avec un réfrigérateur** est de 1 650 km. Il a été réalisé par le comédien Tony Hawks (RU), qui a fait le tour de l'Irlande du 6 au 30 mai 1997.

●SAISIR L'ALPHABET

Sudhakar Raju (Inde) a saisi l'alphabet en 3,52 s, au Press Club d'Anantapur (Inde), le 13 février 2011.

SE LIBÉRER D'UNE CAMISOLE DE FORCE

Jackson Rayne (USA) s'est libéré d'une camisole en 7,26 s, au Las Vegas Convention Center (Nevada, USA), le 17 novembre 2009.

★ PASSER 3 FOIS AU TRAVERS D'UNE LUNETTE DE TOILETTES

Ilker Çevik (Turquie) est passé au travers d'une lunette de toilettes 3 fois, en 28,14 s, au *GWR Live ! Roadshow* du Forum Bornova, à Izmir (Turquie), le 25 mai 2010.

★ HABILLER UN MANNEQUIN

Nuran Ozdemir (Turquie) a habillé un mannequin de vitrine en 28,57 s, au *GWR Live ! Roadshow* du Forum Trabzon, à Trabzon (Turquie), le 4 juin 2010.

★ LE PLUS DE BOUTEILLES EN VERRE DE SUCRE CASSÉES SUR LA TÊTE EN 30 S

Mariana Arnaut (Moldavie) s'est cassé 56 bouteilles en verre de sucre sur la tête en 30 s, pour *Lo Show dei Record*, à Rome (Italie), le 4 mars 2010. Le verre de sucre est un faux verre utilisé dans les cascades au cinéma.

★ SCOTCHER UNE PERSONNE AU MUR

Hendrik Leschke a scotché Kai Otte (tous deux Allemagne) à un mur avec du Duct tape sur le plateau de *GWR – Wir holen den Rekord nach Deutschland* en 55,03 s, à Berlin (Allemagne), le 2 avril 2011.

★ UN RELAIS 4 X 100 M SUR DES HAUTS TALONS

Les Pinkettes – Brittney McGlone, Jessica Penney, Laura Juliff et Casey Case (toutes Australie) – ont effectué un relais 4 x 100 m avec des talons hauts en 1 min et 4,19 s, à Sydney (Australie), le 28 septembre 2010.

●TERMINER UNE MARELLE

Ashrita Furman (USA) a terminé une marelle en 1 min et 1,97 s, à New York (USA), le 9 novembre 2010. Furman a raté un seul lancer : il s'y est pris à 2 fois pour lancer le caillou dans la case 3.

★ GONFLER UN BALLON AVEC UNE LANCE À INCENDIE DE 100 M

Ding Zhaohai (Chine) a gonflé un ballon avec une lance à incendie de 100 m de long, en 7 min et 49 s, à Xitai (Shandong, Chine), le 21 novembre 2010, pour l'émission *Zheng Da Zong Yi*.

● MISE À JOUR
★ NOUVEAU RECORD

Le 21 mai 2007, Rod Baber (RU) a passé l'●**appel téléphonique à l'altitude la plus élevée**. Il se trouvait au sommet de l'Everest (Népal), à 8 848 m, soit 29,5 tours Eiffel.

Grands numéros
QUEL CIRQUE !

LA Iʳᵉ VOLTIGE ENTRE 2 TRAPÈZES :
Jules Léotard (France), à Paris
(France), le 12 novembre 1859.

LE Iᵉʳ BOULET DE CANON HUMAIN :
Zazel, qui a débuté sa carrière en 1877,
quand elle a été propulsée à 6,1 m, au
Westminster Aquarium, Londres (R.U).

★ **LE CIRQUE
AMBULANT
LE PLUS ANCIEN**
Le célèbre Circo Atayde a
ouvert ses portes le 26 août
1888 sur la Plaza de Toros,
à Mazatlán (Mexique). Il est
toujours tenu par la famille
Atayde.

★ **LA PLUS LONGUE
DISTANCE PARCOURUE
SUR UN FIL EN 24 H**
Joey Kelly (Allemagne)
a parcouru 15,68 km sur
un fil en 24 h, à l'occasion
du *RTL Spendenmarathon*
dans les studios de MMC,
à Hürth (Allemagne),
les 18-19 novembre 2010,
à l'occasion de la journée
GWR 2010. Le fil mesurait
11 m de long et se trouvait
à 11 m au-dessus du sol.

**LA ROUE ARRIÈRE LA
PLUS RAPIDE SUR UN FIL**
Johann Traber (Allemagne)
a fait une roue arrière en
moto à 53 km/h sur un fil,
au festival de Tummelum,
à Flensburg (Allemagne),
le 13 août 2005.

★ **LES ÉCHASSES
LES PLUS LOURDES**
Doug Hunt (Canada)
a effectué 29 pas sans aide,
sur une paire d'échasses
d'un poids total de 62,1 kg
et de 15,56 m de haut,
le 14 septembre 2002.

★ **LE MILE LE PLUS
RAPIDE SUR DES
ÉCHASSES**
Ashrita Furman (USA)
a parcouru 1 mile (1,6 km)
sur des échasses en 12 min
et 23 s, sur la piste de course
du Queens College à New York
(USA), le 29 août 2008.
    Ashrita a aussi effectué
le ★ **100 m le plus rapide
sur des échasses à ressorts**,
en 19,78 s, sur la Piazza dei
Miracoli, à Pise (Italie), le
27 mars 2010.

Enfin, il a battu le
record de la ★ **plus
haute ascencion sur des
échasses** – 868 m –, lorsqu'il
a gravi le mont Equinox, à
Manchester (Vermont, USA),
le 23 septembre 2008.

● **LE PLUS DE CHIENS
SUR UNE MÊME CORDE**
13 chiens du cirque Super Wan Wan (Japon)
d'Uchida Geinousha ont évolué sur une même
corde, à Tochigi (Japon), le 27 octobre 2009,
pour le *Bikkuri Chojin Special #3* (Fuji TV).

● MISE À JOUR
★ NOUVEAU RECORD

Deepak Sharma Bajagain (Népal) a léché 70 timbres en 1 min, au Hindu Vidya Peeth-Nepal de Balkumari (Lalitpur,
Népal), le 6 août 2010, décrochant ainsi le record du ★ **plus grand nombre de timbres léchés en 1 min**.

1 344 290 C'est le nombre de fois où vous allez rire dans votre vie. Selon le psychologue allemand Michael Titze, une personne passe en moyenne 6 min par jour à rire – 12 min de moins que dans les années 1960...

● **LA PLUS GRANDE FLAMME PROJETÉE PAR UN CRACHEUR DE FEU**
Antonio Restivo (USA) a craché une flamme de 8,05 m dans un entrepôt de Las Vegas (Nevada, USA), le 11 janvier 2011.

● **LE PLUS DE BOUGIES ÉTEINTES D'UN COUP DE FOUET EN 1 MIN**
Le 11 novembre 2008, Adam Winrich (USA) a éteint 50 bougies en 1 min, à l'aide d'un fouet – sans toucher les bougies –, sur le plateau de *Zheng Da Zong Yi – Guinness World Records Special*, à Pékin (Chine).

★ **LE PLUS DE HACHES LANCÉES AUTOUR D'UNE CIBLE HUMAINE EN 30 S**
Wang Shengli (Chine) a lancé 12 haches autour d'une cible humaine tournante en 30 s, sur le plateau de *Zheng Da Zong Yi – Guinness World Records Special*, à Pékin (Chine), le 20 décembre 2010.

LE LANCER LE PLUS RAPIDE DE 10 COUTEAUX AUTOUR D'UNE CIBLE HUMAINE
David R Adamovich, alias The Great Throwdini (USA), a lancé 10 couteaux de 35,5 cm autour de sa partenaire, "Target Girl" Tina Nagy, en 4,29 s, le 29 juillet 2008.

★ **LE PLUS D'ÉPÉES AVALÉES SOUS L'EAU**
Le 24 mars 2010, Dan Meyer (USA) a avalé 2 épées sous l'eau, sur le plateau de *Lo Show dei Record*, à Rome (Italie).

● **LE POIDS LE PLUS LOURD SUSPENDU AU BOUT D'UNE ÉPÉE**
Thomas Blackthorne (RU) a suspendu un poids de 25 kg au bout d'une épée qu'il avait avalée, sur le plateau de *Lo Show dei Record* (Italie), le 19 avril 2009.

★ **LE PLUS DE LAPINS SORTIS D'UN CHAPEAU**
Piero Ustignani, alias Jabba, et Walter Rolfo (tous deux Italie) ont sorti 300 lapins d'un chapeau en moins de 30 min. Cette variante d'un tour classique a été réalisée dans le cadre du Magic Congress de Saint-Vincent (Aoste, Italie), le 17 mai 2008.

LE PLUS D'OMBRELLES OUVERTES TENUES EN ÉQUILIBRE
Liu Lina (Chine) a tenu en équilibre 8 ombrelles simultanément, sur le plateau du *Zheng Da Zong Yi – Guinness World Records Special*, à Pékin (Chine), le 21 juin 2009.

★ **L'ÉPÉE AVALÉE LA PLUS COURBÉE**
Le 12 septembre 2009, Dai Andrews (USA) a avalé une épée présentant une courbure de 120°, au Blue Thunder Festival de Pimlico Racetrack, à Baltimore (Maryland, USA).

LE PLUS HAUT SAUT À TRAVERS UN CERCEAU
Qiu Jiangning (Chine), de la troupe acrobatique nationale de Chine, a effectué un saut de 3,12 m à travers un cerceau, sur le plateau de *Zheng Da Zong Yi – Guinness World Records Special*, à Pékin (Chine), le 17 juin 2009.

Dates historiques du cirque :

Le 1er cirque à 3 pistes
Inauguré par "Lord" George Sanger (RU), 1860.

La 1re flèche humaine
Tony Zedoras (USA), alias Alar, Barnum & Bailey Circus, 1896.

Le 1er looping à vélo
Un membre de la troupe Ancillotti, Barnum & Bailey Circus, 1904.

Christian Schäfer (Allemagne) a enregistré le ★ **temps le plus rapide pour déplacer un timbre de 100 m en soufflant dessus**, en 3 min et 3 s, à l'ASV de Dachau (Allemagne), le 3 octobre 2010.

WWW.GUINNESSWORLDRECORDS.COM   111

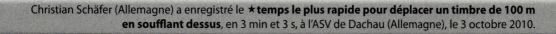

Grands numéros
JONGLERIES

LE PLUS D'OBJETS

Balles : au début des années 1900, 3 personnes auraient réussi à jongler avec 10 balles : Frank Le Dent (USA), Jenny Jaeger (Russie/Allemagne) et Enrico Rastelli (Italie), ce dernier étant toujours reconnu comme l'un des plus grands jongleurs du monde. On ne sait toutefois pas s'ils ont effectué ce que l'on appelle un cycle "qualifiant" d'au moins 20 reprises ou s'ils n'ont réussi qu'un "flash" (un seul cycle, soit 10 reprises). Bruce Sarafian (USA) est la seule personne ayant réussi à se qualifier au jonglage à 10 balles. En 1996, il a effectué 23 reprises.

• **Massue** : le 30 août 2006, Anthony Gatto (USA, né Anthony Commarota) a jonglé avec 8 massues en les rattrapant 16 fois.

• **Torches** : Anthony Gatto (USA) a jonglé avec 7 torches en feu en 1989.

5 MIN ET 45 S

★ RECORD DE TEMPS POUR JONGLER AVEC 3 OBJETS SOUS L'EAU (SANS AIR)

Merlin Cadogan (RU) a jonglé avec 3 objets sous l'eau en retenant sa respiration pendant 1 min et 20 s au Potters Fields Park, à Londres (RU), le 18 novembre 2010.

• **Assiettes** : Enrico Rastelli aurait jonglé avec 8 assiettes dans les années 1920.

• **Anneaux** : Au moins 3 personnes auraient réussi à jongler avec 11 anneaux – Albert Petrovski en 1963, Eugene Belaur en 1968 et Sergei Ignatov en 1973 (tous URSS) –, mais il est impossible de savoir s'ils ont réussi les 22 reprises qualifiantes. La session de jonglage authentifiée avec le plus d'anneaux a été réalisée par Anthony Gatto (USA), qui a rattrapé 47 fois 10 anneaux en 2005.

LE PLUS DE POIDS COMBINÉS

Milan Roskopf (Slovaquie) a jonglé avec 3 poids de lancer pesant au total 25,86 kg pendant 40,44 s, à Starnberg (Allemagne), le 7 novembre 2004.

★ LE PLUS DE REPRISES EN 1 MIN (3 BALLES)

Zdeněk Bradáč (République tchèque) a réussi 339 reprises de 3 balles en 1 min, au festival de Prinzenraub, à Altenburg (Allemagne), le 12 juillet 2009.

● LA JONGLERIE AVEC 3 OBJETS SUSPENDU PAR LES PIEDS LA PLUS LONGUE

Équipé de chaussures antigravité, Erik Kloeker (USA) a jonglé avec 3 objets pendant 5 min et 45 s, à Pékin (Chine), le 23 mai 2010.

★ LA JONGLERIE AVEC 3 OBJETS LES YEUX BANDÉS LA PLUS LONGUE

Zdeněk Bradáč (République tchèque) a jonglé avec 3 balles les yeux bandés pendant 25,30 s, au Flying Teapots Circus Club, à Sheffield (RU), le 25 février 2009.

LES 100 M LES PLUS RAPIDES EN JONGLANT AVEC 5 OBJETS

En 1988, Owen Morse (USA) a parcouru 100 m, en jonglant avec 5 objets en 13,8 s.

5 BALLONS DE FOOT

LE JONGLAGE AVEC LE PLUS DE BALLONS DE FOOT

Le joueur de football freestyle professionnel Victor Rubilar (Argentine) a jonglé avec 5 ballons de foot de taille standard pendant 10 s, au Gallerian Shopping Centre de Stockholm (Suède), le 4 novembre 2006.

● MISE À JOUR

★ NOUVEAU RECORD

Selon l'Organisation mondiale du tourisme (UNWTO), en 2009, les Allemands ont dépensé 81 milliards $ en vacances à l'étranger, ce qui en fait les ●**touristes les plus dépensiers**.

2 C'est le nombre d'heures qu'il faut en moyenne pour enseigner le jonglage. Le jongleur de tous les records David Slick a jonglé avec 4 objets sans interruption pendant… 2 h et 23 min !

● LE PLUS DE REPRISES CONSÉCUTIVES AVEC LES PIEDS

Hou Yanan et Jiang Tiantian (tous deux Chine), du groupe acrobatique du comté de Wuqiao, ont effectué 90 reprises en jonglant avec les pieds, à Pékin (Chine), le 19 septembre 2007.

★ LE PLUS DE MASSUES ÉCHANGÉES EN DUO

Wes Peden (USA) et Patrik Elmnert (Suède) ont échangé 13 massues en 2009, soit 26 reprises. Le ★ **plus de massues "flashées" par un duo** est de 14, lors de la tentative d'échange flash de 14 massues en 2004, réalisée par Peter Kaseman et Darin Marriott (tous deux USA).

FLASHING

Un "flash" est un cycle de jonglerie où le jongleur rattrape 1 fois chaque objet. Une vraie jonglerie compte au moins 2 reprises. Le **plus de balles à jongler flashées** est de 12. Ce record a été réalisé par Alex Barron (RU), en 2010.

★ LA JONGLERIE AVEC 5 BALLONS DE BASKET LA PLUS LONGUE

Pedro Elis (Espagne) a été filmé en train de jongler avec 5 ballons de basket pendant 37,46 s, sur le plateau de *Guinness World Records*, à Madrid (Espagne), le 30 janvier 2009.

LE PLUS DE BALLES RATTRAPÉES EN JONGLERIE À REBONDS

Dans la jonglerie à rebonds, les balles rebondissent avant d'être rattrapées. Le plus de balles lancées en même temps en jonglerie à rebonds est de 11. Ce record a été réalisé par Tim Nolan (USA), au Old Dominion University Fieldhouse, à Norfolk (Virginie, USA), le 11 mars 2006.

LA JONGLERIE À REBONDS SUR 1 MILE LA PLUS RAPIDE

Il a fallu 7 min et 42 s à Ashrita Furman (USA) pour parcourir 1,6 km en faisant du jonglage à rebonds avec 3 objets, à la Jamaica High School, à New York (USA), le 21 octobre 2009.

JOGGLING

Bill Giduz (USA) a créé cet hybride entre la jonglerie et le jogging en 1979. En tant que joggeur et jongleur, il a vu un lien entre les deux activités : en courant, on effectue naturellement le mouvement de jonglage.

★ LA DISTANCE LA PLUS LONGUE PARCOURUE AVEC UN BÂTON DE POGO EN JONGLANT

Cette distance est de 6 km. Ce record a été réalisé par Ashrita Furman (USA), en visite à l'île de Pâques (Chili), le 28 janvier 2010.

JOGGLING À 3 BALLES

jongler + jogging = joggling ! Et ça peut mener loin…

Distance	Temps	Détenteur	Date
100 m (hommes)	11:68	Owen Morse (USA)	1989
100 m (femmes)	17:20	Sandy Brown (USA)	22 juill. 1990
1,6 km (hommes)	4:43	Kirk Swenson (USA)	1986
1,6 km (femmes)	6:17	Kathy Glynn (USA)	21 juill. 1989
● 10 km	36:27	Michal Kapral (Canada)	10 sept. 2006
Marathon (42 km)	2:50:12	Michal Kapral (Canada)	30 sept. 2007
● 80,5 km	8:23:52	Perry Romanowski (USA)	27 oct. 2007

LA JONGLERIE AVEC LE PLUS DE BÂTONS

Françoise Rochais des Sables-d'Olonne (France) a jonglé avec 7 bâtons lors d'un spectacle avec l'After Cloudy Company au Japon, en 1999.

X POUR PLUS DE PERFORMANCES AÉRIENNES, RENDEZ-VOUS P. 262.

La France est le **pays le plus visité par les touristes**. Selon l'UNWTO, la France a reçu 74,2 millions de visiteurs en 2009.

WWW.GUINNESSWORLDRECORDS.COM 113

Grands numéros
ACROBATIES SUR ROUES

VÉLO

★ LE PLUS DE BOUGIES ÉTEINTES AVEC UN VÉLO TRIAL EN 1 MIN
Benito Ros Charral (Espagne) a éteint 22 bougies avec un vélo trial en 1 min, à Pékin (Chine), le 18 décembre 2010.

★ LE SAUT PÉRILLEUX ARRIÈRE LE PLUS HAUT
Ben Wallace (RU) a exécuté un saut périlleux arrière en vélo de 2,8 m, sur le plateau de *Zheng Da Zong Yi – Guinness World Records Special*, à Pékin (Chine), le 9 décembre 2010.

★ LE PLUS GRAND TOUR À 180°
Le 18 novembre 2008, Jim Dechamp (USA) a exécuté un tour à 180° à 3 m de haut, sur un mountain bike, au Miller Motorsports Park de Tooele (Utah, USA), pour *Nitro Circus* sur MTV. Jim détient 10 autres records GWR de vélo.

● LA ROUE ARRIÈRE LA PLUS RAPIDE SUR 100 M
Austen Nunes (USA) a parcouru 100 m sur la roue arrière de son vélo en 14,05 s, à Manteca (Californie, USA), le 15 mars 2010.

★ LA PLUS GRANDE ROUE ARRIÈRE EN 1 H
Aaron Stannage (RU) a parcouru 13,15 km sur la roue arrière de son vélo,

● LE PLUS DE MARCHES GRAVIES À VÉLO
Le 31 décembre 2007, Zhang Jincheng (Chine), Xavi Casas (Andorre) et Javier Zapata (Colombie) ont gravi à vélo les 88 étages de la tour Jin Mao de Shanghai (Chine), soit 2 008 marches. 2008 est un nombre symbolique, cet exploit ayant été organisé la nuit du Nouvel An, en hommage aux jeux Olympiques de Pékin de 2008.

★ LE PLUS DE PARCOURS À VÉLO ARTISTIQUE AVEC 1 PERSONNE SUR LES ÉPAULES
Carla et Henriette Hochdorfer (toutes deux Allemagne) ont exécuté consécutivement 4 parcours à vélo artistique, l'une debout sur les épaules de l'autre sur le plateau de *Lo Show dei Record*, à Rome (Italie), le 18 mars 2010.

en 1 h, au John Charles Sport Stadium de Leeds (RU), le 17 janvier 2010. Le circuit faisait 138,6 m et, à aucun moment, la roue avant n'a touché le sol.

★ LE PLUS DE ROUES ARRIÈRE EN 1 MIN
Le 1er août 2010, au X Games 16 de Los Angeles (Californie, USA), Guadalupe Alvárez (USA) a exécuté 167 roues arrière en 1 min.

1956 : DATE DU 1ER CONCOURS OFFICIEL DE VÉLO ARTISTIQUE.

LE PLUS GRAND SAUT EN BACKFLIP SUR UNE MINIMOTO
Ricardo Piedras (Espagne) a exécuté un backflip de 12,72 m sur une minimoto, sur le plateau de *Lo Show dei Record*, à Milan (Italie), le 11 avril 2009.

● MISE À JOUR
★ NOUVEAU RECORD

Pour réaliser le **vol autour du monde le plus rapide** selon les règles de la Fédération aéronautique internationale (FAI), le Concorde AF1995 a décollé de l'aéroport JFK de New York (USA) et a effectué le tour du monde par l'est, les 15 et 16 août 1995, en 31 h, 27 min et 49 s.

1,9 C'est le nombre moyen de jambe par personne. La moyenne = nombre de jambes/nombre de personnes. Toute personne n'ayant pas ses deux jambes fait chuter la moyenne sous la barre des deux.

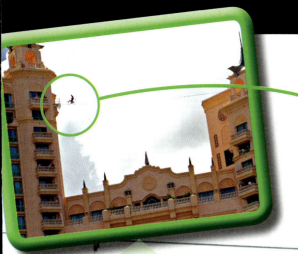

Nik vient d'une célèbre famille d'acrobates de cirque, les Flying Wallendas.

72,5 M DE HAUT

●LA DISTANCE LA PLUS LONGUE SUR LA ROUE AVANT SANS LES PÉDALES

Le 28 janvier 2010, Shane Badman (Australie) a exécuté une roue avant sur 188,3 m, sur un BMX sans les pédales. Cet exploit s'est déroulé sur le plateau d'*Australia Smashes Guinness World Records*, à Sydney (Australie).

★LE PLUS HAUT PARCOURS SUR UN FIL AVEC UN VÉLO

Nik Wallenda (USA) a parcouru une corde à vélo à une hauteur de 72,5 m, entre les Royal Towers de l'hôtel Atlantis Paradise Island, à Nassau (Bahamas), le 28 août 2010.

SKATEBOARD

●LE PLUS DE KICK FLIPS EN 1 MIN

Le 15 mai 2010, Zach Kral (USA) a exécuté 29 kick flips à skateboard en 1 min, à Waterford (Wisconsin, USA).

★LE SLALOM ENTRE 100 PLOTS LE PLUS RAPIDE

Janis Kuzmins (Lettonie) a slalomé entre 100 plots en 20,77 s, au parc Meza de Riga (Lettonie), le 12 septembre 2010. Les plots étaient distants de 1,6 m les uns des autres.

★LE PLUS D'AXLE STALLS EN 30 S

Alex Sorgente (USA) a réalisé 15 axle stalls (arrêt sur l'arête de la rampe, puis tour à 180°) sur son skateboard en 30 s, aux X Games 16 de Los

Angeles (Californie, USA), le 30 juillet 2010.

★LE PLUS DE BACKSIDE GRINDS EN 1 MIN

Le 1er août 2010, Annika Vrklan (USA) a exécuté 31 backside grinds sur son skateboard en 1 min, aux Games 16 de Los Angeles (Californie, USA).

★LE PLUS D'OLLIES 180 EN 1 MIN

Gray Mesa (USA) a fait 17 ollies 180 en 1 min, aux X Games 16 de Los Angeles, (Californie, USA), le 30 juillet 2010.

★LE SAUT DANS LE VIDE LE PLUS HAUT AVEC RÉCEPTION SUR UNE RAMPE À ROLLERS

Taïg Khris (France) a réalisé un saut dans le vide de 12,5 m, avec réception sur une rampe. Ce record a été réalisé lors de l'événement M6 Mobile Mega Jump, à Paris (France), le 29 mai 2010.

Frederick W Finn (RU) a effectué 718 traversées de l'Atlantique avec le Concorde – soit le **plus de voyages supersoniques pour un passager** – jusqu'à la fin de l'exploitation de l'avion en 2003.

SUR UNE CORDE RAIDE

Au cours de son exploit, Freddy a également tenté de battre un record de distance, en cherchant à parcourir 1 600 m sur un câble pour atteindre la station de Murtèl. Il a dû abandonner en raison du brouillard et du risque de formation de glace sur le câble !

En janvier 2007, Moira Cameron (RU) est devenue la **première femme hallebardier** de la tour de Londres (RU). Les gardiens de la tour, les "Beefeaters", sont tous d'anciens membres des forces armées.

★LA PROMENADE SUR UN CÂBLE LA PLUS ÉLEVÉE

Le 29 janvier 2011, le funambule Freddy Nock (Suisse) a bravé les vents et des températures de − 15 °C pour marcher sur une corde raide à 3 303 m au-dessus de la station de ski de Silvaplana, près de Saint-Moritz (Suisse). Malgré les conditions extrêmes, Freddy a accompli cet exploit sans harnais ni filet de sécurité et a parcouru 572 m sous le regard attentif des juges du GWR.

Fille adoptive du premier président de la Turquie, Sabiha Gökçen est entrée en 1936 à l'Académie d'aviation militaire d'Eskişehir. Elle a piloté des avions de chasse et des bombardiers, devenant la **première femme pilote de combat**.

MONT EVEREST

MONT EVEREST

Voici un des nombreux itinéraires pour se rendre au sommet de la **plus haute montagne**. Si vous empruntez ce chemin en passant par la crête sud-est, il vous faudra environ 60 jours et près de 62 000 $ pour gagner le toit du monde !

LA DÉESSE DU CIEL

DONNÉES	
Nom	En français : Everest ; en tibétain : Chomolungma ("la déesse mère des montagnes") ; en népalais : Sagarmatha ("la déesse du ciel")
Hauteur	8 848 m au-dessus du niveau de la mer
Emplacement	Himalaya, frontière Népal-Chine
Coordonnées	27°58'60 N, 86°55'60 E
Température en haut	de − 20 à − 35 °C
Vitesse du vent	Jusqu'à 280 km/h ; en moyenne, un ouragan tous les 4 jours

SOMMET DE L'EVEREST 8 848 M
Après le "Balcon", vous gravirez le "Ressaut d'Hillary" et le "Sommet de l'arête", puis vous atteindrez le point le plus haut sur Terre.

SOMMET SUD 8 690 M
Vous aurez pour la 1ʳᵉ fois une vue correcte du sommet : même si ce dernier n'est qu'à 1,5 km, il vous faudra encore 12 h pour l'atteindre.

LHOTSE 8 516 M
Quatrième plus haut pic, le flanc ouest (la face de Lhotse) est un mur de glace de 1 125 m avec des pentes de 40 à 80°.

CAMP IV 7 920 M
Le moment est venu d'ouvrir votre bouteille d'oxygène après la "bande jaune" et le "Geneva Spur", deux obstacles qui demandent beaucoup d'énergie entre les camps III et IV.

ARÊTE SUD-EST et COL SUD

"La zone de la mort"
Au-delà de 8 000 m, le corps consomme plus d'oxygène qu'il ne peut en absorber.

ARÊTE OUEST

Pour éviter toute chute mortelle, les alpinistes s'attachent à la principale corde fixée.

"Geneva Spur"
Une saillie rocheuse abrupte couverte de neige et de glace (2 h).

FACE DE LHOTSE

"Bande jaune"
Une bande de calcaire lisse de 60 m et de 30 à 45° (3 h).

CAMP III 7 470 M
Au camp III, les risques d'avalanche sont élevés. Attention aux embouteillages, il y a d'autres grimpeurs !

Si vous tombez ici, vous ferez une chute fatale de 300 m.

CAMP II 6 500 M
La température entre les camps I et II peut être élevée. Attention aux ponts enneigés qui enjambent des gouffres.

Une glace bleue dure comme du roc.

CAMP I 6 056 M
Des échelles sont utilisées pour traverser les crevasses du glacier Khumbu. Si vous survivez, le camp I vous permettra de vous reposer.

★ **LE PREMIER AVEUGLE À AVOIR CONQUIS L'EVEREST**
Erik Weihenmayer (Hong kong) est né avec un rétinoschisis, une maladie de l'œil qui l'a laissé aveugle à 13 ans. Le 25 mai 2001, il est parvenu au sommet de l'Everest. Sur la photo, on le voit traverser le col sud.

"Glacier Khumbu"
Ce glacier de 600 m change constamment, avec de profondes crevasses et de dangereux séracs. C'est l'étape la plus périlleuse de l'ascension.

CAMP DE BASE 5 380 M
Acclimatez-vous ici avant vos 2 semaines d'ascension. Partez pour le camp I à 3 h, avant l'aube, quand la glace est la plus solide.

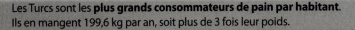

Les Turcs sont les **plus grands consommateurs de pain par habitant**.
Ils en mangent 199,6 kg par an, soit plus de 3 fois leur poids.

LE PLUS DE MORTS SUR L'EVEREST EN 1 JOUR

Le 10 mai 1996, une tempête a causé la mort de 8 grimpeurs et occasionné de sérieuses blessures à plus de 20 personnes. Les alpinistes, originaires des États-Unis, de l'Inde, du Japon et de la Nouvelle-Zélande, ont été surpris par des vents soufflant à 145 km/h et des températures de – 40 °C.

Sur la photo, le docteur Seaborn "Beck" Weathers (USA) est resté coincé sur le col Sud pendant 16 h. Il a perdu sa main droite, une partie de sa main gauche et son nez.

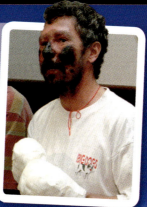

NUPTSE 7 861 M
Arête couverte de 7 pics le long du massif de Lhotse-Nuptse jusqu'aux versants ouest et sud-ouest de l'Everest.

● MISE À JOUR
★ NOUVEAU RECORD

ATTENTION
Selon Apa Sherpa (voir ci-dessous), le réchauffement climatique qui a affecté l'Everest au cours des 20 dernières années a rendu le sommet plus difficile à gravir.

●LE PLUS DE CONQUÊTES DE L'EVEREST

Apa Sherpa (Népal, né Lhakpa Tenzing Sherpa) a atteint le sommet de l'Everest pour la 20ᵉ fois, le 21 mai 2010. Il est l'homme qui a gravi le plus de fois la plus haute montagne du monde. Sa première ascension a eu lieu le 10 mai 1990, lors d'une expédition internationale menée par Peter et Edmund Hillary, les fils d'Edmund Hillary (à droite), premier homme à avoir atteint le sommet.

COLONEL SIR GEORGE EVEREST (R.U., 1790-1866)
Directeur du service géodésique de l'Inde, il a donné son nom à la montagne. Auparavant, le sommet était appelé PEAK XV par les Britanniques.

THÉODOLITE
Utilisé en 1856 pour déterminer la hauteur de l'Everest, cet instrument de mesure a permis de dire qu'il mesurait 8 840 m.

EDMUND HILLARY & TENZING NORGAY
L'alpiniste néo-zélandais et son sherpa népalais ont été les premiers à atteindre le sommet de l'Everest, le 29 mai 1953. Cette expédition était dirigée par le colonel Henry Cecil John Hunt (R.U.).

JUNKO TABEI (Japon, née le 22 sept. 1939)
C'est la première femme à avoir gravi l'Everest, le 16 mai 1975, et à avoir atteint les sommets les plus élevés de chacun des continents (les Sept Sommets). Vous trouverez p. 122-123 d'autres personnes ayant conquis les Sept Sommets.

GEORGE MALLORY (R.U., 1886-1924)
Pourquoi gravir l'Everest ? "Parce qu'il est là", selon Mallory. Ayant participé aux 3 premières tentatives des Britanniques dans les années 1920, Mallory a été vu pour la dernière fois en vie près du sommet. L'a-t-il gravi et est-il mort en redescendant ? Nous ne le saurons sans doute jamais…

La **plus longue baguette de pain** mesurait 111 m. Elle a été cuite dans le Big C Supercenter du quartier de Bình Tân à Hô Chi Minh-ville (Vietnam), le 22 août 2009.

VOYAGES FANTASTIQUES

★ LA 1RE PERSONNE À AVOIR LONGÉ À PIED L'AMAZONE

Edward Stafford (RU) a mis 2 ans, 4 mois et 8 jours (860 jours en tout) pour effectuer à pied son voyage le long du fleuve Amazone en Amérique du Sud. Il est arrivé au bout de ce dernier, le 9 août 2010.

San Francisco et New York (USA), en 46 jours, 8 h et 36 min, du 1er septembre au 17 octobre 1980.

Mavis Hutchinson (Afrique du Sud) est la **femme qui a traversé le plus vite l'Amérique à pied**. Elle a mis 69 jours, 2 h et 40 min, du 12 mars au 21 mai 1978.

★ LA PLUS LONGUE DISTANCE PARCOURUE EN SKI DE FOND EN 24 H

Walter Geckle (Autriche) a parcouru 175 km en ski nordique, à Unzmarkt (Autriche), les 14 et 15 août 2010. Geckle est un ancien champion du monde de cette discipline.

● LE PLUS DE VOYAGES DE LAND'S END À JOHN O'GROATS

John Taylor (Australie) a effectué 20 fois le voyage de Land's End à John o'Groats à vélo, en voiture ou à pied, du 14 janvier 1980 au 18 mai 2009.

LES PLUS RAPIDES

POUR RALLIER À PIED JOHN O'GROATS À LAND'S END

Andrew Rivett (RU) a rallié les deux points les plus distants du Royaume-Uni en 9 jours, 2 h et 26 min, du 4 au 13 mai 2002.

Le ★ **voyage à pied le plus rapide par une femme pour aller de Land's End à John o'Groats** a duré 12 jours, 15 h, 46 min et 35 s. Il a été effectué par Marina Anderson (RU) du 16 au 28 juillet 2008.

POUR TRAVERSER L'AMÉRIQUE À PIED

Frank Giannino, Jr (USA) a parcouru 4 989 km entre

POUR TRAVERSER À VÉLO L'AMÉRIQUE DU SUD

Giampietro Marion (Italie) a parcouru à vélo la partie sud de la route panaméricaine. Parti de Chigorodo (Colombie), il a mis 59 jours pour rallier Ushuaïa (Argentine), du 17 septembre au 15 novembre 2000.

POUR TRAVERSER LE CANADA À PIED

Du 21 juin au 1er septembre 1991, Al Howie (RU) a parcouru 7 295,5 km à travers le Canada, de St John's (Terre-Neuve) à Victoria (Colombie-Britannique) en 72 jours, 10 h et 23 min.

LANCEMENT ROYAL

Le ★ **1er prince dans l'espace** est le prince Abdulaziz al-Saud, neveu du roi d'Arabie Saoudite. Il était membre de Discovery en 1985.

★ PERTH-SYDNEY À VÉLO À MAIN (RELAIS) LE PLUS RAPIDE

Thomas Bechter, Philipp Bonadimann, Jürgen Egle et Wolfgang Wimmer (tous Autriche) ont traversé l'Australie à vélo à main, de Perth à Sydney, en 6 jours, 10 h et 42 min, en relais. Cet exploit a eu lieu du 16 au 23 octobre 2010, dans le cadre de la manifestation de bienfaisance Race Across Australia (RAAUS).

La ★ **plus grande mosaïque en céramique** couvre 1 570,2 m². Elle a été créée par Nguyen Thu Thuy (Vietnam) avec l'aide de 35 artistes sur les murs de la digue du fleuve Rouge à Hanoi (Vietnam), le 5 octobre 2010.

120 000 C'est la longueur en kilomètres des vaisseaux sanguins de votre corps. La longueur de vos veines, artères et capillaires mis bout à bout est égale à trois tours du monde.

À LA VOILE EN SOLITAIRE

Avec son maxi-trimaran *IDEC II* de 29,5 m, Francis Joyon (France) a fait le tour du monde à la voile sans escale et en solitaire, en 57 jours, 13 h, 34 min et 6 s, du 23 novembre 2007 au 20 janvier 2008. Joyon a commencé et achevé son périple de 38 900 km à Brest (France), battant le record d'Ellen MacArthur (RU) de 14 jours.

PAR VOIE TERRESTRE

LE PREMIER À PIED

George Matthew Schilling (USA) aurait été le premier à faire le tour du monde à pied de 1897 à 1904. La première tentative avérée est celle de David Kunst qui a effectué un trek de 23 250 km sur quatre continents, du 20 juin 1970 au 5 octobre 1974.

DE PÔLE À PÔLE

N'empruntant que des transports terrestres et maritimes, Charles Burton et Ranulph Fiennes (RU) ont fait le tour du monde selon l'axe polaire en 3 ans, du 2 septembre 1979 au 29 août 1982. Partis de Londres (RU) en direction du sud, ils ont parcouru 56 000 km et ont bravé deux fois les dangers d'une exploration polaire.

LE PLUS RAPIDE EN VOITURE

Le record du premier et du plus rapide tour du monde en voiture par un homme et une femme sur les 6 continents, selon les règles en vigueur de 1989 à 1991 pour un trajet dépassant la longueur de l'équateur (40 075 km), est détenu par Saloo Choudhury et son épouse Neena (tous deux Inde). Partis de Delhi le 9 septembre 1989, à bord d'une "Contessa Classic" Hindustan de 1989, ils sont revenus à leur point de départ après un voyage de 69 jours, 19 h et 5 min, le 17 novembre 1989.

X PLUS D'AVENTURES ÉPIQUES P. 120.

●LE TOUR DU MONDE EN BATEAU ÉCOLOGIQUE LE PLUS RAPIDE Parti de Sagunto (Espagne), *Earthrace* a fait le tour du monde en 60 jours, 23 h et 49 min, du 27 avril au 27 juin 2008.

TOUR ARDU

Faire le tour du monde, c'est du sport. Vincent a bravé inondations, tempêtes, chutes de neige et séismes, a crevé 13 fois, souffert de la dysenterie en Libye et a été arrêté 2 fois, en Égypte et en Indonésie.

●LE TOUR DU MONDE LE PLUS RAPIDE À VÉLO (HOMMES)

Vincent Cox (RU) a fait le tour du monde à vélo, en 163 jours, 6 h et 58 min, du 7 février au 1er août 2010. Il a parcouru 29 331 km en pédalant. En tenant compte des transferts, il a effectué un voyage de 59 321 km en tout. Son point de départ et d'arrivée était Londres (RU).

LA VITESSE LA PLUS ÉLEVÉE DANS UN AVION

Le 3 octobre 1967, le commandant et pilote de l'US Air Force William J Knight (USA) a atteint 7 270 km/h, à bord d'un X-15A-2 de l'aviation américaine, en survolant le désert de Mojave (USA). Il a établi un record de vitesse absolu qui n'a été battu que dans les années 1980 par la navette spatiale.

LE PLUS LONG VOL PAR UN AVION PROPULSÉ PAR L'HOMME

Kanellos Kanellopoulos (Grèce) a fait parcourir à son avion *Daedalus 88* les 115,11 km séparant Heraklion (Crète) de Santorin (Grèce), le 23 avril 1988. Son vol a duré 3 h, 54 min et 59 s avant que des vents violents ne cassent la queue de l'avion, qui s'est abîmé non loin de la rive.

LE PLUS LONG VOL EN DELTAPLANE

Le 17 juillet 2001, Manfred Ruhmer (Autriche) a parcouru 700,6 km en deltaplane en s'aidant uniquement du vent, pour aller de Zapata à Lamesa (Texas, USA).

●LE WING WALKER LE PLUS ÂGÉ

À 90 ans et 177 jours, Thomas Lackey (RU, né le 22 mai 1920) a chaussé ses lunettes d'aviateur pour marcher sur les ailes de son avion en survolant Cirencester (Gloucestershire, RU), le 15 novembre 2010, à l'occasion de la journée GWR.

LE CALYPSO LE PLUS SERRÉ

Un calypso est une manœuvre aérienne où deux avions volent très près l'un de l'autre à grande vitesse. Le plus serré a été exécuté par les Thunderbirds de l'US Air Force, à bord de deux Falcons F-16 Lockheed-Martin de 71 000 CV. Cet exploit a eu lieu au cours du meeting national d'aviation 2005 de Las Vegas (USA). Volant à 1 223 km/h, les deux avions n'étaient séparés que de 45 cm, une distance à peine supérieure à la longueur de ce livre.

L'ALTITUDE LA PLUS ÉLEVÉE EN BALLON

Le 26 novembre 2005, Vijaypat Singhania (Inde), homme d'affaires et aventurier de 67 ans, a atteint la plus haute altitude à bord d'une montgolfière, une Cameron Z-1600. Dans une cabine pressurisée attachée à un ballon de la taille d'un immeuble de 22 étages, il s'est élevé à 21 027 m au-dessus de Mumbai (Inde), soit deux fois l'altitude de croisière d'un avion de ligne.

LES PREMIERS SURVOLS DES PÔLES EN BALLON

Le 20 avril 1996, Ivan André Trifonov (Autriche) a volé à 1 km au-dessus du pôle Nord géographique dans un ballon Cloudhopper de Thunder & Colt. Quatre ans plus tard, il a accompli un autre exploit en effectuant le premier survol du pôle Sud géographique dans un ballon Cameron AX-60 EC-HDB avec deux équipiers espagnols.

★LA VITESSE LA PLUS ÉLEVÉE DANS UN BALLON HABITÉ

Le 1er juillet 2002, Steve Fossett (USA) a atteint la vitesse de 322,25 km/h, à bord du *Bud Light Spirit of Freedom*.

Il a établi ce record dans le cadre de son tour du monde en solitaire, réalisant également le **plus long vol en ballon en solitaire**, en parcourant 33 195,1 km.

COMPLÈTEMENT GONFLÉ, LE BALLON BREITLING ORBITER 3 MESURAIT 55 M DE HAUT.

LE VOL LE PLUS LONG DANS UN BALLON

Entre les 1er et 23 mars 1999, Brian Jones (RU) et Bertrand Piccard (Suisse) ont effectué le plus long vol en ballon de l'histoire, en termes de distance et de durée. Partis de Château-d'Oex (Suisse) à bord du *Breitling Orbiter 3*, ils ont parcouru 40 814 km en 477 h et 47 min sans s'arrêter, dans le cadre d'un tour du monde.

LE CIEL POUR LIMITE

Le 3 avril 1933, des pilotes de la RAF ont réalisé le **premier survol de l'Everest** (8 848 m), la plus haute montagne du monde, à 30,5 m de son sommet, à bord d'un Houston-Westland et d'un Westland-Wallace.

Fabriqué par Kimberly-Clark Perú, à Lima (Pérou), le 7 juin 2008, le **rouleau de papier hygiénique le plus gros** avait un diamètre de 1,7 m. Couvrant 56 000 m², il comprenait suffisamment de papier pour durer 100 ans.

C'est le nombre de périodes de congés que vous prendrez en moyenne dans votre vie, soit un peu moins de deux congés par an.

Ann Keane (Canada) a parcouru en courant les 7 831 km qui séparent Saint John (Terre-Neuve) de Tofino (Colombie-Britannique) en 143 jours, du 17 avril au 8 septembre 2002. C'est **la femme qui a traversé le plus vite le Canada à pied**. Elle ne s'est arrêtée que 3 jours.

POUR TRAVERSER L'AUSTRALIE À PIED
Donnie Maclurcan (Australie) a traversé à pied l'Australie. Parti de Cottesloe Beach, à Perth (Australie-Occidentale), il s'est rendu à Bondi Beach, à Sydney (Nouvelle-Galles du Sud), en 67 jours, 2 h et 57 min, du 5 janvier au 13 mars 2002.

LES PLUS LONGS VOYAGES

EN AUTOBUS
Entre le 6 novembre 1988 et le 3 décembre 1989, Hughie Thompson, John Weston et Richard Steel (tous RU) ont parcouru 87 367 km et 18 pays, au volant de leur "World Bus", un autobus à impériale rouge London Routemaster.

UN LONG VOYAGE
Rob n'a effectué sur un skate-board qu'une partie de son périple de 20 000 km. Pour aller de Suisse en Chine, il a aussi fait du vélo, du rafting, de la voile et pris le train !

● EN VOITURE
Depuis le 16 octobre 1984, Emil et Liliana Schmid (Suisse) ont parcouru 656 000 km à bord de leur Toyota Land Cruiser et ont traversé ainsi 169 pays et territoires.

★ EN HYDROGLISSEUR
Pendant 13 jours, Bill Fadeley et Eugene Hajtovik (tous deux USA) ont navigué en hydroglisseur le long de l'Intracoastal Waterway. Partis de Jacksonville (Floride, USA), ils ont parcouru 1 770,28 km pour rejoindre la statue de la Liberté à New York (USA), le 3 juillet 1986. Ils ont effectué leur voyage à bord du *Miss Jacksonville*, un hydroglisseur de 5 m doté d'un moteur de 350 CV et ont atteint la statue à temps pour célébrer sa restauration et son centenaire.

★ EN BATEAU-DRAGON
L'équipe des Beauties & Barnacles (USA) a parcouru 294 milles nautiques (545 km) sur le Missouri à bord d'un bateau-dragon chinois. Elle est allée de Kaw Point (Kansas City, USA) à St Charles (Missouri, USA), les 24 et 25 août 2010.

● EN KITE-SURF (24 H)
Le 5 juin 2010, Eric McNair-Landry (Canada) et Sebastian

Copeland (USA/France) ont parcouru 595 km en 24 h en kite-surf. Ils ont mis 43 jours pour traverser les 2 300 km de la calotte glaciaire du Groenland, de Narsarsuaq au sud à Qaanaaq au nord. Avec une vitesse de 60 km/h, ils ont battu le précédent record de 507,5 km établi par Hugo Rolf Hansen et Bjørn Einar Bjartnes (tous deux Norvège), le 2 juillet 2009.

EN TONDEUSE À GAZON
Gary Hatter (USA) a parcouru 23 487,5 km en 260 jours consécutifs, en conduisant une tondeuse Kubota

● LA PLUS GRANDE DISTANCE EN KAYAK EN 24 H EN EAUX VIVES (FEMMES)
Katherine Pfefferkorn (USA) a parcouru 309,1 km en kayak sur le Missouri (USA) en 24 h, les 29 et 30 mai 2010. Elle a battu son précédent record de 9,5 h.

BX2200-60. Parti de Portland (Maine, USA) le 31 mai 2000, il a traversé les 48 États américains contigus, ainsi que le Canada et le Mexique, avant d'arriver à Daytona Beach (Floride, USA), le 14 février 2001.

À MOTO
Entre 1985 et 1995, Emilio Scotto (Argentine) a accompli à moto un périple de 735 000 km à travers 214 pays.

★ À MOTO DANS UN SEUL PAYS
Ryan et Colin Pyle (tous deux Canada) ont fait le tour de la Chine du 16 août au 17 octobre 2010, réalisant le plus long parcours à moto dans un seul pays, soit 16 240 km. Les frères ont commencé et terminé leur expédition à Shanghai.

★ SUR UN PADDLEBOARD
Du 19 au 27 mai 2007, Wyatt Werneth (USA) a longé la côte de Floride (USA) sur un paddleboard, parcourant 555 km.

LE PLUS LONG VOYAGE EN SKATE-BOARD
Parti de Leysin (Suisse) le 24 juin 2007, Rob Thomson (Nouvelle-Zélande) est arrivé à Shanghai (Chine), le 28 septembre 2008, après avoir parcouru 12 159 km sur son skate-board.

● MISE À JOUR
★ NOUVEAU RECORD

La ★ **plus grande mosaïque en marbre** mesure 8,3 m de haut sur 5,3 m de large. Ce portrait du sultan Qaboos bin Said d'Oman a été réalisé par Sablat Oman (Oman) et plus de 40 artistes.

ASCENSION DES SOMMETS

● LA PERSONNE LA PLUS ÂGÉE À AVOIR GRAVI LES 7 SOMMETS LES PLUS HAUTS

Le 22 avril 2007, à 73 ans et 357 jours, Ramón Blanco (Espagne) a gravi la pyramide de Carstensz (Indonésie), devenant la personne la plus âgée à avoir escaladé le pic le plus haut sur chacun des sept continents. Il lui a fallu 31 ans et 114 jours.

LE PREMIER GRAND CHELEM DES EXPLORATEURS RÉUSSI

Young-Seok Park (Corée du Sud) a rallié le pôle Nord à pied le 30 avril 2005, devenant le premier à réaliser le grand chelem des explorateurs, à savoir gravir le plus haut sommet de chacun des sept continents (les Sept Sommets), ainsi que les 14 pics de plus de 8 000 m et atteindre les pôles Nord et Sud. Tout a commencé quand il a gravi l'Everest le 16 mai 1993.

★ L'ASCENSION LA PLUS RAPIDE DES PLUS HAUTS SOMMETS DES PAYS AFRICAINS

Cinq ans après avoir décidé d'escalader le plus haut pic de chaque pays d'Afrique, Eamon "Ginge" Fullen (RU) a atteint l'objectif qu'il s'était fixé le 25 décembre 2005, avec l'ascension du pic Bikku Bitti (Libye).

LA 1RE ASCENSION DU K2

Le 31 juillet 1954, Achille Compagnoni et Lino Lacedelli (tous deux Italie) ont gravi le K2, le 2e plus haut sommet du monde avec ses 8 611 m. Ils étaient membres d'une expédition italienne dirigée par Ardito Desio. Le K2 est situé dans la chaîne de montagnes du Karakoram, à la frontière du Pakistan et de la Chine.

Wanda Rutkiewicz (Pologne) est devenue la **première femme à avoir gravi le K2**, le 23 juin 1986.

LA PERSONNE LA PLUS ÂGÉE AU SOMMET DE L'EVEREST

Selon le Senior Citizen Mount Everest Expedition (SECEE), Min Bahadur Sherchan (Népal, né le 20 juin 1931) a atteint le plus haut sommet du monde le 25 mai 2008, à 76 ans et 340 jours.

LE PREMIER GRAND CHELEM DES AVENTURIERS

Pour réussir le grand chelem des aventuriers, il faut gravir le plus haut pic de chacun des continents et effectuer un trek aux quatre pôles (magnétiques et géographiques). David Hempleman-Adams (RU) s'est lancé dans cette aventure en 1980 en gravissant le mont MacKinley (Alaska, USA). Il a accompli le grand chelem 18 ans plus tard, en se rendant à pied avec Rune Gjeldnes (Norvège) au pôle Nord, entre mars et mai 1998.

● L'HOMME LE PLUS ÂGÉ AU SOMMET DU KILIMANDJARO

Le 14 juillet 2010, George Solt (RU, né le 28 septembre 1927) a atteint le sommet du Kilimandjaro (Tanzanie), à 82 ans et 289 jours. Il a effectué l'ascension avec son fils, sa belle-fille et trois de ses petits-enfants, entre les 9 et 14 juillet. Il est revenu à son point de départ le 16 juillet.

UN PIC MOINS HAUT

Les Sept Sommets sont les points les plus hauts sur chaque continent (voir ci-contre). Si on considère l'Australie comme un continent, le mont Kosciuszko (2 228 m) prend la place de la pyramide de Carstensz.

LE PREMIER ALPINISTE À AVOIR GRAVI TOUS LES PICS DE 8 000 M

Reinhold Messner (Italie) est devenu le premier alpiniste à avoir gravi les 14 sommets de plus de 8 000 m, quand il a escaladé celui de Lhotse (8 501 m) à la frontière entre le Népal et le Tibet, le 16 octobre 1986. Il avait entrepris de relever ce défi en juin 1970. Vingt ans plus tard, seuls 12 alpinistes ont réalisé cet exploit, ce qui montre sa difficulté.

Messner a aussi été le **premier alpiniste à gravir l'Everest en solitaire**, le 20 août 1980. Il lui a fallu 3 jours pour accomplir cette ascension depuis son camp de base à 6 500 m. Elle fut d'autant plus difficile qu'il n'avait pas utilisé de bouteille d'oxygène.

Accompagné par Peter Habeler (Autriche), Messner a également réussi la **première ascension sans oxygène de l'Everest**, le 8 mai 1978.

LE PREMIER COUPLE MARIÉ AU SOMMET DE L'EVEREST

Phil et Susan Ershler (tous deux USA) ont gravi l'Everest le 16 mai 2002. Ce jour-là, 54 personnes sont arrivées au sommet. Le couple a aussi escaladé les plus hauts pics sur chacun des sept continents.

L'ASCENSION DES SEPT SOMMETS LA PLUS RAPIDE

Henrik Kristiansen (Danemark) a gravi le plus haut sommet de chacun des continents en 136 jours, entre le 21 janvier 2008, quand il a escaladé le massif Vinson (Antarctique), et le 5 juin 2008, quand il est arrivé au sommet du mont McKinley (Alaska, USA).

LA MONTAGNE LA PLUS DANGEREUSE

130 alpinistes ont tenté de gravir l'Annapurna I (photo), dans le massif de l'Annapurna qui est long de 55 km. 53 ont péri, soit un taux de mortalité de 41 %. Le 28 octobre 2007, Tomaz Humar (Slovénie) est devenu le **premier alpiniste à avoir gravi l'Annapurna I en solo**. Il a ouvert une nouvelle voie sur le côté droit de la face sud, en style alpin, c'est-à-dire en transportant sa nourriture et son équipement.

Omar Hilal Al-Mamari (Oman) a parcouru la **plus longue distance à moto en 24 h**, soit 2 127 km, sur une route interdite à la circulation entre Marmool et Thamrait (Oman), les 18 et 19 août 2009.

C'est la croissance annuelle de l'Everest en centimètres. Les processus géologiques ayant abouti à la formation de l'Everest se poursuivent. Au cours de votre vie, le plus haut pic du monde s'élèvera de 4,8 m.

★ LE PLUS GRAND RAMASSAGE DE DÉCHETS SUR L'EVEREST

Depuis 2008, des expéditions de Nepali Eco Everest ont lieu chaque année pour ramasser les déchets des alpinistes. 12 000 kg de cordes, de tentes, d'emballages de produits alimentaires, de bouteilles d'oxygène, de bonbonnes de gaz et autres équipements ont ainsi été enlevés. En 2008, on a ramassé 965 kg de détritus. En 2009, il y a eu le nombre record de 6 000 kg d'ordures, dont 700 kg de débris d'un hélicoptère qui s'est écrasé en 1973 et 115 kg de déchets dus à l'homme. En 2010, 5 000 kg de détritus ont été ôtés. La dernière expédition de nettoyage était conduite par Apa Sherpa (Népal).

★ L'ALPINISTE LE PLUS JEUNE À AVOIR GRAVI LES SEPT SOMMETS

John Carl "Johnny" Collison (USA, né le 29 mars 1992) a mis 1 an pour escalader les Sept Sommets. Il a gravi le dernier – le massif Vinson (Antarctique) –, le 18 janvier 2010, à 18 ans et 301 jours.

La plus jeune personne à avoir escaladé les Sept Sommets et le mont Kosciuszko (Australie) est Robert "R C" Scull II (USA, né le 16 mars 1987). Il avait 21 ans et 292 jours quand il est arrivé en haut de la pyramide de Carstensz (Indonésie).

LES SEPT SOMMETS

Les plus hauts sommets des sept continents, selon l'alpiniste Reinhold Messner...

Afrique : Kilimandjaro, Tanzanie – 5 894 m

Antarctique : massif Vinson, Ellesworth Land – 5 140 m

Asie : Everest, Népal/Chine – 8 848 m

Europe : mont Elbrouz, Russie – 5 642 m

Amérique du Nord/centrale : mont McKinley, USA – 6 194 m

Amérique du Sud : Cerro Aconcagua, Argentine – 6 960 m

Océanie : pyramide de Carstensz (Puncak Jaya), Indonésie – 4 884 m

LE PLUS D'ASCENSIONS DE L'EVEREST PAR UNE FEMME

Lakpa Sherpa (Népal) a gravi l'Everest pour la 5e fois le 2 juin 2005 en compagnie de son mari George Demarescu (USA) qui, lui, escaladait pour la 7e fois la **plus haute montagne du monde**. Lakpa a effectué sa 1re ascension en 2000 et la 2e en 2001. En 2003, elle était avec sa sœur Ming Kipa Sherpa, qui avait 15 ans. En 2004, elle est arrivée pour la première fois au sommet avec son mari.

LES ASCENSIONS DE L'EVEREST LES PLUS RAPIDES

Hans Kammerlander (Italie) a effectué depuis son camp de base l'**ascension la plus rapide de l'Everest par le flanc nord**, en 16 h et 45 min, les 23 et 24 mai 1996.

Pemba Dorje Sherpa (Népal) a gravi le flanc sud en 8 h et 10 min, le 21 mai 2004. Il s'agit de l'**ascension de l'Everest la plus rapide**.

LA PREMIÈRE PERSONNE À AVOIR GRAVI LES SEPT SOMMETS

Le 30 avril 1985, Richard "Dick" Bass (USA) est la première personne à avoir escaladé les plus hauts pics de chacun des sept continents. La "liste de Bass" comprend le mont Kosciuszko, le plus haut pic d'Australasie. Reinhold Messner avait proposé d'escalader plutôt le Puncak Jaya (la pyramide de Carstensz, en Indonésie). C'est donc Patrick Morrow (Canada) qui est le "premier" à avoir établi ce record, en gravissant les pics de la liste de Messner, le 5 août 1986.

★ LA FEMME LA PLUS ÂGÉE À AVOIR GRAVI LES SEPT SOMMETS

Caroline (Kay) LeClaire (USA, née le 8 mars 1949) a réussi cet exploit en parvenant au sommet de l'Everest, le 23 mai 2009, à 60 ans et 77 jours. Infirmière, danseuse de salon et mère de famille, Kay a commencé à pratiquer l'escalade à 51 ans.

LA PLUS JEUNE FEMME À GRAVIR LES SEPT SOMMETS

Samantha Larson (USA, née le 7 octobre 1988) est la plus jeune alpiniste à avoir gravi les Sept Sommets (ci-dessus, à droite). Elle a atteint le septième et dernier pic, la pyramide de Carstensz, le 4 août 2007, à 18 ans et 300 jours.

PREMIÈRE !
Samantha a gravi les Sept Sommets avec son père David. C'est la première équipe constituée d'un père et de sa fille à l'avoir fait. Samantha est aussi la plus jeune non Népalaise à avoir escaladé l'Everest.

● MISE À JOUR
★ NOUVEAU RECORD

LE PREMIER AU PÔLE NORD (RECORD VÉRIFIÉ)

Le 19 avril 1968, à 15 h, Ralph Plaisted (USA), à la tête d'une expédition, a traversé en 42 jours la mer de glace jusqu'au pôle Nord, avec une motoneige.

Il est incontestablement le premier à y être parvenu.

Pourquoi "incontestablement" ? Parce que le titre de "première personne à avoir atteint le pôle Nord" est revendiqué par deux autres explorateurs américains. Robert Peary a affirmé qu'il avait rejoint le pôle Nord avec Matt Henson, le 6 avril 1909. Frederick Cook (USA) l'aurait fait, le 21 avril 1908. Malgré des enquêtes, aucune des deux versions n'a pu être prouvée.

LA PREMIÈRE EXPÉDITION EN SOLITAIRE AU PÔLE NORD

Le 1er mai 1978, Naomi Uemura (Japon) a été la première personne à rallier le pôle Nord, à 4 h 45 GMT, après un trek sur la mer de glace arctique. Parti le 7 mars du cap Edward sur l'île d'Ellesmere au nord du Canada, il a parcouru 725 km.

Erling Kagge (Norvège) a été le **premier à atteindre le pôle Sud en solitaire**, le 7 janvier 1993. Parti de l'île de Berkner, il a mis 50 jours pour effectuer son voyage de 1 400 km.

LE PREMIER À ATTEINDRE LES DEUX PÔLES

Le Dr Albert Paddock Crary (USA) a atteint le pôle Nord à bord d'un avion Dakota, le 3 mai 1952. Le 12 février 1961, il est arrivé au pôle Sud dans un Sno-Cat en compagnie d'une équipe scientifique.

La **première personne à rallier à pied les pôles Nord et Sud** est Robert Swan (RU). Il était à la tête de l'expédition à trois "Sur les traces de Scott" qui a atteint le pôle Sud, le 11 janvier 1986. Trois ans plus tard, il a mené l'expédition "Marche sur la glace", qui a conduit huit hommes au pôle Nord, le 14 mai 1989.

LES PLUS RAPIDES À RALLIER LES DEUX PÔLES SANS ASSISTANCE

Les époux Thomas et Tina Sjögren (Suède) ont atteint le pôle Sud le 1er février 2002 et le pôle Nord 117 jours plus tard, le 29 mai 2002, soit le temps le plus court pour aller d'un pôle à l'autre.

LE PLUS ÂGÉ

HOMME AYANT ATTEINT LE PÔLE SUD SANS AIDE

À 63 ans et 309 jours, Simon Murray (RU, né le 25 mars 1940) a effectué un trek au pôle Sud. Ayant quitté la côte antarctique, près de l'anse Hercule, le 2 décembre 2003, il est arrivé au pôle en compagnie de Pen Hadow, le 28 janvier 2004.

● LE VOYAGE LE PLUS RAPIDE AU PÔLE SUD (EN SOLITAIRE ET SANS ASSISTANCE)

Le 13 janvier 2011, Christian Eide (Norvège) a effectué un trek en solitaire sans assistance au pôle Sud en 24 jours, 1 h et 13 min. Il a parcouru en moyenne 47 km par jour à ski – il en a même couvert 90 le dernier jour –, battant le record de 39 jours de Tood Carmichael (USA) et réussissant un exploit que de nombreux explorateurs polaires jugent presque inégalable. La photo représente l'autoportrait de Eide se reflétant sur la sphère du pôle Sud de cérémonie.

★ LA PLUS LONGUE EXPÉDITION EN SNOWKITE DANS L'ANTARCTIQUE (SANS ASSISTANCE)

Les aventuriers Adrian Hayes (RU), qui vit aux Émirats arabes unis, Devon McDiarmid et Derek Crowe (Canada) ont traversé la calotte glaciaire du Groenland en snowkite, parcourant 3 120 km en 67 jours, du 20 mai au 25 juillet 2009.

LE TREK VERS LE PÔLE NORD SANS AIDE LE PLUS RAPIDE

Entre le 2 mars et le 23 avril 1994, Børge Ousland (Norvège) a mis 52 jours pour aller à ski de l'archipel de Sévernaïa Zemlia (Russie) au pôle Nord. Il a effectué cette expédition sans assistance et sans transport motorisé ou parafoil.

★ LA PREMIÈRE FEMME À ATTEINDRE LES "TROIS PÔLES"

Ayant réussi ses expéditions aux deux pôles (ci-dessus), Tina Sjögren est devenue la première femme à avoir atteint les trois extrémités du globe : le pôle Nord, le pôle Sud et l'Everest (considéré comme un "pôle" en raison de son inaccessibilité). Elle avait escaladé le sommet le 26 mai 1999 avant ses expéditions polaires.

L'EXPÉDITION AUX "TROIS PÔLES" LA PLUS RAPIDE

Adrian Hayes (RU) a gravi l'Everest le 25 mai 2006, a atteint le pôle Nord le 25 avril 2007 (depuis l'île de Ward Hunt, au Canada) et rejoint le pôle Sud le 28 décembre 2007, en passant par l'anse Hercule. Il a mis 1 an et 217 jours pour réaliser cet exploit.

LA PERSONNE LA PLUS ÂGÉE AU PÔLE NORD

Dorothy Davenhill Hirsch (USA, née le 11 mai 1915) a atteint le pôle Nord à bord du brise-glace nucléaire russe Yamal, le 28 août 2004, à 89 ans et 109 jours.

● MISE À JOUR
★ NOUVEAU RECORD

Créée en décembre 2003 par Nelson Jiménez Florez (Colombie), la **sandale la plus grande** mesure 6,6 m de long, 2 m de large et 3,5 m de haut. Elle a été conçue pour Diseños Ruddy (Bucaramanga, Colombie).

LE VOYAGE TERRESTRE LE PLUS RAPIDE JUSQU'AU PÔLE SUD

À bord d'un véhicule tout terrain à six roues motrices, cinq conducteurs – Jason De Carteret, Andrew Regan, Richard Griffiths, Andrew Moon (tous RU) et Gunni Eglisson (Islande) – ont mis 69 h et 21 min pour aller de Patriot Hills sur le littoral antarctique jusqu'au pôle Sud, du 9 au 12 décembre 2005.

LE PLUS ÂGÉ

HOMME À ATTEINDRE LES DEUX PÔLES À SKI

À 66 ans et 275 jours, Norbert H Kern (Allemagne, né le 26 juillet 1940) s'est rendu à ski au pôle Sud, le 18 janvier 2007. Le 27 avril 2007, il a aussi gagné le pôle Nord à ski.

HOMME À ATTEINDRE LES DEUX PÔLES

Originaire de Whitby (North Yorkshire, RU), le commandant Will Lacy (né le 17 juillet 1907) est arrivé au pôle Nord, le 9 avril 1990, à 82 ans, et au pôle Sud, le 20 décembre 1991, à 84 ans. Il a voyagé dans un petit avion.

LA PLUS JEUNE

PERSONNE À ATTEINDRE LES DEUX PÔLES

Jonathan Silverman (USA, né le 13 juin 1990) a atteint le pôle Nord le 25 juillet 1999, puis le pôle Sud le 10 janvier 2002, à 11 ans et 211 jours.

PERSONNE AU PÔLE NORD

Le 1er mai 1998, à 8 ans et 173 jours, Alicia Hempleman-Adams

(RU, née le 8 novembre 1989), s'est rendue au pôle Nord. C'est la plus jeune personne à avoir fait ce voyage. Elle y est allée en avion pour voir son père, l'aventurier David Hempleman-Adams (RU), à l'issue de son trek réussi au pôle.

PERSONNE AU PÔLE SUD À L'ISSUE D'UN TREK

Sarah Ann McNair-Landry (Canada, née le 9 mai 1986) est la plus jeune personne parvenue au pôle Sud sans chiens de traîneau ni véhicules motorisés. Elle avait 18 ans quand elle a atteint le pôle, le 11 janvier 2005. Elle a parcouru 1 100 km en s'aidant d'un cerf-volant, dans le cadre d'une expédition conduite par sa mère Matty McNair, guide professionnel de trekking polaire. Son frère Eric (USA/Canada), âgé de 20 ans à l'époque, faisait aussi partie de l'équipée.

Q. Combien y a-t-il de pôles ?

R. Outre les pôles Nord et Sud géographiques, il existe les pôles Nord et Sud magnétiques et géomagnétiques, qui se déplacent en fonction des variations du champ magnétique de la Terre, et les "pôles d'inaccessibilité" qui sont les points sur terre et sur mer les plus éloignés de tout.

CECILIE A ATTEINT LE PÔLE NORD EN UN TEMPS RECORD DE 48 JOURS ET 22 H.

PÔLE NORD Cecilie Skog est la femme ayant effectué le trek sans assistance le plus rapide jusqu'au pôle Nord. Avec Rolf Bae et Per Henry Borch (Norvège), elle y est parvenue en 48 jours et 22 h, le 24 avril 2006.

★ L'EXPÉDITION AUX "TROIS PÔLES" LA PLUS RAPIDE (FEMME)

Cecilie Skog (Norvège) a conquis l'Everest, le pôle Nord et le pôle Sud en 1 an et 336 jours. Elle a escaladé l'Everest le 23 mai 2004, a atteint le pôle Sud le 27 décembre 2005, puis le pôle Nord le 24 avril 2006.

Wim Hof (Pays-Bas) a couru le **semi-marathon le plus rapide pieds nus sur la glace ou la neige**, à Oulu (Finlande), en 2 h, 16 min et 34 s, le 26 janvier 2007.

TRAVERSÉE DES OCÉANS

LA PLUS LONGUE DISTANCE PARCOURUE DANS LA CARRIÈRE D'UN RAMEUR

Entre 1974 et 1996, le rameur Peter Bird (RU) a parcouru 18 487 milles marins (34 238 km) en traversant l'Atlantique d'est en ouest, ainsi que le Pacifique d'est en ouest, puis d'ouest en est.

★ LA 1RE RAMEUSE AYANT TRAVERSÉ 3 FOIS UN OCÉAN

La rameuse (catégorie paralympique) Angela Madsen (USA) a effectué sa première traversée d'un océan avec Franck Festor (France) lors de l'Atlantic Rowing Race 2007, pour aller des îles Canaries à Antigua. Elle est aussi l'une des deux ★ **premières femmes à avoir traversé l'océan Indien à la rame**. Elle faisait partie, avec Helen Taylor (RU), de l'équipage de l'*Aud Eamus* qui, ayant quitté l'Australie, le 28 avril 2009, est arrivé à l'île Maurice, le 25 juin 2009. Elle a accompli sa 3e traversée avec l'équipage du *Big Blue* qui, parti du Maroc le 15 janvier 2011, a rallié La Barbade (Caraïbes) le 4 mars.

★ LE PREMIER RAMEUR À AVOIR TRAVERSÉ TROIS OCÉANS

Erden Eruç (Turquie) est le premier rameur à avoir traversé trois océans différents : l'océan Indien, de l'Australie à Madagascar, le 26 novembre 2010, après 136 jours et 12 h de mer ; l'Atlantique, des Canaries à la Guadeloupe, du 29 janvier au 5 mai 2006, et le Pacifique, de la Californie (USA) à la Nouvelle-Guinée, du 10 juillet 2007 au 17 mai 2008.

★ LA 1RE RAMEUSE À AVOIR TRAVERSÉ L'OCÉAN INDIEN SEULE

En 2009, Sarah Outen (RU, née le 6 mai 1985) est la 1re femme à avoir traversé l'océan Indien seule, à bord du *Serendipity*. Partie de Fremantle (Australie), elle a gagné l'île Maurice en 124 jours, 14 h et 9 min, du 1er avril au 3 août 2009. Âgée de 23 ans et 310 jours au départ, elle est la **personne la plus jeune à avoir traversé l'océan Indien en solitaire**.

★ LA PLUS JEUNE À AVOIR TRAVERSÉ UN OCÉAN À LA RAME SEULE

Le 14 mars 2010, Katie Spotz (USA, née le 18 avril 1987) a traversé l'Atlantique à la rame.

LA PLUS LONGUE DISTANCE À LA NAGE DANS UN OCÉAN

Veljko Rogošić (Croatie) a parcouru la plus longue distance à la nage sans palmes dans l'océan en traversant l'Adriatique, soit 225 km. Parti de Grado, il a atteint Riccione (Italie) en 50 h et 10 min, du 29 au 31 août 2006.

Elle est partie du Sénégal vers la Guyane, le 3 janvier 2010, à 22 ans et 260 jours.

★ LA TRAVERSÉE DE L'ATLANTIQUE LA PLUS RAPIDE DANS UN MULTICOQUE

À bord du *Hallin Marine*, David Hosking, Chris Covey, Paddy Thomas, Naomi Hoogesteger, Justin Johanneson et Jack Stonehouse (tous RU) ont traversé l'Atlantique à la rame d'est en ouest en suivant les "Alizés I" du 6 janvier au 7 février 2011. Partis de San Miguel (Tenerife), ils sont arrivés à La Barbade (Caraïbes) en 31 jours, 23 h et 31 min. Ils ont parcouru 4 746,67 km

DURANT SES 2 TRAVERSÉES, ROZ A DONNÉ ENVIRON 3,8 MILLIONS COUPS DE RAME.

● MISE À JOUR
★ NOUVEAU RECORD

★ LA PREMIÈRE RAMEUSE À TRAVERSER DEUX OCÉANS EN SOLO

Roz Savage (RU) a traversé à la rame l'Atlantique et le Pacifique. Du 30 novembre 2005 au 13 mars 2006, elle est allée des Canaries à Antigua (Caraïbes). S'étant attaquée au Pacifique le 25 mai 2008, elle l'a traversé en 3 étapes. Partie de Californie (USA), elle est parvenue à Madang (Papouasie-Nouvelle-Guinée), le 3 juin 2010, après 250 jours de mer.

FLOTS DÉCHAÎNÉS

Avec son périple sur le Pacifique, Roz Savage est devenue la ★ **1re rameuse à avoir traversé cet océan en solo**. Elle avait déjà fait une tentative en 2007, mais avait abandonné après avoir chaviré 3 fois en 24 h à cause de tempêtes.

Dennis Storm (Pays-Bas) détient le record du ●**plus de soutiens-gorge dégrafés en 1 min avec une seule main** : 69. Il a réalisé cet exploit sur le plateau de *Try Before You Die*, à Amsterdam (Pays-Bas), le 17 août 2008.

139 C'est la quantité de vomi en litres que vous rendrez dans votre vie, suffisamment pour remplir 280 de ces sacs que l'on trouve à l'arrière des sièges de bateau ou d'avion.

LA TRAVERSÉE DU PACIFIQUE SUR UN BATEAU SOLAIRE LA PLUS RAPIDE
À bord du *Malt's Mermaid*, Kenichi Horie (Japon) a parcouru 16 092 km, entre Salinas (Équateur) et Tokyo (Japon), en 148 jours, du 20 mars au 5 août 1996. Son bateau en aluminium recyclable était alimenté en énergie par des panneaux solaires de 12 m².

à la vitesse moyenne de 3,34 nœuds (6,19 km/h).

●LA TRAVERSÉE DE L'ATLANTIQUE LA PLUS RAPIDE DANS UN MONOCOQUE

La traversée d'est en ouest de l'Atlantique via les "Alizés I" a été réalisée par les 6 rameurs du *Sara G* : Matt Craughwell, Graham Carlin (RU), Thomas Cremona (Malte), Rob Byrne, Adam Burke (Irlande) et Fiann Paul (Islande). Ils ont parcouru 2 753 milles marins (5 099 km) de Tarfaya (Maroc) à La Barbade (Caraïbes), en 33 jours, 21 h et 46 min, du 5 janvier au 8 février 2011, à la vitesse moyenne de 3,38 nœuds (6,3 km/h).

●LA TRAVERSÉE DE L'ATLANTIQUE D'OUEST EN EST LA PLUS RAPIDE (AU DÉPART DE NEW YORK)

Leven Brown, Don Lennox (tous deux RU), Ray Carroll (Irlande) et Livar Nysted (îles Féroé) ont traversé l'Atlantique à la rame, à bord d'*Artemis Investments*, de New York (USA) à St Marys (îles Scilly, RU), en 43 jours, 21 h, 26 min et 48 s, du 17 juin au 31 juillet 2010. Ils ont battu de 11 jours le précédent record qui datait de 1896.

●LA RAMEUSE LA PLUS ÂGÉE À TRAVERSER UN OCÉAN

Suzanne Pinto (USA, née le 3 février 1954) avait 57 ans et 325 jours, quand elle a traversé l'Atlantique d'est en ouest. Elle était l'un des 12 membres d'équipage du *Britannia III*. Partie de Grande Canarie (Canaries) le 31 janvier 2011, elle a rallié La Barbade (Caraïbes) le 15 mars.

●LE RAMEUR LE PLUS ÂGÉ À TRAVERSER UN OCÉAN

Ayant près de 10 ans de plus que Suzanne Pinto, le rameur Thomas Butscher (Suisse/Canada, né le 11 juin 1944) avait 67 ans et 210 jours quand il a fait partie des 16 membres d'équipage du catamaran *Big Blue*. Il a traversé l'Atlantique d'est en ouest, allant de Tarfaya (Maroc) à La Barbade (Caraïbes) en 52 jours, du 15 janvier au 4 mars 2011.

★LA 1RE ÉQUIPE DE 16 RAMEURS À TRAVERSER UN OCÉAN

Thomas Butscher et Angela Madsen ont été rejoints à bord du *Big Blue* par le skipper David Davlianidze (Géorgie), ainsi que par Ernst Fiby (Autriche), Ryan Worth, Elizabeth Koenig, Aleksandra Klimas-Mikalauskas, Louise Graff (tous USA), Liam Flynn (RU), Steve Roedde, Nigel Roedde, Dylan White, Zach Scher, Charles Wilkins, Sylvain Croteau (tous Canada) et Margaret Bowling (Australie). C'est l'équipe la plus nombreuse à avoir effectué la traversée de l'Atlantique en 47 jours et 18 h.

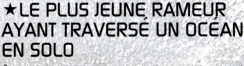

★LE PLUS JEUNE RAMEUR AYANT TRAVERSÉ UN OCÉAN EN SOLO

Âgé de 23 ans et 175 jours au départ, Oliver Hicks (RU, né le 3 décembre 1981) a traversé en solitaire et sans assistance l'Atlantique d'ouest en est, à bord du *Miss Olive, Virgin Atlantic*, du 27 mai au 28 septembre 2005. Il a mis 123 jours, 22 h et 8 min pour parcourir les 6 384 km séparant Atlantic Highlands (New Jersey, USA) et St Mary's (îles Scilly, RU).

AVENTURIER NÉ
Après ses exploits dans l'Atlantique, Oliver Hicks voulait être le premier à faire le tour de l'Antarctique à la rame, à bord de *The Flying Carrot* (sur la photo), mais les conditions sur l'océan l'ont obligé à interrompre son voyage après 95 jours, le 30 avril 2009.

PAR LES AIRS

LE PLUS RAPIDE PAR DES VOLS RÉGULIERS VIA LES 6 CONTINENTS

Michael Quandt (Allemagne), rédacteur du *Bild am Sonntag*, a fait le tour du monde en empruntant des vols réguliers, en 66 h et 31 min, du 6 au 8 juillet 2004. Parti de Singapour, il est passé par Sydney (Australie), Los Angeles (USA), Houston (USA), Caracas (Venezuela), Londres (RU), Le Caire (Égypte) et Kuala Lumpur (Malaisie) avant de revenir à Sydney. Il a mis 5 jours de moins que Wiley Post, qui avait accompli le **1er tour du monde seul en avion**, en pilotant un Lockheed Vega, *Winnie Mae*, du 15 au 22 juillet 1933.

LE PREMIER EN AVION

Deux hydravions Douglas DWC de l'armée américaine, le *Chicago* piloté par Lowell H Smith et le *New Orleans* (à gauche) par Leslie P Arnold, ont fait le tour du monde avec 57 escales, du 6 avril au 28 septembre 1924. Le point de départ et d'arrivée était Seattle (Washington, USA).

LE 1ER TOUR DU MONDE EN HÉLICOPTÈRE VIA LES DEUX PÔLES

Partis de Fort Worth (Texas, USA), Jennifer Murray et Colin Bodill (tous deux RU) ont fait le tour du monde à bord de leur Bell 407, en passant par les deux pôles, en 170 jours, 22 h, 47 min et 17 s, du 5 décembre 2006 au 23 mai 2007. Murray est aussi la **femme qui a accompli le tour du monde en hélicoptère le plus rapide**, en 99 jours, du 31 mai au 6 septembre 2000.

LE PLUS RAPIDE EN ULM

En 2000, Colin Bodill a fait le tour du monde à bord de l'ULM Mainair Blade 912 Flexwing en même temps que Jennifer Murray qui faisait, elle, le tour du monde en solitaire en hélicoptère (à gauche). Ils ont parcouru environ 35 000 km, pour arriver à l'aérodrome de Brooklands (Surrey, RU) d'où ils étaient partis.

LE 1ER TOUR DU MONDE EN BALLON

Brian Jones (RU) et Bertrand Piccard (Suisse) ont effectué en mars 1999 un tour du monde sans escale, à bord du *Breitling Orbiter 3*. Ils sont allés de Château-d'Oex (Suisse) à la Mauritanie (voir p. 130). Steve Fossett (USA) a réalisé le **premier tour du monde en solitaire en ballon**. À bord du *Bud Light Spirit of Freedom*, il est allé d'Australie-Occidentale au Queensland (Australie), en 13 jours, 8 h et 33 min, du 19 juin au 2 juillet 2002.

PAR MER

LE PLUS DE RECORDS CONSÉCUTIFS

Parti de Fremantle (Australie-Occidentale), Jon Sanders (Australie) a fait 3 tours du monde consécutifs sans escale, à bord du *Parry Endeavour*, un sloop de 13,9 m, en 657 jours, du 25 mai 1986 au 13 mars 1988. Il a parcouru 131 535 km, la **plus longue distance à la voile sans escale**. Il a accompli un tour du monde en partant vers l'ouest et deux en allant vers l'est.

★ LE VOYAGE EN VOITURE DE POMPIERS LE PLUS LONG

Du 18 juillet 2010 au 10 avril 2011, Stephen Moore (RU) a parcouru 50 957 km en faisant le tour du monde dans une voiture de pompiers en service depuis 16 ans, une Mercedes 1124 AF surnommé "Martha", dont lui avait fait don le Dorset Fire and Rescue (RU). Aidé par toute une équipe, Stephen a traversé 28 pays sur 5 continents. Il a commencé et terminé son périple à Londres (RU). Il a reçu son certificat au bureau de GWR à Londres.

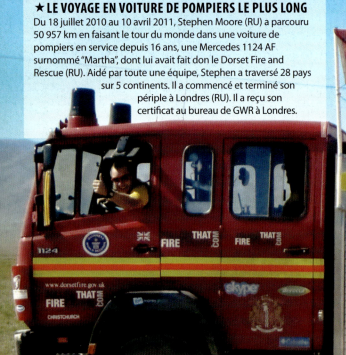

● MISE À JOUR
★ NOUVEAU RECORD

Le 31 octobre 2005, la foudre a tué 68 vaches de Jersey dans la ferme de Warwick Marks (Australie), près de Dorrigo (Nouvelle-Galles du Sud, Australie). C'est le **plus grand nombre d'animaux d'élevage tués par un seul éclair**.

129 354

C'est le nombre de rêves que vous ferez dans votre vie. Vous en ferez beaucoup dans lesquels vous volerez, car il s'agit d'un des rêves les plus courants, mais tout autant dans lesquels vous tomberez !

LE PREMIER VOL SUPERSONIQUE

Le 14 octobre 1947, le capitaine (qui deviendra général de brigade) Charles "Chuck" Elwood Yeager (USA) est devenu le premier homme à franchir le mur du son, en atteignant 1 078 km/h dans son avion-fusée Bell XS-1, à l'altitude de 12 800 m, au-dessus du lac Muroc (Californie, USA).

LA PREMIÈRE TRAVERSÉE DE LA MANCHE EN AILE À RÉACTION

Le 26 septembre 2008, Yves Rossy (Suisse), pilote et inventeur, surnommé "Jet Man", est devenu la première personne à avoir survolé la Manche à l'aide d'une aile à réaction fixée sur son dos. Il a mis 9 min et 7 s pour accomplir ce vol, atteignant une vitesse de pointe de 300 km/h grâce à quatre turbines à réaction alimentées en kérosène.

LE PREMIER VOL AU-DESSUS DU PÔLE NORD

Le 12 mai 1926, les explorateurs Roald Amundsen (Norvège) et Umberto Nobile (Italie), à la tête d'un équipage de 16 personnes, ont effectué le premier survol du pôle Nord, en 3 jours, à bord d'un avion de 106 m conçu par Nobile.

LE PREMIER SAUVETAGE EN PLEIN AIR

Dolly Shepherd et Louie May (toutes deux RU) ont sauté en parachute d'une montgolfière. Le 9 juin 1908, la poignée d'ouverture de Louie est restée coincée alors qu'elle était à 3 352 m au-dessus de Longton (RU). Dolly l'a sauvée en partageant son parachute.

LE PREMIER TOUR DU MONDE EN AVION EN SOLITAIRE ET SANS ESCALE

Du 1er au 3 mars 2005, Steve Fossett (USA) a fait le tour du monde sans escale et sans ravitaillement en 67 h et 1 min, à bord du GlobalFlyer de Virgin Atlantic, avec pour point de départ et d'arrivée Salina (Kansas, USA). L'avion fabriqué par Scaled Composites (USA) contenait 5 t de carburant.

LE PREMIER TOUR DU MONDE EN AVION SANS ESCALE

Richard G Rutan et Jeana Yeager (tous deux USA) ont fait le tour du monde vers l'ouest en partant de la base militaire d'Edwards (Californie, USA), en 9 jours, 3 min et 44 s, du 14 au 23 décembre 1986. Comme le GlobalFlyer de Virgin, leur avion Voyager avait été conçu et construit par Burt, le frère de Rutan, de Scaled Composites.

LA PREMIÈRE TRAVERSÉE DE L'ANTARCTIQUE À BORD D'UN MONOMOTEUR

Le commandant de la RAF John Lewis (RU) et trois équipiers ont survolé l'Antarctique, de South Ice à la base de Scott, à bord du monomoteur Otter XL 710, en 10 h et 58 min, les 6 et 7 janvier 1958.

LA PLUS JEUNE PERSONNE À FAIRE LE TOUR DU MONDE EN AVION EN SOLO

Du 23 mars au 27 juin 2007, à 23 ans, Barrington Irving (Jamaïque/USA) a bravé la neige, les tempêtes et les pluies de la mousson pour faire le tour du monde dans son avion monomoteur Inspiration, devenant la plus jeune personne et le premier pilote noir à accomplir cet exploit.

- ● MISE À JOUR
- ★ NOUVEAU RECORD

INSPIRATION

Personne ne lui prêtant d'avion pour son voyage, Barrington s'en est fait construire avec des pièces récupérées. Son Columbia 400 a été assemblé gratuitement par Columbia Aircraft Manufacturing Company.

Créée par le bijoutier Lam Sai-wing en 2001, la **salle de bains la plus chère du monde** se trouve dans la bijouterie de celui-ci à Hong kong (Chine). Elle est constituée d'or 24 carats et de joyaux d'une valeur de 3,5 millions $.

DES PISCINES CONVOITÉES
Le 4 juillet 2010, des centaines d'habitants de Suining (province du Sichuan, Chine) ont pris d'assaut les piscines de la ville pour échapper à la chaleur caniculaire.

Le 28 juin 2008, Zhao Danyang (Hong Kong) a payé 2,1 millions $ pour déjeuner avec l'investisseur Warren Buffett (USA), dans le grill-room de Smith & Wollensky, à New York (USA). C'est le **rendez-vous à déjeuner qui s'est vendu le plus cher aux enchères**.

●LE PAYS LE PLUS PEUPLÉ

La Chine est le pays le plus peuplé, avec 1,33 milliard d'habitants en 2010. Comme la population mondiale ne cesse de croître, notre planète sera bientôt plus peuplée que jamais. Selon l'ONU, fin 2011, nous devrions être 7 milliards et 9 milliards en 2045, alors qu'en 1930, il y a seulement huit décennies, nous étions 2 milliards.

Le 14 novembre 2003, durant la parade annuelle des éléphants, dans la province de Surin (Thaïlande), 269 éléphants d'Asie ont englouti 50 t de fruits et légumes disposés sur des tables. C'est le **plus grand buffet pour éléphants**.

UNE PLANÈTE BONDÉE

Selon les Nations unies, la population mondiale sera de 7 milliards, le 26 août 2011, soit 12 ans après que la barre des 6 milliards a été franchie. Malgré un ralentissement, elle continue de croître et devrait atteindre 8 milliards d'habitants en 2030.

Ci-dessous, la première carte montre le bloc continental actuel. La seconde représente la répartition de la population. Si cette dernière était équitable, voici quelle devrait être la superficie de chaque pays pour accueillir sa population. Sur cette carte, la Chine occupe la plus vaste zone. Elle est actuellement le **pays le plus peuplé**, avec 1,33 milliard d'habitants.

Les données démographiques permettent de faire le portrait de l'★ **être humain le plus représentatif de la population mondiale** : c'est un Chinois de 28 ans, droitier et citadin, gagnant moins de 12 000 $ par an. Ce portrait est une image composite créée à partir de 200 000 photographies d'hommes.

100-1
Ce groupe de 100 personnes reflète la démographie actuelle (âge, sexe, appartenance ethnique...). Il n'est que représentatif, car la moitié de l'humanité vit dans la pauvreté. Dans la réalité, les choses sont donc différentes.

UNE CENTAINE D'HOMMES

La démographie est l'étude des populations humaines. Se représenter des populations en milliards est difficile, c'est pourquoi nous avons ramené la planète à l'échelle d'un village de 100 habitants pour rendre compte de la vie sur Terre. Cela permet de mieux saisir la démographie et d'avoir une meilleure idée de la composition de notre population.

Sources : Nations unies, CIA, World Bank, Population Media Centre.

© www.worldmapper.org

L'ÎLE DE L'HUMANITÉ

Le territoire moyen dont disposerait chacun des 7 milliards d'habitants si la surface terrestre était partagée de façon équitable serait de 21 500 m², environ la superficie de 82 courts de tennis

Quel serait l'espace le plus réduit où nous pourrions tous tenir ? Si nous prévoyons 0,23 m² par personne – la place dont bénéficie un homme dans un ascenseur –, nous pourrions être 7 milliards sur l'île de Skye en Écosse, mais avec peu de liberté d'action ! Attention, inspirez !

Skye : 1 656 km²

1 x 👤 a besoin de 0,23 m², donc 7 milliards = 1 610 km²

SEXE
51 hommes
49 femmes

EMPLOI
63 dans le tertiaire
30 dans l'industrie
5 dans l'agriculture
2 sont au chômage

ÉDUCATION
17 ne savent ni lire ni écrire

1000 AV. J.-C. : 50 MILLIONS

500 AV. J.-C. : 100 MILLIONS

En octobre 2008, l'**aquarium en forme de tunnel le plus long** a ouvert à Chiang Mai (Thaïlande). Il mesure 133 m de long, 66,5 m de large et abrite 8 000 animaux aquatiques appartenant à 250 espèces.

6 658

C'est la quantité de lait en litres que vous boirez dans votre vie. Il vous faudrait une vache absorbant au moins 40 kg d'herbe par jour durant toute votre vie.

GUINNESS WORLD RECORDS 2012

LA VILLE LA PLUS PEUPLÉE

Même s'il est difficile de se mettre d'accord sur la population d'une ville, Tokyo (à gauche) est actuellement en tête des listes. Selon le *CIA Factbook*, 36,5 millions de personnes vivent dans la métropole japonaise.

Si l'on ne considère que la population résidant à l'intérieur d'une ville, la cité la plus peuplée est Shanghai, avec 13,831 millions d'habitants.

BOOM DE LA POPULATION

Le graphique qui figure sur cette page montre l'évolution de la population mondiale dans le temps. Elle a plus que doublé en 50 ans. Il y a assez de place pour tout le monde sur notre planète (voir à gauche), mais nous avons tendance à nous masser dans des lieux relativement réduits. La Terre compte 21 villes de plus de 10 millions d'habitants et certaines sont 40 fois plus peuplées qu'il y a 50 ans.

PREMIÈRE LANGUE
13 parlent le chinois
5 parlent l'espagnol
5 parlent l'anglais
3 parlent l'arabe
3 parlent l'hindi
3 parlent le bengali
3 parlent le portugais
2 parlent le russe
2 parlent le japonais
2 parlent l'allemand
2 parlent le javanais

LES DENSITÉS LES PLUS ÉLEVÉES

Avec 19 450 habitants/km², Macao, une région chinoise sous administration spéciale, est le ●territoire le plus dense. Pour constater la densité de population sur Terre, il suffit de voir les 10 pays où la densité est la plus élevée et dont la population dépasse les 50 millions d'habitants :

Pays	Population	Superficie (km²)	Densité (par km²)
Bangladesh	162 221 000	143 998	1 127
Inde	1 210 193 422	3 287 240	368
Japon	127 387 000	377 873	337
Philippines	92 226 600	300 076	307
Vietnam	85 789 573	331 689	259
Royaume-Uni	62 041 708	243 610	255
Allemagne	81 757 600	357 022	229
Pakistan	175 730 000	803 940	219
Italie	60 200 060	301 318	200
Nigeria	154 729 000	923 768	167

TÉLÉPHONES
18 ont une ligne fixe
59 ont un portable

ÂGES
29 moins de 15 ans
11 plus de 60 ans

RELIGION
30 sont chrétiens
21 sont musulmans
15 sont athées
14 sont bouddhistes
12 sont hindous

INTERNET
15 ont un ordinateur
30 ont accès à Internet

CROISSANCE
En 1800, la Terre comptait 1 milliard d'habitants, un siècle plus tard, elle en comptait 2, puis, 90 ans plus tard, 3. Il ne lui a fallu que 13 ans pour passer de 6 à 7 milliards.

2011 : 7 MILLIARDS
1999 : 6 MILLIARDS
1987 : 5 MILLIARDS
1974 : 4 MILLIARDS
1960 : 3 MILLIARDS
1930 : 2 MILLIARDS
1800 : 1 MILLIARD
1700 : 600 MILLIONS
1100 : 300 MILLIONS
600 : 200 MILLIONS

Le Burj Khalifa de Dubaï (EAU) est le **bâtiment comptant le plus d'étages** : 160. Il est impératif d'emprunter l'ascenseur pour le visiter !

● LE PLUS DE MEURTRES PAR HABITANT

Selon l'Office des Nations unies contre la drogue et le crime, le Honduras est le pays le plus dangereux de la planète. En 2008, le rapport était de 60,87 meurtres pour 100 000 personnes.

★ LE PLUS D'EXÉCUTIONS DE MINEURS

Selon Amnesty International, il y a eu en 2009, en Iran, 7 exécutions de personnes ayant eu moins de 18 ans au moment du crime. Il y en avait eu 8 en 2008. Aujourd'hui, 133 mineurs risquent la peine de mort.

★ LE PLUS GRAND FICHIER ADN

Entre 1994 et avril 2010, le National DNA Index System du FBI (USA) a recensé les empreintes génétiques de 8,2 millions de criminels.

★ LA PLUS GRANDE SAISIE DE DROGUE EN POIDS

Le 9 juin 2008, les forces de la coalition en Afghanistan ont trouvé 237 t de cannabis, soit l'équivalent de 30 bus à impériale, d'une valeur de 443,2 millions $. Dissimulée dans des tranchées ayant une superficie égale à celle de 2 terrains de football, la drogue a été détruite par des bombardiers Harrier. En 2010, les forces de la coalition avaient effectué la ●plus grande saisie d'héroïne (5,7 t).

★ LE PLUS GROS PRODUCTEUR DE CANNABIS

L'Afghanistan produit chaque année jusqu'à 3 500 t de cannabis. 24 000 ha sont consacrés à sa culture dans 17 des 34 provinces du pays.

★ LE PLUS FORT TAUX DE POLICIERS PAR HABITANT

Selon la revue britannique *The Economist*, l'État de Brunei compte plus de policiers par habitant que n'importe quel autre pays au monde. Le rapport est de 1 074 policiers pour 100 000 citoyens.

★ LE PLUS GRAND PRODUCTEUR DE COCAÏNE

La Colombie est responsable de 70 % de la production mondiale de cocaïne. La plupart de la drogue transite par les Forces armées révolutionnaires de Colombie (FARC), une des guérillas armées les plus puissantes. En 2007, les cultures de coca couvraient 167 000 ha et étaient capables de produire 535 t de cocaïne pure.

★ LE 1ER SOUS-MARIN DE TRAFIQUANTS SAISI

Le 2 juillet 2010, la police équatorienne a saisi un sous-marin diesel-électrique de 31 m de long appartenant à des trafiquants de drogue dans une mangrove au sud de la frontière avec la Colombie. Bien que les engins submersibles soient utilisés depuis 17 ans par les trafiquants, c'était la première fois que la police mettait la main sur un sous-marin longue portée capable de transporter de 7 à 10 t de cocaïne d'une valeur de 100 millions $.

★ LE PLUS DE COUPS DE TRIQUE En 2010, Amnesty International a estimé que chaque année, en Malaisie, 10 000 personnes sont condamnées à recevoir des coups de trique.

38 710 000

C'est le nombre de meurtres qui seront commis durant votre vie, c'est-à-dire 490 000 par an ou presque 1 par minute, soit la population du Kenya.

● LE PLUS LONG SÉJOUR DANS UN COULOIR DE LA MORT

Maintenant âgé de 75 ans, Iwao Hakamada (Japon) est depuis 42 ans dans le couloir de la mort. Il a été accusé du meurtre d'une famille à Shizuoka en 1968.

● LE PLUS DE PERPÉTUITÉS

Terry Lynn Nichols (USA) purge 161 peines consécutives sans possibilité de libération conditionnelle pour un attentat dans un édifice fédéral, à Oklahoma City (USA), en 1995, dans lequel 168 personnes, dont 19 enfants, ont péri.

● LE PLUS GRAND VOLEUR

Entre 1967 et 1998, année où son régime a été renversé, le président de l'Indonésie Suharto a pillé plus de richesses dans son pays que tout autre dirigeant, ce qui fait de lui le plus grand voleur du monde. Dans son rapport de 2004, Transparency International a estimé que durant ses 30 ans au pouvoir, Suharto avait volé jusqu'à 35 milliards $. Il est mort en 2008 sans avoir jamais été traduit en justice.

★ LA PLUS LONGUE INCARCÉRATION D'UN PRISONNIER POLITIQUE

Le 1er mai 2009, Nael Barghouthi, un Palestinien condamné à perpétuité, est devenu le prisonnier politique le plus longtemps incarcéré. Emprisonné à 21 ans, le 4 avril 1978, il a passé plus de 32 ans dans une geôle israélienne. Il a vécu plus longtemps en prison (10 ans de plus) qu'en liberté.

★ LA PLUS LONGUE PEINE DE PRISON

Le 23 décembre 1994, Charles Scott Robinson (USA), délinquant sexuel, a été condamné à 30 000 ans de réclusion à Oklahoma City (USA). Les jurés ont préconisé 5 000 ans pour chacun des 6 chefs d'accusation.

LA PLUS FAIBLE POPULATION CARCÉRALE

Selon l'édition actuelle de la World Prison Population List, la prison de Saint-Marin qui peut accueillir 12 prisonniers n'en comptait qu'un en 2008.

★ LE JUGE LE PLUS ÂGÉ

Né le 22 juin 1907, dans le Kansas (USA), le juge Wesley E Brown préside des audiences à 103 ans. S'il continue 1 an de plus, il sera le juge fédéral le plus âgé de l'histoire des États-Unis.

LA PLUS LONGUE CARRIÈRE DE BOURREAU

Pendant 45 ans, de 1829 à 1874, William Calcraft (RU) a participé à presque toutes les pendaisons, à la prison de Newgate, à Londres (RU).

LA VOITURE DE POLICE LA PLUS RAPIDE

Sur les routes, la police italienne a un avantage sur les criminels grâce à ses Lamborghini Gallardos filant à 309 km/h.

★ LE 1ER PAYS UTILISANT L'IDENTIFICATION PAR SCAN DE L'IRIS

Le 24 janvier 2011, le Mexique a introduit une carte d'identité sur laquelle l'iris est scanné. Selon le gouvernement, ce système est fiable à 99 % et devrait être généralisé en 2013. Les cartes d'identité incluront les empreintes digitales et la photographie d'un des yeux.

★ LA PLUS GROSSE RANÇON POUR UN BATEAU

En novembre 2010, une rançon de 9,5 millions $ a été versée pour récupérer le *Samho Dream*, un pétrolier sud-coréen détourné près du golfe d'Aden, le 4 avril 2010, alors qu'il transportait un chargement de pétrole brut d'une valeur de 170 millions $.

DOUBLÉ !
En 2010, Andy Flitton (RU) a infligé une amende pour excès de vitesse à un automobiliste dans son pays d'adoption, la Nouvelle-Zélande. Il avait déjà épinglé le contrevenant en 2008 au Royaume-Uni.

★ LE PLUS D'OTAGES PRIS PAR DES PIRATES

Selon l'agence maritime internationale, en 2010, il y a eu 445 attaques de pirates ayant abouti au détournement de 53 bateaux et à la prise de 1 181 otages. 638 de ces derniers faisaient partie des équipages des 28 bateaux toujours aux mains de pirates somaliens fin 2010 et pour lesquels une rançon de plus de 10 millions $ était exigée.

● MISE À JOUR
★ NOUVEAU RECORD

Le **grand magasin le plus vaste** est le Shinsegae Centumcity de Busan (Corée du Sud). Il couvre 293 905 m² et englobe même un impressionnant practice de golf de 60 tees !

★ LA CYBER-ATTAQUE LA PLUS SOPHISTIQUÉE

En 2010, Stuxnet a attaqué les ordinateurs dotés de WinCC, fonctionnant sur Windows. En raison de sa complexité, les experts pensent que c'était l'œuvre d'une agence gouvernementale. Près de 60 % des attaques concernaient l'Iran et ses installations nucléaires à Bushehr et Natanz (ci-dessous).

● LE PLUS GROS BUDGET DE DÉFENSE

Selon le Stockholm International Peace Research Institute, le monde dépensait 1 531 milliards $ pour sa défense en 2009. Le budget de la défense des États-Unis (661 milliards $) constituait 43 % de cette somme. Il devait s'élever à 739 milliards $ en 2011.

● LE BUDGET DE LA DÉFENSE LE PLUS ÉLEVÉ PAR RAPPORT AU PIB

Bien que la Chine ait la plus grande armée et les États-Unis le budget de la défense le plus élevé, c'est Oman qui a le budget de la défense le plus important par rapport à son PIB. 11,4 % de ce dernier est consacré à l'armée.

★ LES PLUS GROS PRODUCTEURS D'AVIONS DE COMBAT

Les États-Unis et la Russie sont les plus gros producteurs d'avions de chasse. Entre 2005 et 2009, les États-Unis en ont produit 341 et la Russie 219. L'Inde, Israël et les ÉAU ont été leurs principaux clients.

★ L'INDEMNISATION LA PLUS LONGUE

Le 3 octobre 2010, 92 ans après la fin de la Première Guerre mondiale, l'Allemagne a payé la dernière partie (94 millions $) des réparations qui lui avaient été imposées pour compenser les dépenses des Alliés et les dégâts subis par la France et la Belgique.

★ LA GUERRE CONTRE LA DROGUE LA PLUS MEURTRIÈRE

En 2006, le président du Mexique Felipe Calderón a déclaré la guerre aux trafiquants Selon le ministre de la Justice, Arturo Chavez, 30 000 soldats, policiers, civils et bandits ont été tués depuis.

★ LA PREMIÈRE GUERRE DUE AU CLIMAT

Au Darfour, la raréfaction de la pluie au cours des 50 dernières années et l'avancée du Sahara ont entraîné un conflit entre les musulmans du Nord et les chrétiens et animistes du Sud qui s'affrontent pour les terres et l'eau.

★ LES PAYS MENACÉS PAR LA FAMINE

Selon le Food Security Risk Index de 2010, l'Afghanistan est menacé par la famine à cause de la guerre, de la pauvreté, de ses infrastructures déficientes, de la sécheresse et des inondations. Les 9 autres nations courant le même risque se trouvent en Afrique.

★ LA GUERRE AFGHANE LA PLUS LONGUE

Le 27 novembre 2010, les forces de l'OTAN avaient passé plus de temps en Afghanistan que les Russes qui y sont restés 9 ans et 51 jours dans les années 1980. Déployées le 7 octobre 2001, elles occupaient le pays depuis 9 ans et 236 jours fin mai 2011. Les Russes avaient tenté de soutenir le régime communiste, tandis que les États-Unis et leurs alliés sont entrés en Afghanistan pour combattre les talibans et détruire Al-Qaida.

Q. Quel est le pays le plus miné ?

R. L'Irak et l'Afghanistan ont 10 millions de mines, mais l'Égypte en compte 23 millions posées pendant la Seconde Guerre et les conflits contre Israël en 1956, 1967 et 1973.

La ●plus grande bataille de boules de neige a réuni 5 387 participants, lors du 17e Mount Taebaek Snow Festival, à Gangwon-do (Corée du Sud), le 22 janvier 2010.

57 49 l

C'est la quantité d'eau en litres que vous boirez dans votre vie. L'eau couvre 70 % de notre planète, mais elle devient rare dans certaines parties du monde, ce qui risque d'entraîner des conflits.

★ LES SERVICES SECRETS LES PLUS ANCIENS

Reconnu pour la première fois en 1994, le British Secret Intelligence Service (service des renseignements britannique) a été fondé en 1909. Ayant son siège à Londres (à gauche), il est couramment appelé MI6 – Military Intelligence 6 – son nom de code lors de la Seconde Guerre mondiale.

★ LE SERVICE D'ESPIONNAGE LE PLUS RÉCENT

Chef de l'autorité provisoire de la coalition en Irak, le diplomate Paul Bremer (USA) a signé en avril 2004 l'Authority n° 69 entérinant l'existence d'un service d'espionnage irakien chargé de prévenir le terrorisme et d'assurer la sécurité du pays.

★ LE PLUS DE TROUPES ÉTRANGÈRES DÉPLOYÉES DANS UN PAYS

En décembre 2010, 131 730 troupes de 48 pays étaient déployées en Afghanistan sous les auspices de la Force internationale d'assistance et de sécurité (ISAF) de l'OTAN pour lutter, entre autres, contre l'insurrection des talibans. Les États-Unis ont 90 000 hommes sur place, soit 68 % des forces engagées.

LE TIR LE PLUS LONG

Le tireur d'élite Craig Harrison (RU) a tué deux talibans qui se trouvaient à 2 474 m de lui en novembre 2009. Les balles ont mis 3 s à atteindre leurs cibles.

★ LE PLUS DE BOMBES DÉSAMORCÉES

Pendant les 6 mois qu'il a passés en Afghanistan en 2010, Karl Ley (RU), démineur, a désamorcé 139 engins explosifs posés par les talibans, dont 42 en 1 jour. Il a reçu la médaille du courage. 2009 a été la ★ pire année pour les attaques à l'explosif en Afghanistan, avec 7 228 incidents (120 % de plus par rapport à 2008).

LA 1RE UTILISATION DE ROBOTS DE COMBAT

En juillet 2002, des robots ont été utilisés en Afghanistan. Hermes, robot muni de roues, de caméras, d'un lance-grenades et d'un fusil de chasse, a été employé par les troupes américaines à Qiqay pour détecter des grottes où étaient cachés des ennemis et des armes.

★ L'ÉCHANGE D'ESPIONS LE PLUS IMPORTANT DEPUIS LA GUERRE FROIDE

Le 27 juin 2010, 10 espions russes "en sommeil" ont été arrêtés à New York (USA). Ils ont été jugés et renvoyés en Russie, le 8 juillet 2010. Anna Chapman (ci-dessus) est depuis une vedette de la télévision.

QUELLE CHANCE !

En Afghanistan, en 2010, le garde Ben Ralph (RU) a essuyé 5 tirs. Son gilet pare-balles a stoppé 2 balles, ses cartouchières 2 autres et la 5e balle a transpercé son pantalon !

★ L'ANNÉE LA PLUS MEURTRIÈRE EN AFGHANISTAN

Entre octobre 2001 et janvier 2011, sur les 2 228 membres de la coalition tués en Afghanistan, 711 (32 %) ont péri en 2010. Si on les ajoute aux 2 412 civils tués, l'année 2010 a été la plus meurtrière de cette guerre.

★ LE CESSEZ-LE-FEU LE PLUS LONG SANS TRAITÉ DE PAIX

La guerre de Corée entre le Nord communiste et le Sud démocratique a débuté par l'invasion du Sud, le 25 juin 1950. Après 3 ans, un cessez-le-feu a été négocié le 27 juillet 1953. Comme aucun traité de paix n'est en vue, les deux camps sont toujours en guerre.

Le pétrel des neiges est l'**oiseau le plus méridional**. Il niche jusqu'à 240 km dans les terres, sur le continent antarctique.

AU JARDIN

● LES FRUITS ET LÉGUMES LES PLUS LOURDS

Voici quelques spécimens de fruits et légumes comptant parmi les plus lourds. En 2010, Chris Stevens (USA) a cultivé la ●**plus grosse citrouille**. Pesant 821,23 kg, elle affichait une circonférence de 4,73 m.

★ LE PLANT DE TOMATES LE PLUS FRUCTUEUX

Graham Tranter de Bridgnorth (Shropshire, RU) a cultivé un plant qui a donné 488 tomates, lors de la récolte d'octobre 2010. Graham, qui a décidément la main verte, a battu son record de l'année précédente : 304 tomates.

COURGE
560,64 kg
John Vincent et Brian McGill,
Stroud (Ontario, Canada), 2009

BANANE (RÉGIME)
473 bananes pesant 130 kg Kabana SA et Tecorone SL (îles Canaries, Espagne), 2001

POIREAU
8,1 kg
Fred Charlton,
Somerset (RU),
2002

BETTERAVE
71,050 kg
Piet de Goede
(Pays-Bas), 2005

MANGUE
3,43 kg
Sergio et Maria Socorro Bodiongan, Cagayan de Oro (Philippines), 2009

CÉLERI
28,7 kg
Scott et Mardie Robb, Alaska (USA), 2003

CONCOMBRE
12,4 kg
Alfred J Cobb,
Somerset (RU), 2003

CHOU ROUGE
19,05 kg
R Straw,
Derbyshire (RU),
1925

CAROTTE
8,61 kg, John Evans, Alaska (USA), 1998

★ POIVRON
0,29 kg
Edward Curry, Arizona (USA), 2009

CITRON
5,26 kg
Aharon Shemoel, Kefar Zeitim (Israël), 2003

NECTARINE
360 g
Tony Slattery,
Whangamata (NZ), 1998

PANAIS
5,90 kg
Peter Glazebrook, Somerset (RU), 2009

AVOCAT
2,19 kg
Ramirez Nahim, Caracas (Venezuela), 2009

● POMME DE TERRE
3,76 kg
Peter Glazebrook, Somerset (RU), 2010

AIL
1,19 kg
Robert Kirkpatrick, Californie (USA), 1985

MYRTILLE
11,28 g
Polana SP. Zo.o, Parczew (Pologne), 2008

FRAISE
231 g
G Andersen,
Kent (RU), 1983

POMME
1,84 kg
Chisato Iwasaki, Hirosaki (Japon), 2005

RADIS
31,1 kg
Manabu Oono, Kagoshima (Japon), 2003

Le 18 janvier 1997, Børge Ousland (Norvège) a effectué la **première et la plus rapide traversée de l'Antarctique en solitaire et sans assistance**, en parcourant 2 690 km en 64 jours.

12,3 C'est la quantité de légumes en tonnes que vous mangerez dans votre vie, soit chaque jour le poids de deux carottes. Si ces 12,3 tonnes étaient transformées en deux carottes géantes, chacune aurait la taille d'une limousine extra-longue !

QUELLE GOURDE !
La citrouille, ou gourde, de Chris Stevens pesait presque le même poids qu'une équipe de football de Premier League ! Elle a été sculptée pour fabriquer une lanterne.

ANANAS
8,06 kg
E. Kamuk, Nouvelle-Bretagne occidentale (Papouasie-Nouvelle-Guinée), 1994

CHOU
57,61 kg
Steven Hubacek, Alaska (USA), 2009

PAMPLEMOUSSE
3,21 kg
Cloy Dias Dutra, Niteroi (Brésil), 2006

CHOU-FLEUR
24,6 kg
Alan Hattersley, Ecclesfield (Sheffield, R.U), 1999

● **LA POMME DE TERRE LA PLUS LOURDE**
Peter Glazebrook (RU) a figuré 10 fois dans le *Guinness World Records*. Il détient 3 records pour ses exploits de cultivateur. En 2010, il a présenté au concours des plus gros légumes de Shepton Mallet (Somerset, RU) une pomme de terre de 3,76 kg, soit le poids d'un nouveau-né !

OIGNON
7,495 kg
John Sifford, West Midlands (R.U), 2005

BROCOLI
15,87 kg
John et Mary Evans, Palmer, Alaska (USA), 1993

MELON
10,5 kg
Ned Katich, Upper Swan (Australie), 1982

COURGETTE
29,25 kg
Bernard Lavery, Rhondda Cynon Taff (pays de Galles, R.U), 1990

PÊCHE
725 g
Paul Friday, Coloma (Michigan, USA), 2002

GRENADE
1,85 kg
Aiguo village, Sichuan (Chine), 2009

NAVET
17,7 kg
Scott et Mardie Robb, Alaska (USA), 2004

PATATE DOUCE
37 kg
Manuel Pérez Pérez, Lanzarote, (Espagne), 2004

CERISE
21,69 g
Gerardo Maggipinto, Sammichele di Bari (Italie), 2003

TOMATE
3,51 kg
G. Graham (Oklahoma, USA), 1986

CHOU DE BRUXELLES
8,3 kg
Bernard Lavery, Rhondda Cynon Taff (pays de Galles, R.U), 1992

● MISE À JOUR
★ NOUVEAU RECORD

Marek Kaminski (Pologne) a été le **premier à se rendre à skis aux deux pôles, en solitaire et sans assistance**. Parti de l'île de Ward-Hunt, il a atteint le pôle Nord le 23 mai 1995, en 72 jours, et le pôle Sud le 27 décembre 1995, 53 jours après avoir quitté l'île de Berkner.

★ LA PLUS LONGUE SAUCISSE AU CURRY

Une saucisse de porc au curry pesant 175,2 kg et mesurant 320 m de long a été confectionnée par les techniciens de MKN (Allemagne), à Wolfenbüttel (Allemagne), le 30 avril 2010.

PLUS VITE !
Usain Bolt (Jamaïque), l'homme le plus rapide du monde, mettrait 30 s à parcourir la longueur de la plus grande saucisse au curry (à gauche).

LES PLUS GRANDS...

★ BOL DE PORRIDGE
Le 4 juillet 2010, un bol de porridge de 630 kg a été préparé par la Cupar Round Table en association avec Scott's Porage Oats (RU) lors des Cupar Highland Games, à Cupar (Écosse, RU).

★ BURRITO
Le burrito confectionné par CANIRAC La Paz, à Baja California Sur (Mexique), le 3 novembre 2010, mesurait 2,4 km de long et pesait 5 799 kg. Bien que son nom signifie en espagnol "petit âne", ce burrito était, comme le veut la tradition, constitué de poisson, de piments et de haricots.

● BARRE DE CHOCOLAT
Le 10 septembre 2010, la Grand Candy Company de Érevan (Arménie) a présenté une barre de chocolat de 4 410 kg, soit suffisamment de chocolat pour créer un cube de 1,5 m de côté !

● COCKTAIL
Imaginez un cocktail assez grand pour y nager. C'est l'exploit réalisé le 15 octobre

★ LE PLUS GRAND CÔNE GLACÉ
Il a fallu plus de 30 h à Mirco Della Vecchia et Andrea Andrighetti (Italie) pour confectionner un cône glacé de 2,81 m de haut, à la foire de Rimini (Italie), les 21-22 janvier 2011.

UN MORCEAU DE PIZZA ?
La plus grande pizza jamais confectionnée avait un diamètre de 37,4 m et pesait plus de 12 t. Elle a été faite à l'hypermarché de Norwood (Afrique du Sud), le 8 décembre 1990.

★ LA PLUS GRANDE PIZZA VENDUE DANS LE COMMERCE
Une énorme pizza carrée de 1,37 m de côté est proposée à la Big Mama's and Papa's Pizzeria de Los Angeles (Californie, USA) au prix de 199,99 $ hors taxe. Ce mets gargantuesque pour 100 personnes est livré sur commande passée 24 h à l'avance !

La **pizza la plus longue** mesure 1 010,28 m de long. Elle a été confectionnée le 29 août 2010 par des cuisiniers réunis par la MAKRO Cash and Carry Polska S.A. et le restaurant Magillo (Pologne), à Cracovie (Pologne).

750

C'est la quantité de salive en millilitres que vous produisez chaque jour, soit l'équivalent d'une bouteille de vin. La salive facilite la digestion des aliments ingérés. Au cours de votre vie, vous remplirez donc 25 348 bouteilles de salive !

2010 par le Ricardo's Mexican Restaurant et Rosangel Tequila (USA), à Las Vegas (Nevada, USA). Les 28 871 litres de margarita étaient suffisants pour remplir une baignoire chaque jour de l'année.

● HAMBURGER

Le hamburger le plus gros mis en vente pesait 136,2 kg, soit l'équivalent de 796 steaks hachés de 125 g ! Le 4 juillet 2009, il a été vendu 150 000 yens (1 780,59 $), à la station de Phoenix Seagaia, à Miyazaki (Japon).

● BOULETTE DE VIANDE

Une boulette de viande de 340 kg et d'un diamètre de 1,6 m a été confectionnée par la Spieckermann BAU GmbH (Allemagne), à l'occasion d'un pique-nique du personnel dans les locaux de l'entreprise, à Essen-Dellwig (Allemagne), le 29 mai 2010.

★ SANDWICH

Le 4 juillet 2010, à New Bern (Caroline du Nord, USA), un sandwich de 606,45 kg a été préparé par Moore's BBQ (USA) pour fêter son 300e anniversaire. Mesurant 2,6 x 2,37 m, il contenait 265,81 kg de porc.

★ MARMITE DE HARICOTS

Une marmite remplie de 3 825,7 litres de haricots cuits – soit plus de 9 000 boîtes de conserve – a été préparée au festival d'Alabama Butterbean, à Pinson (Alabama, USA), le 4 septembre 2010.

● SALADE

KEDI, entreprise municipale de Ierapetra (Crète, Grèce), a préparé, le 19 juin 2010, une salade grecque de 25 m de long. Elle pesait 13 417 kg.

★ FALAFEL

Le chef Ramzi Choueiri (sur la photo) et les étudiants de l'université d'Al-Kafaat (Liban) ont préparé la ★plus grosse portion de falafels d'un poids total de 5 173 kg, à Beyrouth (Liban), le 9 mai 2010.

Le ★plus gros falafel a été confectionné 2 semaines plus tard par le Conseil des relations de la communauté juive de New York et l'Olympic Pita Restaurant (USA) et pesait 10,89 kg !

● SMOOTHIE

Le 8 juillet 2010, pour fêter la qualité des produits de leurs jardins, les Dairy Farmers du Canada ont préparé un smoothie de 1 000 litres, à l'occasion du Bust-A-Record Dairy Day, à Toronto (Ontario, Canada). Parmi les ingrédients figuraient 300 kg de myrtilles.

●L'OMELETTE LA PLUS GROSSE

Une omelette de 4,4 t dont la confection a nécessité 110 000 œufs a été servie par Yum-Bir (association de producteurs d'œufs) et l'agence touristique Pruva Neta (Turquie), au centre commercial Cepa d'Ankara (Turquie), le 8 octobre 2010.

LES CUSTARD CREAMS SONT LES BISCUITS LES PLUS DANGEREUX SELON LES ASSUREURS.

DRÔLE DE BISCUIT !

Il a fallu 11 h pour faire ce biscuit fourré inspiré par les enfants de Simon Jack, Sam et Olivia. Il a été vendu 646 $ aux enchères au profit de Children in Need.

★ LE BISCUIT FOURRÉ LE PLUS GROS

Le plus gros biscuit fourré (*Custard Cream*) mesure 59 x 39 x 6,5 cm et pèse 15,7 kg. Il a été créé par le grand chef Paul Thacker (à gauche) et l'amateur de biscuits Simon Morgan (RU), au restaurant Chino Latino de Park Plaza, à Nottingham (RU), le 18 novembre 2010, dans le cadre de la journée Guinness World Records 2010.

TOURNEZ LA PAGE POUR D'AUTRES RECORDS DÉVORANTS

Josh Anderson (Nouvelle-Zélande) a mangé une pizza de 30 cm de diamètre en 1 min et 45,37 s, à Wellington (Nouvelle-Zélande), le 22 mars 2008, soit le **temps le plus rapide pour manger une pizza de cette taille.**

CUISINE EXTRÊME

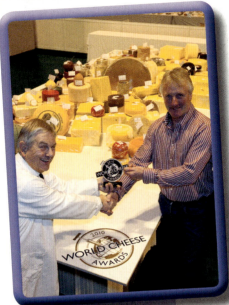

LE PLUS DE

● COCKTAILS DISPONIBLES

Le 23 septembre 2010, la carte du Pench's Cocktail Bar de Varna (Bulgarie) proposait 1 244 cocktails. Y figuraient aussi 44 cocktails sans alcool qui n'ont pas été comptés.

● ŒUFS EN ÉQUILIBRE

Le 12 juin 2010, Ashrita Furman (USA) a fait tenir en équilibre 888 œufs, au York College de New York (USA).

★ PIZZAS PRÉPARÉES EN 24 H

L'équipe du Domino's Pizza #8209, dont les propriétaires sont Bob et Tina Leikam (USA), a confectionné 6 838 pizzas en 24 h, à Taft (Californie, USA), du 22 au 23 octobre 2010.

● LE PLUS GRAND PLATEAU DE FROMAGES

Le 24 novembre 2010, un plateau de 40 fromages pesant 1 122,5 kg a été préparé à l'occasion des World Cheese Awards, au NEC de Birmingham (RU).

● PARTICIPANTS À UNE BATAILLE DE TARTES

Le 11 novembre 2010, 671 personnes se sont lancé 1 541 tartes au chocolat, au cours d'une bataille sur le terrain de la Lawrenceville School (New Jersey, USA).

LES PLUS RAPIDES

● Hamburgers (3 min) :
Takeru Kobayashi (Japon) a englouti 10 hamburgers en 3 min, au Madison Square, à New York (USA), le 29 août 2010.

● Grains de riz (3 min) :
Bob Blumer (Canada) a avalé 134 grains de riz, un par un, avec des baguettes, en 3 min, à Taipei (Taiwan), le 30 août 2010.

● Nuggets de poulet (3 min) :
Jordan Ryan (RU) a mangé 17 nuggets (287,9 g) de poulet McDonald's en 3 min, au Barclay House de Manchester (RU), le 19 novembre 2010.

★ LE HOT-DOG LE PLUS CHER

Le "Foot-Long Haute Dog" s'est vendu 69 $, au Serendipity 3, à New York (USA). Présenté le 23 juillet 2010, à l'occasion de la journée du hot-dog américain, il était composé d'une saucisse de Francfort placée dans un bretzel garni de foie gras et de truffes noires, et agrémenté de condiments de premier choix.

Bretzel grillé garni de beurre à la truffe blanche

Médaillons de foie gras de canard

Viande 100 % bœuf

Oignons Vidalia caramélisés

Moutarde de Dijon aux truffes

Ketchup de tomates anciennes

★ Barres en chocolat (1 min) :
Pat Bertoletti et Joe Chestnut (tous deux USA) ont mangé chacun 3 Mars en 1 min, au Tin Fish Restaurant de San Diego (Californie, USA), le 22 juillet 2010.

● After Eights (1 min) :
Jim Lyngvilds (Danemark) a mangé 9 After Eight sans s'aider de ses mains sur le plateau de l'émission Go'aften Danmark, à Copenhague (Danemark), le 1er octobre 2010.

BARMAN JONGLEUR

Une compétition de *flair bartending* a eu lieu pour la première fois au TGI Friday's à Marina del Rey (Californie, USA), au milieu des années 1980.

★ FLAIR BARTENDING

Cette technique consiste à préparer des cocktails avec des gestes toniques et très rapides afin de divertir les clients. Le champion du monde, Tom Dyer (RU), est un véritable jongleur. Le 25 janvier 2011, il a réalisé le ★ **plus de rebonds d'une bouteille sur un coude** – 29 – et le ★ **plus de rattrapages de bouteille d'une main en 1 min** – 108 –, à Londres (RU). Il possède sa propre école de barmen.

VESTIGE

Le premier cocktail, mélange de miel, de jus de pomme, d'acide tartrique et d'orge, a été découvert en 2005, dans une poterie d'il y a 5 000 ans, sur les rives du Tigre.

● MISE À JOUR
★ NOUVEAU RECORD

Le ● **plus grand saute-mouton** a rassemblé 1 348 écoliers, lors d'un événement organisé à l'occasion du Canterbury A & P Show (Nouvelle-Zélande), à Christchurch (Nouvelle-Zélande), le 11 novembre 2010.

68

Ce sont les tonnes d'aliments que vous mangerez dans votre vie. Si vous achetiez tous ces aliments en même temps, vous rempliriez 1 511 chariots qui, mis bout à bout, formeraient une file de 1,2 km.

LES PLUS RAPIDES

● SCULPTER UN VISAGE DANS UNE CITROUILLE

David Finkle (RU) a sculpté un visage dans une citrouille en 20,1 s, pour l'émission de la BBC *Countryfile*, à Colchester (RU), le 7 octobre 2010.

Stephen Clarke (USA) a été le ●plus rapide à sculpter 1 t de citrouilles. Il a réussi cet exploit en 3 h, 33 min et 49 s, au Harrah's Casino Resort, d'Atlantic City (New Jersey, USA), le 29 octobre 2008.

● FAIRE 1 L DE GLACE

Le 6 juin 2010, à Cliffe Cottage, à Sheffield (South Yorkshire, RU), Andrew Ross (RU) a préparé 1 l de glace en 10,34 s, avec de la crème, de la vanille, du sucre et de l'azote liquide.

★ PELER ET MANGER 3 ORANGES

Tekiner Sonkurt (Turquie) a pelé et mangé 3 oranges en 1 min et 16 s, au GWR Live! Roadshow, au Forum Mersin, à Mersin (Turquie), le 20 juin 2010.

★ ÉCALER 1 ŒUF À LA COQUE

Alastair Galpin (Nouvelle-Zélande) a mis 18,95 s pour écaler un œuf à la coque, au Trusts Stadium de Waitakere, à Auckland (Nouvelle-Zélande), le 14 novembre 2009.

LES PLUS GRANDES

● FUSÉES DE MENTOS ET DE SODA

Perfetti Van Melle (Philippines) a fabriqué 2 865 fusées composées de mentos et de soda, au SM Mall de l'Asia Complex de Manille (Philippines), le 17 octobre 2010.

★ PORTION DE POULET FRIT

Le Canoefest Fryers Club (USA) a servi 746,16 kg de poulet frit, à Brookville (Indiana, USA), le 2 juillet 2010.

★ PORTION DE PARMESAN

Le 7 août 2010, Nuova Solidarietà (Italie) a servi 378 kg de parmesan, à Reggio Di Calabria (Italie).

★ MOSAÏQUE DE SUSHIS

Réalisée avec 8 374 sushis préparés avec 120 kg de riz et 65 kg de saumon norvégien, de morue, de maquereau et de crevettes, la plus grande mosaïque de sushis couvrait 20,13 m^2. Elle a été confectionnée le 15 octobre 2010 par le Norwegian Seafood Export Council (Norvège), avec l'aide de futurs cuisiniers

★ LE PLUS RAPIDE POUR MANGER DEUX BOTTES DE CRESSON

Sam Batho (RU) a englouti deux bottes de 85 g de cresson en 49,69 s, à la fête du cresson 2010, à Alresford (RU), le 16 mai 2010. Sa technique ? Il avale une botte à la fois avec de grandes gorgées d'eau.

de l'école de cuisine Zhonghua de Shanghai (Chine), lors de l'Exposition universelle 2010 qui s'est tenue à Shanghai (Chine).

ELLE VOLE HAUT !

Dominic Cuzzacrea (USA) a réalisé le ●plus haut saut de crêpe à 9,17 m, au Palace Theater de Lockport, à New York (USA), le 22 juin 2010.

★ LA PLUS GRANDE MOSAÏQUE EN TOASTS

Laura Hadland (RU) et 27 de ses amis ont créé une mosaïque de 121,05 m^2 avec des toasts, au Parr Hall, dans The Pyramid Centre, à Warrington (RU), le 17 octobre 2010. L'œuvre représente Sandra Whitfield, la belle-mère de Laura.

GWR présente le monde de la cuisine extrême :

★ Le plus long marathon de cuisine (par un individu)

24 h, 30 min et 12 s, le chef K Damodaran (Inde), Savera Hotel de Chennai (Inde), 22 décembre 2010.

● Le plus grand cours de cuisine

440 personnes, organisé par le Stichting Helioskoop de Beverijk (Pays-Bas), 30 mars 2009.

★ Le plus de cuisiniers

105 personnes réunies par la maison Malesan (France), au salon de l'Escale, Yachts de Paris (France), 25 septembre 2010.

POUR DÉCOUVRIR UN ART PLUS CONVENTIONNEL, RENDEZ-VOUS P. 226.

La **grenouille qui sent le plus mauvais** est la grenouille mouffette du Venezuela (*Aromobates nocturnus*). Elle émet pour se défendre une sécrétion cutanée à l'odeur fétide.

LA PLUS GRANDE PORTÉE DE CHIOTS

Le 29 novembre 2004, Tia, mâtin de Naples de Damian Ward (RU) et Anne Kellegher (Irlande), a donné naissance à 24 chiots. Un était mort-né et trois sont morts dès la première semaine.

● LE CHIEN LE PLUS VIEUX (ACTUEL)

Pusuke, bâtard appartenant à Shigeo Nagai (Japon), est né le 1er avril 1985. Il a donc 25 ans. Le berger australien Bluey est le **chien qui a vécu le plus longtemps.** Né en 1910, il a gardé des troupeaux près de 20 ans jusqu'à sa mort, le 14 novembre 1939, à 29 ans.

● LE CHIEN LE PLUS LONG

Mesurant 2,37 m de la truffe à la queue, Farrell, chien-loup irlandais de Robert et Kate Fandetti (USA), est le chien le plus long du monde.

LE PLUS PETIT CHIEN

Avec ses 10,16 cm de haut mesurés le 12 mai 2007, une femelle chihuahua à poils longs du nom de Boo Boo est le chien le plus petit du monde. Appartenant à Lana Elswick du Kentucky (USA), elle tient dans la paume d'une main.

LE CHIEN LE MOINS LONG

Avec ses 15,2 cm de long, soit la moitié d'une règle standard, Brandy, le fidèle compagnon de Paulette Keller, est le chien le moins long de la planète.

★ LE CHIEN POLICIER LE PLUS PETIT

En novembre 2010, Momo, chihuahua de 7 ans pesant 3 kg, a été admis à la place de bergers allemands dans l'équipe de chiens sauveteurs de la police japonaise. Sa taille lui permet de se faufiler dans des lieux exigus.

L'ABOIEMENT LE PLUS SONORE

Le 15 juin 2009, Daz, le berger allemand de Peter Lucken (RU), a émis un aboiement de 108 dB, soit le son le plus puissant jamais émis par un chien.

De l'autre côté de l'Atlantique, 76 chiens ont produit les ● **aboiements collectifs les plus sonores**, à Petmate (Colorado, USA), le 7 novembre 2009. Leur puissance était de 124 dB.

L'OBJET LE PLUS GROS AVALÉ PAR UN CHIEN

On a extrait de l'estomac de Kyle, croisement de colley et de Staffordshire bull-terrier mesurant 45,7 cm de long lors des faits, un couteau à pain de 38,1 cm qu'il avait avalé par le manche en décembre 2000.

SELON UNE ÉTUDE DE 2009, LES COLLIES SONT LES CHIENS LES PLUS INTELLIGENTS.

LES PLUS LONGUES OREILLES

Mort en octobre 2009, le limier Tigger avait des oreilles plus longues que celles d'Harbor. La gauche mesurait 34,2 cm et la droite 34,9 cm.

● LE CHIEN AUX PLUS LONGUES OREILLES

Le 8 juin 2010, l'oreille gauche de Harbor mesurait 31,1 cm et la droite 34,3 cm. Cette race de chiens de chasse est connue pour ses oreilles tombantes qui balaient les odeurs disséminées sur le sol. Harbor, qui appartient à Jennifer Wert (Colorado, USA), reste le spécimen aux oreilles les plus longues !

3 326 C'est le nombre d'heures que passent les propriétaires de chien à promener leur compagnon à quatre pattes au cours de leur vie. Grâce à ces balades, ils ont une santé légèrement meilleure que la moyenne, mais ils doivent ramasser 15 308 déjections.

PÉRIPLE D'UN CHIEN POUR RENTRER CHEZ LUI

En 1979, Jimpa, un croisement de labrador et de boxer, a parcouru 3 218 km pour revenir à son ancien domicile, à Victoria (Australie). Parti de Nyabing (Australie-Occidentale), où son maître Warren Dumesney (Australie) s'était installé 14 mois plus tôt pour son travail, il a traversé la plaine presque aride de Nullarbor qui s'étire sur 1 100 km d'est en ouest.

★ LE PLUS RAPIDE POUR CREVER 100 BALLONS

Sous l'œil de sa propriétaire Doree Sitterly (USA), Anastasia, un terrier Jack Russell, a crevé 100 ballons en 44,49 s, sur le plateau de *Live! with Regis and Kelly*, à Los Angeles (USA), le 24 février 2008.

★ LE PLUS DE NŒUDS DÉFAITS PAR UN CHIEN EN 3 MIN

Ben, bâtard de carlin et d'épagneul springer de Claudia Neumann (Allemagne), a réussi à défaire 14 nœuds en 3 min, lors du Vienna Recordia à Vienne (Autriche), le 26 septembre 2010.

LE CHIEN LE PLUS RÉSISTANT

Le 15 avril 2003, en Californie (USA), Dosha, un bâtard de 10 mois, s'est échappé de chez ses maîtres. L'animal s'est fait renverser par une voiture. Pour abréger ses souffrances, des policiers lui ont tiré une balle dans la tête. Ils l'ont mis dans un sac et placé dans le congélateur d'un refuge. Le chien a été retrouvé 2 h plus tard vivant ! Ces trois événements ont eu lieu en 24 h, ce qui fait de Dosha le chien le plus résistant.

★ SAUT EN PARACHUTE LE PLUS HAUT POUR UN CHIEN

Mike Forsythe (USA) et son chien Cara ont sauté d'un avion et déployé leur parachute à 9 174 m d'altitude. Cara était attaché à Forsythe, entraîneur des forces spéciales américaines, au moyen d'un "K9 Storm aerial insertion vest", harnais spécialement conçu pour les chiens qui participent à des missions aériennes.

Cara avec une bouteille d'oxygène

Boucles et anneaux en V en acier

Housse de protection double en kevlar

Matricule

USSO

★ LE PLUS DE FRISBEES RATTRAPÉS PAR UN CHIEN EN 3 MIN

Ciaki a rattrapé 11 fois de suite le frisbee que sa propriétaire Nicola Ratti (Italie) lui a lancé sur le plateau de *Lo Show dei Record*, à Rome (Italie), le 25 février 2010.

★ LE CHIEN LE PLUS CHER

En mars 2011, un dogue rouge du Tibet de 11 mois est devenu le chien le plus cher du monde. L'éleveur Lu Liang l'a vendu 10 millions de yuans (1 513 417 $), à un multimillionnaire chinois. Pesant 82 kg, Big Splash mange du poulet et du bœuf.

LE CHIEN LE PLUS GRAND

Baptisé fort à propos Giant George, ce danois est non seulement le chien le plus grand du monde, mais aussi le **chien le plus grand de l'histoire**. Appartenant à David Nasser de Tucson (Arizona, USA), il mesurait 1,092 m, le 15 février 2010.

● MISE À JOUR
★ NOUVEAU RECORD

Durant le Birdwatch Kenya 86, qui s'est tenu les 29 et 30 novembre 1986, les ornithologues Terry Stevenson, John Fanshawe et Andy Roberts (tous Kenya) ont observé le **plus d'espèces différentes en 24 h**, soit 342.

LE PLUS D'ORTEILS
Jake, un chat tigré roux vivant à Bonfield (Ontario, Canada), a 28 orteils. Chaque orteil est muni d'une griffe, d'un coussinet et d'un os.

FIZZ GIRL VIT DANS UN RANCH AVEC DES CHEVAUX, DES CHIENS ET DES PERROQUETS.

●LE PLUS PETIT CHAT

Le 23 juillet 2010, Fizz Girl, une chatte de 2 ans, mesurait 12,24 cm au garrot. Compagnon de Tiffani Kjeldergaard (USA), le minou, qui a la taille d'une pinte de bière, ne pèse que 2,09 kg.

12,24 CM

LE PREMIER CHAT DOMESTIQUE

Une équipe de scientifiques français a découvert des ossements de chat dans le village de Shillourokambos (Chypre), qui date du néolithique. Cela a permis d'établir que la domestication du chat remonte à 9 500 ans. La trouvaille a été annoncée dans *Science* en avril 2004.

LE PLUS VIEUX CHAT

Né le 3 août 1967, Creme Puff a vécu jusqu'au 6 août 2005, soit 38 ans et 3 jours, chez son propriétaire, Jake Perry, à Austin (Texas, USA).

LE PLUS PETIT CHAT DE L'HISTOIRE

Tinker Toy, le chat persan himalayen Blue point de Katrina et Scott Forbes (USA), ne mesurait à l'âge adulte (2,5 ans) que 7 cm de haut pour 19 cm de long.

LA PLUS GRANDE PORTÉE DE CHATONS

Le 7 août 1970, un chat issu du croisement entre un birman et un siamois, et appartenant à V Gane de Kingham (Oxfordshire, RU) a donné naissance à 19 chatons, dont 4 mort-nés.

●LE CHAT LE PLUS LONG

Avec ses 123 cm de long, Mymains Stewart Gilligan (alias Stewie) est le chat domestique le plus long. Ce matou de 5 ans, qui appartient à Robin Hendrickson et Erik Brandsness (tous deux USA), a été mesuré le 28 août 2010. Il a aussi la ●**queue la plus longue** : 41,5 cm.

CASANIERS
Les chats seraient les premiers animaux à avoir choisi d'être domestiqués. Ils chassaient les rongeurs vivant près des hommes, mais ils ont aussi prospéré grâce à la nourriture et la compagnie des hommes.

Au Kenya, le lac Turkana couvre 6 405 km². **C'est le plus grand lac situé dans un désert.**

0,44 C'est le nombre d'animaux de compagnie que vous aurez dans votre vie. Il y a de fortes chances que ce soit un chat ou un chien. Au cours de sa vie, un chien coûte en moyenne à ses propriétaires 7 781 €, un chat 5 709 €.

● MISE À JOUR
★ NOUVEAU RECORD

2,58 MILLIONS DE HITS SUR YOUTUBE POUR NORA, UN CHAT RECUEILLI !.

★ LA PREMIÈRE ŒUVRE ORCHESTRALE POUR CHAT ET PIANO

"Catcerto" est un concerto de piano pour orchestre de chambre et chat composé par Mindaugas Piečaitis (Lituanie). Le morceau a été joué à la salle de concert de Klaipeda (Lituanie), le 5 juin 2009, avec la chatte Nora au piano.

★ LE 1ER ANIMAL AVEC 2 PATTES BIONIQUES

Le chat Oscar a perdu ses pattes dans un accident fin 2009 et ne devait pas survivre. En juin 2010, le vétérinaire Noel Fitzpatrick et son équipe ont inséré des implants métalliques dans les articulations de ses chevilles, faisant de lui le ★**premier animal à bénéficier de greffes des articulations**. La peau et l'os se sont développés par-dessus.

PATTES

Oscar a d'abord eu des prothèses rondes. Il en a maintenant de forme effilée avec lesquelles il peut marcher normalement. Noel espère que ce type de chirurgie profitera aux animaux, mais aussi aux hommes.

LE CHAT LE PLUS PROLIFIQUE

Née en 1935, une chatte tigrée appelée Dusty vivant à Bonham (Texas, USA) a eu 420 chatons au cours de sa période de reproduction. Elle a mis bas pour la dernière fois le 12 juin 1952, donnant naissance à un seul chaton.

LA PLUS LONGUE MOUSTACHE

La moustache de chat la plus longue est celle de Missi, la chatte Maine de Kaija Kyllönen (Finlande). Mesurée le 22 décembre 2005, à Iisvesi (Finlande), elle faisait 19 cm de long.

LE PLUS DE VOYAGES EN AVION

Le 28 juin 2005, Smarty, un chat domestique, a effectué son 79e voyage en avion avec ses propriétaires Peter et Carole Godfrey (RU). Tous les avions qu'il a pris assuraient la liaison entre Le Caire (Égypte) et Larnaca (Chypre).

★ LA PLUS GRANDE RÉSERVE DE CHATS

Le ranch de 12 ha de Caboodle abrite 500 chats sur un territoire qui a la taille de 22 terrains de football américain. Il a été fondé à Lee (Floride, USA), en 2003, par Craig Grant (USA), qui a fait bâtir des édifices à la taille de ses protégés.

LE CHAT LE PLUS RICHE

Blackie, le dernier des 15 chats du millionnaire Ben Rea (RU) décédé en mai 1988, a hérité de 7 millions £, par testament.

LE CHAT LE PLUS CHER

Un California spangled a été vendu 24 000 $, en janvier 1987.

LE MEILLEUR SOURICIER

Née le 21 avril 1963, Towser, la chatte écaille et blanche de la distillerie de Glenturret située près de Crieff à Perth et Kinross (Écosse, RU), aurait exterminé 28 900 muridés. Elle tuait en moyenne 3 rongeurs par jour avant sa mort, le 20 mars 1987.

Avec ses 100 km de long, 30 km de large et 505 m de profondeur maximale, le lac Toba sur l'île indonésienne de Sumatra est le **plus grand lac de cratère**.

Q. Où les pingouins vivent-ils à l'état sauvage ?

R. Les pingouins sont associés à l'Antarctique, mais on en trouve aussi en Australie, en Nouvelle-Zélande, en Afrique et en Amérique du Sud. Le pingouin des Galápagos vit en Équateur.

★ PINGOUINS

Le 14 mars 2011, Birgit Berends (Allemagne) possédait 11 062 objets ayant trait au pingouin. Elle a commencé sa collection à l'âge de 18 ans, inspirée par la série d'animation *Pingu*. Elle avait toutefois reçu son premier pingouin alors qu'elle était encore à l'école élémentaire.

● CHATS

Le 14 mars 2011, Carmen de Aldana (Guatemala) possédait 21 321 objets en rapport avec le chat. Elle les collectionne depuis 1954.

POUSSINS

En juin 2006, Cecil et Joann Dixon (USA) avaient 6 505 objets représentant des poussins.

DALMATIENS

Le 3 février 2009, Karen Ferrier (RU) avait 1 117 objets liés au dalmatien, y compris une voiture et des affaires ayant appartenu à Dodie Smith, l'auteur des *101 Dalmatiens*.

● SOUVENIRS DE DONALD

En mars 2011, Mary Brooks (USA) avait rassemblé 1 411 objets liés à Donald. Le prénom de son mari était Donald et son surnom d'écolier "Duck".

★ ÂNES

Delores DeJohn (USA) a 690 objets ayant trait à l'âne, qu'elle collectionne depuis 1976.

★ CRABES

Le 9 mars 2011, Darren Martin (RU) avait une collection de 441 objets liés aux crabes qu'il enrichit depuis plus de 10 ans.

DRAGONS

Charlene Leatherman (USA) possède 793 dragons. En Europe, les dragons sont des créatures ailées représentées en train de lutter contre des chevaliers. En Chine, ce sont des créatures allongées et maigres ornées d'une perle.

ÉLÉPHANTS

Le 8 avril 2008, Janet Mallernee-Briley (USA) avait réuni 5 779 objets ayant trait à l'éléphant. Son oncle lui a offert le premier quand elle avait 16 ans.

● GRENOUILLES

Depuis 1979, Sheila Crown (RU) collectionne des objets liés à la grenouille. Elle en a 10 502. Ils ont été exposés au FrogsGalore Museum, à Marlborough (RU), le 12 mai 2002.

La ★ **plus longue plongée sous-marine autonome** a duré 48 h, 8 min et 17 s. William Goodman (RU) a réalisé cet exploit au Blue Marlin Dive, à Lombok (Indonésie), du 7 au 9 janvier 2010.

954

C'est le nombre de cadeaux que vous recevrez à Noël dans votre vie. Selon une enquête des boutiques d'occasion, 10 % de ces présents ne plaisent pas à leurs destinataires. Vous recevrez donc environ 100 cadeaux que vous n'aimerez pas ou dont vous n'aurez pas besoin.

● MISE À JOUR
★ NOUVEAU RECORD

★VACHES

En mars 2011, Denise Tubangui (USA) avait 2 429 pièces en rapport avec la vache. Elle s'est mise à les collectionner en 1990, quand elle a vu une figurine représentant une vache dans la cuisine de sa mère. Son objet favori est un veau grandeur nature que ses voisins lui ont offert.

GIRAFES

Depuis 1974, Susa Forster (Allemagne) fait la collection d'objets liés à la girafe. Elle en a 2 443, y compris une girafe de 4,6 m de haut qui se trouve dans son salon.

●HÉRISSONS

En mars 2011, Bengt W Johansson (Suède) possédait 495 objets sur le thème du hérisson, notamment une horloge, cadeau de sa femme.

COCCINELLES

Carine Roosen (Belgique) a amassé pendant plus de 10 ans 3 531 objets liés à la coccinelle. L'un de ses préférés est une lunette de toilettes.

★ SOURIS ET RATS

Christa Behmenburg (Allemagne) possède 27 623 objets ayant trait à ces animaux, y compris des cartes provenant de paquets de cigarettes et de l'argent.

●SOUVENIRS DE MICKEY

En décembre 2008, la collection de Janet Esteves (USA) comptait 2 760 objets.

SINGES

Wang Lingxian (Chine) a 5 680 objets ayant trait au singe, qu'elle collectionne depuis 1970. Son mari et elle sont nés l'année du Singe selon le calendrier chinois.

HIBOUX

En 2002, à 55 ans, Dianne Turner (USA) possédait 18 055 objets sur le thème du hibou.

●PANDAS

En mars 2011, Miranda Middleton (USA) avait réuni 1 225 objets liés au panda. Son père lui a offert son premier panda en peluche quand elle avait 3 ans.

●COCHONS

Anne Langton d'Alfreton (Derbyshire, RU) a amassé 11 505 objets ayant trait au cochon. Elle les collectionne depuis plus de 20 ans.

●LAPINS

En mars 2011, les époux Steve Lubanski et Candace Frazee (USA) possédaient 28 423 pièces de collection sur le thème du lapin

exposées dans leur propre musée du Lapin, à Pasadena (Californie, USA).

CANARDS EN CAOUTCHOUC

Le 10 février 2010, Charlotte Lee (USA) avait 5 249 canards en caoutchouc. Elle les collectionne depuis 1996. Ils sont exposés dans des vitrines qui couvrent tous les murs de la pièce qu'elle leur a consacrée.

★ ESCARGOTS

A G Straver (Pays-Bas) a 457 objets liés à l'escargot. Dans son village, plusieurs personnes ont le même nom, et chaque famille a un surnom. Celui de sa belle-famille était "l'escargot". En 1993, il a offert à son épouse un escargot en céramique pour son anniversaire, puis il a commencé sa collection.

●OURS EN PELUCHE

Le 11 mars 2011, Jackie Miley (USA) avait 7 106 ours en peluche. Elle a commencé sa collection en 2002. Ses ours se trouvent dans une maison qu'elle appelle la ville de l'ours

●LIONS

Le 27 mars 2010, Reinhard Stöckl (Autriche) possédait 1 761 objets ayant trait au lion. Elle a entamé sa collection en 1998.

en peluche, en face de son propre appartement.

★ TORTUES ET TORTUES MARINES

Connie et Danny Tan (Singapour) ont une collection de 3 456 tortues, dont 1 000 vivantes, qui est exposée dans le Live Turtle and Tortoise Museum (Singapour).

QUELLE COLLECTION !

Si vous avez réuni une collection d'objets liés à un animal qui mérite de figurer dans ce livre, rendez-vous sur notre site : www.guinnessworldrecords.com

Declan Devane (Irlande) a effectué la ★ **plus longue plongée dans une eau froide et salée**, à Little Killary, Co. Galway (Irlande), le 10 octobre 2009. Il est resté 11 h et 42 min dans l'eau.

WWW.GUINNESSWORLDRECORDS.COM   153

★ BARRES DE CHOCOLAT

Grand amateur de chocolat, Bob Brown (USA) possède la plus grande collection de barres chocolatées, soit 770. Son appétissant butin a été exposé au Castleton Square Mall, à Indianapolis (USA), le 29 octobre 2010.

★ BOUTEILLES D'HUILE D'OLIVE

En avril 2010, Ronald Popeil (USA) possédait 1 221 bouteilles d'huile d'olive différentes. Il a entamé sa collection l'année où il a commencé à créer son invention, une machine automatique pour faire des pâtes qui exige l'utilisation de beaucoup d'huile.

● MISE À JOUR
★ NOUVEAU RECORD

★ OBJETS LIÉS AUX CHAMPIGNONS

Dès qu'un champignon est représenté sur un article, Shara Hoffman (USA) l'achète. Depuis 2000, elle a amassé 263 objets de ce genre, qu'il s'agisse d'horloges, de pots, de casseroles, de tissus et même de meubles.

★ SALIÈRES ET POIVRIERS

LaVerne Tish (USA) détient 6 971 salières et poivriers qu'il a acquis entre 1984 et janvier 2011.

● PAQUETS DE SUCRE

Le 11 juin 2010, Ralf Schröder (Allemagne) avait 6 991 paquets de sucre.

★ OBJETS LIÉS À COCA-COLA

Depuis 2005, Rebecca Flores (USA) a rassemblé 945 objets ayant trait à la célèbre boisson.

★ TIMBRES À L'EFFIGIE DE PAPES

Le philatéliste Magnus Andersson (Suède) s'enorgueillit de posséder dans sa collection 1 119 timbres à l'effigie de différents pontifes.

● OBJETS LIÉS À WINNIE ET SES AMIS

Le 1er mai 2010, Deb Hoffman (USA), qui adore Winnie l'ourson, avait accumulé 4 805 objets différents faisant référence au célèbre ours en peluche et à ses nombreux amis.

★ OBJETS LIÉS AUX MONSIEUR/MADAME

Bien qu'elle ait commencé sa collection en 2001, Joanne Black (RU) n'a pas perdu de temps et possède déjà 2 225 jouets, livres et objets ayant trait aux Monsieur/Madame.

★ OBJETS LIÉS À SUPER MARIO

Mitsugu Kikai (Japon) est l'heureux propriétaire de la plus grande collection d'objets ayant trait à Super Mario, le célèbre plombier italien de la série de jeux vidéo de Nintendo. Le 15 juillet 2010, à Tokyo (Japon), il en avait 5 400.

OBJETS LIÉS À POKÉMON

Le 14 octobre 2010, Lisa Courtney (RU) avait réuni 14 410 objets Pokémon provenant du Royaume-Uni, des États-Unis, de France et du Japon.

★ OBJETS LIÉS AUX DRÔLES DE DAMES

Depuis 1976, Jack Condon (USA) a amassé 1 460 objets liés à la série des années 1970.

EN CUISINE

Maria Coyne (USA) possède la ★plus grande collection de livres de cuisine. Depuis 1965, elle en a amassé 1 070. Il lui faut trouver une cuisine assez grande pour les entreposer.

★ DALEKS

Bien qu'il ne soit pas un fan de la série de science-fiction *Doctor Who* (BBC, RU), Rob Hull (RU) n'en est pas moins le plus grand collectionneur de Daleks, les fameux ennemis du Docteur. Le 25 mars 2011, il en avait plus de 571, dont des exemplaires rares comme un modèle grandeur nature qui, lorsqu'on presse un bouton, émet le fameux cri de guerre : "Exterminez !"

Organisé par Unique Events Limited (Irlande), le **plus long marathon de danse** a débuté le 27 octobre 2006 à minuit. 31 des 40 participants l'ont terminé après avoir dansé pendant 55 h, à Quay Front, à Wexford (Irlande), le 29 octobre 2006.

25 002

C'est la somme que vous dépenserez en euros en cadeaux de Noël dans votre vie. Vous consacrerez 2 500 € à l'achat de présents qui ne plairont pas à ceux qui les recevront. Mais, comme on dit, c'est l'intention qui compte !

LUTINS ET FÉES
Comme Ortrud, Ann Atkin (RU) a dû créer un lieu spécial pour abriter sa collection qui ne cesse de s'accroître. Sa réserve de lutins qui se trouve dans le Devon (RU) compte 2 042 lutins et fées.

★ CLOWNS

Ortrud Kastaun (Allemagne), qui aime beaucoup les clowns, collectionne les objets qui leur sont liés depuis 1995. Elle en avait 1 610 différents le 3 juin 2010. Avec les années, son appartement est devenu trop petit pour les ranger. En 2001, elle a donc déménagé et créé son propre musée du Clown, à Essen (Allemagne).

● JEUX DE CARTES

Liu Fuchang (Chine) est un expert en cartes de jeux. Vérifiée en 2007, sa collection comprend 11 087 jeux portant sur des sujets allant de l'art et de la littérature aux voyages, à la télévision et à l'armée.

★ MODÈLES D'AVIONS

La plus grande collection de maquettes d'avions est celle de John Kalusa (USA), qui a construit 5 737 avions en bois depuis 1936. Elle se trouve dans la bibliothèque de l'Embry-Riddle Aeronautical University (Arizona, USA).

AUTOBUS MINIATURES

Amateur de voitures, Geoff Price (RU) nourrit aussi une passion pour les maquettes de bus. Il en possédait 10 955 en avril 2011. Il est aussi le propriétaire de la ★ **plus grande collection de maquettes de tramways**, soit 830, qu'il a amassées depuis 1959.

★ TÉLÉPHONES

Rita Zimmermann (Suisse) a acquis 771 téléphones entre 1990 et le 10 juillet 2010.

★ CRAVATES D'HOMMES

Derryl Ogden (USA) est indiscutablement le roi de la cravate. Il détient une impressionnante collection de 16 055 exemplaires accumulés depuis 1934.

● BROCHES

En mai 2011, Adam Wide (RU) avait 4 061 broches. Chacune se rapporte à Noël, ce qui en fait aussi la ● **plus grande collection de broches de Noël**.

★ SCRAPBOOKS PERSONNELS

Âgé de 85 ans, le nabab des médias américains Hugh Hefner a créé 2 396 scrapbooks au cours de sa vie haute en couleur.

★ OBJETS DE MAGIE

Créé en 1991 dans le Nevada (USA), l'International Museum and Library of the Conjuring Arts de David Copperfield (USA) contient 150 000 accessoires, livres, affiches et autres babioles liés à la magie. 90 000 d'entre eux sont exposés.

● PANNEAUX "NE PAS DÉRANGER"

Depuis 1985, Jean-François Vernetti (Suisse), homme d'affaires souvent en voyage, fait la collection des étiquettes de porte "Ne pas déranger". Il en a 11 111 différentes qui proviennent d'hôtels de 189 pays.

Le **plus long marathon de jeux vidéo sur un réseau local** a duré 40 h. Il a été réalisé par 274 joueurs pendant la Cyber Fusion 2009, à la Multimedia University de Cyberjaya (Malaisie), les 11 et 12 avril 2009.

★ LA PLUS GRANDE CHASSE AU TRÉSOR

À l'occasion du nouveau lancement de l'œuf Kinder, 250 enfants ont participé à la plus grande chasse au trésor, à Bucarest (Roumanie), le 4 septembre 2010.

★ LE PLUS DE PERSONNES JOUANT AU MONOPOLY® SIMULTANÉMENT

Le 27 août 2008, 2 918 personnes ont joué en même temps au Monopoly® dans 21 lieux et en ligne, à l'occasion d'un événement organisé par Hasbro (USA).

● LE PLUS DE YO-YO MONTANT ET DESCENDANT SIMULTANÉMENT

Le champion de yo-yo Ben McPhee (Australie) a fait monter et descendre 16 yo-yo en même temps, lors de la Toy Fair qui s'est tenue à Londres (RU), le 26 janvier 2010. Il en avait fixé 10 à des crochets, 2 à ses oreilles, 2 à sa bouche et 2 autres à ses doigts.

★ LE CHEMIN DE FER EN PLASTIQUE LE PLUS LONG

Construit par Mattel Inc. et Hit Entertainment (Australie), un chemin de fer de 2 104 m a été exposé au Workshops Rail Museum (Queensland, Australie), le 4 novembre 2010. Il a fallu 2 h, 52 min et 23 s à un petit train électrique pour le parcourir.

● CHIRURGIE LA PLUS RAPIDE DANS UN JEU

Le 28 novembre 2008, grâce à ses nerfs d'acier et à sa main sûre, Maharoof Decibels (Inde) a mis 21,87 s pour extraire tous les organes du jeu électronique de chirurgie *Operation*.

★ LE PLUS DE DOMINOS RENVERSÉS EN 1 MIN

Le 7 août 2010, Gemma Hansen (RU) a empilé 75 dominos, puis les a renversés en 1 min, au Butlins Holiday Park de Minehead (Somerset, RU).

● LE PLUS GRAND TETRIS®

Le 15 septembre 2010, *The Gadget Show* (RU) a créé un jeu Tetris® de 105,79 m² en projetant des lumières LED sur des boîtes en carton.

★ LE PLUS DE PARTIES DE DAMES JOUÉES SIMULTANÉMENT

Le joueur de dames Jos Stokkel (Pays-Bas) a affronté 251 adversaires en même temps, à Hengelo (Pays-Bas), les 6 et 7 novembre 2010. En 18 h de jeu, il a gagné 174 parties, 62 ont été déclarées nulles et il en a perdu 15.

● LE PLUS DE PARTIES D'ÉCHECS DISPUTÉES SIMULTANÉMENT AU MÊME ENDROIT

Le 24 décembre 2010, 20 017 écoliers de l'État de Gujarat (Inde) ont disputé 20 480 parties d'échecs contre 1 024 maîtres. Les joueurs en herbe étaient bien préparés puisqu'ils avaient été entraînés par Viswanathan Anand (Inde), l'actuel champion du monde des échecs.

PLUS HAUT

Le 3 mai 2008, une escadrille de 99 avions télécommandés a survolé la Géorgie (USA). C'est le ★ plus de modèles réduits télécommandés volant simultanément.

★ L'AVION À RÉACTION MODÈLE RÉDUIT TÉLÉCOMMANDÉ LE PLUS RAPIDE

L'avion à réaction d'Axel Haché (République dominicaine) et David Shulman (USA) a atteint 293 nœuds (542,64 km/h), sur l'aérodrome de Hobbyland (République dominicaine, le 18 janvier 2010.

● MISE À JOUR
★ NOUVEAU RECORD

La **plus grande ferme de papillons** se trouve sur l'île de Penang (Malaisie). Ouverte en mars 1986, elle couvre 0,8 ha et compte plus de 4 000 spécimens vivants de plus de 50 espèces différentes.

378 334

C'est la somme en euro que vous consacrerez dans votre vie à votre maison. Si l'argent du Monopoly® était réel, vous auriez besoin du contenu de 16 boîtes de jeu.

26,18 M

★ LE PLUS LONG SAUT DE RAMPE D'UNE VOITURE TÉLÉCOMMANDÉE

Une HPI Vorza contrôlée par Jason Bradbury (RU) a effectué un bond de 26,18 m sur le plateau de *The Gadget Show*, à Birmingham (RU), le 25 mars 2010.

★ LE PLUS PETIT HÉLICOPTÈRE TÉLÉCOMMANDÉ

L'Air Hogs Pocket Copter de Spin Master Ltd (Canada) est un tout petit hélicoptère de 10 cm de long. Le 29 juillet 2010, l'engin a effectué un vol de 3 min et 50 s

● LA STRUCTURE EN LEGO® LA PLUS HAUTE

Le 24 avril 2010, au cours d'une manifestation organisée par LEGO® (Norvège), des enfants et des adultes ont construit une tour en LEGO® de 30,22 m de haut, à Oslo (Norvège).

● LA GRILLE DE MOTS CROISÉS LA PLUS GRANDE

De novembre 2007 à octobre 2008, Ara Hovhannisian (Arménie) a créé une grille de mots croisés de 132 020 cases, avec 12 842 définitions pour les mots horizontaux et 13 128 pour les verticaux. De 5,68 m², la grille a été publiée dans une édition spéciale de *Russkiy Crossvord*.

● LE PLUS GRAND PUZZLE DISPONIBLE DANS LE COMMERCE

Les amateurs de puzzles auront du pain sur la planche avec cette offre faite en septembre 2010 par le fabricant de jeux Ravensburger AG (Allemagne). 32 256 pièces doivent être assemblées pour réaliser ce puzzle qui mesure 5,4 x 1,9 m.

RECORDS AU RUBIK'S

Découvrez les personnes les plus rapides du monde pour résoudre un Rubik's cube ou un Rubik's clock. *Résultats au 31 mars 2011.*

Catégorie	Champion	Temps	Compétition	Date
● 3x3 Cube	Feliks Zemdegs (Australie)	0'06"65	Melbourne Summer 11	30 janv. 2011
★ 4x4 Cube	Feliks Zemdegs (Australie)	0'31"97	Melbourne Cube Day	13 nov. 2010
★ 5x5 Cube	Feliks Zemdegs (Australie)	1'01"59	Melbourne Summer 11	30 janv. 2011
★ 7x7 Cube	Michal Halczuk (Pologne)	3'25"91	Pabianice Open	19 sept. 2010
★ Rubik's Clock	Sebastián Pino Castillo (Chili)	0'05"05	Bicentenario Open	26 sept. 2010
★ 3x3 (avec 1 main)	Piotr Alexandrowicz (Pologne)	0'11"19	Polish Nationals	29 août 2010
★ Rubik's Magic	Yuxuan Wang (Chine)	0'00"71	Beijing No Cubes	28 nov. 2010
★ Megaminx	Simon Westlund (Suède)	0'46"81	Helsinki Open	23 janv. 2011
★ Pyraminx	Oscar Roth Andersen (Danemark)	0'02"40	Fredericia Open	30 janv. 2011

● LA PLUS GRANDE MOSAÏQUE DE RUBIK'S CUBES

Créée avec 12 090 Rubik's Cubes, par le Cube Works Studio (Canada), en septembre 2010, la plus grande mosaïque de Rubik's Cubes mesurait 8,78 m de large et 4,44 m de haut. Elle représentait *La Création d'Adam* (*v.* 1511) de Michel-Ange qui orne le plafond de la chapelle Sixtine (Vatican).

Le papillon de la reine Alexandra *(Ornithoptera alexandrae)* de Papouasie-Nouvelle-Guinée est le **plus grand papillon connu**. Les femelles peuvent peser plus de 25 g et présenter une envergure supérieure à 28 cm.

●LE PLUS JEUNE MONARQUE D'UNE NATION SOUVERAINE

Né le 21 février 1980, Jigme Khesar Namgyel Wangchuck est devenu le 5e roi du Bhoutan le 14 décembre 2006. À 31 ans, il est le plus jeune monarque d'une nation souveraine. Ayant fait ses études à Oxford, il règne sur l'un des pays les plus isolés, un minuscule royaume situé dans l'Himalaya où le progrès est mesuré en termes de "bonheur intérieur brut".

LE RÈGNE LE PLUS COURT

En 1830, Louis XIX (France) a abdiqué au bout de 20 min, devenant le monarque ayant régné le moins longtemps. Il partage ce record avec l'infortuné prince Luis Filipe du Portugal, devenu roi pour une période tout aussi brève le 1er février 1908, après l'assassinat de son père, Dom Carlos Ier. Mortellement blessé lors de la même attaque, il a survécu 20 min à son père.

LE ROI LE PLUS ÂGÉ

Né en 1924 et couronné en 2005, le roi Abdullah bin Abdulaziz Al-Saud (Arabie Saoudite) est devenu, à 82 ans et 253 jours, le monarque le plus âgé, après la mort, le 11 mai 2007, du précédent détenteur de ce record, Malietoa Tanumafili II des Samoa.

●LE PLUS JEUNE ROI

Âgé de 19 ans, Oyo – Rukirabasaija Oyo Nyimba Kabamba Iguru Rukidi IV – est le roi de Toro, royaume d'Ouganda. Né le 16 avril 1992, il est monté sur le trône à 3 ans (sur la photographie) et règne maintenant sur 3 % des 33 millions d'Ougandais. Malgré son titre, son influence est largement symbolique car le pays est dirigé par un président élu.

POP

Stéphanie de Monaco est le seul membre d'une famille royale à avoir été une chanteuse à succès en Europe. Son premier album, *Besoin*, s'est vendu à plus de 1 million d'exemplaires depuis sa sortie en 1986.

●LE ROI LE PLUS RICHE

Selon Forbes.com, le roi le plus riche est le roi de Thaïlande Bhumibol Adulyadej, Rama IX de la dynastie Chakri. En juillet 2010, la richesse de ce dirigeant très populaire était estimée à 30 milliards $.

LA PLUS GRANDE FAMILLE ROYALE

La famille royale d'Arabie Saoudite, à la tête de laquelle se trouve Abdullah bin Abdulaziz Al-Saud, compte des dizaines de milliers de membres. Le roi Abdul Aziz a fondé le royaume en 1932. Ses 17 épouses lui ont donné 44 fils, dont 4 ont dirigé le royaume depuis sa mort en 1953.

Être roi est un travail à vie, à en croire les règnes des plus résistants.

Le plus long règne : celui de Phiops II, pharaon dont le règne a débuté en 2281 av. J.-C., quand il avait 6 ans, et a duré 94 ans.

Le plus long règne actuel : celui de Bhumibol Adulyadej. Couronné roi de Thaïlande le 9 juin 1946, il règne depuis 64 ans.

Le plus long règne en Europe : celui d'Afonso Ier Henrique du Portugal, qui a régné comme comte, puis roi pendant 73 ans et 220 jours, de 1112 à 1185.

1,97 M DE HAUT

LE PRINCE HÉRITIER LE PLUS GRAND

L'héritier du trône d'Espagne, le prince des Asturies, Don Felipe de Bourbon et Grèce, mesure 1,97 m. Il était membre de l'équipe de voile d'Espagne lors des jeux Olympiques de Barcelone en 1992.

POUR EN SAVOIR PLUS SUR LES ROIS ET LES REINES, DÉCOUVREZ LES EMPIRES P. 74.

La roussette de Nouvelle-Guinée (*Aproteles bulmerae*) est la **plus grande chauve-souris**. L'envergure de la femelle adulte est de 1 m.

78

C'est le nombre de fois que vous devrez répéter le terme "arrière" pour remonter à notre dernier ancêtre commun (que nous partageons même avec la reine d'Angleterre) : notre arrière-arrière-arrière…

★ LA REINE LA PLUS PHOTOGRAPHIÉE

Elizabeth II (RU), l'un des monarques les plus populaires, est la reine la plus photographiée. On la voit ici alors qu'elle reçoit la 40e édition du *Guinness World Records* des mains du directeur général Alistair Richards.

★ LE MONARQUE VIVANT LE PLUS INTERPRÉTÉ

Elizabeth II a été plus interprétée sur la scène et à l'écran que tout autre monarque vivant. Les portraits les plus mémorables sont ceux que l'on doit à Prunella Scales (RU) dans la pièce *A Question of Attribution* (1988), à Helen Mirren (RU) dans le film *The Queen* (2006), au dessin animé *The Simpsons* (2003) et à Jeanette Charles (RU) qui a joué le rôle de la reine sur scène, à l'écran et en public.

LE CHEF D'ÉTAT À LA TÊTE DU PLUS DE PAYS

Elizabeth II, la femme la plus puissante, est le chef d'État légitime de 16 nations indépendantes. Même si son rôle est symbolique et honorifique (elle n'exerce aucun pouvoir politique), 128 millions de personnes au sein des 15 États du Commonwealth et du Royaume-Uni, la reconnaissent comme leur monarque.

★ LE PLUS DE DIFFUSIONS EN DIRECT

La diffusion en direct sur YouTube du mariage du prince William avec Catherine Middleton (RU), à Londres (RU), le 29 avril 2011, a été vue 72 millions de fois, car les habitants de 188 pays ont suivi l'événement sur la Royal Channel. Bien que ce soit suffisant pour battre les 70 millions de connexions sur YouTube pour l'investiture du président Barack Obama (USA) en 2009, il est fort probable que le nombre de spectateurs ait été bien supérieur si l'on prend en compte les millions de personnes qui ont regardé l'événement via d'autres canaux.

Depuis qu'elle règne Elizabeth II a battu de nombreux records :

Le plus long règne d'une reine actuelle : 59 ans et 95 jours, du 6 février 1952 au 12 mai 2011.

Le ★ monarque britannique le plus âgé : 85 ans et 21 jours, le 12 mai 2011.

La personne la plus représentée sur des devises : Elizabeth II figure sur la monnaie de 35 pays.

La ●reine la plus riche : avec une fortune de 450 millions £ (682 millions $), incluant des objets d'art, des bijoux et des propriétés.

● MISE À JOUR
★ NOUVEAU RECORD

En 2006, 9 figues datant d'il y a 11 400 ans ont été découvertes dans un village néolithique en Israël. Cette variété qui n'a pu être produite sans l'intervention de l'homme est le **fruit cultivé le plus ancien**.

Société
CODES & CRYPTOGRAPHIE

★ LA 1ᴿᴱ UTILISATION D'UNE TECHNIQUE DE CRYPTAGE

Le code secret de César a été utilisé pour la première fois pendant la guerre des Gaules vers 50 av. J.-C. Selon l'historien romain Suétone, César employa ce code dans ses campagnes militaires. C'est la technique de cryptage la plus ancienne connue. Elle consiste à remplacer chaque lettre de l'alphabet par celle située trois lettres plus loin. Ce décalage vers la gauche permet d'obtenir des groupes de lettres sans signification. Le destinataire n'a qu'à décaler les lettres de trois places vers la droite pour lire le message.

★ LA 1ᴿᴱ UTILISATION DES CODES POSTAUX

Sir Rowland Hill (RU) a introduit les codes postaux à Londres (RU), en 1857. La cité était divisée en quartiers d'après les points cardinaux. La forme actuelle du code postal, mélange de lettres et de nombres qui peut être décodé par une machine, a été utilisée pour la première fois à Norwich (RU), en octobre 1959. Le code postal est apparu en juillet 1963 aux États-Unis et en 1964 en France.

★ LES 1ᴱᴿˢ MOTS CROISÉS SECRETS

Les premiers mots croisés ne comportant que des définitions énigmatiques sont apparus en 1925 dans la *Saturday Westminster Gazette*. Edward Powys Mathers (RU), qui composait des mots croisés pour ce journal sous le nom de "Torquemada" et pour *The Observer* depuis 1926, fut le premier à n'utiliser que des définitions sibyllines.

LE SYSTÈME DE CODAGE ÉLECTRIQUE LE PLUS RÉSISTANT

Le 24 mai 1844, Samuel Morse (USA) a envoyé un message codé ("Quelle était l'œuvre de Dieu ?") par télégraphe depuis Washington à un partenaire de Baltimore (Maryland, USA). C'est la **première télécommunication instantanée**. Elle a marqué le début des télécommunications modernes. Plus de 160 ans plus tard, le morse est toujours utilisé.

LE 1ᴱᴿ VIRUS INFORMATIQUE

Le 11 novembre 1983, Fred Cohen (USA), étudiant à l'université de Caroline du Sud (USA), a présenté le premier programme informatique capable de se reproduire clandestinement. Il a décrit sa création comme "un programme pouvant en infecter d'autres en se modifiant de façon à ce qu'ils incluent une de ses… copies". Bien que des virus aient été élaborés avant, Cohen a été le premier à mettre en place un code fonctionnant. Aujourd'hui, il existe plus d'un million de virus, selon la société de sécurité Symantec.

CODE RAPIDE

Le code basé sur la langue navajo permettait de communiquer en 20 s une information qui aurait été transmise en 30 min via les systèmes de codage habituels.

★ LE CODE LE PLUS LONG À DÉCHIFFRER

Le code de Vigenère, qui utilise un système de cryptage polyalphabétique (à gauche), était si efficace qu'il est resté secret pendant plus de 300 ans. Inventé par le cryptographe Giovan Battista Bellaso (Italie) en 1553, il fut déchiffré par le mathématicien et pionnier de l'informatique Charles Babbage (RU) en 1854.

★ LE 1ᴱᴿ USAGE D'UNE GRILLE DE CARDAN

Le mathématicien Jérôme Cardan (Italie) a été le premier à utiliser une "grille de Cardan" pour dissimuler un message secret en 1550. Cette technique permet de glisser un message dans un document apparemment ordinaire. L'expéditeur place une feuille de matériau rigide dans laquelle des fenêtres ont été découpées sur une feuille de papier et inscrit son message dans ces fenêtres, puis il ôte la grille et comble les interstices pour créer un texte. Le message peut ensuite être lu par une personne ayant une copie de la grille.

PHUFL G'DYRLU XWLOLVH OH FRGH FHVDU SRXU GHFRXYULU OH FRGH VHFUHW*

★ LE 1ᴱᴿ USAGE AVÉRÉ DE LA STÉGANOGRAPHIE

La stéganographie – du grec "écriture masquée" – est un mode de transmission d'une information secrète au cours duquel seuls l'expéditeur et le destinataire du message connaissent l'existence de ce dernier. Selon Hérodote, le premier à avoir utilisé cette méthode fut le tyran Histiaeus qui rasa la tête d'un de ses serviteurs pour tatouer un message sur son crâne. Quand ses cheveux eurent repoussé, on l'envoya porter son message : l'annonce de l'attaque imminente de l'armée perse – qui se déplaçait manifestement lentement. Le message apparut quand le serviteur eut le crâne rasé pour la seconde fois.

★ LE CODE LE PLUS DIFFICILE À DÉCHIFFRER

Pendant la Seconde Guerre mondiale, les fusiliers marins américains élaborèrent un code à l'aide de la langue navajo, de cryptages et de substitutions de mots. Des mots navajos désignaient des termes militaires (ainsi le char devenait une tortue). Il était aussi possible d'épeler des lettres en se fondant sur la première lettre de la traduction de mots navajos en anglais. Ainsi *Wo-la-chee*, qui signifiait *ant* ("fourmi"), représentait la lettre "A".

*Code César

cipher VVVRBACP
key   COVERCOVER…
plaintext THANKYOU

123456

★ LE SUPERORDINATEUR LE PLUS PETIT

Pico Computing (USA) a créé un mini superordinateur de la taille d'un bureau en adaptant des puces électroniques de façon à les rendre plus puissantes que celles de superordinateurs plus grands. Vendu 400 $, l'ordinateur est aussi le ★ superordinateur briseur de codes le moins cher.

LE PLUS D'ATTAQUES À L'ISSUE D'UN CONCOURS DE PIRATAGE

5,23 millions d'attaques ont été lancées lors de l'OpenHack III eWeek, qui a duré 17 jours en janvier 2001 et au cours duquel la fiabilité du logiciel de sécurité PitBull, développé par Argus Systems Group Inc., a été testée. Malgré un prix de 50 000 $, personne n'a réussi à pirater PitBull.

LA PLUS LONGUE PEINE DE PRISON POUR PIRATAGE

Brian Salcedo (Michigan, USA) a été condamné à 9 ans de prison à Charlotte (Caroline du Nord, USA), le 16 décembre 2004, pour piratage. Accusé de complot et de nombreux actes de piratages en août 2004, puisqu'il avait tenté de voler les informations de cartes de crédit à partir des systèmes informatiques de la société Lowe's hardware (USA), il a plaidé coupable.

★ LE CHEAT CODE LE PLUS POPULAIRE

Le code Konami est apparu dans la version du jeu vidéo *Gradius* sorti en 1986 sur NES. Depuis, il a été inclus dans 151 jeux sous la forme de touches à presser ou de subtiles variations de celles-ci. Son effet diffère d'un jeu à l'autre mais, dans la plupart des cas, le joueur quand il fait le code pendant un temps d'arrêt dispose de plus de "power-ups". Nous rappelons la séquence aux joueurs qui ne l'ont jamais connue ou oubliée : Haut, Haut, Bas, Bas, Gauche, Droite, Gauche, Droite, B, A.

★ LE 1ᵉʳ PIRATAGE D'UN RÉSEAU PROTÉGÉ PAR UNE CRYPTOGRAPHIE QUANTIQUE

En avril 2007, une équipe du Massachusetts Institute of Technology (MIT) a procédé au premier piratage d'un réseau quantique. Les réseaux quantiques étaient jusqu'alors impossibles à pirater. Cette équipe a élaboré ce qu'elle a décrit comme une "écoute téléphonique" de mécanique quantique et a obtenu des données qui, auparavant, étaient considérées comme hors de portée du pirate le plus résolu.

★ LE 1ᵉʳ GÉNOME SYNTHÉTIQUE CONTENANT DES MESSAGES SECRETS

En 2008, l'institut J Craig Venter (USA) a créé une bactérie artificielle et introduit cinq "filigranes" dans son génome (la liste complète de son matériel

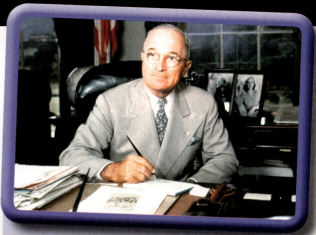

★ LE 1ᵉʳ PRÉSIDENT AVEC UN NOM DE CODE SECRET

Président des États-Unis de 1945 à 1953, Harry S Truman avait reçu de la part des services secrets le nom de code de "Général". En raison des avancées dans le domaine des télécommunications et du danger que représentaient des forces menaçantes, tous les présidents, les membres de leur personnel et leurs familles eurent droit à des noms de code pour gêner la compréhension en cas d'écoutes illicites.

génétique). Cette information "secrète" a été codée sous la forme d'acides aminés représentés par une lettre unique (A, R, N...), les noms ainsi formés désignant l'Institut et les personnes associés au projet : "CRAIGVENTER", "HAMSMITH", "CINDIANDCLYDE", "GLASSANDCLYDE" et "VENTERINSTITVTE" ("V" est utilisé car il n'y a pas d'acide aminé commençant par la lettre "U").

★ LE PREMIER USAGE AVÉRÉ DE CODES SECRETS SUR UNE PHOTOGRAPHIE EN LIGNE

Le 28 juin 2010, le ministère de la Justice américain a inculpé 11 personnes accusées de travailler pour le FSB, l'ex-KGB. Elles auraient glissé des messages codés dans des images inoffensives publiées sur Internet (à droite). Il s'agit de la première utilisation d'une technique sophistiquée pour dissimuler des données.

● MISE À JOUR
★ NOUVEAU RECORD

COULEUR

En modifiant les valeurs du vert, du rouge ou du bleu dans un pixel, les espions avaient dissimulé un code dans des photos. Des infos sur l'aéroport de Baltimore (photo principale) étaient cachées sur cette photo du Lincoln Memorial.

Le Laos compte les **plus jeunes soldats du monde**. Dans ce pays, l'âge minimum légal requis pour effectuer son service militaire, qui est obligatoire, est de 15 ans.

LE PLUS GROS TRIKE

La troupe de carnaval Guggä-Rugger Buus a construit un trike de 8,1 m de long pesant 6 030 kg et servant de tribune mobile pour ses 30 membres. L'engin possède un moteur 12 litres et le châssis d'un camion Saurer.

WWW.GUGGAE-RUGGER-BUUS.CH

Les tectites sont des roches qui se forment Terre. Découverte en 1932, à Muong Nong

lorsque des météorites heurtent la (Laos), la **plus grosse tectite** pèse 3,2 kg.

8,1 M DE LONG

La **plus grosse météorite connue** est un bloc de 2,7 m de long sur 2,4 m de large, dont la masse est estimée à 59 t. Elle a été découverte en 1920, à Hoba West, près de Grootfontein (Namibie).

INFORMATIQUE

L'HISTOIRE DE L'ORDINATEUR

2012 a été baptisée "année Alan Turing" en l'honneur de ce scientifique britannique, mathématicien et pionnier de l'informatique né le 23 juin 1912. Pour fêter le 100e anniversaire de sa naissance et pour rendre hommage à sa contribution à l'informatique, nous allons revenir sur des moments clés de l'histoire de cette invention.

À VOS MARKS

Dix ordinateurs Colossus ont été fabriqués en tout : 1 Mark 1, suivi de 9 Mark 2. Leur évolution a été si rapide que le premier Mark 2 fonctionnait 5 fois plus vite que le Mark 1.

COLOSSUS

Conçus par des ingénieurs britanniques dirigée par Tommy Flowers, les ordinateurs Colossus déchiffraient les communications des dirigeants de l'armée allemande à la fin de la Seconde Guerre mondiale. Ce sont les **premiers calculateurs électroniques et numériques programmables**. Le premier a été mis en service en février 1944.

LA MACHINE D'ANTICYTHÈRE

La machine d'Anticythère, qui date de 2 000 ans, a été découverte vers 1900 dans une épave proche de l'île grecque d'Anticythère. Cet ensemble d'engrenages en bronze (radiographie en photo) est doté d'une complexité mécanique que l'on ne retrouve dans aucun autre objet antérieur au XIVe siècle. Couverte d'accrétions marines, cette machine est considérée comme le **calculateur analogique le plus ancien**. Les spécialistes pensent qu'elle servait à prédire les éclipses.

Michael Shrayer (USA) conçoit l'Electric Pencil, le ★premier traitement de texte pour micro-ordinateur.

Travaillant indépendamment, Jack Kilby et Robert Noyce (tous deux USA) mettent au point le ★premier circuit intégré, la puce de silicium. Noyce est aussi le cofondateur d'Intel en 1968.

IBM fabrique la ★première disquette.

1976

L'IBM 360 devient le ★premier ordinateur doté de circuits intégrés.

1971

GÉNIE DE L'INFORMATIQUE

Turing a conçu l'Automatic Computing Engine (ACE), un ordinateur électronique doté d'un programme mémorisé. Il a été mis en service en 1950.

ALAN TURING

Né le 23 juin 1912, un an après la création d'IBM. Durant la Seconde Guerre mondiale, il travaille sur des codes à Bletchley Park (RU). Il est décédé le 7 juin 1954.

Konrad Zuse (Allemagne) invente le Z1, un calculateur numérique qui se compose de bandes perforées.

ENIAC

Développé pour l'armée américaine, l'Electronic Numerical Integrator And Computer (ENIAC) a été achevé en 1946. Il était le **premier ordinateur électronique à usage universel**.

1958 1964 1950 1939 1938 1930 1912

1912

John Atanasoff et Clifford Berry (USA) créent le ★premier calculateur numérique électronique. William Hewlett et David Packard créent Hewlett Packard.

Vannevar Bush (USA) crée le Differential Analyzer, un prototype d'ordinateur.

La ★**descente de dunes de sable à ski la plus rapide** a été réalisée par Henrik May (Namibie) à Swakopmund (Namibie), le 31 mai 2010, à 92,12 km/h.

2 100 C'est la quantité de données en gigaoctets que vous allez stocker sur des CDs, DVDs, disques durs d'ordinateur, appareils photo numériques, lecteurs MP3, téléphones mobiles et sites Internet.

★ BABY

La Manchester Small-Scale Experimental Machine, **premier ordinateur à contenir ses propres programmes** baptisé "Baby", a exécuté son premier programme à l'université de Manchester (RU), en 1948. Tom Kilburn (RU, 1921-2001), responsable de l'équipe (photo ci-contre), tient une puce moderne dont la capacité est la même que celle de Baby, mais qui est bien plus petite.

2012
2012
2010
2001
1990
1989
1981

Microsoft crée Windows pour les ordinateurs

Environ 1 milliard de PC vendus. Apple vend son 5 millionième iMac.

Lancement de l'iPad d'Apple, vendue à près de 15 millions d'exemplaire en 1 an.

Sortie du PC d'IBM.

LA SOURIS LA PLUS ANCIENNE

Douglas Engelbart (USA) a inventé la souris en 1964. Il a obtenu un brevet américain en 1970. Cet accessoire a été appelé souris en raison de la ressemblance de son câble avec une queue.

● MISE À JOUR
★ NOUVEAU RECORD

Tim Berners-Lee (RU) et Robert Cailliau (Belgique) créent la Toile (World Wide Web), un système hypertexte. Internet devient public en 1991. Microsoft et IBM cessent de collaborer sur des systèmes d'exploitation.

TOUJOURS PLUS

Cette chronologie peut aussi être considérée comme un graphique de l'augmentation de la capacité des ordinateurs. Selon la loi de Moore, le nombre de transistors d'une carte double tous les 2 ans.

4004

Fabriqué par Intel (USA) en 1971, le 4004 était le **premier microprocesseur**. De la taille d'un ongle, il était aussi puissant que l'ENIAC (à gauche), le premier ordinateur, qui occupait une pièce.

SUPER ORDINATEURS

En 1976, le premier Cray-1 (à droite), le ★ **premier superordinateur**, a été installé au Laboratoire de Los Alamos (USA). Le ● **superordinateur le plus rapide**, le Tianhe-1 de Chine (à droite en bas), a une vitesse de 2,5 billiards de flops. (Un "flop" est le nombre d'opérations mathématiques contenant des décimales qu'un ordinateur peut effectuer en 1 s.)

ORDINATEUR PERSONNEL

Aujourd'hui, le PC ("personal computer"), ou ordinateur personnel, est partout : dans nos maisons, nos écoles, nos bureaux. Nous transportons partout nos portables et nos tablettes. Voici un aperçu de l'histoire du PC.

1950 : Simon, le ★ **premier ordinateur personnel (PC)** (à droite) était vendu 600 $. Sa mémoire était de 6 mots de 2 bits.

RADIO-ELECTRONICS
LATEST IN TELEVISION SERVICING AUDIO
WORLD'S SMALLEST ELECTRIC BRAIN

1972 : sortie du HP 9830, le ★ **premier ordinateur de bureau intégré**. Intel crée le SIM4, le premier micro-ordinateur, doté du microprocesseur Intel 4004, capable de traiter 92 000 instructions par seconde.

1979 : considéré comme le ★ **premier portable**, le GRiD Compass (à droite) a été conçu par William Moggridge (RU) pour la GRiD Systems Corporation (USA). Il est sorti en 1982 avec une RAM de 512K.

1983 : L'IBM PC/XT était le ★ **premier PC doté d'un disque dur** de série.

1984 : sortie du premier Macintosh d'Apple (à droite), doté d'un processeur de 8 MHz et de 128 KO de mémoire. L'ordinateur est le ★ **premier PC** à avoir remporté un succès commercial. Il comporte une interface graphique utilisateur et non une interface en ligne de commande (texte).

hello.

1998 : IBM présente un prototype de processeur capable de fonctionner à 1 GHz.

La ● **plus longue distance parcourue en ski nordique en 24 h** est de 433,4 km. Cet exploit a été réalisé par Teemu Virtanen (Finlande), à Kuortane (Finlande), les 16 et 17 novembre 2010.

★ LE PLUS GROS SIMULATEUR DE SÉISME 3D

E-Defense est une table de secousses qui permet d'étudier la résistance des bâtiments et des édifices au cours de séismes. De 20 x 15 m, elle peut supporter des bâtiments de 1 200 t et des charges représentant une accélération de la pesanteur de 1 g dans les deux dimensions horizontales et de 1,5 g verticalement. 1 g = accélération de la pesanteur au niveau de la mer. E-Defense est testée à Miki (Japon).

★ LE 1ᴱᴿ ANTI-LASER

En février 2011, des scientifiques de l'université de Yale (USA) ont conçu un anti-laser capable d'absorber et de dissiper un rayon laser. Cela est possible grâce à une cavité optique en silicium qui piège l'énergie du laser et l'évacue sous forme de chaleur. Ce prototype peut absorber 99,4 % de la lumière du laser pour une longueur d'onde donnée. Les chercheurs espèrent que cette technologie pourra être employée pour les futurs ordinateurs optiques et dans l'imagerie médicale.

★ LE PREMIER INDIVIDU À RECEVOIR À LA FOIS UN NOBEL ET UN IG NOBEL

Andre Geim (Russie) a obtenu un prix ig Nobel en 2000 pour la lévitation d'une grenouille grâce à un dispositif magnétique ; il s'est également vu décerner le prix Nobel de physique en 2010 pour sa recherche sur le graphène (voir article suivant), devenant le premier individu à remporter les deux prix.

Organisés par les Annals of Improbable Research, une publication américaine abordant les sciences de manière humoristique, les ig Nobel récompensent depuis 1991 des découvertes scientifiques d'apparence futile. Décerné depuis 1901, l'illustre prix Nobel rend hommage à d'importantes avancées culturelles et scientifiques.

● LA PLUS GRANDE FEUILLE DE GRAPHÈNE

Découvert par les lauréats du prix Nobel Andre Geim et Konstantin Novoselov (tous deux Russie), le graphène est le **matériau artificiel le plus fin**. La structure de cette feuille d'atomes de carbone atteint l'épaisseur d'un atome. Résistant, souple et bon conducteur d'électricité, le graphène offre de vastes possibilités dans le domaine industriel. Jusqu'à présent, il ne peut être fabriqué en grande quantité.

En juin 2010, des scientifiques des universités de Sungkyunkwan et de Samsung (toutes deux Corée du Sud) ont révélé qu'ils avaient conçu une nouvelle méthode permettant de produire une plus grande quantité de graphène et ont ainsi réalisé des feuilles de graphène de 76 cm de large.

★ LE FILM LE PLUS RAPIDE

Les films sont projetés à 24 photogrammes/s, ce qui donne l'illusion de fluidité. En janvier 2011, à Hambourg (Allemagne), des chercheurs utilisant le laser à rayons X FLASH ont révélé leur technique de réalisation d'un film "moléculaire" en utilisant des impulsions de rayons X ultra-rapides. Ils ont réalisé un film de 2 photogrammes de la porte de Brandenbourg, en abaissant le rythme habituel de 24 photogrammes/s à 0,00000000000005 s, ou 50 femtosecondes entre les photogrammes.

★ LA PLUS GRANDE CHAMBRE FORTE DE SEMENCES

La Svalbard Global Seed Vault est une chambre forte souterraine située sur l'île de Spitzberg (Norvège). Elle est conçue pour stocker des échantillons de graines du monde entier afin de préserver la biodiversité contre d'éventuelles menaces. Inaugurée le 26 février 2006, elle permet de conserver jusqu'à 4,5 millions d'échantillons. Le 10 mars 2010, elle a reçu son 500 000ᵉ échantillon.

DES GOÛTS TOXIQUES
La découverte de certaines bactéries capables d'absorber de l'arsenic est étonnante, quand on sait que l'arsenic a longtemps été utilisé comme poison, surtout dans les pesticides et insecticides.

★ LA PREMIÈRE FORME DE VIE CONSTITUÉE D'ARSENIC

Sur Terre, la structure moléculaire des êtres vivants abrite 6 "éléments constitutifs" : le carbone, l'azote, l'hydrogène, l'oxygène, le soufre et le phosphore. En décembre 2010, des scientifiques de la NASA ont annoncé avoir découvert une bactérie ayant la capacité d'intégrer de l'arsenic dans son ADN et ses protéines, le substituant au phosphore. Cette bactérie vit dans le Mono Lake, un lac alcalin de Californie (USA).

Les 22 et 23 janvier 2011, dans le cadre de l'Open 2011 d'Helsinki (Finlande), Anssi Vanhala (Finlande) a réalisé la ● **résolution d'un Rubik's Cube avec les pieds la plus rapide** : 31,56 s.

4 C'est le nombre d'éternuements par jour d'une personne. Des experts en rhinologie ont publié un article intitulé "Combien de fois une personne éternue-t-elle et se mouche-t-elle au cours de sa vie ?" La réponse est : 114 980 fois. (Qu'est-ce que la rhinologie ? Voir p. 83 !)

LA TEMPÉRATURE ARTIFICIELLE LA PLUS ÉLEVÉE

En février 2010, des scientifiques du laboratoire de Brookhaven, à Long Island (New York, USA), équipé d'un collisionneur d'ions lourds relativistes, ont annoncé qu'ils avaient réalisé une collision d'ions d'or à une vitesse proche de celle de la lumière, atteignant brièvement un état de la matière appelé plasma de quarks et de gluons, dont les propriétés sont plus proches de celles d'un liquide que d'un gaz. Lors de l'expérience, le plasma a atteint 4 trillions °C, soit une température 250 000 fois supérieure à celle du centre du Soleil. Cette substance aurait constitué l'Univers quelques microsecondes après le Big Bang – la **plus grande explosion** – et serait aussi la **forme de matière la plus ancienne**.

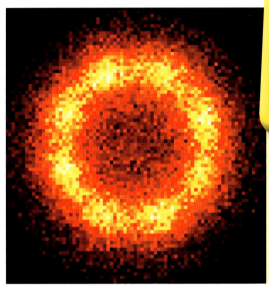

★ LES PREMIERS ATOMES D'ANTIHYDROGÈNE PIÉGÉS

Composé d'un antiélectron (ou positron) et d'un antiproton, l'antihydrogène est l'opposé antimatière d'un atome d'hydrogène. En novembre 2010, des chercheurs du CERN à Genève (Suisse) ont révélé qu'ils avaient piégé et conservé 38 atomes de cette substance pendant environ 1/10ᵉ s. La photographie représente une partie du "piège", dans lequel les positrons et les antiprotons se sont rencontrés (ci-dessus), et des atomes d'antihydrogène non piégés qui s'annihilent à la surface du piège (à gauche).

★ LE PLUS PETIT CAPTEUR SOLAIRE

En février 2010, des scientifiques de l'université du Michigan (USA) ont présenté un capteur fonctionnant à l'énergie solaire de 2,5 x 3,5 x 1 mm. Il consomme 1 milliardième de watt et pourrait fonctionner indéfiniment. Le dispositif pourrait enregistrer des données liées à l'environnement ou être transformé en implant biomédical sensible à la chaleur du corps.

★ LE MICROSCOPE OPTIQUE À LA PLUS FORTE RÉSOLUTION

Le 1ᵉʳ mars 2011, des scientifiques de l'université de Manchester (RU) ont annoncé qu'ils avaient créé un microscope permettant d'observer des objets de 50 nanomètres de diamètre, tels que l'intérieur de cellules vivantes. L'instrument emploie de minuscules particules sphériques, ou microsphères, qui amplifient sa résolution.

★ LE PREMIER MARIAGE CÉLÉBRÉ PAR UN ROBOT

Un robot humanoïde baptisé I-Fairy a célébré le mariage de Tomohiro Shibata et de Satoko Inoue, à Tokyo (Japon), le 16 mai 2010. Le marié est professeur de robotique à l'Institut de science et de technologie de Nara (Japon) et son épouse travaille dans la société Kokoro, qui a fabriqué I-Fairy.

★ LE PREMIER HOMME TUÉ PAR UN ROBOT

Le 25 janvier 1979, Robert Williams (USA) a été tué en intervenant sur une chaîne de fabrication robotisée de l'usine de métallurgie de Ford (Michigan, USA). Le robot faisait partie d'un système de récupération de pièces qui acheminait le matériel au sein de l'usine. Sa cadence ralentissant, Williams est monté sur le compartiment de rangement pour en retirer les pièces manuellement. Il a alors été heurté à la tête par le bras du robot.

★ LA SIMULATION DE VOL SPATIAL LA PLUS LONGUE

Mars500 est un programme mené par l'Agence spatiale européenne, la Russie et la Chine permettant de simuler un voyage de 500 jours vers Mars. Un équipage de 6 personnes a ainsi pénétré dans un vaisseau scellé (photographie), à Moscou (Russie), en juin 2010, afin de passer 520 jours en situation de confinement simulé.

● MISE À JOUR ★ NOUVEAU RECORD

Le ★**nombre de gestes minimal pour résoudre un Rubik's Cube avec les mains** est de 22. Jimmy Coll (Belgique) a réalisé ce record à l'Open 2009 de Barcelone (Espagne), le 24 avril 2009.

Ingénierie & technologie
NANOTECHS

Concevoir l'invisible

Rejoignez-nous pour un voyage jusqu'au niveau atomique, où l'épaisseur d'un cheveu, soit 100 micromètres (µm) – millionièmes de mètre – semble colossale ! À une échelle encore inférieure, les objets sont décrits en nanomètres (nm) – milliardièmes de mètre – ou en picomètres (pm) – billionièmes de mètre ! Les scientifiques manipulent des atomes pour créer des objets, comme, en photo, ces toilettes de Takahashi Kaito (Japon) de 3 nm de haut. Les nanotechnologies ont aussi des applications sérieuses…

MINIATURES...

★ MAIN ROBOTISÉE

En octobre 2006, des scientifiques de l'université de Californie (USA) ont présenté une main robotisée de 1 mm. Dotée de "doigts" en silicium et de ballons moléculaires pour les articulations, elle peut saisir des objets en gonflant et dégonflant les ballons de ses articulations. Ses concepteurs, Yen-Wen Lu et C J Kim, l'ont mise au point pour qu'elle effectue des manipulations à une échelle inférieure au millimètre dans le cadre d'applications comme la microchirurgie.

★ LE PLUS PETIT TRANSISTOR

Des chercheurs de l'université de Nouvelle-Galles du Sud (Australie) ont réalisé un transistor en silicium cristallin dans lequel 7 atomes de silicium ont été remplacés par des atomes de phosphore. Il mesure 4 nm de large (les transistors classiques mesurent 40 nm).

★ FUSÉE

En septembre 2010, des étudiants de l'Institut Leibniz de recherche en physique des solides et des matériaux de Dresde (Allemagne) ont réalisé une nanofusée de 600 nm de large pesant 1 femtogramme (10^{-15} g).

★ LA PLUS PETITE NANOCALLIGRAPHIE

En mars 2009, des chercheurs de Stanford (USA, à gauche) ont composé des lettres à partir de pixels subatomiques de 0,3 nm. L'équipe a disposé des molécules de monoxyde de carbone sur une surface de cuivre, puis a utilisé un flux constant d'électrons pour former les lettres "S" (en photo) et "U".

★ TABLEAU PÉRIODIQUE :

89 µm de large. Des scientifiques de l'université de Nottingham (RU) ont gravé les symboles des éléments sur un cheveu.

★ GUITARE : 10 µm de long.

Cette guitare de la taille d'une cellule sanguine, fabriquée par les scientifiques de la Cornell University de New York (USA) a des cordes de 50 nm d'épaisseur qui peuvent être grattées à l'aide d'un faisceau ionique.

Sept participants de l'émission de télé *Big Brother* en Belgique ont confectionné le **plus grand tableau enflammé** à l'aide de 329 700 allumettes. Allumée le 19 novembre 2000, l'image représentait le logo de l'émission et mesurait 10 m².

LE MICRO-ROBOT NAGE COMME LES BACTÉRIES.

5,3 sextillions

C'est le nombre d'atomes d'oxygène que l'on absorbe à chaque inspiration, soit 5 356 800 000 000 000 000 000 atomes !

UN PETIT MONDE

La pointe en silicium qui a créé cette carte en 3 D est 100 000 fois plus fine que celle d'un crayon, ce qui permet aux scientifiques de recréer le Cervin (photo) à une échelle de 1 : 50 million.

● LIVRE

Coûtant 15 000 $, le plus petit livre se compose de 30 micro-tablettes gravées sur une page de silicium cristallin pur, mesurant 70 x 100 μm. Gravé à l'aide d'un rayon ionisant à l'université Simon Fraser (Canada), le livre est intitulé *Teeny Ted from Turnip Town*. Il a sa propre référence ISBN (978-1-894897-17-4). Il faut disposer d'un microscope électronique à balayage pour le lire.

★ ENGRENAGES

Des chercheurs de l'Institut de recherche sur les matériaux et d'ingénierie de Singapour ont conçu des engrenages fonctionnels de la taille d'une molécule pouvant être intégralement contrôlés, qui tournent dans le sens des aiguilles d'une montre ou en sens inverse. Composés de chaînes de molécules individuelles, les engrenages sont dotés de bras provenant de chaque sommet d'un hexagone.

★ BATTERIE

Créée en décembre 2010, la plus petite batterie a été présentée aux Sandia Laboratories (USA). Mesurant 3 mm, l'anode de la batterie se compose d'un nanocâble d'oxyde d'étain de 100 nm de diamètre sur 10 μm de long. D'une charge de 3,5 volts, la

★ LE PLUS PETIT INSTRUMENT MÉDICAL

En avril 2009, des scientifiques de l'Institut de technologie de Zurich (Suisse) ont annoncé qu'ils avaient créé un robot capable de se déplacer dans les artères. En forme de tire-bouchon, le robot mesure 60 μm. Il sera utilisé pour réparer les vaisseaux sanguins endommagés et éliminer les dépôts artériels.

batterie supporte un courant de 1 picoampère (pA), soit un millionième de microampère (mA). La miniaturisation des batteries permet de créer des cellules rechargeables de meilleure qualité, plus petites et d'une plus longue durée de vie pour les mobiles et les lecteurs MP3.

★ RADIO

Composée d'un seul nanotube de carbone, le plus petit récepteur de radio mesure 10 μm de diamètre sur 100 μm de long. Le tube de carbone est chargé électriquement et peut vibrer en harmonie avec les ondes radio de la plage 40-400 Hz. Le réglage précis se fait en modifiant la tension appliquée au tube afin d'isoler des fréquences radio particulières.

★ CARTE DE NOËL

Des scientifiques de l'université de Glasgow (RU) ont fait des économies en fabriquant leur carte de Noël 2010. Leurs destinataires devaient disposer d'un microscope pour les lire ! Il faudrait en effet

8 276 cartes, mesurant chacune 200 x 290 μm, pour recouvrir un timbre. La carte représente un sapin gravé sur un morceau de verre. La technologie employée pour la réaliser pourrait être utilisée pour fabriquer des cadeaux de Noël tels que des téléviseurs ou des caméras.

● LA PLUS PETITE CARTE EN 3D DE LA TERRE

Des scientifiques d'IBM (USA) ont créé une image en 3D de la Terre si petite que l'on pourrait en faire tenir 1 000 sur un grain de sel. Le tracé des continents a été réalisé à l'aide d'un couteau de silicium incroyablement aiguisé permettant de graver des caractéristiques dont la dimension ne dépasse pas 15 nm sur un substrat polymère ne mesurant que 22 x 11 μm.

VOITURE

En 2005, des scientifiques de la Rice University (Texas, USA), dirigés par James Tour, ont présenté une "voiture" composée d'une molécule d'atomes de carbone de 3-4 nm de large. La voiture comprend un châssis, des essieux et des roues.

★ BALANCES :
Des groupes de l'université de Barcelone (Espagne) et du Laboratoire des microsystèmes de l'EPFL (École polytechnique de Lausanne, Suisse) ont mis au point des balances permettant de peser la vapeur et le gaz, dont une de 13 μm de long.

★ EXPÉRIENCE *IN VITRO* :
Moins de 0,2 μm d'épaisseur. Une particule d'or fondu dans un tube à essai représentant un millième de la largeur d'un cheveu, à l'université du Texas (USA).

★ COUTEAU :
Ce couteau dont la lame est un nanotube en carbone d'un diamètre d'environ 100 nm a été réalisé par le National Institute of Standards and Technology (NIST) et l'université du Colorado (USA).

● MISE À JOUR
★ NOUVEAU RECORD

Le 10 décembre 2009, 118 employés de la compagnie pharmaceutique Sandoz ont créé la **plus grande image composée de bougies,** à l'hôtel Serena de Faisalabad (Pakistan). L'image mesurait 910,45 m² de diamètre et comptait 35 478 bougies.

Ingénierie & technologie
PRODUITS TECHNO

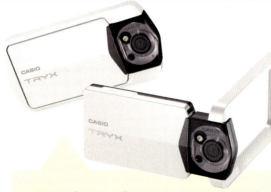

★ LE TÉLÉPHONE WI-FI LE PLUS LÉGER

Le modu W pèse 62,7 g. Fabriqué par modu (Israël), il a été mesuré au Standards Institution of Israel (SII), à Tel Aviv (Israël), le 21 septembre 2010.

● LE TÉLÉPHONE PORTABLE LE PLUS CHER

Certes, il existe des portables en édition limitée encore plus onéreux, mais l'Ulysse Nardin Chairman est bien le plus cher dans le commerce. Selon les modèles, le prix s'échelonne entre 13 000 et 50 000 $ (pour les modèles en métal précieux). Il dispose d'un écran tactile de 3,2 pouces, d'une mémoire de 32 giga et d'une caméra de 8 mégapixels, sans oublier la lecture de vidéo HD. Des hauts-parleurs sont intégrés dans son kit de transport en bois laqué. C'est aussi le ★ **1er téléphone portable doté d'un mécanisme de remontage automatique**, comme dans une montre automatique, qui fournit l'énergie cinétique pour alimenter les piles.

★ LA CAMÉRA NUMÉRIQUE LA PLUS ARTICULÉE

L'écran tactile LCD de 3 pouces sur la caméra numérique Casio Tryx est totalement articulé et désolidarisé du cadre sur lequel s'inscrivent les lentilles et le flash. L'écran se désolidarise du cadre et peut être tourné à 270° dans tous les sens en mode paysage et simultanément à 360° en mode portrait. La Casio Tryx a été lancée aux États-Unis et au Japon en avril 2011.

★ LE 1ER TÉLÉPHONE PORTABLE BI-ÉCRAN

Au lieu d'un seul grand écran de 4,7 pouces, le Kyocera Echo est équipé d'un bi-écran de 3,5 pouces, doté d'une charnière au milieu. Fermé, le téléphone n'est pas plus grand qu'un smartphone à écran tactile classique.

On peut afficher une appli ou une page Internet simultanément sur les deux écrans ou indépendamment sur chaque écran. Un des écrans peut également afficher un clavier QWERTY. L'Echo fonctionne sous Android 2.2 et possède un processeur de 1 GHz.

● LE PLUS GRAND ÉCRAN DE TÉLÉPHONE PORTABLE

Le Dell Streak 5 est un téléphone-tablette portable de 3G, doté d'un écran de 5 pouces. Il fonctionne sous Android 2.2, avec une dalle écran LCD TFT WVGA 800 x 480.

LA CAMÉRA DE TÉLÉPHONE PORTABLE DE PLUS HAUTE RÉSOLUTION

En mai 2009, Sony-Ericsson a révélé au public le Satio, un téléphone portable équipé d'une caméra de 12,1 mégapixels. Les films peuvent être visionnés sur un écran LCD 16/9e en couleurs de 3,5 pouces. Sont intégrés un flash Xenon et un zoom digital 12x, le zoom le plus large sur un téléphone mobile.

★ L'APPAREIL ÉLECTRONIQUE LE PLUS VITE VENDU

Le concept des tablettes – plus nomades, légères et fines que les ordinateurs portables classiques – existe depuis des décennies. Toutefois, l'arrivée de l'iPad d'Apple, avec son écran multi-touch, a fait l'effet d'une révolution. 3 millions d'exemplaires ont été vendus dans les 80 jours suivant sa sortie en avril 2010. Sous l'impulsion de l'iPad 2 lancé le 25 mars 2011, 4,69 millions d'exemplaires se sont écoulés au 2e trimestre de l'année, soit 311 666 par jour.

ACHETER

iPad et iPad 2 se sont vendus à 4,69 millions d'exemplaires. Seule la moitié concerne l'iPad 2. Ce sont tout de même 156 333 exemplaires par jour. L'iPad 2 s'est donc vendu plus vite que tout autre produit électronique.

● LE PLUS GRAND ÉCRAN PLASMA

Lancé le 1er juillet 2010, le téléviseur TH-152UX1 haute définition (HDTV) de Panasonic possède un écran colossal de 152 pouces, haut de 1,8 m et large de 3,41 m, soit une superficie équivalente à 9 HD TV de 50 pouces en 3D. C'est aussi le ★ **téléviseur le plus cher du commerce** : environ 500 000 $.

En 1953, le glacier Kutiah (Pakistan) a avancé de plus de 12 km en 3 mois, soit d'environ 112 m par jour : c'est la **crue de glacier la plus rapide**.

23 200

C'est la somme moyenne en euros que vous dépenserez en lecteurs mp3, consoles de jeu, ordinateurs et autres produits technologiques.

★ LA 1RE CONSOLE 3D DE POCHE

Le 27 mars 2011, Nintendo a dévoilé la 3DS, console de jeu 3D portable sans lunettes 3D. La 3DS a deux écrans : un écran de 3,53 pouces et 800 x 240 pixels, en 3D, et un autre de 3,02 pouces, 320 x 240 pixels. Les joueurs peuvent augmenter ou réduire la perception de la profondeur de la 3D grâce à un slider, ou simplement quitter la fonction 3D pour jouer en 2D. L'appareil a aussi une caméra 3D à lentilles doubles sur l'arrière.

Pour que l'Adamo soit aussi fin, les composants clés ont été repositionnés et le clavier s'intègre totalement dans le cadre de l'écran de 13,4 pouces quand l'unité est fermée. Il mesure 340 x 273,9 x 9,99 mm.

★ LE LECTEUR AUDIO NUMÉRIQUE DE PLUS HAUTE CAPACITÉ

Aucun autre lecteur audio portable n'a une telle capacité de mémoire pour enregistrer de la musique, des photos ou des vidéos : la tablette Internet Archos 5, forte de 500 Go, dispose d'un disque dur intégré. La tablette fonctionne sous le système d'exploitation Android, dispose d'un écran LCD de 4,8 pouces et de 800 x 480 pixels, et se connecte à Internet en Wi-Fi. Il est possible d'ajouter jusqu'à 32 Go de mémoire avec une carte micro SD. Archos 5 peut embarquer jusqu'à 600 films, 290 000 chansons ou 5 millions de photos.

● LE LECTEUR BLU-RAY LE PLUS FIN

Le lecteur Blu-ray BD-D7500 de Samsung ne fait que 22,86 mm d'épaisseur. Il peut être accroché au mur. Il embarque des Blu-ray en 3D, 200 appli HDTV de Samsung et intègre la Wi-Fi pour télécharger ces applis et y accéder en ligne.

Il peut enregistrer les données de tout appareil ayant une sortie vidéo standard (TV, DVD et câbles numériques) grâce à la DVR station optionnelle. Il peut recevoir la radio FM, dispose de la navigation GPS, d'une capacité d'enregistrement audio et peut être relié à une télévision HD par une interface multimédia haute définition (HDMI).

LA MONTRE DE PLONGÉE LA PLUS PERFORMANTE

La montre CX Swiss Military Watch 20 000 ft, une montre de plongée mécanique fabriquée par les Montres Charmex SA (Suisse), fonctionne jusqu'à 6 000 m de profondeur. Cette montre-bracelet a été testée à l'Institut océanographie de l'université de Southampton (RU), le 5 janvier 2009.

● LE PLUS GRAND ÉCRAN TV LCD

Le LB-1085 de Sharp (Japon) est le plus grand téléviseur HD LCD : son écran mesure 274 cm de diagonale. Présenté au CES 2007, le HDTV mesure à lui seul 257,2 x 159,1 x 20,4 cm.

● LE PLUS GRAND ÉCRAN LED

Le plus grand écran vidéo haute définition est un écran LED mesurant 250 x 30 m, soit une superficie totale de 7 500 m², Il se trouve au centre commercial The Place, à Pékin (Chine).

● LE PLUS PETIT ENREGISTREUR VOCAL NUMÉRIQUE

L'Edic-mini Tiny A31, de Telesystems (Russie), ne mesure que 29 x 12 x 15 mm et pèse 6 g. Il a été présenté en mai 2009.

● LE PORTABLE LE PLUS FIN

Les ordinateurs Dell Adamo XPS pour Windows 7 font au minimum 9,7 mm d'épaisseur et au maximum 10,3 mm, soit en moyenne 9,99 mm. En comparaison, un iPhone 4 fait 9,4 mm d'épaisseur.

MAINS LIBRES
En utilisant un appareil similaire à une webcam, Kinect permet aux joueurs d'interagir avec la Xbox 360 en recourant à des mouvements corporels et des ordres vocaux à la place d'une manette.

★ LE PÉRIPHÉRIQUE DE JEU LE PLUS VITE VENDU

Le Kinect pour Xbox 360 s'est vendu quotidiennement à 133 333 exemplaires les 60 premiers jours de sa sortie en novembre et décembre 2010. En mars 2011, le périphérique sans manette avait dépassé les 10 millions d'exemplaires vendus. Jusqu'à la révélation des ventes de l'iPad en avril 2011 (voir à gauche), c'était le produit technologique le plus rapidement écoulé de l'histoire.

● MISE À JOUR
★ NOUVEAU RECORD

Jump in.

XBOX 360

En octobre 1996, une éruption volcanique sous le plus grand glacier d'Europe, le Vatnajökul (Islande), a augmenté le volume du lac Grímsvötn par la fonte des glaces. Cette eau a déferlé à environ 45 000 m³/s. C'est le **glacier qui a fondu le plus rapidement**.

● LE PLUS GROS MOTEUR DE RECHERCHE

Google ne communique plus sur la taille de son index, par manque de précision et par l'existence de sites en double. Mais il reste le moteur de recherche le plus populaire. En janvier 2011, il représentait une part de marché de 65,6 %, avec 11,1 milliards de recherches au cours du mois uniquement aux États-Unis.

La photo ci-contre figure une visualisation d'Internet créée par nmap.org. Elle montre les logos de 328 427 sites, dont l'échelle correspond à l'importance de leur trafic sur Internet. Le plus gros symbole est donc le G de Google (11 936 pixels^2).

Le terminal permettait aux clients de consulter des messages. Il a été le premier "système de bulletins électroniques".

● LA FEMME LA PLUS RECHERCHÉE SUR GOOGLE

La pop-star Katy Perry (USA, née Katheryn Hudson) était la première femme sur la liste des "célébrités les plus prometteuses" en 2010, selon le rapport de Google. L'intérêt pour la chanteuse a augmenté à certaines périodes de l'année, notamment lors des MTV et des Grammy awards.

sur des sites de réseaux sociaux.

La Malaisie est le ★ **pays comptant le plus d'amis virtuels**. Dans le cadre de la même étude, TNS a d'ailleurs découvert que les utilisateurs de réseaux sociaux en Malaisie avaient en moyenne 233 amis virtuels.

Le ★ **pays comptant le moins d'amis virtuels** est le Japon, où les utilisateurs de réseaux sociaux n'ont que 29 amis en moyenne.

LE PREMIER TWEET

Twitter a été conçu par Jack Dorsey (USA) en 2006. L'outil permet d'éditer un microblog et de créer un réseau social. Le premier tweet a été posté par Dorsey à 21 h 50, le 21 mars 2006, et disait : "Just setting up my twittr" ("J'installe mon Twitter").

● LE PLUS GRAND RÉSEAU SOCIAL

Dès janvier 2011, Facebook comptait plus de 600 millions d'utilisateurs, selon la banque d'investissement mondiale Goldman Sachs. Sa valeur sur le marché était estimée à 50 milliards $.

★ LE PREMIER RÉSEAU SOCIAL INFORMATISÉ

Créé à Berkeley (Californie, USA), en 1973, le projet Community Memory utilisait un terminal télétype situé dans un magasin de disques, relié à un ordinateur SDS 940 à San Francisco.

★ LES UTILISATEURS DE RÉSEAUX SOCIAUX LES PLUS ASSIDUS

Selon l'institut d'études de marché TNS, à compter d'octobre 2010, les utilisateurs de réseaux sociaux en Malaisie passaient en moyenne 9 h par semaine

EN 2009, LE REVENU DE FACEBOOK ÉTAIT ESTIMÉ À 800 MILLIONS $.

FACEBOOK

Le réseau social en ligne le plus célèbre détient d'autres records concernant ses adeptes, ses abonnés et son fondateur.

Intitulé	Record	Précisions
Plus jeune milliardaire (actuellement)	Mark Zuckerberg (USA, né le 14 mai 1984), P-DG de Facebook	Fortune nette estimée à 1,5 milliard $ sur la liste de Forbes. com, le 5 mars 2008
★ Record de fans sur Facebook	34 757 671	*Texas Hold'em Poker* (Zynga). Record atteint le 31 janvier 2011
★ Record de "J'aime" pour un post sur Facebook en 24 h	588 403, en réponse à un post du 15 février 2011	Rapper Lil Wayne, alias Dwayne Carter, Jr (USA)

★ LA PLUS GROSSE FUITE MILITAIRE SUR INTERNET

Le 22 octobre 2010, le site Wikileaks a publié 319 882 rapports de l'armée américaine relatifs à ses opérations en Irak, entre 2004 et 2009. Appelés "Iraqi War Logs" (journaux de guerre irakiens), ces rapports décrivent des événements auparavant inconnus liés aux activités des États-Unis et des troupes de la coalition en Irak. L'organisme britannique *Iraq Body Count*, qui tente de répertorier les victimes civiles, a déclaré que les journaux de guerre irakiens révélaient l'existence de 15 000 décès de civils supplémentaires non inclus dans les rapports publics.

Le rédacteur en chef et porte-parole de Wikileaks Julian Assange (Australie, en photo) a été élu Personnalité de l'année 2010 par les lecteurs de *Time magazine*. Au moment de l'impression du magazine, Assange vivait au Royaume-Uni et avait fait appel de son extradition vers la Suède, où il est soupçonné de viol.

Selon la fondation Nobel, l'Islande comptait 3,36 lauréats du prix Nobel pour 1 million d'habitants en 2002. Elle compte ainsi le **plus de lauréats du prix Nobel par habitant**.

200 milliards

C'est le nombre de neurones de votre cerveau. Chaque neurone possède 7 000 synapses, et chaque synapse 1 000 connexions. Votre cerveau contient donc plus de connexions que tous les ordinateurs, serveurs et connexions Internet de la Terre.

CityVille by Zynga

★ LE PLUS DE "J'AIME" SUR YOUTUBE

La vidéo virale de Judson Laipply (USA), *Evolution of Dance*, dans laquelle Judson exécute un numéro illustrant l'histoire de la danse, a été téléchargée sur YouTube en 2006 et regardée 70 millions de fois en moins de 8 mois. Au 4 mai 2011, la vidéo avait été vue 171 571 560 fois et obtenu 739 956 "J'aime".

● MISE À JOUR
★ NOUVEAU RECORD

EVOLUTION OF DANCE COMPTE 32 CHANSONS.

9 956 "J'AIME"

★ LE PLUS DE COMMENTAIRES POUR UN POST SUR FACEBOOK

Un post du 9 janvier 2011 sur la page Facebook de *CityVille* (Zynga, 2010) a fait l'objet de 29 160 commentaires. La majorité des commentaires sont des demandes de connexions d'autres joueurs ou d'ajout comme amis. Le fil du commentaire est donc moins une discussion qu'un forum ouvert permettant aux joueurs de trouver de nouveaux contacts afin de les ajouter comme amis, ce qui leur permet de disposer de plus d'options de jeu.

● LE PLUS GROS SITE INTERNET DE PARTAGE DE VIDÉOS

YouTube reçoit environ 35 h de contenu par minute. En 2010, plus de 13 millions d'heures de vidéos ont été placées sur YouTube. En 2010, YouTube a fait l'objet de plus de 700 milliards de lectures vidéo.

★ LE PLUS D'AMIS SUR TWITTER

Le président des États-Unis Barack Obama avait 703 744 amis le 14 février 2011. Ses "followers" sont plus nombreux…

● LE PLUS DE FOLLOWERS SUR TWITTER

Lady Gaga (USA, née Stefani Germanotta) avait 7 942 058 followers sur Twitter, le 1er février 2011.

★ LA MARQUE LA PLUS ACTIVE SUR TWITTER

Microsoft's @XboxSupport, alias "Elite Tweet Fleet" est le compte de société le plus actif sur Twitter. Du 12 au 18 mars 2010, la "Fleet" a répondu à plus de 5 000 questions, passant en moyenne 2 min et 42 s par question, ce qui prouve son engagement envers sa clientèle.

★ LE LOGICIEL MALVEILLANT LE PLUS COURANT

Les chevaux de Troie sont des logiciels accomplissant des tâches non autorisées en ayant l'apparence d'une application utile. Ces logiciels malveillants, ou *malware*, peuvent être installés via une "porte dérobée". Des données recueillies par BitDefender au premier semestre 2009 ont montré qu'ils représentaient 83 % des logiciels malveillants sur Internet.

DANCE, DANCE, DANCE!
Le numéro de Judson se déroule sur des airs qui ont fait date, de Hound Dog d'Elvis Presley (1956) à Dirt Off Your Shoulder de Jay-Z (2004).

★ LE PLUS D'APPARITIONS SUR GOOGLE STREET VIEW

Le nombre d'apparitions d'un individu sur Google Street View est de 43. Ce record est détenu par Wendy Southgate (RU), qui a été photographiée à de nombreuses reprises par une caméra mobile, tandis qu'elle promenait son chien à Elmswell (Suffolk, RU), en 2009.

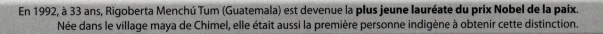

En 1992, à 33 ans, Rigoberta Menchú Tum (Guatemala) est devenue la **plus jeune lauréate du prix Nobel de la paix**. Née dans le village maya de Chimel, elle était aussi la première personne indigène à obtenir cette distinction.

À TOUTE VITESSE

VITESSE RECORD SUR TERRE

Mesuré sur 1 mile (1,6 km), le record officiel de vitesse sur terre est de 1 227,985 km/h. Andy Green (RU) est le dernier détenteur en date de ce record grâce à sa performance du 15 octobre 1997 dans le désert de Black Rock (Nevada, USA), à bord du *Thrust SSC*.

En établissant ce record, Andy Green est aussi devenu la **1re personne à franchir le mur du son sur terre** (autour de 1 236 km/h) dans l'air sec à 20 °C. Sous le boom sonique qui en a résulté, une école a connu des secousses et les clapets des sprinkleurs ont sauté dans la ville voisine de Gerlach. Green a établi ce record 50 ans et 1 jour après que Chuck Yeager (USA) a franchi le mur du son dans l'air.

VERS UN NOUVEAU RECORD ?

Bloodhound SSC a été construit par l'équipe qui a créé l'engin *Thrust SSC*. Celle-ci espère établir en 2013 un nouveau record sur terre d'environ 1 609 km/h – soit une vitesse bien plus élevée que le record actuel. Un terrain d'essai a déjà été trouvé à Hakskeen Pan, en bordure du désert de Kalahari (Afrique du Sud).

GRANDES DATES DE LA VITESSE SUR TERRE

Ce tableau offre un panorama de l'histoire des records de vitesse sur terre depuis la fin du XIXe siècle. La vitesse est calculée sur un parcours aller-retour de 1 km.

Date	Véhicule	Pilote	Lieu	Vitesse/Record
18 déc. 1898	*Jeantaud Duc* (électrique)	Gaston de Chasseloup-Laubat (France)	Achères (Yvelines, France)	63,158 km/h **1er record attesté de vitesse sur terre**
5 août 1902	*Mors* (combustion interne [CI])	William Vanderbilt (USA)	Albis, près de Chartres (France)	122,44 km/h **1er record de combustion interne**
21 juill. 1904	*Gobron-Brillié* (CI)	Louis Émile Rigolly (France)	Ostende (Belgique)	166,66 km/h **1er à dépasser 100 km/h**
24 juin 1914	*Benz #3* (CI)	L G "Cupid" Hornsted (RU)	Brooklands (Surrey, RU)	199,70 km/h **1re tentative de record aller-retour**
29 mars 1927	*Sunbeam 1000* (CI)	Henry Segrave (USA/RU)	Daytona (Floride, USA)	327,97 km/h **1er à dépasser 300 km/h**
3 sept. 1935	*Railton Rolls-Royce Bluebird* (CI)	Sir Malcolm Campbell (RU)	Bonneville (Utah, USA)	484,620 km/h **1er à dépasser 400 km/h**
16 sept. 1947	*Railton Mobil Special* (CI)	John Cobb (RU)	Bonneville (Utah, USA)	634,39 km/h **1er à dépasser 600 mi/h en 1 manche sur 2**
5 août 1963	*Spirit of America* (jet)	Craig Breedlove (USA)	Bonneville (Utah, USA)	893,966 km/h **1er à dépasser 800 km/h dans les 2 manches**
2 nov. 1965	*Spirit of America Sonic I* (jet)	Craig Breedlove (USA)	Bonneville (Utah, USA)	893,966 km/h **1er à dépasser 800 km/h**
15 nov. 1965	*Spirit of America Sonic I* (jet)	Craig Breedlove (USA)	Bonneville (Utah, USA)	966,574 km/h **1er à dépasser 900 km/h**
23 oct. 1970	*Blue Flame* (jet)	Gary Gabelich (USA)	Bonneville (Utah, USA)	1 014,52 km/h **1er en voiture-fusée**
25 sept. 1997	*Thrust SSC* (jet)	Andy Green (RU)	Black Rock Desert (Nevada, USA)	1 149,30 km/h **1er à dépasser 1 000 km/h**
15 oct. 1997	*Thrust SSC* (jet)	Andy Green (RU)	Black Rock Desert, Nevada (USA)	1 227,99 km/h **1er à franchir le mur du son**

VITESSE RECORD SUR TERRE (FEMME)

La vitesse sur terre la plus élevée enregistrée par une femme est de 825,126 km. Kitty Hambleton (USA) y est parvenue le 6 décembre 1976, à bord du SM1 *Motivator*, engin propulsé par une fusée, dans le désert d'Alvord (Oregon, USA). Lors de telles tentatives, les vitesses moyennes sont calculées sur différents tours. La vitesse la plus élevée relevée au cours des tentatives d'Hambleton était de 843,323 km/h, mais Kitty a probablement atteint par endroits 965 km/h.

Le Guatemala détient le record du **plus ancien texte maya connu**. Trouvés sur un site archéologique de San Bartolo (Guatemala), ces glyphes datent de 300-200 av. J.-C.

0,004

C'est le temps en secondes nécessaire pour que les images passent de vos yeux à votre cerveau. Vous vivez donc dans le passé. Si vous marchez sur une épingle, vous ne la verrez que 0,2 s après.

GUINNESS WORLD RECORDS 2012

LE VÉHICULE À ROUE LE PLUS RAPIDE

La vitesse historique atteinte par un véhicule à roues motrices est de 737,794 km/h. C'était le 18 octobre 2001, à bord du *Turbinator*, voiture propulsée par une turbine et pilotée par Don Vesco (USA), à Bonneville Salt Flats (Utah, USA). C'est aussi le **véhicule à turbine le plus rapide**.

LE CRASH DE VOITURE LE PLUS RAPIDE AUQUEL UN PILOTE AIT SURVÉCU

En septembre 1960, lors de tentatives de record de vitesse sur terre à Bonneville Salt Flats (Utah, USA), Donald Campbell (RU) s'est crashé dans sa voiture *Bluebird* à 579 km/h. Le véhicule a fait un tonneau ; Donald Campbell a eu une fracture du crâne, mais il a survécu.

Dans les années 1950 et 1960, celui-ci a établi de nombreux records de vitesse. Il est le fils de Malcolm Campbell (voir tableau).

Vitesse record atteinte par des êtres humains : 11,08 km/s.

★ VITESSE RECORD PAR UNE MOTO À RÉACTION

Le 24 avril 2009, Kevin Martin (USA) a atteint 325,97 km/h sur sa moto à réaction *Ballistic Eagle*, aux Spring Nationals de Rockingham (Caroline du Nord, USA).

LE WHEELIE LE PLUS RAPIDE EN MOTO

Patrick Fürstenhoff (Suède) a atteint 307,86 km/h sur la roue arrière d'une Honda Super Blackbird 1100 cc Turbo, sur le terrain d'essai de Bruntingthorpe, (Leicestershire, RU), le 18 avril 1999.

● RECORD DE VITESSE DANS UNE VOITURE DIESEL

À bord de la *JCB DIESELMAX*, Andy Green (RU) a atteint une vitesse de 563,418 km/h à Bonneville Salt Flats (Utah, USA), le 23 août 2006. Ce faisant, il a battu son propre record de 526,027 km/h établi le jour précédent.

● RECORD DE VITESSE SUR TERRE SUR UNE MOTO

Le 25 septembre 2010, Rocky Robinson (USA) a atteint une vitesse moyenne de 605,697 km/h sur son streamliner *Top Oil-Ack Attack* sur 1 km, à Bonneville Salt Flats (Utah, USA).

RECORDS DE VITESSE HISTORIQUES

Voici la vitesse atteinte sur terre par les moyens de transport les plus rapides à différentes périodes. Chaque entrée de ce tableau correspond au moyen de déplacement le plus rapide d'une époque. Pendant plus de 5 000 ans, la luge a été le mode de déplacement le plus rapide ; depuis 1961, rien n'a bougé en matière de record de vitesse dans l'air. C'est lors de la mission *Apollo 10* que les humains ont atteint la vitesse de déplacement la plus élevée de l'histoire.

LUGE 40 km/h, vers 6500 av. J.-C.

CHEVAL 56 km/h, vers 1400 av. J.-C.

YACHT À GLACE 80 km/h, 1600

SKIEUR SUR DÉNIVELÉE 141 km/h, 1873

MIDLAND RAILWAY 4-2-4 144,8 km/h, 1897

AVION MESSERSCHMITT 163 V-1 1 004 km/h, 2 oct. 1941

AVION USAF BELL X5 1 078 km/h, 14 octobre 1947

NORTH AMERICAN X-15 4 675,1 km/h, 7 mars 1961

VOSTOK 1 NAVETTE SPATIALE environ 28 260 km/h, 12 avr. 1961

MODULE DE COMMANDE D'APOLLO 10 39.897 km/h, le 26 mai 1969

NB : Les lignes ne sont pas à l'échelle – si elles l'étaient, elles dépasseraient la page pour les valeurs les plus élevées !

RAPIDE COMME LA LUMIÈRE

Nous sommes encore loin de la vitesse de la lumière, soit 299 792,458 m/s dans le vide. À cette vitesse, on pourrait faire 7 fois le tour du monde en 1 s !

● MISE À JOUR
★ NOUVEAU RECORD

On doit aux Sumériens (territoire de l'actuel Irak) le **plus ancien poème d'amour connu** : il est écrit sur une tablette d'argile datant de 3500 av. J.-C.

★LE PLUS DE PUITS SABOTÉS En 1991, l'Irak a incendié 700 puits au Koweït, causant une perte de 1,5 milliard de barils. Le pétrole qui n'a pas brûlé a formé une couche de tarcrete couvrant

★LA PLUS LOURDE PLATE-FORME OFFSHORE Comptant 280 employés et pouvant stocker 1,3 million de barils, la plate-forme Hibernia, qui pèse 637 000 t

★ LES 1ᴱᴿˢ PUITS

Ils ont été creusés en Chine dès 347. Certains atteignaient une profondeur de 240 m. Ils étaient creusés à l'aide d'outils de forage rudimentaires fixés sur des "tuyaux" en bambou.

★ LE PÉTROLE LE PLUS ANCIEN

En août 2000, des scientifiques australiens ont annoncé qu'ils avaient découvert des gouttes de pétrole dans des inclusions liquides (bulles de liquide ou de gaz) piégées dans des grains minéraux au sein de roches de 3,2 milliards d'années.

★ LA PLUS ANCIENNE PLATE-FORME OFFSHORE

Neft Daslari a été construite en 1949 en mer Caspienne, à 55 km de l'Azerbaïdjan. La production de pétrole y a débuté en 1951. À l'apogée de son activité, la ville, composée d'îles reliées par 200 km de ponts, abritait des hôtels, une boulangerie, une centrale et couvrait 7 ha. Une grande partie de Neft Daslari est désormais couverte par la mer, mais ses plates-formes continuent de produire du pétrole et 5 000 personnes y vivent toujours.

★ LE PUITS DE PÉTROLE LE PLUS PROFOND

Opérant au sein du gisement de Tiber dans le golfe du Mexique, en 2010, la plate-forme de forage semi-submersible Deepwater Horizon a creusé un puits de 10 062 m en travaillant à 1 259 m sous la mer.

★ LE PLUS PROFOND FORAGE DANS L'EAU

En novembre 2003, le navire de forage Discoverer Deep Seas, de Transocean Inc. (USA), a effectué un forage à 3 051 m dans le golfe du Mexique pour trouver du pétrole et du gaz.

LE PLUS LONG PIPELINE

L'Interprovincial Pipe Line, qui traverse l'Amérique du Nord d'Edmonton à Montréal (Canada), mesure 3 787,2 km de long et compte 82 stations de pompage qui assurent le transport de plus de 1,6 million de barils par jour.

★ LES PLUS GRANDS NAVIRES PÉTROLIERS

Les 4 pétroliers T1 de très grande capacité (T1 Africa, T1 Asia, T1 Europe et T1 Oceania) ont été construits en 2002-2003 par le département de construction navale et d'ingénierie maritime de Daewoo (Corée du Sud). Ils mesurent 379 m de long et 68 m de large et ont un déplacement de 517 659 t lorsqu'ils sont chargés.

LE PLUS GROS PÉTROLIER DÉTOURNÉ

Le 15 novembre 2008, au large de la Somalie, des pirates se sont emparés du Sirius Star (EAU) et de son chargement de pétrole brut, évalué à 110 millions $. Mesurant 330 m de long et doté d'un tonnage brut de 162 252 t, ce pétrolier est le plus gros jamais détourné. Une rançon de 3 millions de $ a été versée pour sa restitution.

EN EAU PROFONDE

Les flammes de l'incendie du Deepwater Horizon atteignaient 91 m de haut et étaient visibles à 56 km. L'incendie a duré 36 h, avant que la plate-forme ne coule, le 22 avril

DELTA DU MISSISSIPPI

DEEPWATER HORIZON

MARÉE NOIRE

RENDEZ-VOUS P. 244 POUR DÉCOUVRIR LES VÉHICULES LES PLUS RAPIDES.

● MISE À JOUR
★ NOUVEAU RECORD

La **1ʳᵉ utilisation d'une bombe au graphite** a eu lieu lors de la guerre du Golfe, en 1991. Elle a permis aux forces alliées de démanteler 85 % des réseaux électriques de l'Irak. Les bombes "G" répandent des milliers de filaments de carbone qui provoquent des courts-circuits.

278817 C'est la quantité de pétrole en litres que vous utiliserez au cours de votre vie. Vous en transporterez peut-être une partie, car les fibres artificielles sont faites à partir de pétrole. Le pétrole est issu de fossiles datant de l'époque des dinosaures. Vous portez donc en quelque sorte des vêtements "fossiles".

★LA PLUS GRANDE MARÉE NOIRE ACCIDENTELLE

Le 20 avril 2010, une explosion s'est produite sur la plate-forme de forage *Deepwater Horizon* dans le golfe du Mexique. Elle causa la mort de 11 ouvriers et une catastrophe environnementale et économique dont les effets se font toujours sentir. Le pétrole s'est répandu jusqu'au 15 juillet depuis un puits jaillissant sur le fond marin, avant que le puits ne soit rebouché. 4,9 millions de barils, soit 779 millions de litres de pétrole brut, se sont ainsi répandus dans l'océan.

★LA PLUS GROSSE RAFFINERIE

Le complexe pétrolier de la société Reliance à Jamnagar (Inde) se compose de deux imposantes raffineries pétrolières situées côte à côte, terminées en 1999 et 2008. Elles ont la capacité de traiter plus de 1,2 million de barils (190 millions de litres) de pétrole brut chaque jour.

L'OR NOIR

Dans le pétrole, les fortunes se font et se défont. John Rockefeller (USA, 1839-1937), le 1ᵉʳ milliardaire en dollars, en tira un revenu de 1,4 milliard $, y affichant une des plus belles réussites.

●LA PLUS GROSSE CONSOMMATION

Les États-Unis, qui comptent de nombreux automobilistes, sont les plus gros consommateurs de pétrole avec 18,69 millions de barils par jour.

●L'ESSENCE LA MOINS CHÈRE

Malgré l'augmentation du prix du pétrole, les automobilistes du Venezuela ont déboursé 2,3 cents par litre d'essence en novembre 2010.

★LE PLUS GROS PUITS JAILLISSANT

Un puits jaillissant est un puits dont le pétrole jaillit de manière incontrôlée. Le 26 août 1956, un énorme puits jaillissant a explosé en surface près de Qom (Iran), produisant un jet de 52 m de haut correspondant à une quantité d'environ 120 000 barils de pétrole brut par jour. Le puits s'est arrêté au bout de 90 jours.

●LES PLUS GROSSES RÉSERVES CONNUES

L'Arabie Saoudite dispose des réserves de pétrole les plus importantes du monde, avec 264,1 milliards de barils, soit presque 20 % des réserves mondiales de pétrole connues, à compter de 2010.

Qu'est-ce que le pétrole ?

Il existe plusieurs types d'huiles, comme celles avec lesquelles nous cuisinons. La plus recherchée est une huile minérale brute sombre et visqueuse provenant de la croûte terrestre. Le pétrole brut s'est formé à partir de la décomposition de plantes et d'animaux sous le sable et la boue il y a des millions d'années. C'est pourquoi il est appelé "combustible fossile". Il doit être pompé vers la surface grâce à des puits de forage, puis traité dans des raffineries. Le pétrole est utilisé sous forme d'essence. On le trouve aussi dans les plastiques, les vêtements, les engrais, les aliments et presque tout ce que nous utilisons. Sans pétrole, la vie serait différente.

83-87 % carbone

10-14 % hydrogène

1-4 % azote, oxygène, soufre, métaux

L'essai nucléaire le plus récent s'est déroulé sous terre en Corée du Nord, le 25 mai 2009. Selon le US Geological Survey, l'explosion avait une magnitude de 4,7 sur l'échelle de Richter.

WWW.GUINNESSWORLDRECORDS.COM 175

● LE PAYS LE PLUS ÉCOLOGIQUE

Si l'on s'appuie sur l'indice de durabilité environnementale, qui tient compte de l'usage de l'eau d'un pays, de sa biodiversité et de l'adoption d'énergies propres, l'Islande est le pays le plus écologique, avec un score de 93,5/100.

La **ville la plus verte**, Masdar City à Abu Dhabi (ÉAU), est la première ville nouvelle qui ne produira pas d'émissions de CO_2 et de déchets. Conçue par Foster et Partners (RU), la ville sera entièrement alimentée en énergie par des sources renouvelables et tous ses déchets seront recyclés. Les voitures en seront bannies au profit de véhicules électriques souterrains sans conducteur, de sorte que les 50 000 habitants n'auront aucune empreinte carbone. La première étape de sa construction s'achèvera en 2015.

★ LA PLUS GRANDE STATION DE GNC

Ouverte au public le 9 septembre 2009, la station C-Nergy de gaz naturel comprimé (GNC) à Singapour comporte 46 boyaux de remplissage.

● LE PARC ÉOLIEN À LA PLUS FORTE CAPACITÉ

Couvrant 400 km², le parc éolien de Roscoe (Texas, USA) abrite 627 turbines à vent et peut produire jusqu'à 781,5 mégawatts.

À Emden (Allemagne), la **plus grosse éolienne** est l'Enercon E-126, dont le mât s'élève à 135 m et le rotor mesure 127 m de diamètre. Sa capacité estimée à 7 MW pourrait alimenter 5 000 familles de 4 personnes en Europe !

★ LA PREMIÈRE FERME HYDRAULIQUE

À 5 km au large du Portugal, la ferme hydraulique Aguçadoura utilise 3 machines Pelamis de conversion de l'énergie houlomotrice et produit 2,25 MW d'électricité. Les machines se composent de sections articulées qui se plient lors du passage des vagues et convertissent ce mouvement en électricité.

★ LE PLUS GROS FOUR SOLAIRE

À Odeillo (France), une série d'héliostats orientent l'énergie du soleil vers un réflecteur parabolique qui renvoie les rayons vers un point central. Les rayons concentrés peuvent produire une température de 3 800 °C au niveau du point central. Ils sont utilisés dans des recherches dans le domaine de la science des matériaux et de l'énergie solaire. Le four a été construit en 1969.

LE CHARBON
En Europe, vers 1500, le prélèvement excessif de bois destiné à être brûlé a entraîné une déforestation. Le charbon a été utilisé comme substitut, devenant le **carburant alternatif le plus ancien**.

★ LE PLUS GROS BATEAU SOLAIRE

Le *TÛRANOR PlanetSolar* mesure 31 m de long – 35 m avec ses flaps. Sa largeur est de 15 m – 23 m avec ses flaps. Son déplacement est de 85 t. La surface du catamaran est recouverte de 537 m² de panneaux solaires, permettant au bateau d'être alimenté uniquement par l'énergie solaire.

L'EAU
L'énergie hydraulique reste l'énergie renouvelable **la plus productive**, avec une capacité de 980 GW fin 2009.

● MISE À JOUR
★ NOUVEAU RECORD

Même s'il a atteint sa hauteur finale de 330 m, l'hôtel Ryugyong de Pyongyang (Corée du Nord) n'était pas achevé lorsque sa construction s'est arrêtée en 1992. Vingt ans plus tard, il reste l'**édifice inoccupé le plus élevé**.

70

C'est la quantité d'énergie en joules que votre corps utilise chaque seconde. Celle-ci suffirait à alimenter une ampoule de 70 watts. Pour que celle-ci brille toute votre vie, vous devriez absorber 60 millions de calories.

★ LE PLUS LONG TRAJET D'UNE VOITURE FONCTIONNANT AU CAFÉ

En mars 2010, une Volkswagen Scirocco de 1988 a parcouru 337 km, de Londres à Manchester (RU), grâce à des grains de café chauffés au charbon de bois, dans lequel ils se décomposent en monoxyde de carbone et en hydrogène. Le gaz est refroidi et filtré, puis l'hydrogène subit une combustion qui entraîne le moteur. Baptisée "Car-puccino", la voiture peut atteindre 96,5 km/h et parcourir 1 km pour 35 expressos. Le procédé fonctionne car les grains de café contiennent une petite quantité de carbone. Le trajet de Londres à Manchester a nécessité l'équivalent de 11 760 expressos !

VÉHICULES

LE PLUS LONG VOYAGE EN VOITURE SOLAIRE ÉLECTRIQUE

L'équipe de la voiture solaire *Midnight Sun* de l'université de Waterloo (Ontario, Canada) a parcouru 15 070 km à travers le Canada et les États-Unis, en quittant Waterloo le 7 août 2004 pour rejoindre la Parliament Hill à Ottawa (Canada), le 15 septembre 2004.

Le 17 novembre 2009, Tadashi Tateuchi (Japon) a

● LA VOITURE SOLAIRE LA PLUS RAPIDE

Le 7 janvier 2011, *Sunswift IV* a atteint 88,738 km/h sur la base navale HMAS *Albatross*, à Nowra (Nouvelle-Galles du Sud, Australie). Construite par l'équipe organisant des courses de véhicules solaires de l'université de Nouvelle-Galles du Sud, elle était pilotée par Barton Mawer (Australie).

parcouru 555,6 km à bord de sa voiture électrique Mira EV, entre Tokyo et Osaka (Japon), effectuant le ★ **plus long trajet avec un véhicule électrique non solaire** sans en recharger les batteries.

★ LE PLUS LONG TRAJET AVEC UNE VOITURE ÉOLIENNE

Dirk Gion et Stefan Simmerer (tous deux Allemagne) ont parcouru 5 000 km entre Perth et Melbourne (Australie), en 18 jours, de janvier à février 2011. Leur voiture, la *Wind Explorer*, pèse 220 kg et fonctionne grâce au vent. Une turbine éolienne alimente une batterie lithium-ion permettant de la propulser. Lorsque le vent est assez puissant, une sorte de cerf-volant est utilisé pour exploiter directement l'énergie du vent. Hormis une dépense de 10 $ d'électricité lorsque le vent était insuffisant, le trajet a

été entièrement effectué grâce au vent.

★ LA VOITURE À JET D'EAU LA PLUS RAPIDE

La vitesse maximale d'une voiture à jet d'eau est de 26,8 km/h, un record établi par Jason Bradbury (RU) sur le plateau de *The Gadget Show*, à l'aérodrome de Wattisham, à Ipswich (RU), le 15 mars 2010.

LA VOITURE ÉLECTRIQUE LA PLUS RAPIDE

La vitesse moyenne la plus élevée d'une voiture électrique, la *Buckeye Bullet 2*, est de 487,672 km/h. La voiture a été conçue et fabriquée par des étudiants de l'université de l'Ohio (USA), au sein du centre de recherche sur l'automobile de l'université. Roger Schroer (USA) l'a conduite sur la plaine de Bonneville (Utah, USA), le 25 septembre 2009.

LA MOTO ÉLECTRIQUE LA PLUS RAPIDE

Alimentée par une batterie identique à celle d'une perceuse sans fil, la *KillaCycle* peut passer de 0 à 96 km/h en moins de 1 s. Le 23 octobre 2008, elle a atteint 270,35 km/h lors d'une course. Pilotée par Scotty Pollacheck (USA) sur l'autoroute de Bandimere à Morrison (Colorado, USA), elle a parcouru 0,4 km en 7,89 s.

● LA VOITURE HYBRIDE LA PLUS VENDUE

Les voitures hybrides fonctionnent grâce à un moteur à combustion interne et à un moteur électrique. Elles produisent moins d'émissions nocives que les voitures conventionnelles et sont économes en énergie. La plus vendue est la Toyota Prius, lancée en 1997. En septembre 2010, elle avait été vendue à 2 011 800 exemplaires. La Prius de 3e génération a été lancée en 2009.

HYBRIDES
Les voitures hybrides ne sont pas très récentes. Ferdinand Porsche (Allemagne) a conçu la Lohner-Porsche – une voiture fonctionnant à l'essence et à l'électricité – en 1899 !

● LE CHAR À VOILE LE PLUS RAPIDE

Le record de vitesse enregistré officiellement par un char à voile est de 202,9 km pour le *Greenbird*, piloté par Richard Jenkins (RU), sur le lac séché d'Ivanpah à Primm (Nevada, USA), le 26 mars 2009.

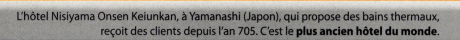

L'hôtel Nisiyama Onsen Keiunkan, à Yamanashi (Japon), qui propose des bains thermaux, reçoit des clients depuis l'an 705. C'est le **plus ancien hôtel du monde**.

● LA VOITURE LA PLUS VENDUE

En février 2011, la Toyota Corolla était la voiture la plus vendue – plus de 35 millions d'exemplaires sur 10 générations depuis 1966. Elle est aussi la ★ 1re voiture à avoir atteint les 30 millions de ventes.

La Coccinelle de Volkswagen est la ★ voiture la plus vendue sans avoir jamais changé de design ; sa structure et sa forme sont restées inchangées entre 1938 et 2003. Elle est aussi la ★ 1re voiture à avoir atteint les 20 millions de ventes. En 2003, date de la fin de sa production, les ventes totales s'élevaient à 21 529 464.

La Ford Model T est la 2e voiture la plus vendue sans avoir jamais changé de design et la ★ 1re à avoir atteint les 10 millions de ventes ; elle a maintenant dépassé les 15 millions de ventes. Plus de 16,5 millions de Model T ont été construits de 1908 à 1927.

Mazda a produit plus de 900 000 voitures de sport MX-5 (Miata en Amérique du Nord), ce qui en fait la ● voiture de sport la plus vendue. La production de cette deux-places décapotable a débuté en avril 1989, à Hiroshima (Japon). La MX-5 devrait dépasser 1 million de ventes vers 2015.

● LE PLUS GRAND CONSTRUCTEUR

En 2008, Toyota a succédé à General Motor (qui avait régné 77 ans) comme le constructeur automobile vendant le plus. Il a vendu 8,97 millions de voitures, contre 8,35 millions pour GM. Toyota a conservé cette place pendant 3 ans consécutifs (2008, 2009 et 2010), même si son avance sur GM s'est rétrécie en 2010.

● LE PLUS GRAND PAYS PRODUCTEUR DE VOITURES

En 2010, la Chine a fabriqué 18,265 millions des 77,610 millions de voitures construites, la plus grosse année pour la construction automobile selon les données prévisionnelles fournies par l'Organisation internationale des constructeurs automobiles (OICA). Le Japon était en 2e position, avec 9,626 millions, et l'Amérique du Nord 3e, avec 7,761 millions.

● LA VOITURE DE SÉRIE LA PLUS RAPIDE

La Bugatti Veyron 16.4 Super Sport a atteint, aller-retour, une vitesse de 431 072 km/h, sur la piste de test de Volkswagen, à Ehra-Lessien près de Wolfsburg (Allemagne), le 26 juin 2010.

SERVICE RAPIDE

Les voitures sont acheminées vers les deux tours en verre et en acier de l'Autostadt directement depuis l'usine Volkswagen. Aux pics d'activité, les robots peuvent traiter une voiture toutes les 45 s.

LE PLUS GRAND PARKING AUTOMATISÉ

Les tours de 48 m de haut de l'Autostadt ("ville de l'auto") de Volkswagen, à Wolfsburg (Allemagne), peuvent accueillir 400 voitures chacune. Les acheteurs peuvent voir comment leur voiture sort du stock depuis l'une des tours de 20 étages et leur est remise par un système automatisé qui tourne à une vitesse pouvant atteindre 2 m/s.

LA PLUS ANCIENNE VOITURE DE SÉRIE

La 4x4 Morgan est produite depuis décembre 1935. À l'exception d'une interruption pendant la Seconde Guerre mondiale et de mars 1951 à septembre 1955, sa production n'a jamais cessé. Le moteur, la transmission et les freins ont été changés maintes fois, mais la carrosserie est restée pour ainsi dire la même et est toujours fabriquée par la Morgan Motor Car Company de Malvern (RU).

15 250

C'est le nombre de fois où vous klaxonnerez dans votre vie. Le conducteur moyen, lui, jurera environ 32 035 fois !

★ LA 1RE VOITURE DOTÉE D'UN SYSTÈME ANTI-CRASH

En 2008, Volvo (Suède) a mis sur le marché une voiture qui maîtrise les risques de tête-à-queue. Un laser dans le pare-brise de la Volvo XC60 contrôle le trafic lent à 6-8 m du capot. À moins de 30 km/h, le système City Safety mettra d'un coup le véhicule à l'arrêt si le conducteur ne freine pas à temps.

★ LE PLUS DE VENTES DE VÉHICULES (PAYS)

En 2009, pour la 1re fois depuis que les automobiles sont produites en masse, la Chine a dépassé l'Amérique du Nord, devenant le plus grand marché automobile : les ventes se sont élevées à 13,6 millions contre 10,4 millions en Amérique du Nord. En 2010, les chiffres de ventes de la Chine ont dépassé 18,3 millions.

★ LA PLUS GRANDE AUTONOMIE EN CARBURANT

La plus longue distance parcourue par une voiture avec un plein est de 2 456,88 km. Il s'agissait d'une Volkswagen Passat 1.6 TDI BlueMotion. Gavin Conway (RU) l'a conduite entre Maidstone (RU) et l'A26 (France), du 3 au 5 août 2010, lors d'un événement organisé par *The Sunday Times*.

● LE PLUS GRAND KILOMÉTRAGE

La Volvo P-1800S de 1966 d'Irvin Gordon (USA) avait plus de 4 586 630 km au compteur en décembre 2010. Elle roule tous les jours et parcourt plus de 160 000 km par an, car elle participe à de nombreuses manifestations automobiles en Europe et aux États-Unis.

● LA VOITURE LA PLUS RAPIDE SUR GLACE

Le 6 mars 2011, Janne Laitinen (Finlande) a conduit une Audi RS6 à la vitesse moyenne de 331,61 km/h – près de 1 km/h de plus que le record précédent –, sur un tronçon de route de 14 km dans le golfe de Bothnie, à Oulu (Finlande).

DES VOITURES RECORDS

Certains dépensent une fortune pour la voiture de leurs rêves, mais le tableau ci-dessous montre qu'il n'est pas nécessaire d'être millionnaire pour acheter une voiture qui batte un record !

Record	Prix	Date
Voiture la plus chère : Ferrari 250 GTO (ci-dessus)	17 275 000 $	Vendue le 14 mai 2010
Voiture de collection la plus chère : Rolls-Royce 1904	3 521 500 £ (soit 7 242 916 $)	Vendue le 3 déc. 2007
Voiture de série la plus chère : Mercedes-Benz CLK/LM	1 547 620 $	Lancée en 1997
Voiture de série la moins chère à ce jour : Tata Nano (ci-dessous)	100 000 roupies (2 500 $)	Lancée le 10 janv. 2008
Voiture la moins chère de l'histoire : Red Bug	122-150 $ (moins de 2 000 € d'aujourd'hui)	Lancée en 1922

★ LA 1RE PRODUCTION DE VOITURES À HYDROGÈNE

En octobre 2002, Honda a lancé le FCX, véhicule expérimental, sur les routes d'Amérique du Nord et du Japon. C'est Mercedes-Benz qui a été le 1er constructeur à livrer une telle voiture à un client : la Mercedes Class AF-Cell a été vendue à Tokyo Gas en décembre 2003. L'hydrogène fait fonctionner une pile à combustible qui crée de l'électricité.

NANOTECH
La Tata Nano devait permettre aux familles indiennes les plus pauvres d'acheter une voiture plutôt qu'une motocyclette qui, surchargée, peut être dangereuse sur la route.

● MISE À JOUR
★ NOUVEAU RECORD

Le gamer surnommé "Little Gray" (Taïwan) est devenu le ● 1er joueur à terminer les 986 quêtes et tâches de *World of Warcraft*, le 27 novembre 2009.

TRAINS & CHEMINS DE FER

LA PREMIÈRE LIGNE ÉLECTRIQUE PUBLIQUE

Inaugurée le 12 mai 1881 à Lichtervelde (Allemagne), la première ligne électrique publique mesurait 2,5 km de long, fonctionnait avec un courant électrique de 100 volts et permettait le transport de 26 passagers à 48 km/h.

Le Volk's Electric Railway, qui circule le long du front de mer à Brighton (RU), est le ★ train électrique le plus ancien encore en fonctionnement. Conçu par Magnus Volk (RU), il a été mis en service en août 1883.

● LE PLUS LONG TUNNEL FERROVIAIRE

Le 15 octobre 2010, des ingénieurs travaillant à 2 000 m sous les Alpes suisses ont achevé de percer le tunnel ferroviaire le plus long. Le tunnel du Gotthard (57 km) pourra voir passer jusqu'à 300 trains par jour lorsqu'il sera inauguré en 2016. Jusque-là, le tunnel ferroviaire du Seikan (Japon) reste le plus long, avec 53,85 km.

★ la plus grande maquette de train

La plus grande maquette de train se trouve à Hambourg, en Allemagne. Son paysage imite ceux de régions d'Europe et des États-Unis et elle occupe 1 150 m², mais lorsqu'elle sera achevée en 2014, ses 20 km de piste couvriront plus de 2 300 m². La maquette se compose de plus de 11 000 voitures et wagons, 900 signaux, 3 500 bâtiments et 200 000 personnages.

LA PLUS GRANDE GARE FERROVIAIRE

En termes de capacité des quais, la gare Grand Central de New York est la plus grande du monde. Occupant 19 ha, elle compte 44 quais et 67 voies répartis sur deux niveaux souterrains. La gare devrait être agrandie en 2016, un nouveau niveau ouvrira sous les deux précédents, permettant d'ajouter 4 nouveaux quais et 8 nouvelles voies. La gare a été construite entre 1903 et 1913.

VITESSE

★ LA LIGNE LA PLUS RAPIDE

La ligne reliant Guangzhou et Wuhan (Chine) est empruntée par des trains circulant à 350 km/h en moyenne. Ils parcourent les 1 069 km en 3 h. En France, la moyenne des trains à grande vitesse est de 277 km/h. Au Japon, les trans à grande vitesse circulent à la vitesse relativement modérée de 243 km/h.

★ LES PREMIERS WAGONS RÉSERVÉS AUX FEMMES

Au Japon, des wagons sont depuis longtemps réservés aux femmes. En juillet 2002, la West Japan Railway Company (JR West), basée à Osaka (Japon), a mis en place les premiers wagons réservés aux femmes aux heures de pointe. D'autres compagnies l'ont imitée, et des voitures réservées aux femmes sont disponibles toute la journée sur les trains de la Hankyu Railway.

● LE TRAIN DE VOYAGEURS LE PLUS RAPIDE

Le 3 décembre 2010, un train de voyageurs non modifié de type CRH380A a atteint 486,1 km/h sur un tronçon de voie situé entre Zaozhuang (province du Shandong) et Bengbu (province de l'Anhui, Chine). Cette vitesse est à ce jour le record officiel établi par un train de voyageurs non modifié.

PLUS VITE !

La Chine prévoit de créer une ligne à grande vitesse reliant les centres économiques de Pékin et de Shanghai. Cette ligne réduira le temps de transport entre les deux villes de 14 h à 5 h.

Taïwan a vu naître les **premiers cochons entièrement bioluminescents**. En 2005, le Département des sciences animales de l'université de Taïwan a créé trois cochons bioluminescents en intégrant de l'ADN de méduse bioluminescente à des embryons de cochons.

327

C'est le nombre de jours que vous passerez à vous rendre à votre travail. Celui-ci occupera d'ailleurs 10 ans de votre vie. Si vous êtes conducteur de trains, vous passerez 13,6 % de votre vie dans un train.

LES PLUS LONGS RÉSEAUX FERRÉS

Placés bout à bout, les 10 réseaux ferrés les plus longs du monde mesureraient 671 350 km, assez pour se rendre de la Terre à la Lune et parcourir les trois quarts du chemin de retour.

Pays	Longueur du réseau
USA *(en photo, l'Amtrak – entreprise publique)*	226 427 km
Russie	87 157 km
Chine	77 834 km
Inde	64 015 km
Canada	46 688 km
Allemagne	41 896 km
Australie	37 855 km
Argentine	31 409 km
France	29 213 km
Brésil	28 857 km

●LE PLUS LONG RÉSEAU DE VOIES FERRÉES À GRANDE VITESSE

Selon le ministère chinois du Chemin de fer, la Chine possédait 7 531 km de voies à grande vitesse en janvier 2011. 17 000 km de voies sont en construction, ce qui étendra le réseau à grande vitesse du pays à plus de 25 000 km en 2015. (Les voies à grande vitesse sont celles dont la vitesse moyenne est supérieure ou égale à 200 km/h.)

LE TRAIN À SUSTENTATION MAGNÉTIQUE EN SERVICE LE PLUS RAPIDE

Inauguré le 1er janvier 2004, le Transrapid de Shanghai, un "maglev", relie l'aéroport international de Pudong au centre de Shanghai (Chine). Il peut atteindre 431 km/h en service normal. Le **premier "maglev" offrant un service régulier** reliait l'aéroport international de Birmingham (RU) et sa gare internationale entre 1984 et 1995.

LE TRAJET ENTRE DEUX ARRÊTS LE PLUS RAPIDE

Entre la Lorraine et la Champagne-Ardennes (France), les trains circulent à une vitesse moyenne de 279,4 km/h, selon une étude officielle menée sur la vitesse des trains dans le monde par *Railway Gazette International*.

Ce chiffre représente presque la moitié de la **vitesse la plus élevée atteinte par un train sur un réseau ferré national**

de 306,37 km/h. Il a été battu par le TGV français de la SNCF entre Calais et Marseille, le 26 mai 2001. Le train, non modifié, et identique aux trains Eurostar du service régulier, a parcouru 1 067 km entre les deux villes en 3 h et 29 min, atteignant une vitesse maximale de 366 km/h. Cette prouesse a été organisée pour fêter l'ouverture d'un nouveau tronçon de voie rapide entre Valence et Marseille.

(et non sur une voie spéciale réservée aux essais.) Un TGV modifié de la SNCF, appelée V150, a par ailleurs atteint 574,8 km/h le 3 avril 2007.

LA VITESSE LA PLUS ÉLEVÉE D'UN TRAIN SUR 1 000 KM

La vitesse moyenne la plus élevée atteinte par un train sur 1 000 km est

★ LA GARE LA PLUS FRÉQUENTÉE

3,64 millions de passagers en moyenne transitent quotidiennement par la gare de Shinjuku à Tokyo (Japon). La gare compte plus de 200 sorties et dessert les banlieues ouest de la ville via des trains interurbains, de banlieue et des métros.

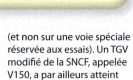

●LE PLUS GROS RÉSEAU FERRÉ GÉRÉ PAR UNE SEULE COMPAGNIE

L'Inde ne possède que le quatrième réseau ferroviaire par la taille (voir tableau ci-dessus). Sa particularité est qu'il s'agit du plus vaste réseau géré par une seule compagnie. C'est aussi le plus gros employeur commercial du monde, avec plus de 1,6 million d'employés.

● MISE À JOUR
★ NOUVEAU RECORD

Au large de l'île de Vieques (Porto Rico), Mosquito Bay est la **baie la plus bioluminescente**, grâce aux millions de micro-organismes bioluminescents *Pyrodinium bahamense* qui y vivent.

●LA TONDEUSE LA PLUS RAPIDE

Le 23 mai 2010 à Pendine (RU), Don Wales (RU) a circulé sur une tondeuse à gazon à 141,35 km/h, établissant le record du monde de vitesse pour ce type de véhicule.

LA PLUS PETITE VOITURE EN ÉTAT DE MARCHE

Créée par Perry Watkins (RU), la *Wind Up* mesure 104,14 cm de haut, 66,04 cm de large et 132,08 cm de long. Elle est la plus petite voiture en état de circuler. Elle a été achevée et mesurée à Wingrave (RU), le 8 mai 2009.

LES PLUS RAPIDES...

VÉHICULE AMPHIBIE

Dotée d'un moteur dont la transmission est celle de la Corvette LS, la *Water Car Python* a une vitesse de pointe est de 96 km/h sur l'eau. Elle peut passer de 0 à 96 km/h sur terre en 4,5 s. Elle est construite à la main sur commande. Prix de départ : 200 000 $.

● LIT

Conçu et piloté par Edd China (RU), le lit mobile le plus rapide a atteint 111 km/h sur une route privée à Londres (RU), le 7 novembre 2008, dans le cadre de la journée GWR 2008.

REMORQUE DE CARAVANE

Une Mercedes Benz S600 conduite par Eugene Herbert (Afrique du Sud) a atteint 223,881 km/h en remorquant une caravane à la base aérienne de Hoedspruit (Afrique du Sud), le 24 octobre 2003.

● MEUBLE

Fast-food, une maquette de table à manger dressée et motorisée a atteint 183,14 km/h, le 5 septembre 2010, au cours de la Santa Pod Raceway, dans le Bedfordshire (RU). Elle était conduite par son créateur, Perry Watkins (RU).

● CORBILLARD

Le 20 février 2010, Shane Hammond (Australie) a parcouru 0,4 km avec un corbillard en 12,206 s sur le TDRA Dragway de Tasmanie (Australie). C'est une moyenne sur quatre parcours.

AÉROGLISSEUR

Le record de vitesse en aéroglisseur est de 137,4 km/h, une performance réalisée par Bob Windt (USA) aux championnats du monde d'aéroglisseurs organisés sur le Douro, à Peso da Régua (Portugal). Windt conduisait un aéroglisseur caréné Universal UH19P de 5,8 m baptisé *Jenny II*, doté d'un moteur V6 de 110 chevaux entraînant ses deux hélices.

Q. De quand date le 1er système de signalisation de la circulation ?

R. Des sortes de sémaphores ont été installées à Londres (RU), en 1868, avec des lumières rouge et verte pour un usage nocturne. Il était légal de ne pas en tenir compte !

★ LE SCOOTER POUR HANDICAPÉ LE PLUS RAPIDE

Colin Furze (RU) a débridé un scooter pour handicapé afin qu'il atteigne 111 km/h. Il lui a fallu 3 semaines pour transformer l'engin, qui comporte désormais cinq vitesses, un moteur de moto de 125 cm³ et un double pot d'échappement.

111 KM/H

POUR CONNAÎTRE LE RECORD DE VITESSE TERRESTRE, RENDEZ-VOUS P. 172.

Le **plus grand radiotélescope sphérique** est le télescope ionosphérique partiellement orientable construit sur une dépression naturelle à Arecibo (Porto Rico). Son diamètre est de 305 m.

75 946 €

C'est le coût des 14 voitures que vous posséderez au cours de votre vie. Le métal des anciennes voitures est presque entièrement recyclé pour en fabriquer de nouvelles. Il est donc possible que votre 14e voiture contienne une partie de la 1re.

LE PLUS LONG SAUT SUR RAMPE D'UN MONSTER TRUCK

Conduit par Dan Runte, *Bigfoot 14* a effectué un saut de 61,57 m au-dessus d'un Boeing 727, au Smyrna Airport (Tennessee, USA), le 11 septembre 1999. Pendant sa course d'élan, Dan a établi le **record de vitesse avec un monster truck**, soit 111,5 km/h.

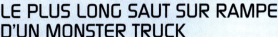

LES MONSTER TRUCKS ONT ÉTÉ CRÉÉS PAR BOB CHANDLER (USA).

SAUT DE 61,57 M

LE PLUS DE CRASH TESTS SUBIS

En février 2003, W. R. Rusty Haight (USA), qui simule des accidents de la route, a subi 718 accidents en tant que mannequin humain de crash-test.

BUREAU

Edd China (RU) a construit un bureau en mesure de circuler et pouvant atteindre 140 km/h. Le 9 novembre 2006, lors de la journée GWR, Edd l'a utilisé pour traverser le pont de Westminster et se rendre dans la City de Londres.

STREET LUGE MOTORISÉE

À Bentwaters Airfield (RU), le 28 août 2007, Joel King (RU) a atteint 181,37 km/h sur sa street luge à réaction.

SCOOTER DES NEIGES

Le record de vitesse d'un scooter des neiges est de 277,13 km/h. Il a été établi le 13 mars 2004 par Chris Hanson (USA), sur le lac Nipissing à North Bay (Ontario, Canada).

★ TRICYCLE BIG WHEEL REMORQUÉ

Le 18 novembre 2008, Jim DeChamp (USA) a atteint 94,9 km/h sur un tricycle Big Wheel remorqué, au Miller Motorsports Park de Tooele (Utah, USA), au cours de l'émission *Nitro Circus de MTV*.

★ TOILETTES REMORQUÉES

Garrett Olson (USA) a atteint 79,83 km/h sur des toilettes remorquées, au cours de la Dunn Tire Raceway de Lancaster, à New York (USA), le 2 septembre 2009.

★ CONTENEUR À DÉCHETS

Le conteneur à déchets le plus rapide – construit à partir d'une Subaru Impreza

★ LA CHAPELLE DE MARIAGE LA PLUS RAPIDE

Le véhicule *Best Man* a atteint 99 km/h, à Shelbyville (Illinois, USA), le 30 septembre 2010.

Type R de rallye à moteur 2 litres turbo installée dans une benne de 7,3 m – a atteint la vitesse de 151,15 km, sur la piste de dragster de 0,4 km du Santa Pod Raceway à Northants (RU), le 3 novembre 2007. Le véhicule était piloté par son propriétaire, James Norvill (RU).

SERVICE RAPIDE

La chapelle mobile est équipée de vitres teintées, de bancs d'église, d'une chaire, de grandes orgues, d'un système stéréo de 1 000 watts et d'un escalier en fer forgé de 3 marches.

★ LE PREMIER AVION ÉLECTRIQUE COMMERCIALISÉ

Le biplace Yuneec e430 est un avion écologique qui ne nécessite pas de carburant, n'émet pas de fumées et fait peu de bruit. Ce monoplan monomoteur peut voler jusqu'à 3 h, à 52 nœuds (96 km/h).

★ L'HÉLICOPTÈRE LE PLUS CHER

Le coût d'un parc de 28 hélicoptères Lockheed Martin (USA) VH71 Kestrel a été estimé à 13,2 milliards $, soit un coût par hélicoptère de 471 millions $, ce qui fait du VH71 le modèle d'hélicoptère le plus cher.

★ LE PREMIER AVION SANS GOUVERNES

La société de construction aéronautique BAE (RU) a créé en collaboration avec 10 universités britanniques un véhicule aérien sans équipage conçu pour voler sans surfaces mobiles servant à le manœuvrer. Le DEMON est doté de jets d'air comprimé contrôlant la circulation de l'air au-dessus de ses ailes. Il est basé sur un concept appelé contrôle fluidique, permettant d'influer sur la portance et la traînée pour le diriger sans élévateurs, ni ailerons. Le vol inaugural du drone a eu lieu le 17 septembre 2010, en Cumbria (RU).

★ LE PLUS GROS BOMBARDIER D'EAU

Evergreen International Aviation Company (USA) a transformé un Boeing 747-300 en bombardier d'eau. Le 747 Supertanker Evergreen a une capacité de 77 600 l – plus de 8 fois celle du P-3A Orion – et a été utilisé pour la première fois en juillet 2009 pour combattre d'immenses incendies à Cuenca (Espagne).

★ L'AVION LE PLUS RAPIDE (CIVIL)

En août 2010, un Gulfstream G650 piloté par Tom Horne et Gary Freeman a atteint Mach 0,995 (1 219 km/h) avec un angle de piqué de 16-18°, à Savannah (Géorgie, USA). L'avion américain peut transporter 4 membres d'équipage et 8 passagers entre Londres (RU) et Buenos Aires (Argentine), soit 11 130 km, sans escale.

★ LE PREMIER HÉLICOPTÈRE ÉLECTRIQUE

Sikorsky a dévoilé le premier hélicoptère électrique le 26 juillet 2010. Baptisé *Firefly*, ce Schweizer S-300C modifié pèse 963,9 kg. Alimenté par deux batteries lithium-ion produisant environ 370 volts, il est capable de voler 15 min, à 80 nœuds (148 km/h).

★ L'AVION LE PLUS CHER DÉTRUIT AVANT D'ÊTRE OPÉRATIONNEL

En janvier 2011, 9 nouveaux avions Nimrod MRA4 coûtant 713 millions $ pièce ont été détruits sur ordre du ministère britannique de la Défense en raison de restrictions budgétaires.

DÉCOUVREZ PLUS D'EXPLOITS AÉRIENS P. 262 !

AVEC LES HONNEURS
L'★hélicoptère le plus rapide selon la Fédération aéronautique internationale (FAI) est un Westland Lynx qui a atteint 216 nœuds (400 km/h), en 1986.

● MISE À JOUR
★ NOUVEAU RECORD

★ L'HÉLICOPTÈRE LE PLUS RAPIDE (NON RECONNU PAR LA FAI)

Le 15 septembre 2010, l'hélicoptère X2 de Sikorsky a battu officieusement le record de vitesse, en volant à 250 nœuds (463 km/h), au Development Flight Center de Sikorsky (Floride, USA). Le X2, qui a effectué son premier vol en 2008, a des rotors coaxiaux : deux séries de pales qui tournent dans des directions opposées.

Fabriqué en 2002 par Carlos Alberto Balbiani (Argentine), le **plus petit pistolet** mesure 5,5 cm de long, 3,5 cm de haut et ne pèse que 26 g. Il tire des balles de calibre 0,68 mm.

729 C'est le nombre de ballons que vous achèterez au cours de votre vie. S'ils étaient tous remplis à l'hélium, ils pourraient soulever un nouveau-né de 3,4 kg. Pour soulever un adulte de 76 kg, il faudrait les ballons réunis au cours de 22 existences !

EN 2004, YVES ROSSY, ALIAS "ROCKET MAN", EST DEVENU LE PREMIER HOMME À VOLER HORIZONTALEMENT.

● **L'AÉROPORT AU PLUS GROS TRAFIC**
Selon l'Airports Council International, 88 032 086 personnes ont transité par l'aéroport Hartsfield-Jackson d'Atlanta (Géorgie, USA), en 2009. Il a aussi enregistré le plus gros trafic en terme de vols (970 235 vols).

● **L'AÉROPORT AU PLUS GROS TRAFIC (FRET)**
En 2009, 3 697 054 t de fret ont été chargées ou déchargées à l'aéroport de Memphis (Tennessee, USA).

★ **LE 1ᵉʳ LOOPING AVEC UNE AILE MOTORISÉE**
Le 5 novembre 2010, l'ancien pilote de chasse Yves Rossy (Suisse) est devenu le premier homme à faire un looping avec une aile motorisée en fibre de carbone. Après s'être lancé d'un ballon à air chaud, à 2 400 m d'altitude au-dessus du lac Léman (Suisse), il a effectué deux loopings avant d'atterrir en parachute sans encombre.

★ **LE PREMIER AVION À PROPULSION HUMAINE BATTANT DES AILES**
Le *Snowbird*, dont l'envergure de 32 m est comparable à celle d'un Boeing 737, est le premier avion capable de voler comme un oiseau (après avoir été lancé par une voiture qui le remorque). Le 2 août 2010, Todd Reichert (Canada) a volé dans son engin en fibre de carbone et en balsa 19,3 s, à une vitesse moyenne de 25,6 km/h, sur 145 m, au Great Lakes Gliding Club de l'Ontario (Canada).

● **LE PLUS LONG VOL D'UN VÉHICULE SOLAIRE AÉRIEN SANS ÉQUIPAGE**
À 6 h 41, le 9 juillet 2010, un véhicule aérien sans équipage Zephyr a été lancé du terrain d'essai de l'armée de Yuma (Arizona, USA). Il a volé 336 h et 22 min, soit plus de 2 semaines, en étant alimenté par l'énergie solaire produite par des panneaux de silicone fins comme du papier placés sur ses ailes. Au cours du même vol, le Zephyr, équipé de batteries, a atteint l'★**altitude la plus élevée par un véhicule solaire aérien sans équipage**, en s'élevant à 21 561 m.

★ **LE PREMIER VOL D'UN AVION SOLAIRE HABITÉ**
Le 7 avril 2010, Markus Scherdel (Allemagne) a effectué un vol test de 90 min, à bord du *Solar Impulse* à Payerne (Suisse). Cet avion, invention de Bertrand Piccard (Suisse) qui a coûté 93,8 millions $, est alimenté par 12 000 cellules solaires entraînant 4 moteurs électriques et est destiné à faire le tour du monde.

★ **LE PREMIER AVION AU BIOCARBURANT À BASE D'ALGUES**
Au salon aéronautique ILA 2010, à Berlin (Allemagne), le groupe de défense EADS a présenté un bimoteur léger, le Diamond DA42 NG, alimenté par un biocarburant à base d'algues.

● **LE PLUS LONG VOL À VITESSE SUPERSONIQUE**
Lancé d'un bombardier B-52, le 26 mai 2010, un X-51A Waverider de Boeing (USA) a été propulsé à Mach 6 (6 fois la vitesse du son, soit 7 350 km/h), par son superstatoréacteur à entrées d'air. Il a volé plus de 200 s. Les superstatoréacteurs sont alimentés par un carburant à l'hydrogène qui est enflammé par l'oxygène qui entre dans le moteur à une vitesse supersonique.

● **LA PLUS LONGUE ENVERGURE D'UN AVION PRODUIT ACTUELLEMENT**
L'avion de ligne Airbus A380 a une envergure de 79,8 m, presque la longueur d'un terrain de football.

★ **LE PREMIER COSMODROME À BUT COMMERCIAL**
La construction de Spaceport America par le gouvernement du Nouveau-Mexique (USA) devrait s'achever fin 2011 pour un coût d'environ 200 millions $. Le cosmodrome comprendra un aérogare spatial, un hangar et une piste de 3 000 m. Il accueillera les vols Virgin Galactic (RU, voir ci-dessous).

★ **LE 1ᵉʳ VAISSEAU SPATIAL COMMERCIAL DE TOURISME**
Le 23 mars 2010, le vaisseau spatial *Enterprise* de Virgin a effectué son vol inaugural au-dessus de la Californie (USA). Relié à son vaisseau porteur, le *WhiteKnightTwo*, la navette a volé 2 h et 54 min et atteint 13 716 m d'altitude. Lorsqu'elle transportera ses premiers passagers en 2012, elle s'élèvera à 15 240 m, puis, propulsée par un moteur de fusée, se détachera de son vaisseau porteur et emmènera ses six "touristes de l'espace" aux limites de l'atmosphère terrestre.

Fabriqué en Croatie, le **pistolet-téléphone mobile le plus puissant** est un pistolet de calibre 22 mm ayant l'aspect d'un téléphone mobile. Il est amorcé lorsque les touches 5, 6, 7 et 8 sont actionnées successivement et rapidement.

NAVIRES DE GUERRE

★ LA CLASSE DE PORTE-AVIONS LA PLUS RÉPANDUE

En termes de production, la classe de porte-avions la plus répandue est celle des porte-avions d'escorte Casablanca. De 1942 à 1945, 50 ont été construits pour l'US Navy. Ils mesuraient 156,1 m de long et leur déplacement était de 10 902 t en pleine charge. Cinq porte-avions Casablanca ont été perdus durant la Seconde Guerre mondiale et les autres ont été détruits depuis.

★ LE PLUS GROS AVION AYANT ATTERRI SUR UN PORTE-AVIONS

En octobre 1963, un avion de transport Lockheed KC-130F Hercules a exécuté 21 atterrissages sans brins d'arrêt et décollages sans assistance de l'USS *Forrestal* à 800 km de la côte américaine dans l'Atlantique Nord. L'avion de 54 844 kg s'est arrêté au bout d'une distance correspondant à deux de ses envergures, sans dispositifs de ralentissement ou d'arrêt.

★ LE PLUS GROS NAVIRE DE COMBAT DE SURFACE EN SERVICE ACTIF

En dehors des porte-avions, des navires de combat amphibies et des sous-marins, les plus gros navires de combat sont les croiseurs russes de la classe Kirov. Mesurant 252 m de long et 28,5 m de largeur maximale, ils ont un déplacement de 28 000 t en pleine charge et une vitesse maximale de 32 nœuds (59 km/h). Désarmé en 1978, l'*Admiral Lazarev* (ci-dessous) pèse 22 044 t.

★ LE PLUS VIEUX PORTE-AVIONS EN SERVICE

En 1959, le HMS *Hermes*, un porte-avions de classe Centaur, a été mis en service par la Royal Navy (RU). Mesurant 226,5 m de long, il a un déplacement de 28 700 t et atteint 28 nœuds (52 km/h). Après avoir servi sous les drapeaux britanniques durant la guerre des Malouines en 1982, il a été vendu à l'Inde en 1986 et sert aujourd'hui sous le nom d'INS *Viraat*.

★ LE PLUS GROS CROISEUR

Les croiseurs peuvent combattre d'autres navires tout en transportant des avions. Le plus grand est le croiseur russe *Admiral Kuznetsov*, qui atteint 302,3 m de long et a un déplacement de 58 600 t. Armé de 12 missiles Granit surface-surface, de 192 missiles surface-air Kinzhal, d'un lance-leurres anti-torpilles et de systèmes anti-aériens, il peut transporter 12 avions de chasse Su-33 et 5 Su-25 et 24 hélicoptères.

★ LA PLUS GROSSE FLOTTE DE PORTE-AVIONS

Sur les 22 porte-avions en service, la moitié appartient à l'US Navy, qui possède un porte-avions de la classe Enterprise (l'USS *Enterprise*, le **premier porte-avions nucléaire**) et 10 porte-avions de la classe Nimitz (les **plus gros navires de guerre** jamais construits), comme l'USS *Truman* (photo). Les 11 autres appartiennent au Royaume-Uni, à la Russie, à la France, au Brésil, à l'Inde, à l'Italie, à l'Espagne et à la Thaïlande.

La **plus grosse truffe** était une truffe blanche *(Tuber magnatum pico)* découverte par Giancarlo Zigante (Croatie), près de Buje (Croatie), le 2 novembre 1999. Pesant 1,31 kg, elle mesurait 19,5 cm de long et sa valeur était estimée à 5 080 $.

6 356 C'est le nombre de conserves que vous consommerez au cours de votre vie. Elles ont été inventées en 1810 pour nourrir les armées et les marins. Avant l'invention de l'ouvre-boîtes, 45 ans plus tard, elles devaient être découpées.

★ LES DERNIERS CUIRASSÉS AYANT COMBATTU

La domination croissante des missiles anti-aériens et guidés dans le combat naval a rendu les cuirassés obsolètes. Les 4 cuirassés de l'US Navy de classe Iowa – le *Missouri*, l'*Iowa*, le *Wisconsin* et le *New Jersey* – ont été construits en 1943. Même s'ils n'ont pas servi durant de longues périodes, ils ont été employés au cours de combats en Corée (1950-1953), au Vietnam (1955-1975) et dans le golfe Persique (1990-1991).

★ LA VITESSE LA PLUS ÉLEVÉE POUR UN CUIRASSÉ

Les cuirassés américains de classe Iowa étaient propulsés par 8 chaudières au fioul et 4 hélices, délivrant 212 000 chevaux. En 1968, l'USS *New Jersey* atteignit 35,2 nœuds (65,2 km/h) pendant 6 h. Après cet exploit, le capitaine du *New Jersey* ordonna un arrêt d'urgence et le bateau parcourut 3,2 km avant de s'arrêter.

★ LE PLUS GROS CUIRASSÉ

Mis en service en 1906 par la Royal Navy (RU), le HMS *Dreadnought* a révolutionné la conception des cuirassés. Le cuirassé a été le premier à ne pas être équipé de canons de calibre intermédiaire, remplacés par des canons de plus gros calibre. Au total, le *Dreadnought* comportait 10 canons de 305 mm de calibre placés dans 5 tourelles.

★ LE DERNIER MONITOR EN SERVICE ACTIF

Les monitors portent le nom du premier navire de guerre de leur classe, l'USS *Monitor*, armé en 1862. Ils sont lents, lourds, bas sur l'eau et comptent une seule tourelle principale. Le *Parnaíba* (U-17), monitor fluvial brésilien, a été armé en 1937 et est toujours en service actif.

★ LA PLUS GROSSE FLOTTE DE CROISEURS

Trois pays possèdent des croiseurs en service actif : les États-Unis, la Russie et le Pérou. L'US Navy a la plus grosse flotte, avec 22 bâtiments, contre 5 pour la Russie et 1 pour le Pérou. Les bâtiments américains sont des croiseurs de classe Ticonderoga construits entre 1980 et 1994. Ils mesurent 173 m de long pour un déplacement de 9 906 t. Armés d'un système de lanceurs verticaux destinés aux combats aériens, de missiles de croisière, anti-sous-marins et anti-navires, ils ont aussi deux canons de 127 mm, des systèmes anti-missiles et des tubes lance-torpilles.

★ LE PLUS GROS EXERCICE NAVAL

Le Rim of the Pacific Exercise est un exercice maritime annuel créé en 1971. Ses participants sont les États-Unis, le Canada et l'Australie. Le Royaume-Uni, le Chili, le Pérou, le Japon et la Corée du Sud y prennent aussi part régulièrement. Si l'échelle des exercices varie, la participation américaine compte jusqu'à 20 000 personnes, tous les équipements de combat d'un porte-avions et des navires de soutien.

★ LE PLUS DE NAVIRES SABORDÉS

Durant la Seconde Guerre, le 27 novembre 1942, la flotte française basée à Toulon (France) a été sabordée pour éviter que les Allemands ne s'en emparent. Sur 73 navires, 57 étaient des bâtiments importants : 2 cuirassés, 2 croiseurs de combat, 4 croiseurs lourds, 2 croiseurs légers, 1 avion, 30 destroyers et 16 sous-marins.

CHOC DES TITANS
Lors de la bataille de la mer de Corail (4-8 mai 1942), des porte-avions japonais et américains furent l'objet de la • **première bataille aéronavale**. Les bateaux étaient hors de portée les uns des autres. Le combat fut donc mené par les avions.

● MISE À JOUR
★ NOUVEAU RECORD

USS *TRUMAN* (CVN75)

Le *Truman* est le 8ᵉ des 10 porte-avions nucléaires de classe Nimitz, les plus gros navires de guerre du monde.

Lancement	7 septembre 1996
Coût	4,5 milliards $
Dimension	334 m de long et 76,5 m de large
Déplacement	105 545 t à pleine charge
Vitesse	Plus de 30 nœuds (55 km/h)
Propulsion	2 A4W réacteurs nucléaires, 4 hélices
Équipage	5 200 avec escadre aérienne, 3 000 de plus sans escadre aérienne
Avions	80 avions à ailes fixes, 10 hélicoptères
Armements	2 Sea Sparrow, 3 Phalanx CIWS et 2 systèmes Rolling Airframe Missile (RAM)

Pouvant atteindre 3 000 $ le kilo, *Tuber magnum pico* est l'**espèce de truffe la plus chère**. Présente uniquement dans certaines régions d'Italie et de Croatie, elle atteint jusqu'à 30 cm et ne peut être détectée que par des chiens spécialisés.

★ LE GILET PARE-BALLES LE PLUS PROTECTEUR

En juillet 2010, BAE Systems (RU) a dévoilé l'efficacité du gilet en kevlar intégrant un liquide (le SFT, "Shear-thickening fluid") qui s'épaissit lors de l'impact d'une balle et qui absorbe l'énergie 3 fois plus efficacement qu'un gilet en kevlar classique. Ce liquide a été surnommé "custard" en référence à la sauce anglaise. Le SFT permet aussi de réduire l'épaisseur du gilet pare-balles de 45 %.

★ LES UNIFORMES ÉLECTRIQUES LES PLUS PERFECTIONNÉS

Intelligent Textiles Ltd (RU) a développé un textile intelligent doté de circuits électroniques passifs, permettant une interconnexion électrique. En 2009, ce textile intelligent a été tissé sur un gilet pare-balles Osprey, sur lequel il transmettait un courant de 0,1-4 ampères. Cette technologie permet de réduire la charge portée par les soldats et de brancher des appareils électriques directement sur les gilets pare-balles.

★ LE DÉTECTEUR ÉLECTRONIQUE DE SNIPER LE PLUS EFFICACE

Fabriqué par Raytheon (USA), Boomerang Warrior-X, qui mesure 10,2 cm², détecte les tireurs ennemis en localisant le son de leur arme à une distance pouvant atteindre 914 m. Il affiche la position de la cible sur un écran et émet un signal.

★ L'AVION ESPION LE PLUS ÉCOLOGIQUE

Alimenté par un système de propulsion à l'hydrogène très efficace, le Phantom Eye est un prototype d'avion sans pilote présenté par Boeing (USA) le 12 juillet 2010. L'avion de reconnaissance dont le seul sous-produit est l'eau peut voler durant 4 jours, à une hauteur de 19 800 m.

★ L'ANIMAL DÉTECTEUR DE MINES LE PLUS EFFICACE

En Tanzanie, le rat de Gambie est exercé à détecter les mines grâce à son odorat par une organisation non gouvernementale belge, APOPO. Cette tâche représente un faible danger pour les rats. Très légers, ils sont en effet peu susceptibles de déclencher une mine. Il faut environ 9 mois pour les exercer à détecter l'odeur du TNT. Deux rats peuvent inspecter 200 m² en 2 h, alors qu'il faudrait une journée à des démineurs pour traiter la même surface.

FURTIVITÉ CHINOISE
Début 2010, la Chine a testé son nouvel avion de chasse furtif, le Chengdu J-20, destiné à entrer en service en 2017 pour défier le ★ seul avion complètement furtif, le F-22 Raptor américain.

★ LES 1ERS CHIENS DE RECHERCHE GUIDÉS À DISTANCE

Des chercheurs du Canine Detection Research Institute de l'université d'Auburn (Alabama, USA) ont conçu un harnais équipé d'un GPS pour guider à distance des chiens de recherche dans des situations dangereuses. Doté d'un GPS, d'un processeur, de capteurs spatiaux et d'un modem radio, le harnais transmet des vibrations au chien sur son flanc gauche ou droit afin de le guider à travers des passages étroits dans des aéroports ou lors de catastrophes naturelles.

★ LE PLUS GRAND SATELLITE ESPION

Le 21 novembre 2010, NROL-32, un satellite espion identifié comme le plus grand par un membre du National Reconnaissance Office, a été lancé de Cape Canaveral (USA), depuis la fusée Delta 4 – la fusée américaine la plus puissante. Si les renseignements sur le satellite sont top-secret, on sait que la fusée est capable de lancer des charges de 24 t, ce qui laisse penser que le satellite est très volumineux.

★ LES DÉTECTEURS DE BOMBE LES PLUS ÉCOLOGIQUES

L'université du Colorado (USA) a conçu un programme informatique permettant "d'exercer" les plantes à réagir aux explosifs. Elles émettent alors des substances chimiques appelées terpénoïdes, qui modifient la couleur de leurs feuilles.

★ LES MUNITIONS LES PLUS ÉCOLOGIQUES

Même si elles restent mortelles, les balles M855A1 Enhanced Performance Rounds de l'armée américaine sont moins nocives pour l'environnement que les autres. En cuivre, et non en plomb, ces balles sont utilisées par les troupes américaines en Afghanistan depuis juin 2010.

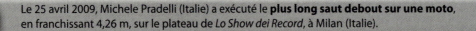

Le 25 avril 2009, Michele Pradelli (Italie) a exécuté le **plus long saut debout sur une moto**, en franchissant 4,26 m, sur le plateau de *Lo Show dei Record*, à Milan (Italie).

166 € C'est votre participation aux 1112 milliards € dépensés chaque année dans le monde pour l'armement. Si le gouvernement vous reversait cette part chaque année, vous pourriez acquérir une voiture blindée d'occasion en l'espace d'une vie (13 089 €).

À DISTANCE

Les avions sans pilote comme le Black Hawk sont utilisés depuis longtemps dans les combats. Le ★ 1er combat aérien avec un UAV s'est déroulé entre un MiG irakien et un drone américain, au-dessus de l'Irak, en décembre 2002.

★ LE PLUS GROS UAV OPÉRATIONNEL

En février 2010, Israel Aerospace Industries a dévoilé le dernier modèle de l'UAV (avion sans équipage) Heron TP, un drone baptisé *Eitan*. De la taille d'un Boeing 737, il présente une masse maximale au décollage de 4 650 kg, d'une envergure de 26,2 m et d'une longueur de 14 m. Son moteur à réaction de 1 200 ch (895 kW) lui permet de transporter des caméras haute résolution, des systèmes électroniques et des armes. Il peut voler plus de 20 h à 13 716 m d'altitude.

★ LE 1er HÉLICOPTÈRE DE COMBAT SANS PILOTE

Le constructeur américain d'hélicoptères Sikorsky a lancé un programme de 1 milliard $ pour réaliser le premier hélicoptère de combat sans pilote, dont le prototype doit être présenté en 2011. Inspiré du célèbre Black Hawk de la société, le nouvel hélicoptère devrait entrer en service en 2015 et coûter 17,25 millions $ l'unité.

★ LE CANON ÉLECTROMAGNÉTIQUE LE PLUS PUISSANT

Les canons électromagnétiques utilisent l'électricité pour lancer des projectiles à plus de Mach 7 et peuvent détruire des cibles situées à 370 km. Le 10 décembre 2010, au Centre de guerre navale de surface de Dahlgren (USA), un canon électrique a effectué un tir avec une énergie de 33 MJ – une puissance surprenante, sachant que 1 mégajoule peut propulser un objet de 1 t à 160 km/h.

pouvant atteindre 30 nœuds (55,6 km/h).

★ LE PLUS PETIT MISSILE GUIDÉ

Pesant 2,4 kg, le missile Spike de la US Navy est adapté aux petits véhicules aériens sans équipage (UAV). Avec son système de guidage à laser, il peut accrocher une cible aussi petite qu'une moto.

★ LE DRONE DE SURVEILLANCE LE PLUS PERFECTIONNÉ

En décembre 2010, l'US Air Force a déployé en Afghanistan son système de surveillance Gorgon Stare qui équipe le véhicule aérien sans équipage (UAV) MQ-9 Reaper. Le système, qui compte 9 caméras, peut transmettre simultanément 65 images en direct et surveiller une ville entière.

★ LA 1re DESTRUCTION RÉUSSIE D'UN MISSILE BALISTIQUE PAR UN LASER AÉROPORTÉ

En février 2010, un prototype de laser américain emporté à bord d'un Boeing 747-400F modifié a détruit un missile balistique en plein vol au large de la Californie (USA). Des lasers basse énergie ont été utilisés pour détecter et suivre le missile avant qu'un laser haute énergie issu d'un télescope situé dans le nez de l'appareil ne le détruise.

★ LA BARGE DE DÉBARQUEMENT LA PLUS RAPIDE

En 2010, le Royaume-Uni a testé le Partial Air-Cushion Supported Catamaran, une barge de débarquement en aluminium

● MISE À JOUR
★ NOUVEAU RECORD

Peter Schmidl et Anna Turceková (Slovaquie), deux passionnés de moto, ont organisé la **plus longue procession de mariage à moto**, avec 597 motos, à l'occasion de leur mariage à Bratislava (Slovaquie), le 6 mai 2000.

●LE PONT LE PLUS LONG

Le pont Danyang-Kunshan, situé sur la ligne à grande vitesse Pékin-Shanghai, mesure 164 km de long. Ouverte en juin 2011, cette nouvelle ligne passe sur le viaduc de Langfang-Qingxian, deuxième plus long pont du monde : 114 km.

LE PONT LE PLUS HAUT

Le viaduc de Millau, qui passe au-dessus de la vallée du Tarn (France), est soutenu par sept piliers de béton, dont le plus haut mesure 333,88 m du sol à son point culminant, soit deux fois la hauteur de la pyramide de Kheops (Égypte). *(Voir p. 194-195 pour plus d'informations sur les pyramides.)*

★ LE PLUS DE PONTS TRAVERSÉS

Donald H. Betty de Lancaster (Pennsylvanie, USA) a traversé 150 ponts suspendus, dont 26 des ponts les plus longs du monde. Le plus long qu'il ait franchi était le pont Akashi-Kaikyo (Japon) *(voir page de droite).*

●PONT (TABLIER)

Le tablier du pont suspendu enjambant le fleuve Si Du du comté de Badong (Hubei, Chine) culmine à 472 m au-dessus de la vallée – l'Empire State Building pourrait tenir en dessous. Lors de la construction du pont, le premier câble de suspension fixé a été projeté en travers de la vallée de 500 m de large au lieu d'être transporté par hélicoptère. Il s'agit donc du ★ **premier câble d'un pont suspendu placé à l'aide d'une fusée**. Le pont a été ouvert à la circulation le 15 novembre 2009.

●LE PLUS LONG PONT-FONTAINE

Le pont de Banpo, qui enjambe la rivière Han à Séoul (Corée du Sud), mesure 1 140 m de long. Il compte 380 becs qui projettent 54 t d'eau par minute à 43 m de distance sur un plan horizontal. L'eau retombe ensuite d'une hauteur de 20 m dans la rivière. Le soir, des lampes à diodes électroluminescentes éclairent les jets, qui dansent en rythme sur 100 morceaux de musique différents.

LE PLUS VIEUX PONT

Des vestiges de ponts de 1600 av. J.-C. sont présents le long du fleuve Havos à Mycènes (Grèce). Le pont le plus ancien toujours utilisé est celui doté d'une seule arche à dalle de pierre surplombant le fleuve Mélès à Izmir (Turquie). Il date de 850 av. J.-C.

LE PONT LE PLUS LARGE

Le Harbour Bridge de Sydney (Australie) mesure 503 m de long et 48,8 m de large. Il compte 2 voies ferrées électriques au sommet, 8 voies de circulation automobile, 1 piste cyclable et 1 passage piéton. Il a été inauguré le 19 mars 1932.

LES PLUS HAUTS

★ PONT FERROVIAIRE

Situé près de Liupanshui (Guizhou, Chine), le pont ferroviaire du fleuve Beipanjiang est une arche dont le tablier atteint une hauteur maximale de 275 m.

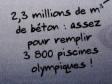

2,3 millions de m³ de béton : assez pour remplir 3 800 piscines olympiques !

450 000 t d'acier : assez pour construire 65 tours Eiffel !

●LE PONT SUR L'EAU LE PLUS LONG

Le pont routier à 6 voies Qingdao-Haiwan, qui passe au-dessus de la baie de Jiaozhou (Shangdong, Chine), mesure 42,5 km de long. Résistant aux séismes et aux typhons, il a été inauguré en 2011 et est conçu pour résister à l'impact d'un navire de 300 000 t. Il est plus long de 4,07 km que la chaussée du lac Pontchartrain (Louisiane, USA), qui détenait autrefois ce record.

D'AUTRES CONSTRUCTIONS, P. 192.

La **plus grande collection de serviettes de table** est détenu par Antónia Kozáková (Slovaquie), qui en possédait 30 300 différentes, le 27 avril 2007.

GUINNESS WORLD RECORDS 2012

LES PLUS LONGS...

★ PONT AUTOROUTIER

À Bangkok (Thaïlande), le pont Bang Na Expressway à six voies (appelé également Bang Na-Bang Phli-Bang Pakong Expressway ou Burapha Withi Expressway) mesure 54 km de long. 1,8 million de m³ de béton ont été utilisés pour sa construction. Inauguré le 7 février 2000, il a coûté 1 milliard $.

PONT TRANSOCÉANIQUE

Le pont le plus long enjambant un océan est le pont de la baie de Hangzhou, qui relie Cixi et Zhapu dans la province chinoise du Zhejiang.

PONT SUSPENDU

La travée principale du pont routier Akashi-Kaikyo reliant Honshu et Shikoku (Japon) mesure 1 990,8 m de long. La longueur totale du pont suspendu, en incluant ses travées latérales, est de 3 911,1 m.

● PASSERELLE POUR PIÉTONS

Le 3 octobre 2009, le Poughkeepsie Bridge de New York (USA), qui mesure 2,06 km, également appelé le "Walkway Over the Hudson State National Park", a été rouvert au public. Il s'agit de la plus longue passerelle pour piétons du monde. Hornibrook Bridge, qui traverse la Bramble Bay dans le Queensland (Australie), est une passerelle plus longue, mais elle est désormais fermée au public.

● PONT EN ARC

Le pont de Chaotianmen à Chongqing (Chine), qui enjambe le Yangzi Jiang, est un pont en arc en treillis métallique à deux tabliers dont la portée est de 552 m.

PONT TIBÉTAIN

En mai 2004, un pont tibétain (passerelle entre deux rives soutenue par des câbles) de 374 m de long a été tendu par Experimenta (Italie) au-dessus du Pô à Turin (Italie).

● LE PONT LE PLUS CHER

Inauguré en 1963, le pont à cinq voies San Francisco-Oakland Bay Bridge a été endommagé par le séisme de Loma Prieta en 1989. Des travaux de restauration d'un coût estimé à 6,3 milliards $ y ont été entrepris en 2002.

CONSTRUCTION DE PONTS

Érigé en 1936, le premier Bay Bridge a coûté 77 millions $ (1,2 milliard $ actuels). Il a nécessité plus de béton que l'Empire State Building.

● LE PLUS LONG PONT AUTOROUTIER ET FERROVIAIRE

Le pont Wuhu, sur le Yangzi Jiang (Anhui, Chine), est un pont routier et ferroviaire d'une longueur totale de 10,02 km dont la travée principale mesure 312 m. Le tablier supérieur compte 4 voies d'autoroute et un passage piéton, tandis que le tablier inférieur comporte une double voie ferrée.

● MISE À JOUR
★ NOUVEAU RECORD

Le restaurant *Bawabet Dimashq* (porte de Damas) à Damas (Syrie) est le **plus grand restaurant** du monde, avec 6 014 couverts.

Ingénierie & technologie
ARCHITECTURE ÉPIQUE

CAPITAL GATE EST PENCHÉE SELON UN ANGLE

● LA PLUS HAUTE TOUR

La Canton Tower, ou Guangzhou TV & Sightseeing Tower, s'élève à 600 m si l'on inclut son antenne – soit le double de la hauteur de la tour Eiffel. Située dans le quartier de Haizhu, à Guangzhou (Chine), elle a été conçue par Mark Hemel et Barbara Kuit (Pays-Bas) de la société néerlandaise Information Based Architecture.

LE PLUS GRAND PHARE

Dans le parc de Yamashita à Yokohama (Japon), la Marine Tower en acier de 106 m de haut offre une visibilité de 32 km à la ronde. Elle abrite un observatoire à 100 m au-dessus du sol. Elle peut projeter une lumière à 600 000 candelas.

L'ÉDIFICE LE PLUS HAUT

Le 4 janvier 2010, la tour Burj Khalifa, construite par Emaar Properties à Dubaï (ÉAU), s'élevait à 828 m. Sa construction a débuté le 21 septembre 2004. L'extérieur de la tour a été achevé le 1er octobre 2009. Conçue par Skidmore, Owings & Merrill LLP, la Burj Khalifa est l'**édifice le plus haut** et l'**édifice bâti par l'homme le plus élevé**.

★ LA PLUS HAUTE TOUR PENCHÉE CONSTRUITE PAR L'HOMME

Achevée en 1987, la tour du Stade olympique de Montréal (Canada) mesure 165 m de haut et est inclinée à 45°. Le stade a accueilli les jeux Olympiques de 1976, époque à laquelle la tour n'était pas encore achevée et le stade ne possédait pas encore de toit rétractable.

L'ÉDIFICE CONSTRUIT PAR L'HOMME LE PLUS PENCHÉ

La tour Capital Gate de 160 m de haut a une inclinaison de 18°. Elle a été construite par l'Abu Dhabi National Exhibitions Company et conçue par RMJM. Sa structure externe a été achevée en janvier 2010 à Abu Dhabi (ÉAU).

L'ÉDIFICE LE PLUS ÉLEVÉ ABRITANT UN HÔTEL

Le Park Hyatt Shanghai de Pudong (Chine) occupe les étages 79 à 93 du Shanghai World Financial Centre. L'hôtel inclut également la **plus haute plate-forme d'observation** du monde, une construction de verre baptisée Skywalk, qui se situe au 100e étage du bâtiment à une hauteur de 473,9 m.

LE PLUS GRAND ÉDIFICE RÉSIDENTIEL

Situé sur la Gold Coast (Queensland, Australie), le Q1 possède une structure haute de 323 m et un toit s'élevant à 275 m, ce qui en fait l'édifice le plus haut du monde construit à titre résidentiel. Ses 80 étages abritent 527 appartements. Inauguré en octobre 2005, il est l'édifice le plus haut d'Australie.

★ L'ÉDIFICE EN FORME DE TENTE LE PLUS ÉLEVÉ

Le Khan Shatyr Entertainment Centre, à Astana (Kazakhstan), s'élève à 150 m depuis sa base elliptique. L'édifice en forme de tente couvre plus de 100 000 m².

● LES APPARTEMENTS RÉSIDENTIELS LES PLUS ÉLEVÉS

La tour Burj Khalifa de Dubaï (EAU) abrite l'étage résidentiel le plus haut du monde, à 385 m de hauteur. Les étages 77 à 108 de l'édifice de 163 étages sont réservés à ses 900 appartements.

LA STRUCTURE LA PLUS HAUTE

La plate-forme pétrolière flottante Ursa exploitée par Shell et amarrée dans le golfe du Mexique s'élève à 1306 m au-dessus du fond marin.

L'HÔTEL LE PLUS HAUT

L'hôtel Rose Rayhaan de la société Rotana hotel à Dubaï (EAU) mesure 333 m de haut, du sol jusqu'à l'extrémité de son antenne. Il comporte 482 chambres réparties sur plus de 72 étages et a été inauguré le 14 décembre 2009.

LE PLUS GRAND PALAIS RÉSIDENTIEL

Le palais Istana Nurul Iman du sultan de Brunei, situé dans la capitale Bandar Seri Begawan, a été achevé en janvier 1984 et aurait coûté 422 millions $. Il comporte 1 788 chambres et 257 toilettes. Sa superficie de 200 000 m² est équivalente à celle de 40 terrains de football américain.

LE PLUS GRAND HOTEL

Le First World Hotel, du Genting Highlands Resort au Pahang Darul Makmur (Malaisie), possède 6 118 chambres. L'hôtel a été achevé en 2005.

LA VILLE EN ROSE

Par ce record, la société Lauder souhaitait communiquer sur le cancer du sein. Evelyn Lauder et Liz Hurley ont déclenché l'illumination de l'Empire State Building.

● MISE À JOUR
★ NOUVEAU RECORD

★ LE PLUS DE MONUMENTS ÉCLAIRÉS EN 24 H

Le 1er octobre 2010, dans le cadre du mois consacré à une campagne contre le cancer du sein, Estée Lauder a illuminé 38 édifices en 24 h. De nombreux monuments ont ainsi été éclairés en rose : le Zappeion (ci-contre) à Athènes (Grèce) ; la Freedom Tower (photo de droite) à Miami (USA) ; la tour de Tokyo (Japon) et le Burj Al Arab à Dubaï (EAU). L'événement s'est achevé à New York (USA), par l'illumination de l'Empire State Building.

Datant de 232, l'★ église chrétienne la plus ancienne est une maison située à Qal'at es Salihiye (Doura Europos), à l'est de la Syrie.

La plus grande église monolithique est située à Lalibela (Éthiopie). Bet Medhane Alem mesure 33,5 m de long, 23,5 m de large et 11 m de haut.

QU'EST-CE QU'UNE PYRAMIDE ?

Une pyramide est un polyèdre (forme géométrique à trois dimensions dont les arêtes sont droites) doté d'une base polygonale (à plusieurs côtés) et de faces triangulaires qui se rejoignent au sommet. Les plus beaux exemples de pyramides sont les édifices en pierre de Gizeh (Égypte), mais il existe bien d'autres pyramides...

PYRAMIDES HUMAINES

SUR DES MOTOS

La Dare Devils Team de l'Indian Army Signal Corps a parcouru 129 m en formant une pyramide composée de 201 hommes juchés sur 10 motos, au Gowri Shankar Parade Ground à Jabalpur (Inde), le 5 juillet 2001.

SUR DES PATINS

Une pyramide de 30 patineurs de la NSA Roller Gymnastics Team (USA) a parcouru 47,2 m en 8 s, à Philadelphie (USA), en 1985.

★ LA PLUS GRANDE PYRAMIDE HUMAINE DE SKIEURS NAUTIQUES

Des membres du club de ski nautique Rock Aqua Jays de Janesville (Wisconsin, USA) ont constitué une pyramide de 44 personnes sur 3 fois 4 niveaux, lors du tournoi de ski nautique organisé à Rockford (Illinois, USA), en août 2003.

LA PLUS HAUTE PYRAMIDE DE 8 ÉQUILIBRISTES
Les Flying Wallendas (USA) ont formé une pyramide de 8 personnes, à 7,62 m au-dessus du sol, à Sarasota (USA), le 20 février 2001.

LA PLUS HAUTE PYRAMIDE

Gizeh (Égypte) abrite la pyramide de Khéops (à l'extrême droite sur la photo). La perspective la fait paraître plus petite, la pyramide centrale étant sur un terrain surélevé. Aussi appelé Grande Pyramide, l'édifice atteignait 146,7 m de haut lorsqu'il a été construit il y a 4 500 ans et a servi de mausolée à Khéops, qui a régné de 2589 à 2566 av. J.-C.

PYRAMIDE DE KHÉPHREN
Mesurant 215,5 m de large à la base et 136,4 m de haut, elle semble plus haute que la Grande Pyramide car elle repose sur un substrat rocheux de 10 m de haut.

PYRAMIDE DE MENKAURE
La plus petite pyramide de Gizeh mesure 103,4 m à la base et 65,5 m de haut. Inachevée, elle permet aux archéologues d'imaginer la manière dont les pyramides étaient édifiées.

PYRAMIDES DES REINES
Trois tombeaux représentant 1/5ᵉ de la Grande Pyramide abritent les femmes liées au pharaon.

La **plus grande botte de cow-boy** n'a pas été fabriquée aux États-Unis, mais en Éthiopie. Elle mesure 2,5 m de haut et 2,38 m de long, et est l'œuvre de Belachew Tola Buta (Éthiopie).

57 C'est la quantité de déchets en tonnes que vous jetterez au cours de votre vie, soit assez pour construire une maquette de la Grande Pyramide de 8,5 m de haut. Une réplique grandeur nature nécessiterait les déchets accumulés au cours de 49 163 existences.

★ LA PLUS GRANDE PYRAMIDE DE TASSES

Une pyramide de 22 140 tasses a été réalisée par Melanie Lütkefent, Vanessa Höft, Miriam Plümer, Arman Schlieker et Damian Krey (Allemagne), avec la société Aral AG, au centre commercial Du Mont Carré, à Cologne (Allemagne), le 8 octobre 2010.

PYRAMIDES FAITES PAR L'HOMME

CAPSULES

Le 9 septembre 2000, 12 étudiants du centre culturel de Krasnystaw (Pologne) ont réalisé une pyramide de 308 945 capsules, en 9 jours.

CANETTES

Des étudiants de l'université INTI de Subang Jaya (Malaisie) ont construit une pyramide de 9 455 canettes en 24 min, à Kuala Lumpur, le 23 septembre 2000.

● CAGEOTS DE BIÈRE

Les 11 et 12 juin 2005, 200 volontaires ont passé 2 jours à édifier une pyramide de 63 365 cageots de bière, au cours d'un événement organisé par la fondation Limmen Ludiek, à Limmen (Pays-Bas),

● BOÎTES EN CARTON

La plus haute pyramide est composée de 43 147 boîtes de Calgon empilées en 46 couches atteignant 6,44 m de haut. Elle a été construite par les employés de la société Reckitt Benckiser Cleaning Materials Industry and Trade Co. (Turquie), au Carrefour SA d'Istanbul (Turquie), le 30 octobre 2010.

★ BOTTES DE PAILLE

La plus haute pyramide de bottes de paille s'élève à 28,95 m, avec une base de 25 x 25 m. Composée de 1 500 bottes, elle a été réalisée par des membres du Cercle des jeunes agriculteurs du pays de Sarrebourg, à Voyer (France), le 22 août 2004.

PYRAMIDE DE KHÉOPS

Construite vers 2560 av. J.-C., la Grande Pyramide ne mesure plus que 137,5 m à cause de l'érosion, mais reste la pyramide la plus haute. Mesurant à l'origine 146,7 m, elle était le plus haut édifice réalisé par l'homme jusqu'en 1311, date de la construction de la cathédrale de Lincoln (RU).

LA PLUS HAUTE PYRAMIDE DE FLÛTES DE CHAMPAGNE

Luuk Broos (Pays-Bas) et son équipe ont créé une fontaine de champagne de 63 étages composée de 43 680 verres, au centre commercial de Wijnegem (Belgique), le 25 janvier 2008.

BISCUITS

La plus haute pyramide de biscuits atteint 1,49 m. Elle a été réalisée par Jan Vinzenz Krause et des membres du diocèse d'Essen (Allemagne), au centre commercial d'Obhausen (Allemagne), le 16 septembre 2006. Elle ne semble pas très haute. Sa réalisation a tout de même nécessité 12 180 biscuits Leibniz au beurre !

Vestiges du revêtement de calcaire lisse d'origine

LA PLUS GRANDE

La plus grande pyramide est celle de Quetzalcoatl, près de Mexico (Mexique). Sa base couvre 18,2 ha (environ 17 terrains de football). Son volume est estimé à 3,3 millions m³.

LA PLUS HAUTE PYRAMIDE DE BOULES DE GLACE Le fabricant de glace Baskin-Robbins (USA) a réalisé une pyramide de 3 100 boules de glace, à Hawaii (USA), le 8 mai 2000.

FORT COMME UN ÉGYPTIEN

D'un volume de 2,5 millions de m³, la Grande Pyramide se compose de 2,3 millions de blocs de pierre (voir photo), dont certains pèsent jusqu'à 80 t.

Lorsqu'il est entré au Bertram Mills Circus (RU) en 1929, le clown Coco (alias Nicolaï Poliakoff, Lettonie) portait des bottes dont la pointure anglaise était de 58 (92 en France), soit les **plus grandes bottes de clown**.

LES PLUS GRANDS...

●MOSAÏQUE DE PERLES

Une mosaïque de 3,74 m de large sur 2,7 m de haut, d'une surface de 10,1 m², a été réalisée par des élèves de primaire de l'école Scoil Nahom Iosaf de Baltinglass, dans le comté de Wicklow (Irlande), le 24 juin 2010.

●LUSTRE

Appelé "Flot réfléchissant", le plus grand lustre du monde pèse 18 000 kg et compte 165 000 diodes électroluminescentes.

Ce lustre, qui se trouve dans le bâtiment de la société Ali Bin Khalifa Al Hitmi & Co à Doha (Qatar), y a été mesuré le 23 juin 2010.

●BALLON DE FOOT

KIA Motors et l'hôtel Emperors Palace Resort and Casino (Afrique du Sud) ont fabriqué un ballon de foot de 15,66 m de diamètre, qui a été exposé à Johannesburg (Afrique du Sud), le 5 juillet 2010.

●BALLON DE PLAGE GONFLABLE

Le plus gros ballon de plage gonflable mesure 14,70 m de diamètre. Fabriqué au Nigeria par IDCL pour MTN, il a été présenté et mesuré le 10 août 2010 à Lagos (Nigeria).

★RAQUETTE DE TENNIS DE TABLE

Todd Thomas (USA) a réalisé une raquette de tennis de table de 2,69 m de haut et 1,77 m de diamètre. Son manche mesure 1,05 m de long. La raquette a été présentée et mesurée au DFW Table Tennis Club d'Irving (Texas, USA), le 3 mai 2010.

★POUPÉE VAUDOU

La plus grande poupée vaudou mesure 6,6 m de haut. Elle a été créée par Catherina Williams (USA), à la Sugar Mill de La Nouvelle-Orléans (Louisiane, USA), le 17 novembre 2010. La poupée a été bénie selon les rites traditionnels de la religion vaudou, par une prêtresse vaudou.

LE PLUS GRAND SKATE-BOARD

Conçu et réalisé par Rob Dyrdek et Joe Ciaglia (tous deux USA), le plus grand skate-board mesure 11,14 m de long, 2,63 m de large et 1,1 m de haut. Il a été présenté sur MTV, le 25 février 2009.

LA PLUS GROSSE BOULE D'ÉLASTIQUES
Poids : 4 097 kg
Hauteur : 1,99 m
Réalisée par : Joel Waul (USA)

LA PLUS GROSSE BOULE DE CHEVEUX
Poids : 75,7 kg
Hauteur : 1,2 m
Assemblée par : Henry Coffer (USA)

LA PLUS GROSSE BOULE PEINTE
17 994 couches de peinture autour d'une balle de baseball
Circonférence : 2,77 m
Réalisée par : Michael et Glenda Carmichael (USA)

LA PLUS GROSSE BOULE DE RUBAN ADHÉSIF
Poids : 844,59 kg.
Circonférence : 7,23 m
Réalisée par : Tim et Ryan Funk (Canada)

HOURRA !
Le ●plus gros pompon mesurait 1,21 m de haut et 3,25 m de diamètre. Il a été fabriqué par les enfants d'une classe de de la Salesian Primary School (Irlande), le 16 mars 2010.

POUR VOIR LES CHOSES EN GRAND. RENDEZ-VOUS P. 140.

LA PLUS GROSSE BOULE DE SACS EN PLASTIQUE
Nombre de sacs : 36 700
Réalisée par : le Département des travaux publics du comté de Los Angeles (USA)

★LA PLUS GROSSE BOULE DE FILM ALIMENTAIRE

Jake Lonsway de Bay City (Michigan, USA) a réalisé une boule de film alimentaire d'une circonférence de 3,51 m et d'un poids de 127,7 kg, en commençant le 14 juin 2007.

En 2002, Eugene Gomberg (Lettonie) a acheté la ★**carte postale la plus chère** du monde. Elle coûtait 31 758,75 £ (36 107 €) et datait de 1840.

5,89 C'est le poids en tonnes des fruits que vous consommerez au cours de votre vie, soit le poids moyen d'un éléphant. Les fruits ont besoin d'être mangés : c'est l'un des moyens de dissémination de leurs graines.

● **YO-YO**
Le 6 juillet 2010, au Bay de Noc Community College d'Escanaba (Michigan, USA), les étudiants du cours de travaux pratiques de Jerry Havill, le Team Problem Solving course (USA), ont conçu un yo-yo de 738,64 kg mesurant 3,51 m de diamètre. Projeté par une grue, le yo-yo est descendu et remonté 30 fois.

LES PLUS LONGS...

★ **CHAÎNE AU CROCHET**
Anne Vanier-Drüssel (France) a confectionné une chaîne au crochet de 130 km de long. Son ouvrage a été présenté et mesuré à Aniane (Hérault, France), le 14 octobre 2009.

● **COLLIER DE PERLES**
Le plus long collier de perles constitué d'un seul rang mesure 222 m de long. Il a été créé par Shimashi Kanko Kyokai (Japon) pour la 60e fête des perles, au Kashikojima, à Shima (préfecture de Mie, Japon), le 22 octobre 2010.

●LE PLUS GROS CHEVAL À BASCULE

Le 12 septembre 2010, Ofer Mor (Israël) a construit un cheval à bascule mesurant 7,6 x 3,22 x 6,10 m, à Kadima (Israël).

★ **LE PLUS GROS NICHOIR**
Un nichoir de 1,25 m de long sur 1,20 m de large, haut de 1,75 m à l'avant et 2,10 m à l'arrière, a été fabriqué au Heighley Gate Garden Centre de Morpeth (RU). Il a été présenté le 16 janvier 2008.

● **NAPPE**
Mesurant 1 763 m de long, la plus longue nappe du monde a été fabriquée par Gli Amici dell'Aia (Italie). Le 12 septembre 2010, elle a été étendue le long des via Romana et via Della Noce entre d'Albinea et Scandiano (Italie).

★ **LA PLUS LONGUE TABLE DE PIQUE-NIQUE**
Le 30 octobre 2009, Deirdre Sargent (USA) a créé une table de pique-nique continue de 75,65 m de long. En pin, elle a été installée au City Park de La Nouvelle-Orléans (USA).

"PIQUE-NIQUE"
Ce mot a été utilisé pour la 1re fois au XVIIe siècle. Il désigne un repas pris en commun, chaque convive apportant un plat ou une boisson.

● MISE À JOUR
★ NOUVEAU RECORD

LES CHEVAUX À BASCULE REMONTENT AU XVIIe SIÈCLE.

OBJETS DÉMESURÉS

LES PLUS GRANDS

● SAC À DOS

La société Safta (Espagne) a créé un sac à dos de 4,31 m de haut, 3,21 m de large et 1,47 m de profondeur. Le sac a été mesuré au centre des expositions IFEMA, durant le salon Intergift, à Madrid (Espagne), le 3 février 2011.

LIT

Mark Gerrick et Royal Sleep Products (USA) ont créé un lit de 23,47 m de long et 14,17 m de large, à Fort Worth (Texas, USA), le 11 septembre 2008.

★ BOUCLE DE CEINTURE

Le 3 février 2011, la plus grande boucle de ceinture a été présentée lors de "*ESPN The Magazine*'s NEXT BIG Weekend", à Fort Worth (Texas, USA). Créée par ESPN et Kelly Graham (USA), elle mesure 1,98 m de haut et 2,59 m de large.

★ FUSÉE DE FEU D'ARTIFICE

Pesant 13,4 kg, la plus grande fusée de feu d'artifice a été fabriquée et lancée par l'Associaçao Nacional de Empresas de Produtos Explosivos (Portugal), lors du 12e symposium international sur les feux d'artifice à Porto et Vila Nova de Gaia (Portugal), le 13 octobre 2010.

★ LAMPE TORCHE

Moon Way General Trading LLC (ÉAU) a fabriqué une lampe torche de 227 cm de long et 55 cm de diamètre. Elle a été présentée et mesurée à Sharjah (ÉAU), le 25 août 2010

★ VILLAGE DE LA NATIVITÉ

Le plus grand village de la nativité a été créé par Fabian Rojas (Colombie). Inauguré le 1er décembre 2010, à Santiago de Cali (Colombie), il couvre 17 228 m² et compte 339 personnages.

★ GUIRLANDE D'ORIGAMI

Le réseau des universités de Fukuoka (Japon) a créé une guirlande d'origami de 2 010 m de long, à la mairie de Fukuoka (Japon), le 26 septembre 2010.

● POSTER

Le 8 décembre 2010, un poster publié pour l'album *Michael* de Michael Jackson a été présenté à la Rectory Farm de Hounslow (RU). Mesurant 52,1 x 51,8 m, il a été créé par le peintre Kadir Nelson (USA) en 2009, à la demande de Sony Music UK.

★ CARTE À GRATTER

La Golden Casket Lottery (Australie) a créé une carte à gratter de 10 m de haut et 5 m de large. Elle a été présentée et grattée à Brisbane (Queensland, Australie), le 5 février 2011.

3,5 M DE HAUT

● MISE À JOUR
★ NOUVEAU RECORD

LE PLUS GRAND CADDIE MOTORISÉ

Edd China (RU) a fabriqué un caddie motorisé mesurant 3 m de long, 3,5 m de haut et 1,8 m de large. Celui-ci a été exposé au magasin Asda de Watford (RU), le 9 novembre 2005.

IMPOSANT, BEAU, PETIT...
VOUS DÉCOUVRIREZ DES PERSONNES
DE TOUTES STATURES P. 84.

★ LE PLUS GROS VUVUZELA

Long de 35 m et atteignant un diamètre maximum de 5,5 m, le plus gros vuvuzela a été créé par Hyundai Automotive en Afrique du Sud. Il a été présenté et mesuré au Cap (Afrique du Sud), le 26 mai 2010.

Sir Lionel Luckhoo (Guyana) est l'**avocat qui a gagné le plus de procès**. Associé de Luckhoo and Luckhoo, à Georgetown (Guyana), il a obtenu 245 acquittements successifs dans le cadre d'accusations de meurtre de 1940 à 1985.

480

C'est la hauteur en mètres qu'atteindraient les rouleaux de papier toilette que vous utiliserez au cours de votre vie – environ 4 000 –, s'ils étaient empilés les uns sur les autres, soit environ 100 m de plus que l'Empire State Building.

LE PLUS GROS ARROSOIR

Un arrosoir en acier galvanisé a été fabriqué pour le zoo Utica de New York (USA). Cet outil de jardinage géant a été amené au zoo par camion le 5 décembre 2000. Il pèse 907,1 kg, mesure 4,7 m de haut et possède un diamètre de 3,65 m.

● BOULE DE NEIGE

Wesley Fowlks et 9 autres participants (tous USA) ont confectionné une boule de neige mesurant 7,07 m de circonférence, au campus de Dartmouts de l'université du Massachussets (USA), le 1er février 2011.

★ PARAPLUIE

Atteignant 17,06 m de diamètre et 10,97 m de haut, le plus grand parapluie a été fabriqué par la société Max New York Life Insurance (Inde). Il a été présenté à Ishanya Mall à Pune (Inde), le 14 août 2010.

● SLIPS

Les plus grands slips du monde mesuraient 20 m à la taille et 12 m de la taille à l'entrejambe. Ils ont été présentés par Pants to Poverty (RU), à Londres (RU), le 16 septembre 2010.

★ KOMBOLOÏ

Le komboloï est un objet composé de perles enfilées sur un fil. Il est censé favoriser la détente lorsque l'on manipule ses perles.

Un komboloï gigantesque de 14,4 m de long a été réalisé par la Kuwait Oil Company (Koweït), à Al-Ahmadi (Koweït). Il a été achevé le 15 janvier 2011.

★ PORTEFEUILLE

Fabriqué par Big Skinny Corporation (USA), le plus grand portefeuille mesure 314 cm de long et 306 cm de haut. Il a été présenté et mesuré à Cambridge (Massachusetts, USA), le 26 novembre 2010.

LA PLUS GROSSE TRONÇONNEUSE

Une tronçonneuse fonctionnelle de 6,98 m de long et 1,83 m de haut a été fabriquée par Moran Iron Works, Inc., d'Onaway (Michigan, USA), en 1996. "Big Gus" a été présentée au Da Yoopers Tourist Trap, à Ishpening (Michigan, USA).

● LA PLUS GRANDE SERVIETTE DE PLAGE

Fateka SL a fabriqué une serviette de plage pour la Compañía Cervecera de Canarias (toutes deux Espagne) qui mesurait 87,14 m de long sur 25,20 m de large. La serviette a été étalée sur la Playa de las Canteras, à Las Palmas (Espagne), le 5 juin 2010.

SUR LA PLANCHE

La plus longue planche de surf a été fabriquée par Nev Hyman (Australie) en 2005. Elle mesurait 12 m de long, 3 m de large et 30 cm d'épaisseur.

UNE RÉUSSITE

Il a fallu 1 mois pour organiser la fabrication de cette serviette et 8 jours pour la confectionner. Ce n'est guère surprenant si l'on sait qu'elle est plus longue qu'un Boeing 747.

Pedro López (Colombie) a été reconnu coupable de 57 cas de meurtres en Équateur en 1980. Surnommé le "monstre des Andes", il a avoué 300 meurtres perpétués en Colombie, au Pérou et en Équateur, ce qui en fait le **plus grand serial-killer de l'histoire**.

★LES PLUS GROS REVENUS AU BOX-OFFICE POUR UN FILM D'ANIMATION LE JOUR DE SA SORTIE
Le jour de sa sortie aux États-Unis, le 18 juin 2010, *Toy Story 3* (USA, 2010) de Disney/Pixar (USA) a rapporté 41 millions $ dans 4 028 cinémas, dépassant le précédent record de 38,4 millions $ (27,2 millions €) détenu par *Shrek le troisième* (USA, 2007), le 18 mai 2007.

Originaire de l'Équateur (mais aussi du Pérou et du Panamá), *Megaloblatta longipennis* est le **plus gros cafard ailé** du monde. Un spécimen femelle de la collection d'Akira Yokokura (Japon) mesurait 97 mm de long et 45 mm de large.

La punaise d'eau géante *(Lethocerus maximus)*, une espèce carnivore du Venezuela (et du Brésil), est le **plus gros insecte aquatique**. Pouvant atteindre 11,5 cm de long, elle n'est pas aussi lourde que certains coléoptères et phasmes terrestres.

Pop culture : infos
COMIC-CON

GWR ÉTAIT PRÉSENT À LA PLUS GRANDE CONVENTION DE POP CULTURE DU MONDE

Plus de 130 000 fans de BD, films, séries télé et jeux vidéo ont pris d'assaut San Diego (Californie, USA), en juillet 2010, pour la Comic-Con – l'★ **événement de pop culture le plus important du monde**… GWR y a délivré des certificats de records.

STAR WARS : THE CLONE WARS

La série télé de CGI, *Star Wars : The Clone Wars*, a attiré près de 4 millions de téléspectateurs lors de son lancement sur le Cartoon Network en 2008, devenant ainsi la ★ **série d'animation de science-fiction la plus populaire**. Présents pour recevoir le certificat GWR (de gauche à droite) : le producteur, Cary Silver, le président et directeur d'exploitation de Turner Animation, Stuart Snyder, et le directeur technique, Dave Filoni.

ROCKY

Sylvester Stallone a fait une brève apparition pour promouvoir son nouveau film, *The Expendables : Unité spéciale*. C'est avec *Rocky* qu'il a établi un record. Avec un revenu brut de 556 millions $, rien qu'au box-office américain, la série des *Rocky* est la ★ **franchise de films de sport la plus rentable**. Sur la photo, Craig Glenday de GWR (au centre) remet le certificat à Stallone (à droite) et à la co-vedette de *Rocky IV*, Dolph Lundgren.

- ● MISE À JOUR
- ★ NOUVEAU RECORD

FUTURAMA

Avec une note de satisfaction de 80/100, la 6ᵉ saison de la comédie de science-fiction, *Futurama*, a été la ★ **série d'animation télé la plus appréciée**. Le créateur de la série – déjà détenteur de plusieurs records GWR – Matt Groening (à droite) a rejoint sur scène le producteur délégué, David X Cohen, pour recevoir les certificats officiels.

La **coulée de boue ayant fait le plus de victimes** a eu lieu en décembre 1999, à la suite des pluies torrentielles qui se sont abattues sur l'État de Vargas (Venezuela). Entre 10 000 et 30 000 personnes ont péri dans la catastrophe.

Ce sont les heures passées à lire. Avec une moyenne de 300 mots à la minute, on lit plus de 448 millions de mots dans toute une vie, soit l'équivalent de 3 400 exemplaires de cet ouvrage !

GLEE

Les vedettes de la série musicale télé *Glee* sont entrées dans le *Guinness World Records* grâce au **record de titres présents simultanément dans les charts anglais** – cinq en janvier 2010. Leur joie était partagée par les "Gleeks" qui ont acclamé les acteurs !

TODD KLEIN

Nous avons eu le plaisir de rencontrer le célèbre lettreur de bandes dessinées, Todd Klein, qui, fort de 15 trophées, détient le **record de récompenses Eisner pour une même catégorie**. On le voit ici avec la double page de bandes dessinées créée pour le GWR 2011 dont il avait conçu les légendes.

SAW

Avec des recettes de 733 millions $ à l'échelle mondiale pour ses six premiers épisodes, la franchise *Saw* est devenue la ★**série de films d'horreur la plus rentable**. Qui était mieux placé que le redoutable John Kramer "Jigsaw" – alias l'acteur Tobin Bell – pour recevoir le certificat ?

STEAMPUNKS

La Comic-Con attire toutes sortes de fans, férus de pop culture, et notamment de Steampunk – un sous-genre de science-fiction inspiré par la révolution industrielle et l'époque victorienne. La convention de 2010 a rassemblé 185 passionnés qui ont ainsi établi le ★**plus grand rassemblement de Steampunks**. Félicitations à tous !

POUR D'AUTRES RASSEMBLEMENTS GÉANTS, RENDEZ-VOUS P. 102.

50 : c'est le ★**plus grand nombre de personnes traitées à la boue**. Ces gens ont participé à un événement organisé par Bad Saarow Kur GmbH, à Brandenbourg (Allemagne), le 28 mars 2009.

Pop culture
JEUX VIDĒO

LE PLUS DE VOITURES DANS UN JEU DE COURSE AUTOMOBILE

Gran Turismo 5 (2010) de Sony compte 1 000 véhicules des meilleures marques mondiales – toutes sur le disque du jeu. La version téléchargeable du jeu, prochainement disponible, devrait proposer encore plus de modèles.

★ **LE TOUR DE PISTE LE PLUS RAPIDE SUR** *CRASH NITRO KART*

Le 31 mai 2010, le gamer Alex Herrera (USA) de Lilburn (Géorgie, USA) a effectué un tour de piste (circuit Jungle Boogie) en 37,77 s, sur *Crash Nitro Kart* (Universal, 2003).

RYOTA A FAIT 237 PAS PARFAITS.

★ **LE PLUS DE TÉLÉCHARGEMENTS D'UN JEU VIDÉO SUR MOBILE**

25 ans après sa sortie, le jeu *Tetris* (Alexey Pajitnov, 1985) n'a rien perdu de sa splendeur. En octobre 2010, il a été téléchargé 100 millions de fois sur des téléphones portables.

● **LA PLUS GRANDE PARTIE DE JEU SUR CONSOLE MANUELLE**

Le 23 janvier 2011, 849 enfants, parents et amis se sont affrontés au jeu *Tokutenryoku Gakushu DS* (Benesse, 2008) sur Nintendo DS pendant 10 min. L'événement, présenté par la vedette télé Takahiro Azuma et l'actrice Wakana Aoi, était organisé par Odawara Gakuryoku Koji linkai, en collaboration avec Benesse, à Odawara (Japon).

LES DOIGTS LES PLUS LESTES

Le Venom Mini Dance Mat, qui permet aux joueurs de jouer au DDR avec les doigts, séduirait certainement Ryota. De 10 x 11,5 cm, c'est le 1er tapis de danse "à main".

DEMONSTRATION
PERFECT!!
GREAT!
18 Combo
32 Combo

★ **LE PLUS JEUNE GAMER À OBTENIR UN SCORE PARFAIT SUR** *DANCE DANCE REVOLUTION*

Âgé de 9 ans et 288 jours, Ryota Wada (Japon) a obtenu le score parfait de "AAA" sur *Dance Dance Revolution* (Konami, 1998). Il s'était attelé à la chanson *Hyper Eurobeat* en mode "Expert", chez lui, à Tokyo (Japon), le 29 août 2010.

● MISE À JOUR
★ NOUVEAU RECORD

D'une longueur de 271,97 m, le **train miniature le plus long** a été créé par la firme allemande Miniature Wunderland. Construit à Hambourg (Allemagne), le 25 juillet 2008, le train à l'échelle 1 : 87.1 comprenait 8 locomotives et 2 212 wagons !

34 C'est l'âge du gamer moyen. Il s'adonne aux jeux vidéo depuis 12 ans et dépense 89 € par an pour ses jeux. Paradoxalement, l'acheteur de jeux vidéo moyen a 40 ans.

★ LE MARATHON LE PLUS LONG

Tony Desmet, Jesse Rebmann et Jeffrey Gammon (tous Belgique) ont joué à *Assassin's Creed Brotherhood* (Ubisoft, 2010) pendant 109 h, dans le cadre du GUNKtv World Record Gaming Event, à Anvers (Belgique), du 18 au 22 décembre 2010.

★ LA PLUS LONGUE SESSION DE JEU VIDÉO EN CHUTE LIBRE, EN INTERIEUR

Suspendu dans un tunnel aérodynamique, Jesse Moerkerk (Pays-Bas), 1,90 m pour 120 kg, s'est offert une partie aérienne de Nintendo Wii pendant 18 min et 52 s, à l'Indoor Skydive Roosendaal (Pays-Bas), le 11 janvier 2011.

● LE PLUS LONG MARATHON (FOOTBALL)

Dans le cadre d'un événement caritatif, Michael Puterflam (Australie) a joué à la *FIFA 11* (EA, 2010) pendant 30 h et 1 min, à la Westfield Bondi Junction, à Sydney (Australie), les 1er et 2 décembre 2010. Michael s'est mesuré à plus de 100 adversaires, dont des vedettes, des sportifs et le public présent.

● LE PLUS LONG MARATHON (*GUITAR HERO*)

Lors d'une représentation diffusée en *streaming live*, Zach Wong (Canada) a joué à *Guitar Hero* (Harmonix, 2005) pendant 50 h et 3 min, à Vancouver (Canada), du 25 au 27 août 2010.

LE 1ER SCORE MAXIMUM SUR *PAC-MAN*

Billy Mitchell (USA) a obtenu le premier score "parfait" sur *PAC-Man* (Namco, 1980), le 3 juillet 1999, totalisant le maximum de points, soit 3 333 360, en un peu plus de 6 h. Ce jeu est considéré comme le jeu vidéo le plus difficile. Le joueur doit avaler tous les points, les fantômes et les fruits dans les 256 niveaux sans perdre une seule vie.

★ LA PARTIE LA PLUS RAPIDE DE" SNIPER-FI" SUR *CALL OF DUTY: MODERN WARFARE 2*

En 2010, Janner (USA), membre de la communauté online weplayedcod.com, a exécuté la mission de "Sniper-Fi" sur la version PC de *Call of Duty: Modern Warfare 2* (Infinity Ward, 2009) en 1 min et 39,5 s – soit 16 s de mieux que les propres développeurs du jeu !

● LE JEU SUR PC LE PLUS VITE VENDU

Lancé le 7 décembre 2010, *Cataclysm*, le 3e volet de *World of Warcraft* (Blizzard Entertainment), s'est vendu à 3,3 millions d'exemplaires durant les 24 h de sa sortie, pulvérisant le record de *Wrath of the Lich King* avec 2,8 millions de jeux, en 2008.

★ L'OBJET VIRTUEL LE PLUS CHER

SEE Virtual Worlds (USA) a déboursé 6 millions $ pour la planète Calypso, une planète virtuelle du jeu en ligne *Entropia Universe* (MindArk, 2003) – record absolu pour un objet virtuel. Cette "propriété virtuelle authentique" a été négociée le 20 décembre 2010.

DE L'ACTION EN ARCADE Les guitares ont fait leur apparition dans les arcades en 1999 avec *GuitarFreaks* (Konami), un jeu rythmé pour 2 joueurs. La franchise reste populaire, la version 8 est sortie en 2011.

● LE PLUS HAUT SCORE SUR *GUITAR HERO III* (FEMME)

Le 30 septembre 2010, chez elle, en Californie (USA), Annie Leung (USA) a prouvé son immense talent, en totalisant un score de 789 349 sur le classique *Through the Fire and Flames* de *Guitar Hero III : Legends of Rock* (Neversoft, 2007).

Un village miniature a besoin de véhicules miniatures. La **plus grosse collection de petites voitures** appartient à Nabil Karam (Liban), qui en avait amassées 22 222, le 11 novembre 2009.

CARTES DE JEU À COLLECTIONNER

When Shichifukujin Dragon comes into play, put seven +1/+1 counters on it.

🜄🜄🜄, Sacrifice two +1/+1 counters: Put three +1/+1 counters on Shichifukujin Dragon at end of turn. Play this ability as a sorcery.

Illus. Christopher Rush

d'attaques et de défenses qui vont générer des sorts, des artefacts et des créatures mystiques. Toujours très populaire, *Magic* est considéré comme le tout premier JCC tel que nous le connaissons.

★ LE JEU DE CARTES À COLLECTIONNER LE PLUS POPULAIRE

Depuis ses débuts en 1993, le JCC *Magic : The Gathering* connaît une popularité sans précédent. Selon l'éditeur, Wizards of the Coast, Inc., le jeu, traduit dans 9 langues, est aujourd'hui joué dans 52 pays par plus de 6 millions de joueurs.

★ LE 1ER JEU DE CARTES À COLLECTIONNER EN LIGNE

Lorsqu'il a été mis en ligne le 28 mai 1997, *Chron X*, développé par George Moromisato et édité par Genetic Anomalies, est devenu le premier JCC à entrer dans le monde virtuel. Gratuit, *Chron X* se déroule sur une Terre dystopique

en l'an 2096. Les droits du jeu ont été acquis par Darkened Sky Studios en 2007, qui ont prévu une suite, *Chron X2*.

★ LE JEU DE CARTES À COLLECTIONNER NUMÉRIQUE LE PLUS PÉRENNE

Magic : The Gathering est disponible numériquement depuis la sortie du jeu pour PC, *Magic : The Gathering* (Microprose), le 27 mars 1997.

★ LA CARTE DE COLLECTION LA PLUS RARE

Créées pour le jeu *Magic : The Gathering* (Wizards of the Coast, Inc., USA), les cartes les plus recherchées sont celles du champion du monde 1996 (à gauche) et celle du Dragon Shichifukujin (à droite), il n'en existe qu'une de chaque. La première a été remise au champion du monde 1996, Tom Chanpheng (Australie), et la seconde a été créée pour l'ouverture du DCI Tournament Centre de Tokyo (Japon), en 1996.

★ LA 1RE CARTE DE JEU À COLLECTIONNER

La première carte d'un jeu de cartes à collectionner (JCC) date de 1904. Édité par Allegheny Card Co. (USA), le Base Ball Card Game contenait 104 cartes de jeu et 8 cartes d'équipes "ball counter". Le jeu n'a pas

rencontré le succès escompté et est donc aujourd'hui extrêmement rare. Un jeu en parfait état se négocie 500 $.

★ LE 1ER JEU DE CARTES MODERNE

Le jeu *Magic : The Gathering* a été commercialisé le 5 août 1993. Conçu par Richard Garfield (USA) et édité par Wizards of the Coast, Inc., le jeu associe compétition et émulation des échanges. Les joueurs se lancent dans un combat visant à faire chuter le score de leurs adversaires de 20 à 0. Ils disposent d'une palette

COÛTEUSE ERREUR

En 2009, une carte Yu-Gi-Oh ! mal imprimée a été mise en vente sur eBay 100 000 $. Cette carte très rare de Clock Tower Prison avait incorrectement été intitulée Miraculous Descent. La carte n'a pas trouvé acquéreur.

★ LE JEU DE CARTES À COLLECTIONNER LE PLUS VENDU

Le jeu de cartes à collectionner le plus populaire est *Yu-Gi-Oh !*, conçu par Konami Digital Entertainment Co., Ltd (Japon) et inspiré de bandes dessinées et de séries animées imaginées par Kazuki Takahashi (Japon). De 1999 au 1er avril 2011, il s'est écoulé 25 175 567 833 cartes à l'effigie du personnage principal, Yusei Fudo (à gauche). Le jeu a aussi donné naissance à des produits dérivés, comme des jeux vidéo et des films.

Ashraf Makarem (Liban) et Khaled Othman (Koweït) ont fabriqué le ●plus grand drapeau. Il s'agit d'un drapeau libanais de 65 975 m², dévoilé à Rayak (Liban), le 10 octobre 2010.

14 953 C'est le nombre de sandwichs que vous consommez au cours de votre vie. Le sandwich aurait été inventé en 1760 par John Montague, le 4e comte de Sandwich, qui souhaitait se sustenter sans quitter sa table de jeux…

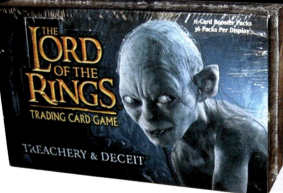

LE PLUS LONG MARATHON DE JEU DE CARTES

William Stone, Bryan Erwin et Christopher Groetzinger (tous USA) ont terminé 154 parties du JCC *Le Seigneur des anneaux* en 128 h, du 27 décembre 2002 au 1er janvier 2003, au Courtyard de Colorado Springs (USA).

★ LE 1ER JEU DE CARTES À COLLECTIONNER TRI-DIMENSIONNEL

La société de jeux Spin Master (Canada) a innové dans les JCC en lançant le premier jeu de cartes à collectionner en 3D, Redakai, au Salon international du jouet américain à New York (USA), en février 2011. Dans ce jeu, un groupe d'adolescents recherche une énergie mystique nommée Kairu. Ils disposent de cartes à hologrammes qui animent des attaques de personnages et des cartes transparentes pouvant être superposées à d'autres pour créer des effets spéciaux.

ENCORE PLUS DE COLLECTIONS P. 150-153.

★ LE PLUS GROS PRIX EN CASH POUR UN JCC

Les championnats du monde du JCC *The World of Warcraft* se sont déroulés au Convention Center de San Diego (USA), du 30 novembre au 2 décembre 2007. Guillaume Matignon (France) a battu plus de 400 des meilleurs guerriers du *World of Warcraft* et a empoché 100 000 $.

★ LA PLUS GRANDE CARTE DE JEU À COLLECTIONNER

Produite par Panini America (USA), la plus grande carte de jeu à collectionner a été dévoilée le 13 février 2010. À l'effigie du basketteur Kobe Bryant de l'équipe NBA des Lakers de Los Angeles (USA), la carte mesurait 2,13 m de haut sur 1,22 m de large.

★ LE 1ER BREVET D'UN JEU DE CARTES

Le 2 septembre 1997, l'inventeur de *Magic : The Gathering*, Richard Garfield (USA), a déposé un brevet pour "le mode opératoire du jeu de cartes à collectionner". C'est le premier brevet pour un JCC.

ENJEUX DE TAILLE

Les tournois de JCC font recette. Kai Budde (Allemagne), joueur pro de *Magic : The Gathering*, a empoché 352 620 $: les ★ gains les plus importants de tournois de JCC.

★ LE PLUS GRAND TOURNOI DE JEU DE CARTES

Le Magic Grand Prix de Madrid 2010 s'est déroulé les 27 et 28 février 2010, à Madrid (Espagne). 2 227 joueurs se sont affrontés en 19 manches jusqu'à ce qu'il ne reste plus que 2 participants : David Do Anh (Rép. tchèque) et Andreas Müller (Allemagne). Après une finale haletante, Müller a remporté le tournoi 2-1, empochant 3 500 $.

● MISE À JOUR
★ NOUVEAU RECORD

Le ●mât à drapeaux autonome le plus haut mesure 162 m de haut. Il a été érigé à Baku (Azerbaïdjan), le 29 mai 2010.

★ LA PLUS GROSSE MAISON D'ÉDITION GOUVERNEMENTALE

En 1813, le Congrès américain a décidé que ses citoyens devaient être tenus informés des travaux du gouvernement. Il a ainsi fondé le Bureau d'impression du gouvernement (GPO) et lancé le programme "Informons l'Amérique". En 2010, le GPO employait 2 300 agents (et près de 332 000 prestataires) et fournissait 1 220 bibliothèques. Plus de 250 000 titres étaient disponibles en ligne et 25 millions de documents ont été téléchargés mensuellement.

★ LE PREMIER LIVRE DE MOTS CROISÉS

Le premier livre de mots croisés a vu le jour aux États-Unis en 1924. *The Cross Word Puzzle Book* a été le fruit d'un partenariat entre Dick Simon et Lincoln Schuster. Compilation de mots croisés parus dans le quotidien américain *New York World*, l'ouvrage a rencontré un succès immédiat et donné un joli coup de pouce au géant de l'édition américain Simon & Schuster – qui continue à éditer des livres de mots croisés.

●L'OUVRAGE PUBLIÉ VENDU LE PLUS CHER AUX ENCHÈRES

Le 7 décembre 2010, un exemplaire des *Oiseaux d'Amérique* de John James Audubon a été adjugé 8,32 millions €, chez Sotheby's, à Londres (RU). Très rare, cet ouvrage imprimé par Audubon entre 1827 et 1838 contient 1 000 illustrations grandeur nature de 435 oiseaux. À l'origine, les illustrations étaient vendues à la page aux collectionneurs. Il n'existe que 119 exemplaires complets.

LA PLUS GRANDE DIFFUSION HEBDOMADAIRE DE JOURNAUX

Fondé en 1978, à Moscou (Russie), *Argumenty i Fakty* ("Arguments et Faits ») était diffusé à 33 431 100 d'exemplaires, en mai 1990, avec un lectorat estimé à plus de 100 millions d'individus.

●LE PLUS DE LIVRES ÉCRITS ET PUBLIÉS EN 1 AN PAR UN AUTEUR

Ryuho Okawa (Japon) a écrit et publié 52 ouvrages entre le 23 novembre 2009 et le 10 novembre 2010.

LA PLUS JEUNE PERSONNE PUBLIÉE

Dorothy Straight (née le 25 mai 1958), de Washington DC (USA), est la plus jeune auteure publiée. Elle avait 4 ans lorsqu'elle a écrit *How the World Began*, un ouvrage paru en août 1964 chez Pantheon Books.

●LE PLUS GROS LIVRE (AVEC DE VRAIES PAGES)

Le 21 mars 2010, Béla Varga, Béláné Varga (Hongrie) et une équipe de 25 volontaires ont achevé *Fragile Nature*. Consacré au parc national d'Aggtelek en Hongrie, cet ouvrage mesurait 4,18 x 3,77 m et pesait 1 420 kg, pour un total de 346 pages.

LIVRES ABANDONNÉS

Selon une étude de 2010, voici le top 10 des livres le plus souvent oubliés dans les 452 hôtels de la chaîne Travelodge au Royaume-Uni.

Titre du livre	Auteur(s)
1. *Simon Cowell : The Unauthorized Biography*	Chas Newkey-Burden
2. *Ooh! What a Lovely Pair : Our Story*	Ant & Dec
3. *The Storm : The World Economic Crisis and What it Means*	Vince Cable
4. *Le Symbole perdu*	Dan Brown
5. *Les hommes qui n'aimaient pas les femmes*	Stieg Larsson
6. *Révélation*	Stephenie Meyer
7. *La fille qui rêvait d'un bidon d'essence et d'une allumette*	Stieg Larsson
8. *Hésitation*	Stephenie Meyer
9. *La reine dans le palais des courants d'air*	Stieg Larsson
10. *Mange, prie, aime*	Elizabeth Gilbert

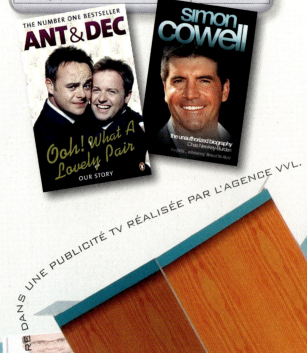

●LE PLUS GROS LIVRE POP-UP

Avec sa taille de 4 x 3 m et ses animations en relief de 2,35 m de haut, le plus gros livre pop-up a été fabriqué pour une publicité télévisée des opticiens Pearle (Belgique) à Gand (Belgique), le 6 septembre 2010.

CETTE PUBLICITÉ TV RÉALISÉE PAR L'AGENCE VVL.

LE LIVRE A SERVI D'ACCESSOIRE DANS UNE PUBLICITÉ TV RÉALISÉE PAR L'AGENCE VVL.

MA PAROLE !

Intitulé *Ma parole*, le livre était une version géante d'un fascicule disponible dans les 160 magasins des opticiens Pearle. Il a fallu 3 mois pour concevoir et fabriquer le prototype.

L'Azerbaïdjan et la région de la mer Caspienne comptent près de 400 volcans de boue. Les **plus grands volcans de boue** d'Azerbaïdjan – et du monde – ont un diamètre moyen de 1 km et une hauteur de plusieurs centaines de mètres.

★ LE PREMIER AUTEUR À VENDRE PLUS DE 1 MILLION D'E-BOOKS

Le 6 juillet 2010, Hachette a félicité James Patterson (USA), le créateur de la série Alex Cross et le Women Murder Club. Il est le premier auteur à avoir dépassé le million de livres électroniques vendus – très exactement 1,14 million d'ouvrages.

● L'AUTEUR DE FICTION ADULTE LE MIEUX RÉMUNÉRÉ

En termes de ventes et de revenus, James Patterson (USA) est l'auteur de fiction adulte le mieux rémunéré. Du 1er janvier au 1er juin 2010, ses ouvrages lui ont rapporté 70 millions $. Patterson a vendu plus de 200 millions de romans depuis 1992.

● LE PREMIER TIRAGE LE PLUS ÉLEVÉ (FICTION)

Publié le 21 juillet 2007, à minuit, *Harry Potter et les reliques de la mort* a été tiré initialement à 12 millions d'exemplaires, soit le plus gros tirage de l'histoire.

C'est aussi le **roman de fiction le plus rapidement vendu en 24 h**, avec 8,3 millions de livres écoulés (soit 345 833 par heure) le jour de sa sortie aux États-Unis, à partir de 00 : 01, le 21 juillet 2007.

★ LE MAGAZINE JEUNESSE LE PLUS PÉRENNE

Murzilka est une publication mensuelle littéraire et artistique destinée aux 6-12 ans, éditée par UAB "Editors Murzilka" (Russie). Lancée le 28 avril 1924, *Murzilka* a été publiée chaque mois sans interruption pendant les 86 années de son existence, avec 26 numéros doubles entre 1931-1933 et 1939-1946. 1 014 numéros ont vu le jour au 28 novembre 2010.

LE PREMIER AUTEUR MILLIARDAIRE

J K Rowling (RU) est l'une des 5 femmes milliardaires autodidactes et le premier auteur milliardaire en dollars. Les 7 volets de *Harry Potter* se sont vendus à 400 millions d'exemplaires. Selon *Forbes*, Rowling aurait engrangé plus de 1 milliard $ pour ses romans et autres produits dérivés.

2,35 M DE HAUT

LA MAGIE DU CINÉMA

En dehors de ses succès littéraires, J K Rowling a tiré de substantiels profits de la saga cinématographique de Harry Potter qui a rapporté 6,4 milliards $ dans le monde.

● MISE À JOUR
★ NOUVEAU RECORD

 SI VOUS VOYEZ GRAND, RENDEZ-VOUS P. 198.

La **lave la plus froide** est celle composée de natro-carbonatites du volcan d'Oldoinyo Lengai (Tanzanie). Elle jaillit aux températures relativement basses de 500-600 °C.

★ L'INDUSTRIE CINÉMATOGRAPHIQUE LA PLUS RENTABLE

L'industrie cinématographique américaine a généré plus de 11 milliards $ au niveau national en 2010. L'industrie japonaise arrive en 2e position avec 2,5 milliards $, suivie par l'Inde, avec 2,2 milliards $.

● LE FILM LE PLUS CHER

Pirates des Caraïbes : Jusqu'au bout du monde (USA, 2007) disposait d'un budget estimé à 300 millions $. En actualisant les budgets des films par rapport à l'inflation, en 2010, *Pirates des Caraïbes : Jusqu'au bout du monde* deviendrait la production la plus chère, avec 315 millions $. Son budget dépasserait de peu celui de *Cléopâtre* (USA, 1963), avec Elizabeth Taylor et Richard Burton (tous deux RU), qui avait coûté 44 millions $ en 1963, soit l'équivalent de 310 millions $ de 2010.

● LE PLUS DE MENTIONS D'UN ACTEUR DANS DES GÉNÉRIQUES

K Brahmanandam (Inde) a tenu 857 rôles crédités au générique entre 1987 et le 24 juin 2010.

● L'ACTRICE LA MIEUX PAYÉE

Vedette de *La Proposition* et de *The Blind Side* (tous deux USA, 2009), Sandra Bullock (USA) a empoché 56 millions $ entre juin 2009 et juin 2010.

● L'ACTEUR LE MIEUX PAYÉ

Ici avec Penélope Cruz, Johnny Depp, la vedette de *Pirates des Caraïbes* (USA), semble avoir trouvé l'île au trésor. Il a en effet touché 75 millions $ entre juin 2009 et juin 2010.

● LES 100 MILLIONS $ LE PLUS RAPIDEMENT OBTENUS PAR UN FILM D'ANIMATION

Créé par Walt Disney et Pixar, *Toy Story 3* (USA, 2010) a dépassé les 100 millions $ de recettes au box-office américain dans les 3 jours qui ont suivi sa sortie, le 18 juin 2010. Présent dans 4 028 cinémas, il est devenu le 5e film le plus rapidement rentable. *Toy Story 3* a aussi enregistré le ● **plus de recettes pour un film d'animation**, générant plus de 1,05 milliard $ dans le monde entre juin et octobre 2010.

LA TÊTE À L'ENVERS

Dans *Inception*, pour filmer un combat dans un couloir à la gravité zéro, le réalisateur, entouré de 500 assistants, a utilisé des plateaux rotatifs afin de produire l'effet de désorientation.

● LE PLUS DE RECETTES POUR LE 1ER WEEK-END D'UN FILM

Le film d'action et de science-fiction *Inception* (USA, 2010) a engrangé 62 785 337 $ sur 3 792 cinémas, le premier week-end de sa sortie, les 16-18 juillet 2010. Réalisé par Christopher Nolan, avec Leonardo DiCaprio en vedette, le film a décroché 4 Oscars sur ses 8 nominations.

Le 13 avril 2008, six guerriers originaires de Tanzanie ont participé au Flora London Marathon (RU), formant le **groupe de guerriers massaïs le plus rapide dans un marathon**, avec 5 h, 24 min et 47 s.

5 609

C'est le nombre de films que vous visionnerez au cours de votre vie, soit un tous les 5 jours. Un long-métrage hollywoodien moyen coûtant 106 millions $, cela représente 500 milliards $ dépensés au cinéma.

LES OSCARS

LE PLUS DE RÉCOMPENSES

Trois films ont décroché le **plus d'Oscars**, avec 11 statuettes chacun :
• *Ben-Hur* (USA, 1959) : 12 nominations en 1960.
• *Titanic* (USA, 1997) : 14 nominations en 1998 (le **plus de nominations pour un film**, ex aequo avec *Ève* (USA, 1950) en 1951).
• *Le Seigneur des anneaux : Le Retour du roi* (NZ/USA, 2003) : 11 nominations en 2004.

★ LE PLUS DE VICTOIRES DU MEILLEUR FILM ÉTRANGER

Federico Fellini (Italie) a remporté 4 Oscars pour le Meilleur film étranger en tant que réalisateur avec *La Strada* (1954), *Les Nuits de Cabiria* (1957), *8 ½* (1963) et *Amarcord* (1973).

Si l'on prend en compte les Oscars exceptionnels (décernés avant l'apparition de la catégorie du Meilleur film étranger), Fellini doit partager son record avec Vittorio De Sica (Italie), qui a obtenu 2 Oscars exceptionnels pour *Sciuscia* (1946) et *Le voleur de bicyclette* (1948), et 2 Oscars pour *Hier, aujourd'hui et demain* (1963) et *Le Jardin des Finzi-Contini* (1970).

● LE PLUS DE NOMINATIONS SANS VICTOIRE

Peter O'Toole (Irlande) a été nommé 8 fois pour l'Oscar du Meilleur acteur, sans jamais le remporter. Les échecs de Peter O'Toole s'étalent sur 44 ans : *Lawrence d'Arabie* (RU, 1962), *Becket* (RU, 1964), *Un Lion en hiver* (RU, 1968), *Au revoir Mr Chips* (RU, 1969), *La Classe dirigeante* (RU, 1972), *Le Diable en boîte* (USA, 1980), *Mon année préférée* (USA, 1982) et *Vénus* (RU, 2006).

★ LE PREMIER REMAKE À REMPORTER L'OSCAR DU MEILLEUR FILM

Le remake de *Cent dollars pour un shérif* (USA, 2010) en lice pour l'Oscar du Meilleur film en 2010 s'est incliné face au *Discours d'un roi* (RU, 2010). Le premier et seul remake à avoir remporté l'Oscar du Meilleur film est *Les Infiltrés* (USA, 2006), un remake de *Infernal Affairs* (Hong Kong, 2002).

LES MEILLEURS AU BOX-OFFICE

La première liste prend en compte les chiffres bruts, la seconde englobe le nombre de billets vendus, le prix des billets réactualisé en fonction de l'inflation : elle indique donc des données plus authentiques.

	Film	Recettes originales (millions)	Film	Recettes originales (millions)
1	*Avatar* (2009)	2 782,30 $	*Autant en emporte le vent* (1939)	3 301,40 $
2	*Titanic* (1997)	1 843,20 $	*Avatar* (2009)	2 782,30 $
3	*Le Seigneur des anneaux : Le Retour du roi* (2003)	1 119,10 $	*La Guerre des étoiles* (1977)	2 710,80 $
4	*Pirates des Caraïbes : Le Secret du coffre maudit* (2006)	1 066,20 $	*Titanic* (1997)	2 413,8 $
5	*Toy Story 3* (2010)	1 063,20 $	*La Mélodie du bonheur* (1965)	2 269,80 $
6	*Alice au pays des merveilles* (2010)	1 024,30 $	*E.T. l'extraterrestre* (1982)	2 216,80 $
7	*Batman : Le Chevalier noir* (2008)	1 001,90 $	*Les Dix Commandements* (1956)	2 098,60 $
8	*Harry Potter à l'école des sorciers* (2001)	974,70 $	*Docteur Jivago* (1965)	1 988,60 $
9	*Pirates des Caraïbes : Jusqu'au bout du monde* (2007)	961 $	*Les Dents de la mer* (1975)	1 945,10 $
10	*Harry Potter et les reliques de la mort 1re partie* (2010)	952,20 $	*Blanche-Neige et les Sept nains* (1937)	1 746,10 $

AVATAR

CINÉMA MAGIQUE
Les 7 volets de Harry Potter ont engrangé 6,3 milliards $ à travers le monde, ce qui en fait la ●franchise cinématographique la plus rentable.

● LE STUDIO LE PLUS RENTABLE

En 2010, Warner Bros. (USA) s'est attribué 18,2 % du marché cinématographique, ses films ayant récolté 1 923,9 millions $ au total. Le studio doit ses impressionnants résultats notamment aux Harry Potter qu'il distribue et dont l'avant-dernier volet est sorti en novembre 2010 (voir tableau ci-contre).

● MISE À JOUR
★ NOUVEAU RECORD

Jan Skorkovský (Tchéquie) a couru les 42,195 km du marathon de Prague tout en jonglant avec un ballon de football en 7 h, 18 min et 55 s, le 8 juillet 1990, devenant le **marathonien jonglant avec un ballon de football le plus rapide**.

BOX-OFFICE MONDIAL

Nous connaissons tous les films d'Hollywood et de Bollywood. Qu'en est-il du reste de la planète ? GWR vous propose un panorama des plus gros succès cinématographiques, réalisés ou produits par des artistes internationaux. Sauf indication contraire, les chiffres indiqués reflètent les recettes mondiales pour chaque film mentionné.

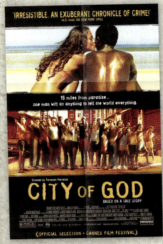

BRÉSIL
La cité de Dieu (2003)
Réalisateurs : Fernando Meirelles et Kátia Lund (Brésil)
30,6 millions $

CHINE
Hero (2004)
Réalisateur : Zhang Yimou (Chine)
177,4 millions $

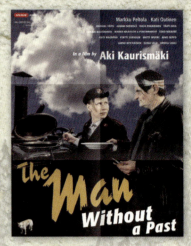

★ FINLANDE
L'homme sans passé (2003)
Réalisateur : Aki Kaurismäki (Finlande)
9,6 millions $

ITALIE
La vie est belle (1997)
Réalisateur : Roberto Benigni (Italie)
229 millions $

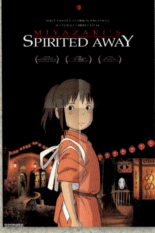

★ JAPON
Le voyage de Chihiro (2002)
Réalisateur : Hayao Miyazaki (Japon)
274,9 millions $

★ NOUVELLE-ZÉLANDE
La leçon de piano (1993)
Réalisatrice : Jane Campion (NZ)
40 millions $ au box-office américain

★ PORTUGAL
La maison aux esprits (1993)
Réalisateur : Bille August (Danemark)
6,2 millions $ au box-office américain

BOLLYWOOD

Le terme "Bollywood" est souvent appliqué à tous les films indiens. Il ne concerne en fait que l'industrie cinématographique en langue hindi, basée à Mumbai. Les films estampillés "Bollywood" sont colorés, romantiques et débordent de chansons, d'action et d'éléments comiques. L'Inde possède la ●**plus grosse production cinématographique annuelle du monde :** entre 800 et 1 000 films produits chaque année dans les studios Bollywood de Mumbai, soit environ le double du nombre de films réalisés chaque année à Hollywood.

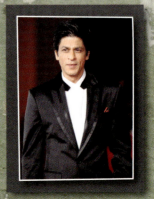

★ L'ACTEUR DE BOLLYWOOD LE MIEUX PAYÉ

Même si les salaires des stars de Bollywood ne sont jamais révélés, on peut évaluer le succès financier d'un acteur grâce aux impôts qu'il paie chaque trimestre. Ainsi, Shah Rukh Khan, star de *Devdas* (2002) et de *My Name is Khan* (2010), a versé 5 crores de roupies (1,06 million $) au fisc pour le deuxième trimestre 2011.

La République tchèque est la **plus grande consommatrice de bière par habitant**, avec 160,5 l consommés en moyenne et par personne en 2005.

● MISE À JOUR
★ NOUVEAU RECORD

300 Nombre de fois où un individu est filmé quotidiennement par des caméras de sécurité. Avec 3 s par prise en moyenne, on passe 7 186 h devant une caméra, soit suffisamment pour être la vedette de 3 593 films !

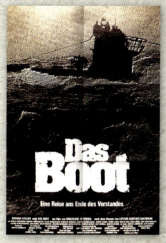

★ **ROYAUME-UNI**
Slumdog Millionaire (2008)
Réalisateurs : Danny Boyle (RU)
et Loveleen Tandan (Inde)
378 millions $

★ **ESTONIE**
La révolution chantante (2006)
Réalisateurs : James et Maureen
Castle Tusty (USA)
335 700 $ au box-office américain

● **FRANCE**
Le fabuleux destin d'Amélie Poulain
(2001)
Réalisateur : Jean-Pierre Jeunet (France)
174 millions $

ALLEMAGNE
Das Boot (1981)
Réalisateur : Wolfgang Petersen
(Allemagne)
84,915 millions $

● **SUÈDE**
Millénium (2010)
Réalisateur : Niels Arden Oplev
(Danemark)
104 millions $

AUSTRALIE
Crocodile Dundee (1986)
Réalisateur : Peter Faiman
(Australie)
328 millions $

★ **RUSSIE**
Mongol (2008)
Réalisateur : Sergeï Bodrov (Russie).
26, 5 millions $

MEXIQUE
Le labyrinthe de Pan (2006)
Réalisateur : Guillermo del Toro (Mexique)
83, 2 millions $

★ **L'ACTRICE DE BOLLYWOOD LA MIEUX PAYÉE**
Les budgets de Bollywood restent inférieurs à ceux d'Hollywood. Les stars indiennes peuvent toutefois empocher jusqu'à 40 % du budget de la production ! Au deuxième trimestre 2011, Katrina Kaif, la star de *Singh is Kinng* (2008) et de *De Dana Dan* (2010), a ainsi versé 1,3 crore de roupies (289 000 $) au fisc.

● **LES PLUS GROSSES RECETTES D'UN FILM BOLLYWOOD**
Avec R Madhavan, Sharman Joshi et Aamir Khan (Inde) comme têtes d'affiche, le film *3 Idiots* (2009) a rapporté 2,0257 milliards de roupies (44,9 millions $), loin devant d'autres succès 2010, comme *Dabangg*, *Golmaal 3* et *Raajneeti*.

Mohamed Kahrimanovic (Bosnie-Herzégovine) a écrasé le ★ **plus de canettes en 1 min**, soit 65 canettes de bière pleines broyées à mains nues, à Vienne (Autriche), le 28 septembre 2008.

Pop culture
MUSIQUE

● LE PLUS DE SINGLES N° 1 CONSÉCUTIFS

KinKi Kids – Tsuyoshi Domoto et Koichi Domoto (tous deux Japon) – ont hissé 30 singles d'affilée à la 1re place des charts japonais du 28 juillet 1997 au 14 novembre 2010. Le 30e hit du duo s'intitulait *Family – hitotsu ni narukoto*.

LE SINGLE LE PLUS VENDU

Écrite par Irving Berlin (Israël) et enregistrée par Bing Crosby (USA) le 29 mai 1942, la chanson *White Christmas* s'est vendue à 100 millions d'exemplaires, tous formats confondus (78 tours, 45 tours et albums). Depuis 1942, chaque Noël voit une réédition du single.

★ LE PLUS DE SINGLES R & B N° 1

Les chiffres des ventes de disques sont dévoilés aux États-Unis depuis 1991. Aucun artiste n'a récolté plus de n° 1 R & B que Usher (USA). Le chanteur, compositeur, producteur, acteur, mannequin et styliste a placé 11 titres au top depuis *You Make Me Wanna…* en 1997 à *There Goes My Baby*, sorti le 14 août 2010.

★ LA PRÉSENCE LA PLUS LONGUE DANS UN CHART ANGLAIS PAR UN GROUPE (POUR UN SINGLE)

Le 26 mars 2011, le single des Snow Patrol's (RU), *Chasing Cars*, est resté dans le Top 75 anglais pendant 100 semaines consécutives.

★ LE PLUS DE SINGLES N° 1 AUX ÉTATS-UNIS EN 1 AN (CHANTEUSE)

En 2010, Rihanna (La Barbade) a été la seule artiste féminine à placer 4 singles n° 1 dans le Hot 100 US (année calendaire) : *Rude Boy*, *Love the Way You Lie* (avec Eminem), *What's My Name ?* (avec Drake) et *Only Girl (In the World)*. Elle est aussi la ★1re **artiste à avoir placé des singles n° 1 dans les charts anglais pendant 5 ans consécutifs** (2007-2011).

REINE DE COUNTRY
Reba McEntire est l'●**artiste country qui vend le plus.** En février 2011, elle avait obtenu 23 disques d'or, 19 de platine et 9 multi-platine.

★ LE PLUS DE N° 1 COUNTRY AUX ÉTATS-UNIS (CHANTEUSE)

Les chiffres des ventes de disques sont dévoilés aux États-Unis depuis 1991. Reba McEntire (USA, ci-dessus) et Carrie Underwood (USA, en haut, lauréate d'*American Idol* en 2005) totalisent chacune 10 singles dans le Hot 10 US, catégorie country.

★ LE PLUS DE TITRES SIMULTANÉS AU HOT 100 US (CHANTEUSE)

Le 13 novembre 2010, Taylor Swift (USA) a placé 11 singles dans le Hot 100 US : 10 faisant leur début dans un palmarès, autre record pour une chanteuse.

★ LA PRÉSENCE LA PLUS LONGUE DANS LE HOT US (COUNTRY)

Au 25 septembre 2010, Lee Brice (USA) et son single *Love Like Crazy* étaient depuis 56 semaines (plus de 1 an !), dans le Hot US catégorie Country.

★ LE PLUS DE SINGLES N° 1 PRODUITS PAR UN INDIVIDU

Johnny Kitagawa (Japon) s'est retrouvé plus souvent que tout autre producteur musical en haut des charts. Il a à son actif 232 n° 1 portés de 1974 à 2010, par plus de 40 des meilleurs groupes japonais. Il détient aussi le record du ★**plus de concerts produits par un individu.** Entre 2000 et 2010, Kitagawa a monté 8 419 concerts !

LA MÉLODIE DU SILENCE
4'33 (1952) de John Cage ou *Two Minute Silence* (2010) de la Royal British Legion ne compte aucune note de musique jouée ou chantée.

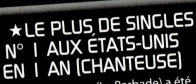

Le 7 mai 2010, la Bosnie-Herzégovine a accueilli le ●**plus grand rassemblement de valseurs** : 1 510 couples, lors d'un événement organisé par Radio Kameleon sur la place de l'Indépendance de Tuzla.

● MISE À JOUR
★ NOUVEAU RECORD

1 023 C'est le nombre de singles qui deviendront n° 1 au cours de votre vie. Une chanson dure en moyenne 4 min. Il faudrait donc 4,25 jours pour les écouter intégralement, temps de sommeil non compris.

★ LE PLUS DE SINGLES DANS LE HOT 100 US

Au 2 avril 2011, les héros de la série *Glee* (USA) avaient placé 131 singles au Hot 100 américain – dépassant les 108 singles d'Elvis Presley (USA). Elvis compte le ★ **plus de singles au Hot 100 US (en solo)**. En 2010, *Glee* a aussi décroché le ● **plus de hit singles en 1 an (RU)**, avec 45 titres dans le Top 75.

LE GROUPE LE PLUS RENTABLE

Les Beatles (RU) ont vendu plus de 1 milliard de disques, CD et cassettes dans le monde, dont 177 millions aux États-Unis. Elvis Presley (USA) est l'**artiste solo qui a vendu le plus de disques**, avec 1 milliard d'exemplaires dont 129,5 millions aux États-Unis.

● LA TOURNÉE LA PLUS RENTABLE

Au 10 avril 2011, leur tournée mondiale avait rapporté plus de 558 millions $ au groupe U2 (Irlande). Plus de 7 millions de billets ont été vendus pour les 110 dates de la tournée prévues entre juillet 2009 et juillet 2011.

DOUBLE TOP
Le 26 février 2011, Adele (RU) est devenue la ★ 1re chanteuse du Top 5 à classer 2 singles et 2 albums simultanément, avec les singles Someone Like You et Rolling in the Deep et les albums 19 et 21.

★ LE PLUS DE HITS AU HOT 100 PAR UN RAPPEUR

Le rappeur Lil Wayne (USA, né Wayne Carter) a placé 64 titres au Hot 100 US, entre le 4 décembre 1999 et le 16 octobre 2010. Cela équivaut à un succès tous les 2 mois pendant près d'une dizaine d'années.

★ LE GROUPE LE PLUS ÂGÉ DU CHART ALBUM

Le 20 novembre 2010, les Chelsea Pensioners (RU) sont entrés au Top album anglais à la 14e place avec *Men in Scarlet*. Le groupe composé de vétérans britanniques, pensionnaires du Royal Hospital Chelsea (RU), a une moyenne d'âge de 78 ans.

★ LE PLUS GRAND GROUPE DU TOP ALBUM

Rock Choir (RU), groupe gospel, pop et motown, est entré au Top 20 d'albums anglais à la 5e place, le 17 juillet 2010, avec *Rock Choir Vol.1*. Le groupe compte 4 500 membres, dont 1 000 ont contribué au 1er album.

LÀ OÙ IL Y A DE LA MUSIQUE, IL Y A DE LA DANSE. VOIR P. 98.

● LE MUSICIEN DE JAZZ CONTEMPORAIN LE PLUS VENDU

Le saxophoniste Kenny G (USA) est l'artiste de jazz le plus populaire. Ses 75 millions de disques vendus dans le monde lui ont valu 15 disques d'or, 11 de platine et 8 multi-platine.

★ L'ARTISTE DÉCÉDÉ LE PLUS VENDU

Selon la liste *Forbes* 2010 des célébrités décédées les plus rentables, Michael Jackson (USA) a généré plus de rentrées d'argent que le reste du Top 10 réuni, avec 275 millions $. Au cours des 12 mois qui ont suivi sa mort, le 25 juin 2009, il aurait engendré 1,017 milliard $ de recettes, grâce aux 33 millions d'albums vendus.

AU TOP !
La bande originale de South Pacific (USA, 1958) est resté n° 1 des charts d'albums anglais 70 semaines consécutives, à partir du 8 novembre 1958. En tout, l'album est resté 115 semaines n° 1.

● LE PLUS DE SEMAINES CONSÉCUTIVES EN TÊTE DES CHARTS ALBUMS ANGLAIS

Le 9 avril 2011, le 2e album d'Adele (RU), *21*, entamait sa 10e semaine consécutive à la tête des charts d'albums anglais, dépassant le record de 10 semaines détenu pendant 21 ans par Madonna (USA) et son *Immaculate Collection* de 1990. L'album d'Adele est resté 11 semaines consécutives au top, avant de passer à la 2e place le 23 avril 2011.

Il a retrouvé sa place d'honneur la semaine suivante, où il aura passé 16 semaines, soit le ★ **plus de semaines non consécutives à la tête d'un chart d'albums anglais**.

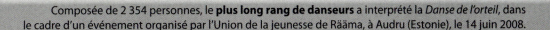

Composée de 2 354 personnes, le **plus long rang de danseurs** a interprété la *Danse de l'orteil*, dans le cadre d'un événement organisé par l'Union de la jeunesse de Rääma, à Audru (Estonie), le 14 juin 2008.

Pop culture
MUSIQUE

★ LA SÉRIE DE COMPILATION LA PLUS RENTABLE

En mai 2010, la série des *Now That's What I Call Music!* a dépassé les 200 millions d'exemplaires vendus à travers le monde. Lancée en 1983 par Virgin Records (RU), cette série est devenue un succès planétaire.

★ LA SÉRIE D'ALBUMS PAR UN ARTISTE SOLO LA PLUS POPULAIRE

Les 5 albums enregistrés par Rod Stewart (RU) pour la série Great American Songbook (2002-2010) se sont placés dans le Top 5 américain et le Top 10 anglais. *Stardust: The Great American Songbook, Volume III* a même occupé la 1re place en 2004 dans les charts américains.

★ LA 1RE ARTISTE SOLO À PLACER 4 ALBUMS N° 1 SUR 4 DÉCENNIES SUCCESSIVES (RU)

Kylie Minogue (Australie) a dominé les charts anglais avec *Kylie! – The Album*, en 1988, puis s'est de nouveau hissée à la 1re place avec *Enjoy Yourself* (1989), *Greatest Hits* (1992), *Fever* (2001) et *Aphrodite* (2010).

★ LES PLUS FORTES VENTES D'ALBUMS AU XXIE SIÈCLE (RU)

Robbie Williams (RU) avait écoulé 13 339 555 albums en octobre 2010 et placé 8 albums à la tête du Top anglais.

★ LE PLUS D'ALBUMS SUCCESSIFS N° 1 AUX ÉTATS-UNIS (ARTISTE SOLO)

Eminem a dominé les charts américains 6 fois de suite. Son dernier album, *Recovery*, est entré directement à la 1re place, le 10 juillet 2010. Il a aussi enregistré le **plus de ventes d'albums du XXIe siècle (USA)**, soit 32 241 000 exemplaires à la fin 2009.

★ LE PLUS DE SEMAINES AU HOT DIGITAL SONGS AMÉRICAIN

Poker Face de Lady Gaga (USA) est resté 83 semaines au Hot Digital Songs américain, entre 2009 et 2010.

TAKE THAT A VENDU 1,3 MILLION DE BILLETS DE SA TOURNÉE 2011 DÈS LA MSE EN VENTE.

★ L'ALBUM NUMÉRIQUE LE PLUS RAPIDEMENT VENDU (RU)

79 807 copies numériques de *Progress* des Take That (RU) se sont écoulés le 15 novembre 2010, jour de sa sortie. Cet album marque le retour de Robbie Williams au sein du groupe. Tous formats confondus, l'album s'est vendu à 518 601 exemplaires la 1re semaine de sa sortie.

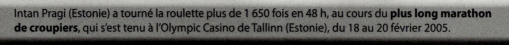

Intan Pragi (Estonie) a tourné la roulette plus de 1 650 fois en 48 h, au cours du **plus long marathon de croupiers**, qui s'est tenu à l'Olympic Casino de Tallinn (Estonie), du 18 au 20 février 2005.

1 950 €

C'est la somme qu'une personne dépense en moyenne dans sa vie pour de la musique enregistrée. Elle déboursera environ 2 210 € pour assister à des concerts.

★LA PLUS JEUNE ARTISTE DU TOP 20 TRANSATLANTIQUE

Née le 31 octobre 2000, Willow Smith, la fille de Will Smith, est la plus jeune artiste à avoir placé un single aux Top 20 américain et anglais. Alors qu'elle avait 10 ans et 48 jours, son single *Whip My Hair* est entré à la 2e place des charts anglais, le 18 décembre 2010, après avoir été n° 11 aux États-Unis, le 13 novembre 2010.

★LA PLUS JEUNE ARTISTE À PLACER UN ALBUM AU TOP 3

Le 4 décembre 2010, grâce à son album *O Holy Night*, entré n° 2 au top américain, la finaliste malheureuse de *America's Got Talent*, Jackie Evancho (USA), est devenue, à 10 ans et 7 mois, la plus jeune artiste à hisser un album au Top 3 US. Elle y était devancée par la gagnante de *Britain's Got Talent*, Susan Boyle.

★LE DUO LE PLUS ÂGÉ DES CHARTS

Âgés respectivement de 68 et 62 ans, les chanteurs américains Carole King (née le 9 février 1942) et James Taylor (né le 12 mars 1948) ont grimpé à la 4e place du Billboard 200 avec leur album *Live at the Troubadour*, le 22 mai 2010.

★L'ARTISTE LA PLUS ÂGÉE A DÉCROCHER UN N° 1 DANCE

Ono, alias Yoko Ono (Japon), la veuve de John Lennon, a établi un record le 12 mars 2011 : *Move On Fast* est devenu le 8e n° 1 et le 6e n° 1 consécutif au palmarès Hot Dance Club Songs US de l'artiste de 78 ans.

AU BERCEAU

Avant Willow, Jimmy Osmond (USA) avait dominé les charts anglais avec *Long-Haired Lover from Liverpool*, le 23 décembre 1972, devenant le ★plus jeune artiste n° 1 au Top anglais, à 9 ans et 250 jours.

LE SITE LÉGAL DE TÉLÉCHARGEMENT LE PLUS POPULAIRE

Le 25 février 2010, *Guess Things Happen That Way* de Johnny Cash (USA) est devenu le 10 milliardième titre téléchargé à partir de la plate-forme de téléchargement iTunes depuis son lancement en avril 2003.

★L'ALBUM NUMÉRIQUE LE PLUS VENDU (RU)

Le 1er mars 2011, *The Fame* (2008), le premier album de Lady Gaga, a dépassé les 300 000 exemplaires vendus en téléchargement.

★L'ALBUM NUMÉRIQUE QUI S'EST VENDU LE PLUS VITE

Speak Now de Taylor Swift (USA) s'est écoulé à 278 000 exemplaires, du 6 au 13 novembre 2010.

●LE CONCERT DONNÉ À LA PLUS HAUTE ALTITUDE

James Blunt (RU) a donné un concert à 12 825 m d'altitude devant plus de 100 spectateurs, le 29 juin 2010. Le tour de chant – qui a duré 21 min et 15 s – s'est déroulé à bord d'un Boeing 767-300 ER affrété par *Titan Airways*. L'avion a décollé de l'aéroport londonien de Stansted (RU) et a survolé Norwich et Cambridge avant d'atteindre son altitude maximale.

★LE 1ER SINGLE À ATTEINDRE 1 MILLION DE TÉLÉCHARGEMENTS

En juin 2010, 1 an après sa sortie, *I Gotta Feeling* des Black Eyed Peas (USA) est devenu le premier single à dépasser le million de téléchargements. *Hollaback Girl* (2005) de Gwen Stefani (USA) a été le 1er titre à atteindre le million de téléchargements dans le monde.

★LE PLUS DE CLIPS N° 1 AUX USA

Le clip de *Sticky & Sweet Tour* (2010) a offert à Madonna (USA) son 9e n° 1 au Top US des clips, le 24 avril 2010.

★LE CLIP LE PLUS VISIONNÉ EN LIGNE

Réalisé par Ray Kay (USA), le clip de *Baby* de Justin Bieber (Canada) a été regardé 463 820 304 fois au 16 février 2011, devenant le clip le plus visionné en ligne, mais aussi le ★plus populaire, tous genres confondus. Dans le clip, aux côtés de Bieber, on reconnaît la chanteuse de R & B et actrice Jasmine Villegas (USA), et le rappeur Ludacris (USA).

BIEBER ÉTAIT LA CÉLÉBRITÉ LA PLUS RECHERCHÉE SUR INTERNET EN JUILLET 2010 !

★LA 1RE CHANTEUSE BRITANNIQUE À DOMINER LES TOPS ALBUMS AMÉRICAIN ET ANGLAIS AVEC 2 TITRES

En 2010, Susan Boyle (RU) a décroché son second n° 1 transatlantique avec *The Gift*, répétant le succès de *I Dreamed a Dream* (2009). Le 20 novembre 2010, l'artiste de 49 ans est devenue la ★chanteuse la plus âgée à dominer le Top albums anglais avec un nouvel album. *The Gift* a aussi été le ★1er album de Noël à occuper la 1re place du Top anglais.

● MISE À JOUR
★ NOUVEAU RECORD

Stephen De Raffaele (Malte) a passé le **plus de temps à jouer au black-jack**, soit 51 h et 33 min, à l'Oracle Casino de Qawra (Malte), entre les 24 et 27 août 2001.

MUSIQUE D'ENFER

★ LA DJ LA PLUS ÂGÉE

Ruth Flowers (RU) a enflammé les pistes de 38 clubs et festivals en 2010, sous le pseudo de Mamy Rock. GWR connaît la date de naissance de Ruth et donc son âge. À la demande de la DJ, nous ne dévoilons que son « âge de scène » : 69 ans.

★ LE VIOLONISTE LE PLUS RAPIDE

Frankie Gavin (Irlande) a joué *The Foxhunter's Reel* à 150 bpm. La performance a eu lieu à l'Aula Maxima de la National University of Ireland (Galway), à Co. Galway (Irlande), le 20 septembre 2010.

Guo Siyan (Chine) est le ★ joueur de violon classique le plus rapide. Il a joué le *Vol du bourdon* en 54,922 s, à Pékin (Chine), le 21 décembre 2010.

● LE PLUS DE CONCERTS EN 12 H

Weltrekorder (Allemagne) a donné 35 concerts à travers la ville de Cologne (Allemagne), les 21 et 22 août 2010.

Le ● **plus de concerts donnés en 24 h** est de 55. Ce record revient à Kesiraju Srinivas (Inde) qui s'est produit dans des salles de Narasapuram, Bhīmavaram et Palakol (Inde), les 23 et 24 septembre 2010.

● LE PLUS DE SIFFLEURS SIMULTANÉS

Le 6 juin 2010, 329 siffleurs sont montés sur la scène du Grandberry Mall, à Tokyo (Japon), lors d'un événement organisé par la TMD Corporation (Japon). Ils ont sifflé *Sapo*, tiré de *Mon voisin Totoro*, pendant plus de 5 min.

★ LE PLUS DE CHANTEURS À LA RADIO

À l'initiative de la Children's Aid Society d'Ottawa (Canada), 622 personnes ont entonné *Lean on Me*. La prestation a été retransmise en direct par la radio HOT 89.9 depuis le centre commercial de la Place d'Orléans, à Ottawa (Canada), le 2 octobre 2010.

● LE PLUS LONG CONCERT D'UN GROUPE

Du 14 au 16 avril 2009, la Bodhi Foundation et le Maharashtra Youth Development Organization & Group (Inde) ont donné un concert de 64 h, 5 min et 7 s, au Veterinary Hall de Seminary Hills, à Nagpur (Inde).

Richard Deschamps (France) a donné le ● **plus long concert solo**. Il a duré 40 h, 40 min et t 40 s, à la guitare et au piano, à Caen (France), les 4 et 5 décembre 2010.

★ LE PLUS LONG ROULEMENT DE TAMBOUR

Mickey Grimm (USA) a joué du tambour 5 h et 20 min, au Coffee House de New Harmony (Indiana, USA), le 24 octobre 2009.

● LE PLUS LONG MARATHON DE CHANSONS

Du 14 au 17 octobre 2010, Swaradhika Dhari Pancham'Da (Inde) a chanté 82 h et 15 min, au Aarshiwad Complex de Vasna, Ahmedabad (Inde).

★ LE PLUS GRAND ENSEMBLE DE COR DES ALPES

366 musiciens ont entonné 6 chansons au cor des Alpes, dans les montagnes du Gornergrat, près de Zermatt (Suisse), le 20 août 2009. Le cor des Alpes est un instrument suisse traditionnel qui permettait autrefois de communiquer à distance.

Q.
De quand date le violon ?

R.
La première fois que le mot a été mentionné, c'était en 1529. Le violon a d'abord été l'instrument favori pour rythmer les fêtes populaires. Puis ses sonorités ont été appréciées dans la musique religieuse.

Le ● **plus grand concours de pêche** a attiré 785 pêcheurs au Blue Sea Puttinu Fishing Festival 2010 qui a eu lieu à Malte.

3 Nombre d'appareils auditifs nécessaires à mesure qu'on prend de l'âge. La plupart des cas de surdité sont dus à un excès de bruit quotidien.

GUINNESS WORLD RECORDS 2012

LES PLUS GRANDS ENSEMBLES

Instrument	Nb	Organisé/Dirigé par	Date
★Orgue de Barbarie	82	Leiden Barrel Organ Day (Pays-Bas)	3 mai 2008
★Tambour sur boîtes	770	Pringles Xtreme et Jake Sasseville (USA)	10 octobre 2010
●Klaxon de voiture	185	Funda Vanroy (Allemagne)	8 octobre 2010
●Tambour Dohol	632	King Gucharan Mall (RU)	2 mai 2009
●Flûte	2 320	Festival d'Aomori Nebuta et le comité exécutif d'Aomori Nebuta (Japon)	1er août 2010
●Guitare	6 346	Festival Thanks Jimi (Pologne)	1er mai 2009
★Cor	264	Suffolk County Music Educators Association (USA)	15 janvier 2010
★Orchestre avec des matériaux recyclés	617	Allegro gra Eko (Pologne)	1er août 2010
●Saxophone	918	Ministère de la Culture de Taizhong City (Taiwan)	18 octobre 2008
●Cuillères	888	Dirigé par Tang-ChiChung (Chine)	6 juillet 2009
●Ukulélé	851	DeQuincy Prescott (RU)	20 juin 2009

●LE PLUS LONG MARATHON DE CHANSONS EN GROUPE

389 artistes ont fredonné 1 488 chansons en 103 h, 9 min et 26 s, lors d'un événement organisé par Titanus (Italie), au Teatro Cinema Astra de Pesaro (Italie), du 21 au 25 septembre 2010.

●LE PLUS LONG MARATHON DE GUITARE

Guillermo Terraza (Argentine) a joué de la guitare durant 100 h, à La Fabrica de Comodoro Rivadavia, à Chubut (Argentine), du 12 au 17 mai 2010. Terraza avait déjà décroché ce record à 4 reprises, en 2000, 2003, 2005 et 2008.

★ LE PLUS GRAND PIANO

Daniel Czapiewski (Pologne) a construit un piano de 2,49 m de large, 6,07 m de long et 1,92 m de haut. Le piano a été utilisé lors d'un concert, à Szymbark (Pologne), le 30 décembre 2010.

★LA PLUS LONGUE BAGUETTE DE CHEF D'ORCHESTRE

Harmonie Amicitia Roggel (Pays-Bas) a créé une baguette de chef d'orchestre de 4,25 m de long. Elle a été utilisée par Bas Clabbers (Pays-Bas) lors d'un concert à Heythuysen (Pays-Bas), le 30 octobre 2010.

● MISE À JOUR
★ NOUVEAU RECORD

← Le Cervin

●LE PLUS GRAND VIOLON

Les luthiers du Vogtland (Allemagne) ont créé un violon de 4,27 m de long et de 1,4 m en son point le plus large. L'instrument a été terminé le 14 juin 2010.

ARCHET GÉANT

Ce violon – son archet mesure 5,2 m – est 7 fois plus grand qu'un violon classique. Il faut 3 personnes pour en jouer : 1 pour pincer les cordes et 2 pour manipuler l'archet.

Le **plus gros barracuda de Guinée jamais pêché** pesait 45,9 kg. Il a été capturé par le docteur Cyril Fabre (France) au large des côtes du Gabon, le 27 décembre 2002.

●**LE PLUS DE TEMPS DEVANT LA TÉLÉ (PAYS)**

Selon un sondage Nielsen de 2010, les Américains ont été les plus assidus devant leur télé. L'audimat des réseaux de diffusion et des bouquets de chaînes a augmenté de 1 %. Chaque Américain passe en moyenne 34 h par semaine devant sa télé.

●**LA NOUVELLE SÉRIE LA PLUS COTÉE**

La série dramatique *Hawaii Five-0* (CBS) a attiré 19,34 millions de spectateurs pour son épisode diffusé le 23 janvier 2011. Cette série est une nouvelle version d'une série originale de 1968.

★**LA 1RE SÉRIE TÉLÉ BASÉE SUR UN FIL TWITTER**

Le pilote de *$h*! My Dad Says* a été diffusé le 23 septembre 2010 sur CBS (USA). Il s'inspire du fil Twitter imaginé par Justin Halpern (USA).

La sitcom met en scène un écrivain au chômage (joué par Jonathan Sadowski) qui trouve le succès en narrant les divagations politiquement incorrectes de son père (joué par William Shatner).

Diffusée en avril 2010, *Hard to Say I Love You* (Japon) s'inspirait elle aussi de Twitter, mais pas d'un fil Twitter proprement dit.

●**L'ÉPISODE TÉLÉ LE PLUS COÛTEUX**

Le pilote de *Boardwalk Empire* (HBO), réalisé par Martin Scorsese (USA), aurait coûté 50 millions $. La série se déroule pendant la Prohibition. Elle a été diffusée sur HBO, le 19 septembre 2010. On y retrouve Steve Buscemi (USA, photographié ici) dans le rôle du parrain Enoch "Nucky" Johnson.

●**LA SÉRIE TÉLÉ LA PLUS POPULAIRE (2010)**

La première saison de la série d'ITV, *Downton Abbey*, a obtenu 92 % d'indice de satisfaction sur Metacritic, devenant ainsi la série la plus appréciée des téléspectateurs en 2010. Conçue et écrite par l'acteur Julian Fellows (RU), la série suit les péripéties des habitants (maîtres et personnel) du domaine de Robert, comte de Grantham, dans les années 1920.

● MISE À JOUR
★ NOUVEAU RECORD

UNE JAMBE ET UN BRAS
The Pacific aurait coûté 150 millions $, ravissant ainsi le record de la ●**mini-série la plus onéreuse** à son jumeau, *Band of Brothers, Frères d'armes*.

●**LES PLUS FORTES VENTES DVD D'UNE SÉRIE TÉLÉ**

Le top DVD des deux côtés de l'Atlantique – et même au-delà – a été dominé en 2010 par le coffret de la série en 10 épisodes *The Pacific* (HBO), projet jumeau du très populaire *Band of brothers, Frères d'armes*. En 2010, aux États-Unis, il s'en est vendu 1 488 763 exemplaires, pour des recettes dépassant 65 millions $.

Découverts au Gabon en 1972, les réacteurs naturels d'Okla témoignent de la **réaction nucléaire en chaîne la plus ancienne**. Produite il y a 2 milliards d'années, la fission nucléaire avait été déclenchée par du minerai d'uranium naturel.

C'est le nombre de piles utilisées dans une vie. Une seule pile rechargeable suffit, puisqu'on peut l'utiliser 1 000 fois. Deux piles étant nécessaires à la télécommande d'une télé, il faudra demander à un ami de vous dépanner !

L'ACTEUR LE MIEUX PAYÉ DANS UNE SERIE TV DRAMATIQUE

Hugh Laurie (RU), qui tient le rôle-titre de *Dr. House* (Fox), gagnerait 400 000 $ par épisode. Grâce au succès de la série (voir ci-dessous), dans sa 7e saison, Laurie est devenu la ★**vedette télé la plus regardée**.

●LA SÉRIE LA PLUS PÉRENNE (EN ANNÉES)

La série britannique *Last of The Summer Wine* (BBC) s'est achevée en 2010 après 37 ans et 31 saisons. Chaque épisode a été écrit par Roy Clarke (RU), qui est devenu l'★**auteur de sitcom le plus prolifique**.

●LA SÉRIE LA PLUS PÉRENNE (EN ÉPISODES)

En novembre 2010, la série *Les Simpsons* a été reconduite pour une 23e saison. La série compte donc plus de 500 épisodes, soit davantage que les 435 de sa rivale, *The Adventures of Ozzie and Harriet*. *Les Simpsons* ont également décroché le record d'invités prestigieux, avec 700 vedettes au cours de 21 saisons.

●LA SÉRIE LA PLUS PÉRENNE

Avec la fin de la série de CBS, *As the World Turns*, en 2010, la série britannique *Coronation Street* (ITV) est la série dramatique la plus pérenne de la télévision. "The Street", diffusée pour la 1re fois le 9 décembre 1960, présentait le personnage de Ken Barlow, rôle toujours tenu par William Roache (RU), l'●**acteur télé le plus pérenne dans une série**.

★LA 1RE SÉRIE TV DRAMATIQUE EN 3D

Diffusée en janvier 2011, la série dramatique en

●L'ACTEUR TÉLÉ LE MIEUX PAYÉ

Charlie Sheen (USA, photographié ci-dessous à gauche), vedette de *Mon oncle Charlie* (CBS), reste l'acteur télé le mieux payé, avec 1,25 million $ par épisode. La co-vedette, Angus T Jones (USA, à droite), détient un autre record (voir ci-dessous).

3D de Fuji TV (Japon), *Tokyo Control*, comprend 10 épisodes. La série qui se déroule dans le centre de contrôle aérien de Tokyo, est passée sur SKY PerfecTV, chaîne dédiée à la 3D.

★LA PLUS LONGUE INTERRUPTION ENTRE UNE SÉRIE ET SA SUITE

Upstairs Downstairs (ITV) a retrouvé les écrans britanniques en 2010, 35 ans après la dernière saison de la série originale. Jean Marsh a repris son rôle (Rose Buck) et ainsi avalisé la série comme "suite directe" (présence d'au moins un acteur du casting original).

★LA PLUS LONGUE INTERRUPTION ENTRE DEUX RÔLES D'UNE SÉRIE

Philip Lowrie (RU) a rejoint la distribution de *Coronation Street* en 2011, reprenant le rôle de Dennis Tanner, qu'il avait déjà endossé en 1960. Il n'avait pas joué ce rôle depuis 1968, soit depuis 43 ans.

●L'ACTRICE TÉLÉ LA MIEUX PAYÉE

Mariska Hargitay (USA) – vedette de *New York, Unité spéciale* (NBC) – a retrouvé son titre d'actrice la mieux payée du monde par épisode, grâce à son cachet de 395 000 $ par épisode.

CHOUCHOU DES MÉNAGES

Dr. House est la série télé la plus regardée dans le monde : diffusée dans 66 pays, elle est suivie par 81,8 millions de téléspectateurs.

●L'ENFANT STAR LE MIEUX PAYÉ DE LA TÉLÉ

Angus T Jones (USA, né le 8 octobre 1993), qui tient le rôle de Jacob David, dit "Jake" Harper, dans la série à succès de CBS *Mon oncle Charlie*, toucherait 250 000 $ par épisode. À l'impression de cet ouvrage, les revenus de la vedette de 17 ans font de Jones l'acteur télé mineur le mieux payé au monde – même si d'autres acteurs mineurs peuvent totaliser un salaire annuel supérieur grâce à des sponsors, des droits d'auteur ou des prestations rémunérées.

Plus de 1,7 million d'individus ont été exposés aux radiations – 31 sont morts –, en 1986, dans l'accident de Tchernobyl (Ukraine), la **pire catastrophe due à un réacteur nucléaire**.

Pop culture
HÉROS D'ACTION

★ LA PREMIÈRE SÉRIE D'ESPIONNAGE TÉLÉ

La série américaine *Shadow of the Cloak* (DuMont, 1951-1952) a été la première série d'espionnage télé. Helmut Dantine y interprétait Peter House, un espion international. Une autre série d'espionnage intitulée *Dangerous Assignment* (USA), avec Brian Donleavy dans le rôle de l'agent américain Steve Mitchell, a été produite aux mêmes dates, mais diffusée plus tard.

★ LA SÉRIE D'ESPIONNAGE LA PLUS PÉRENNE

Les 240 épisodes de *Sur la piste du crime* (ABC) ont été diffusés de 1965 à 1974. Cette série américaine proposait des adaptations d'authentiques enquêtes du FBI et avait été inspirée par un film de 1959, *The FBI Story*.

★ LA PREMIÈRE SÉRIE DE DÉTECTIVE PRIVÉ

Diffusée entre 1949 et 1954, la série américaine *Martin Kane, Private Eye* (NBC) a été la première série de détective privé, même si des personnages de détective privé existaient déjà ici et là dans d'autres séries. Au cours de ses cinq ans d'existence, quatre acteurs se sont partagés le rôle titre de Martin Kane : William Gargan, Lloyd Nolan, Lee Tracy et Mark Stevens.

LE PREMIER SUPER-HÉROS TÉLÉ

Superman – créé par Jerry Siegel et Joe Shuster et cédé à Detective Comics en 1938 – a été le premier héros de BD à bénéficier de sa série télé.

★ LA PREMIÈRE HÉROÏNE DE LA JUNGLE

L'actrice Irish McCalla a prêté ses traits à l'héroïne de la série *Sheena reine de la jungle* (USA, 1955-1956). Le personnage de Sheena vient de bandes dessinées des années 1930 et a été le ★ **premier personnage féminin à avoir sa propre bande dessinée**.

Sponsorisées par Kellogg's, *Les Aventures de Superman* (USA, 1952) présentaient George Reeves dans le rôle du héros. Tournée en noir et blanc, la série a pris des couleurs à partir de 1955.

LE COSTUME LE PLUS CHER

Le costume de Superman de la série de 1955 *Les Aventures de Superman* (USA) – avec George Reeves (USA) – a été adjugé 129 800 $, lors de la vente aux enchères "Profiles in History", à Los Angeles (USA), le 31 juillet 2003. Jusqu'en 1955, la série avait été filmée en noir et blanc. Le costume utilisé était d'ailleurs marron et blanc pour offrir un meilleur contraste.

★ LA PREMIÈRE ESPIONNE TÉLÉ

Si *Chapeau melon et bottes de cuir* (ABC, 1961-1969) a inventé l'héroïne/espionne, la première espionne à avoir sa série était l'agent américain April Dancer (alias Stefanie Powers) dans *Annie, agent très spécial* (NBC, 1966-1967).

GENTLEMAN DE LA JUNGLE
Le personnage de Sheena est inspiré de Tarzan, le héros élevé dans la jungle, imaginé par Edgar Rice Burroughs (USA), et dont les premières aventures remontent à 1912.

★ LA SÉRIE D'ESPIONNAGE LA PLUS APPRÉCIÉE

La saison 1 d'*Archer*, série d'animation basée sur les exploits de l'espion Sterling Archer, a obtenu la note de 78/100, selon Metacritic.com. Ce site donne une note de satisfaction calculée en fonction des critiques de professionnels.

ARCHER

Le barrage de Kiev sur le Dniepr (Ukraine) a été achevé en 1964. Long de 41,2 km, c'est le **plus long barrage** du monde.

● MISE À JOUR
★ NOUVEAU RECORD

9 C'est le nombre d'années que vous passerez à regarder la télé dans votre vie. 70 % de votre vie se résument à 5 activités : 27 ans à dormir, 10 à travailler, 9 à regarder la télé, 5,7 à cocooner et 4,7 à manger.

GUINNESS WORLD RECORDS 2012

LA PREMIÈRE ACTRICE OCCIDENTALE À FAIRE DU KUNG-FU À LA TÉLÉ

En 1965, les chorégraphes de combat Ray Austin (RU) et Chee So (RU/Chine) ont incorporé des mouvements de kung-fu dans plusieurs scènes interprétées par Diana Rigg (RU) dans la série *Chapeau melon et bottes de cuir*.

SEX APPEAL

Diana Rigg (ci-dessus) a tenu le rôle d'Emma Peel dans *Chapeau melon et bottes de cuir*, dans les années 1960. Le magazine américain *TV Guide* l'avait élue "vedette télé la plus sexy de tous les temps".

LE SUPER-HÉROS LE PLUS REPRÉSENTÉ À LA TÉLÉ

On retrouve le personnage de Superman dans 4 séries télévisées (hors dessins animés) avec, dans le rôle phare, 5 acteurs américains :
• **George Reeves** (*Les Aventures de Superman*, USA, 1951-1957)
• **John Haymes Newton** et **Gerard Christopher** (*Superboy*, USA, 1988-1991)
• **Dean Cain** (*Lois et Clark*, ABC, 1993-1997)
• **Tom Welling** (*Smallville*, Warner Bros., puis CW, 2001-2011).
Un sixième acteur, Johnny Rockwell (USA), a également tenu le rôle pour *The Adventures of Superboy* (1961), pilote non diffusé.

LES PREMIERS PERSONNAGES FÉMININS TÉLÉ

★ HÉROÏNE D'ACTION

La cowgirl Annie Oakley a prêté son nom au premier personnage d'action féminin dans une série télé basée sur ses aventures : *Annie Oakley* (USA, 1954-1957), série de western avec Gail Davis dans le rôle-titre, en tournée avec Buffalo Bill.

★ DÉTECTIVE

Stacey Smith (alias Hattie Jaques), dans la série anglaise *Miss Adventure* (ABC, 1964), est le premier personnage de femme détective à l'affiche d'une série télé. Honey West (alias Anne Francis) a été la ★ **première femme détective américaine** à obtenir sa série, *Honey West* (ABC, 1965-1966). Le personnage de West était apparu dans les romans policiers des années 1950.

★ DÉTECTIVE AMATEUR

La première détective amateur à posséder sa série s'appelait Mme Lui-Tsong, dans *The Gallery of Mme Lui-Tsong* (DuMont, 1951). Lui-Tsong (alias Anna May Wong) était une galeriste globetrotteuse qui résolvait des intrigues à travers le monde.

La ★ **femme détective amateur la plus prolifique** reste Jessica Fletcher (alias Angela Lansbury). L'héroïne d'*Arabesque* (CBS, 1984-1996) a résolu d'innombrables énigmes au cours des 265 épisodes et des 4 téléfilms de la série. La Miss Marple d'Agatha Christie aura traité moins d'affaires à la télé. Grâce aux multiples remakes, elle séduit néanmoins les téléspectateurs depuis 1956. Gracie Fields l'a incarnée pour la première fois dans *Un meurtre sera commis le…* (NBC).

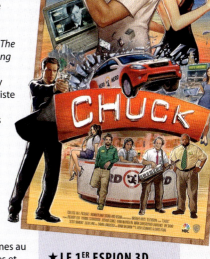

★ LE 1ER ESPION 3D

Le 2 février 2009, NBC a diffusé *Rock'n'roll attitude*, un épisode en 3D de la série comique d'espionnage *Chuck*. Les téléspectateurs ont dû utiliser des lunettes spéciales. La plupart des fans ont sans doute inauguré leurs lunettes la veille, pour visionner la publicité en 3D diffusée pendant la présentation du Super Bowl 2009.

★ LE DÉTECTIVE LE PLUS REPRÉSENTÉ À LA TÉLÉ

De ses premières apparitions dans les programmes expérimentaux de NBC en 1937 à nos jours, plus de 30 acteurs ont incarné Sherlock Holmes à la télé. Le dernier en date, Benedict Cumberbatch (ci-dessus, à gauche), interprète le célèbre détective aux côtés de Martin Freeman, dans le rôle du Dr Watson (à droite, RU), dans la série *Sherlock* (BBC, 2010).

SUPER DÉTECTIVE

Créé par Sir Arthur Conan Doyle (RU), Sherlock Holmes reste le **personnage de roman le plus souvent porté à l'écran**. 81 acteurs ont tenu ce rôle dans plus de 220 films.

Sur le fleuve Vakhch, le barrage de Nourekau (Tadjikistan) est le **barrage le plus haut** du monde. D'une hauteur de 300 m, il a été construit en 1980.

DOCUMENTAIRES TĒLĒ

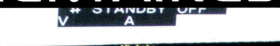

1. LE 1ᴱᴿ EMMY POUR DES EFFETS SPÉCIAUX
La série en 13 volets, *Cosmos* (1980), produite et présentée par l'astrophysicien Carl Sagan (USA), a remporté un Emmy pour son décor, qui reproduit l'intérieur d'une station spatiale.

2. ★ LE DOCUMENTAIRE SCIENTIFIQUE LE PLUS CONTINU
La série canadienne *Nature of Things* (CBC) est présentée par le généticien David Suzuki depuis 1979. Sa première diffusion remonte au 6 novembre 1960.

3. L'ANIMATEUR TÉLÉ LE PLUS CONSTANT
L'astronome amateur Sir Patrick Moore (RU) reste le présentateur le plus constant de la télévision : il présente son magazine mensuel *The Sky at Night* depuis le 24 avril 1957.

4. LE DOCUMENTAIRE TÉLÉ LE PLUS CONTINU
La série d'informations de NBC, *Meet the Press* (USA), est diffusée depuis le 6 novembre 1947. Cette émission d'interviews politiques a connu 11 présentateurs.

5. ● LA PLUS LONGUE CARRIÈRE TÉLÉ POUR UN NATURALISTE
La carrière de Sir David Attenborough (RU), concepteur d'émissions dédiées à la nature, a commencé en 1954 avec *Zoo Quest* et se poursuit en 2011 avec *Frozen Planet*.

Les jardins du Pamir près de Khorugh (Tadjikistan) sont les **jardins botaniques les plus hauts** du monde, culminant à 2 100-3 500 m au-dessus du niveau de la mer. Le site de 12 ha comprend plus de 2 000 espèces de plantes.

5 134 € C'est la somme que vous dépenserez pour les six télés que vous achèterez au cours de votre vie. Vos 9 ans de visionnage télé vous coûteront donc 570 €/an (0,672 €/h). Zappez à bon escient !

● MISE À JOUR
★ NOUVEAU RECORD

Mxr Pgm

TEST HD

AU LONG COURS
Diffusée en 2006, la série en 11 volets *Planète Terre* (BBC, RU) compte le plus de jours de tournage sur site pour un documentaire naturaliste : 40 équipes se sont relayées 2 000 jours sur 200 points.

La caméra n'a pas cessé de tourner pour ces détenteurs de records de documentaires

★ **La série documentaire télé câblée la plus continue**
National Geographic Explorer La série a été inaugurée aux États-Unis sur la chaîne câblée Nickelodeon, le 7 avril 1985.

Le documentaire le plus long
The Definitive Elvis Collection (Passport International Productions, USA) Sorti le 16 juillet 2002, le documentaire durait 13 h et 52 min et incluait plus de 200 interviews d'amis, de proches et de fans d'Elvis Presley.

L'émission médicale qui a duré le plus longtemps
Présentée par le Dr Jayawardena (Sri Lanka), *Vaidaya Hamuwa* avait été programmée régulièrement pendant 14 ans et 7 mois, à dater du mois d'avril 2011.

6. ●LE DOCUMENTAIRE TÉLÉ LE PLUS APPRÉCIÉ
Selon Metacritic, *Beyond Scared Straight: Season 1* a obtenu un indice de satisfaction de 84/100. La série suit des étudiants en visite dans des prisons et révèle la vie derrière les barreaux.

7. ●LE DOCUMENTAIRE À SUJET UNIQUE LE PLUS CONTINU
Diffusée pour la première fois en mai 1964, *UP* est une série anglaise qui suit 14 individus depuis leur 7e anniversaire. Tous les 7 ans, la série propose un nouvel épisode.

8. ★ LE 1ER JEU VIDÉO À AVOIR INSPIRÉ UN DOCUMENTAIRE
Sur History Channel, *Brothers in Arms* (2005) est basé sur le jeu vidéo éponyme. Il relate l'histoire de la 101e division de l'armée de l'air américaine pendant la Seconde Guerre.

9. LE DOCUMENTAIRE TÉLÉ LE PLUS CHER (PAR MINUTE)
Mettant en scène la vie, la reproduction, puis l'extinction des dinosaures, la série de la BBC *Sur la terre des dinosaures* (1999) a coûté plus de 42 488 € la minute.

10. L'AUDIMAT LE PLUS ÉLEVÉ POUR UN DOCUMENTAIRE TÉLÉ
Diffusé aux États-Unis, sur CBS, le 10 mars 2002, *9/11*, magazine consacré aux attaques terroristes de 2001, a été suivi par 39 millions de téléspectateurs.

Broméliacée géante découverte en Bolivie à une altitude de 3 960 m, *Puya raimondii* se plairait dans les jardins du Pamir. La fleur apparaît au bout de 80 à 150 ans. C'est la **floraison la plus lente**.

ART & SCULPTURE

3

ART OU GRAFFITI ?
En 1998, un dessin représentant un Aborigène a été découvert sur les murs de Finniss Springs, près de Maree (Australie). Longue de 4,2 km, c'est la plus grande image humaine jamais réalisée.

1

2

4

1. L'ASSURANCE LA PLUS CHÈRE
L'assurance du tableau le plus célèbre du monde, *La Joconde* de Léonard de Vinci (Italie), a été estimée à 100 millions $ avant son prêt par le musée du Louvre pour une exposition aux États-Unis en 1962 et 1963. L'assurance n'a pas été contractée. Il était moins onéreux de protéger l'œuvre que de l'assurer.

2. ★ LE PLUS D'ÉLÉMENTS CRÉÉS À LA MAIN POUR UNE ŒUVRE D'ART
Sunflower Seeds d'Ai Weiwei (Chine) compte 100 millions de copies de graines de tournesol en porcelaine, peintes à la main par 1 600 artisans. L'œuvre, qui couvre 1 000 m², a été exposée dans le Turbine Hall de la Tate Modern, Londres (RU), du 12 octobre 2010 au 2 mai 2011.

3. LA PLUS GRANDE MOSAÏQUE DE CHEWING-GUMS
TBWA Digerati et ID Productions ont créé une mosaïque à l'effigie de Nelson Mandela de 19,4 m², fabriquée avec 100 000 chewing-gums, à Johannesburg (Afrique du Sud), le 17 août 2004.

4. ● LE TABLEAU LE PLUS LONG
Le 28 mai 2010, 3 000 écoliers ont peint 6 001,5 m de papier, à San Luis Potosi (Mexique).

5. ★ LA GALERIE D'ART LA PLUS ÉLEVÉE
La galerie d'art de Miguel Doura (Argentine) se situe sous une tente, sur le mont Aconcagua (Argentine), à 4 300 m d'altitude.

6. ● RECORD D'ENCHÈRES GLOBALES
Pablo Picasso (Espagne) continue d'affoler les ventes aux enchères.

Nu au plateau de sculpteur (1932) a été vendu 106,5 millions $ en 2010, devenant le ● tableau le plus cher aux enchères.

7. LA COLLECTION D'ART LA MOINS COTÉE
La collection du Museum of Bad Art (MOBA) de Boston (USA) est la collection publique d'art la moins prisée. Ses 573 œuvres valent 1 197,35 $.

● MISE À JOUR
★ NOUVEAU RECORD

Le **plus haut restaurant** de la planète se trouve dans la station de ski de Chacaltaya (Bolivie), à une altitude de 5 340 m. Depuis les fenêtres du restaurant, on peut apercevoir le lac Titicaca, le **plus grand lac commercialement navigable**.

0,488

C'est la surface en m² que l'on pourrait recouvrir avec le cérumen que vous produirez au cours de votre vie – suffisamment pour fabriquer deux répliques creuses de 31,5 cm de haut de la statue de la Liberté.

5

6

VII

7

TRÈS CHER MARCHEUR

L'Homme qui marche I (1961) d'Alberto Giacometti (Suisse) est la ●sculpture la plus chère du monde. Elle a été adjugée 73,33 millions €, chez Sotheby's (RU), le 3 février 2010.

LA PLUS HAUTE SCULPTURE EN CINTRES

Du haut de ses 3,02 m et fort de ses 300 kg, *Silver Streak* est un gorille mâle créé à partir de 6 000 cintres métalliques. Conçu par l'artiste sculpteur britannique David Mach, *Silver Streak* a été dévoilé à la Royal Academy de Londres (RU), en juin 2010.

Le 14 décembre 2009, à l'Araneta Coliseum de Quezon (Philippines), la marque agroalimentaire Kraft Foods Philippines a présenté le ●plus de plats différents, servis sur 5 845 assiettes. Tous contenaient du fromage d'Eden Kraft.

SPORTS

★ LE PREMIER
PLONGEON AVEC ÉLAN
EN CLIFF DIVING

Le 8 août 2010, Gary Hunt (RU)
a réalisé le premier plongeon
avec élan dans une compétition
de cliff diving, un quadruple salto
avant carpé avec 2,5 rotations
(photographié ci-contre).
Réalisé d'une hauteur de 26,8 m,
à Polignano a Mare (Italie).
L'exploit de ce trompe-la-mort
lui a valu la première place aux
Red Bull Cliff Diving World Series.

« Aujourd'hui, Gary a réalisé un plongeon extraordinaire, qu'il est le seul à pouvoir tenter... »

Son rival dans les World Series, Artem Silchenko

Le 22 mai 1998, la Banque centrale de Manille (Philippines) a imprimé le **plus grand billet de banque**, un billet de 100 000 pesos de 22 x 33 cm.

Le 22 juillet 2008, le Zimbabwe a mis en circulation le **plus gros billet de banque**, un billet de 100 milliards $ – juste de quoi acheter deux miches de pain.

Sports : infos
LONDRES 2012

LES YEUX RIVÉS SUR LONDRES

Londres 2012 s'est lancé le défi d'égaler le succès phénoménal des JO de Pékin 2008. Une chose est sûre : ces Jeux seront spectaculaires, à l'image des stades flambant neufs de la capitale britannique. L'élite des athlètes mondiaux, les médias du monde entier et des millions de fans enthousiastes convergeront sur la ville olympique en juillet et août 2012, pour une nouvelle pluie de records !

À NE PAS MANQUER

Les JO ne se déroulant que tous les 4 ans, la crème des athlètes mondiaux va se dépasser pour l'édition 2012. Le détenteur des records mondial et olympique sur 100 m et 200 m, Usain Bolt (Jamaïque, ci-dessous), cherchera à pulvériser ses propres temps de 9,58 s et de 19,19 s, tandis que le coureur Haile Gebrselassie (Éthiopie, en bas à droite) voudra améliorer le record du marathon (2 h , 3 min et 59 s) qu'il a réalisé en Allemagne en 2008. Côté natation, l'ancien chasseur de records Ian Thorpe (Australie, à droite) sort de sa retraite pour défier le roi actuel de la piscine, Michael Phelps (USA).

L'HÉRITAGE OLYMPIQUE

Londres connaît bien les JO – la ville a accueilli les 4e Jeux de l'ère moderne en 1908, remplaçant Rome à la dernière minute, après l'éruption du Vésuve. Les Jeux sont retournés à Londres en 1948, avec un record de participation de 59 nations, comme pour surmonter le traumatisme de la Seconde Guerre mondiale. En accueillant les Jeux pour la 3e fois en 2012 – devant New York, Madrid, Paris et Moscou –, Londres a établi un nouveau record en accueillant le ★**plus de jeux Olympiques d'été**.

LES GRANDES PREMIÈRES

La boxe féminine fit sa première et seule apparition olympique comme sport de démonstration aux Jeux de Paris, en 1904. Après un siècle sur la touche, le sport fera ses débuts comme discipline olympique officielle à Londres en 2012, avec la Dong Cheng (Chine, à gauche), grande favorite de la catégorie des 57-60 kg.

LA SÉCURITÉ AVANT TOUT

Avec un budget sécurité prévisionnel de 838 millions £ (au 1er décembre 2010), Londres 2012 devrait battre le record du ★**plus gros budget sécurité** détenu par les JO de Pékin 2008 (à gauche).

Lees membres des tribus Wadomo (vallée du Zambèze, Zimbabwe) et Kalanga (désert du Kalahari, Botswana) ont le **plus petit nombre d'orteils**. Ils ont juste deux grands orteils, conséquence d'une déformation génétique héréditaire.

160

C'est le nombre de journées consacrées au sport et aux activités de plein air, au cours d'une vie, soit 27 jours de moins que les premières Olympiades de Londres, qui ont duré 187 jours, du 27 avril au 31 octobre 1908.

ICÔNES OLYMPIQUES

Dévoilé en juin 2007, le logo 2012 (à gauche), conçu par Wolff Olins (RU), a coûté 400 000 £ ; c'est le **★logo olympique le plus cher**. Le nom des mascottes, Wenlock et Mandeville (ci-dessous), sont dérivés des villes britanniques de Much Wenlock et Stoke Mandeville : le baron de Coubertin conçut les jeux Olympiques modernes dans la première et la seconde héberge l'hôpital où est née l'idée des Jeux paralympiques.

15 March 2011

Olympic Games
tickets on sale
Sign up now
www.tickets.london2012.com

PRENEZ PLACE

Avec près de 500 000 visiteurs attendus chaque jour, il ne sera pas facile de mettre la main sur un des 8,8 millions de billets mis en vente pour les Olympiades de Londres. Dirigé par l'ancien athlète Sebastian Coe (RU, ci-dessus), le comité organisateur espère recueillir 441 millions £ de la vente des billets et des revenus provenant de la cérémonie d'ouverture du 27 juillet. Avec un prix affiché de 2 012 £, les meilleures places sont les **★billets olympiques les plus chers de l'histoire** !

JEUX ÉCOLOS

Au cœur de l'East London, le tout nouveau Stade olympique sera le point focal de Londres 2012. Pour les athlètes, c'est le lieu de tous les défis. Londres 2012 a aussi pensé à l'écologie. En plus des 80 000 places réservées aux spectateurs, les organisateurs ont aménagé 525 nichoirs pour oiseaux, 150 abris pour chauves-souris et de nombreuses niches pour les loutres. 4 000 arbres et 300 000 plantes provenant des zones humides seront plantés dans le parc, créant un habitat idéal pour de nombreux oiseaux et mammifères.

VÉLO-CITÉ

Le vélodrome londonien de 6 000 places a été le 1er site à ouvrir ses portes, en janvier 2011. La piste de 100 millions £ a déjà été saluée comme la plus rapide par les cyclistes qui l'ont essayée.

D'AUTRES RECORDS SPORTIFS, P. 258.

Les tribus Padaung et Kareni (Myanmar) pratiquent la modification corporelle. Les femmes ont les **cous les plus longs du monde**, mesurant jusqu'à 40 cm. Elles l'allongent en portant des anneaux de cuivre et en augmentant leur nombre au fil des années.

HISTOIRE OLYMPIQUE

LES PREMIERS JEUX

Inaugurés en Grèce en 776 av. J.-C., les anciens jeux Olympiques se déroulaient dans la plaine d'Olympie. Les épreuves, parmi lesquelles la course, la lutte, le lancer du disque et du javelot, attiraient d'illustres spectateurs tels Socrate et Aristote. En 393 apr. J.-C., l'empereur Théodose supprima les Jeux après 1 000 ans d'existence, sous prétexte qu'ils étaient liés à un culte païen.

★LES PREMIERS JEUX OLYMPIQUES D'HIVER

Créés pour les sports de neige et sur glace impraticables l'été, les jeux Olympiques d'hiver se sont tenus pour la première fois à Chamonix (France), du 25 janvier au 5 février 1924.

★**Les 1ʳᵉˢ femmes athlètes olympiques**
22 femmes s'affrontent au tennis, au golf et au croquet. La joueuse de tennis Charlotte Cooper (RU) est la ★1ʳᵉ championne olympique.

★**Le public le plus restreint**
Un seul spectateur payant assiste à l'épreuve du croquet féminin.

★**Les dernières médailles en or massif**
Après Stockholm, les médailles d'or sont en argent plaqué de 6 g d'or.

★**Le 1ᵉʳ relais de la flamme**
La flamme est portée d'Olympie à Berlin (3 187 km) par 3 331 relayeurs.

★LES 1ᵉʳˢ JEUX DE L'HÉMISPHÈRE SUD

Accueillis à Melbourne (Australie), les Jeux traversent l'équateur pour la première fois en 1956. Il faudra attendre 44 ans avant qu'ils ne reviennent sur les terres australes avec les Jeux de Sydney, en 2000.

OLYMPIC GAMES
MELBOURNE
22 NOV–8 DEC
1956

776 ᴀᴠ. J.-C.-393 ᴀᴘʀ. J.-C. OLYMPIE	1896 ATHÈNES	1900 PARIS	1904 SAINT-LOUIS	1908 LONDRES	1912 STOCKHOLM	1920 ANVERS	1924 PARIS	1928 AMSTERDAM	1932 LOS ANGELES	1936 BERLIN	1948 LONDRES	1952 HELSINKI	1956 MELBOURNE

LES 1ᵉʳˢ JEUX OLYMPIQUES MODERNES

Conçus par Pierre de Frédy, baron de Coubertin (France, 1863-1937), universitaire et passionné de sport, les jeux Olympiques modernes sont inaugurés à Athènes (Grèce), berceau du sport olympique, le 6 avril 1896. Avec seulement 241 participants, 14 pays représentés et 43 épreuves, ces premiers Jeux modernes sont modestes par rapport aux Jeux actuels.

★**Les 1ʳᵉˢ médailles d'or**
Jusqu'aux Jeux de 1904, seules 2 médailles sont attribuées : argent pour la 1ʳᵉ place, bronze pour la 2ᵉ.

★**Le 1ᵉʳ village olympique**
Afin de regrouper les athlètes et d'économiser les frais d'hôtel, un "village" de cabanes est construit près du stade olympique.

★**La 1ʳᵉ utilisation des starting-blocks aux JO**
Auparavant, les athlètes creusaient un trou dans le sol.

★**Les 1ᵉʳˢ Jeux retransmis en direct à la radio**
Les Jeux de 1924 sont diffusés à la radio dans toute la France.

★**Le 1ᵉʳ podium à trois marches**
Les Jeux de 1932 restent les plus somptueux, avec le premier podium, le ★1ᵉʳ lever du drapeau et le ★1ᵉʳ hymne national joué en l'honneur du vainqueur.

★LES 1ᵉʳˢ JEUX OLYMPIQUES TÉLÉVISÉS

Les Jeux de Berlin (1936) sont diffusés en direct, en noir et blanc, dans le village olympique des athlètes et dans des salles spécialement conçues à Berlin et Postdam. Mexico (Mexique) accueille les ★**premières Olympiades télévisées en couleurs** en 1968.

RECORD ANTIQUE
En 656 av. J.-C, le Spartiate Chionis a établi le ★1ᵉʳ record olympique de saut en longueur, à 7,05 m. Il aurait gagné l'épreuve de 1896 et se serait classé dans les 8 premiers à Helsinki en 1952 !

Avec 92 t, la cloche de Mingun, à Mandalay (Myanmar), est la **cloche la plus lourde** toujours en activité.

151891

Consommation électrique en kilowattheures au cours d'une vie. Elle pourrait alimenter les 532 projecteurs du stade olympique des Jeux de Londres en 2012, pendant 6 jours, 24 h/24.

GUINNESS WORLD RECORDS 2012

●LE PLUS D'ÉPREUVES DES JEUX D'ÉTÉ

Les 24e Jeux de Pékin (Chine, 2008) détiennent le nombre record de 302 épreuves, avec 9 nouvelles disciplines, dont le BMX.

★ LE 1ER SPORT D'ÉQUIPE OLYMPIQUE FÉMININ

Introduit aux Jeux de Tokyo en 1964, le volley-ball devient le premier sport d'équipe olympique ouvert aux femmes. L'épreuve est facilement remportée par les hôtes qui ne perdent qu'un seul set.

★ Le 1er "Fosbury"

En 1968, Dick Fosbury (USA) gagne l'or au saut en hauteur avec une technique révolutionnaire : il se présente dos à la barre, changeant ce sport à jamais.

1960	1964	1968	1972	1976	1980	1984	1988	1992	1996	2000	2004	2008	2012	2016
ROME	TOKYO	MEXICO	MUNICH	MONTRÉAL	MOSCOU	LOS ANGELES	SÉOUL	BARCELONE	ATLANTA	SYDNEY	ATHÈNES	PÉKIN	LONDRES	RIO DE JANEIRO

★ Les 1ers Jeux coûtant plus de 1 milliard $

L'Olympiade de Tokyo a coûté 1,9 milliard $!

★ Les 1ers tests de féminité

Introduits afin d'empêcher les hommes de concourir en tant que femmes.

●LE PLUS GRAND PUBLIC

8,3 millions de tickets sont vendus en 1996 pour les "Jeux du centenaire", à Atlanta (Géorgie, USA). Cela représente plus d'un demi-million de spectateurs présents chaque jour, pendant les deux semaines de compétition dominées par les performances de Michael Johnson (USA, photo) aux 200 et 400 m. En comparaison, "seulement" 6,8 millions de tickets ont été vendus pour les Jeux de Pékin en 2008.

● La plus forte participation

Pékin a accueilli 10 942 athlètes de 204 nationalités.

●LES JEUX OLYMPIQUES LES PLUS COÛTEUX

Les Jeux de Pékin (Chine, 2008) ont coûté 295 milliards de yuan (43 millions $). Les 958 médailles attribuées – 302 d'or, 303 d'argent et 353 de bronze – ne constituent qu'une faible partie de cette somme, mais représentent le ●plus de décorations décernées au cours d'une Olympiade.

VU À LA TÉLÉ

Les Jeux de Pékin ont enregistré la ●plus forte audience télé pour une Olympiade, avec un total de 4,7 millions de téléspectateurs, soit deux habitants de la planète sur trois !

Fondue le 25 novembre 1735 à Moscou (Russie), la Tsar Kolokol était la ★cloche la plus lourde du monde. Pesant 202 t, elle n'a cependant jamais sonné. En 1737, elle s'est fissurée lors d'un incendie, alors qu'elle était toujours dans son moule.

LA PLUS LONGUE CARRIÈRE OLYMPIQUE

4 hommes ont concouru aux Jeux pendant 40 ans : Ivan Joseph Martin Osiier (Danemark) de 1908 à 1932 et en 1948 (escrime) ; Magnus Andreas Thulstrup Clasen Konow (Norvège) de 1908 à 1920, en 1928 et de 1936 à 1948 (voile) ; Paul Elvstrom (Danemark) de 1948 à 1960, de 1968 à 1972 et de 1984 à 1988 (voile) et Durward Randolph Knowles (RU, puis Bahamas) de 1948 à 1972 et en 1988 (voile).

★ LE PLUS DE MÉDAILLES D'OR AU LANCER DE DISQUE

Au cours de sa carrière olympique, Al Oerter (USA) a gagné 4 fois d'affilée la médaille d'or au lancer de disque : en 1956 à Melbourne (Australie), en 1960 à Rome (Italie), en 1964 à Tokyo (Japon) et en 1968 à Mexico (Mexique). Cet exploit lui permet de partager le record du **plus de médailles d'or consécutives aux JO** avec Carl Lewis (voir p. 235).

LE CHAMPION LE PLUS ÂGÉ

À 64 ans et 258 jours, Oscar Swahn (Suède) a contribué à la victoire de l'équipe de chasse au cerf aux JO de Stockholm (Suède), en 1912. En 1920, aux JO d'Anvers (Belgique), il est devenu l'**athlète le plus âgé à remporter une médaille d'argent**, à 72 ans et 280 jours.

LA PLUS JEUNE CHAMPIONNE

Aux JO de 1936 à Berlin (Allemagne), Marjorie Gestring (USA) est devenue la plus jeune médaillée d'or en remportant le plongeon sur tremplin, à 13 ans et 268 jours.

LE PLUS DE MÉDAILLES D'OR CONSÉCUTIVES

L'escrimeur Aladár Gerevich (Hongrie) a gagné l'or olympique au sabre 6 fois, de 1932 à 1936 et de 1948 à 1960.

★ LE PLUS DE MÉDAILLES EN AVIRON

Steve Redgrave, l'athlète olympique le plus décoré du Royaume-Uni, a remporté 6 médailles : 5 d'or et 1 de bronze en aviron de 1984 à 2000. Les 5 médailles d'or (quatre barré, deux sans barreur et quatre sans barreur) lui valent le record du **plus de victoires consécutives dans une épreuve d'endurance**.

LE PLUS DE MÉDAILLES

Avec 18 médailles, la gymnaste Larisa Semyonovna Latynina (URSS) est l'athlète la plus médaillée des jeux. Ses 9 médailles d'or, 5 d'argent et 4 de bronze remportées entre 1956 et 1964 en font la **femme ayant le plus de médailles d'or en individuel**. Elle est aussi l'athlète la ★**plus médaillée en individuel** (14 médailles).

★ LE PLUS DE MÉDAILLES EN UNE OLYMPIADE (FEMME)

En 1952, la gymnaste Maria Gorokhovskaya (URSS) a gagné le plus de médailles en une olympiade : 2 d'or et 5 de bronze, à Helsinki (Finlande).

★ LE PLUS DE MÉDAILLES EN UNE OLYMPIADE (HOMME)

Deux hommes ont gagné 8 médailles au cours d'une olympiade : le gymnaste Aleksandr Nikolayevich Dityatln (URSS), qui en a remporté 3 d'or, 4 d'argent et 1 de bronze aux JO de Moscou (Russie), en 1980, et le nageur Michael Phelps (USA), qui a réalisé l'exploit 2 fois : 6 d'or et 2 de bronze, en 2004, à Athènes (Grèce), et 8 médailles d'or à Pékin (Chine), en 2008. Les 16 médailles de Phelps représentent le ●**plus de médailles olympiques remportées par un homme**.

LE PLUS DE MÉDAILLES D'OR

Le nageur Michael Phelps (USA) a gagné 14 médailles d'or individuelles et en équipe – 6 aux JO de 2004, à Athènes (Grèce), et 8 en 2008, à Pékin (Chine). Son exploit de 2008 lui vaut le record du **plus de médailles d'or au cours d'une olympiade**. Cette année-là, il a gagné le 100 m papillon ; le 200 m nage libre, papillon et 4 nages ; le 400 m 4 nages ; les relais 4 x 100 m nage libre et 4 nages et le relais 200 m nage libre.

FAN N° I

Depuis les jeux Olympiques de 1932 à Los Angeles (USA), Harry Nelson (USA) a assisté à tous les JO (sauf ceux de Berlin en 1936), ce qui fait de lui, à 89 ans, une légende olympique de plein droit.

- ● MISE À JOUR
- ★ NOUVEAU RECORD

En Sibérie méridionale (Russie), le lac Baïkal, qui mesure 620 km de long et de 32 à 74 km de large, est le **lac le plus profond du monde**. En 1974, la crevasse Olkhon mesurait 1 637 m de profondeur, dont 1 181 m en dessous du niveau de la mer.

82 C'est le temps quotidien en minutes que vous passez à manger, soit 4 ans et demi de votre vie, l'équivalent d'un repas qui commencerait avec la cérémonie d'ouverture d'une Olympiade et se terminerait 6 mois après l'Olympiade suivante.

★ LE PLUS DE MÉDAILLES AU SAUT EN LONGUEUR

Carl Lewis (USA) a gagné le saut en longueur 4 fois d'affilée : en 1984, à Los Angeles (USA) ; en 1988, à Séoul (Corée du Sud) ; en 1992, à Barcelone (Espagne) et en 1996, à Atlanta (USA). Avec Paul Elvstrom (Danemark) et Al Oerter (USA) (voir p. 234), Lewis détient le record du **plus de médailles d'or consécutives dans une épreuve individuelle**.

 POUR DES EXPLOITS AÉRIENS, VOIR P. 116.

LE 1ER 10 PARFAIT EN GYMNASTIQUE OLYMPIQUE

Nadia Comaneci (Roumanie) est la première athlète à avoir remporté un 10/10 aux épreuves de gymnastique, pour sa performance aux barres asymétriques, lors des épreuves en équipe, à Montréal (Canada), le 18 juillet 1976.

★ LE PLUS DE MÉDAILLES D'OR D'ATHLÉTISME

Surnommé le "Finlandais volant", le coureur de fond Paavo Nurmi (Finlande) a gagné 9 médailles d'or en athlétisme entre 1920 et 1928. Le seul homme à avoir égalé cet exploit est Carl Lewis (US), qui a gagné l'or au 100 m, au 200 m, au relais 4 x 100 m et au saut en longueur entre 1984 et 1996.

★ LE PLUS DE MÉDAILLES D'OR EN BOXE

Avec 3 médailles d'or chacun, Laszlo Papp (Hongrie), Teofilo Stevenson (Cuba) et Felix Savon (Cuba) sont les boxeurs les plus décorés des JO, avec 3 titres d'affilée, respectivement de 1948 à 1956, de 1972 à 1980 et de 1992 à 2000.

★ LE PLUS DE MÉDAILLES EN CANOË ET EN KAYAK

Birgit Fischer (Allemagne) a gagné 12 médailles en canoë et en kayak entre 1980 et 2004, soit 8 médailles d'or et 4 d'argent.

★ LE PREMIER ATHLÈTE À BATTRE 3 RECORDS DE SPRINT LA MÊME ANNÉE

Aux JO de 2008, à Pékin (Chine), Usain Bolt (Jamaïque) a brisé 3 records de sprint : le 100 m, le 200 m et le relais 4 x 100 m. Il est le premier athlète olympique à réussir cet exploit. Bolt a couru le 100 m en 9,69 s, le 200 m en 19,30 s et le relais en 37,10 s avec ses coéquipiers jamaïquains Asafa Powell, Nesta Carter et Michael Frater.

●LE PLUS DE MÉDAILLES EN ATHLÉTISME (FEMME)

La sprinteuse Merlene Ottey (Jamaïque) a gagné 9 médailles au 100 m et au 200 m – 3 d'argent et 6 de bronze –, des JO de 1980 à Moscou (Russie) à ceux de 2000 à Sydney (Australie). La médaille de bronze lui a été attribuée pour le 100 m à Sydney en 2009, après que Marion Jones (USA), accusée de dopage, a été privée de la médaille d'or.

QUELLE CONSTANCE !

Pandelis Konstantinidis (Grèce) est le porteur de flamme olympique le plus constant. Il a participé aux JO de Berlin, en 1936, et, 72 ans plus tard, aux JO de Pékin en 2008.

LE PALMARÈS DES NATIONS

LE PLUS DE MÉDAILLES AUX JEUX OLYMPIQUES D'ÉTÉ (1896-2008)	
1 USA	2 298 médailles (931 d'or, 729 d'argent, 638 de bronze)
2 URSS*	1 010 médailles (395 d'or, 319 d'argent, 296 de bronze)
3 Allemagne**	852 médailles (247 d'or, 284 d'argent, 321 de bronze)

LE PLUS DE MÉDAILLES AU COURS D'UNE OLYMPIADE	
1 USA	239 médailles (78 d'or, 82 d'argent, 79 de bronze) à St Louis 1904 (USA)
2 URSS*	195 médailles (80 d'or, 69 d'argent, 46 de bronze) à Moscou 1980 (URSS)
3 RU	145 médailles (56 d'or, 51 d'argent, 38 de bronze) à Londres 1908 (RU)

LE PLUS DE MÉDAILLES D'OR AU COURS D'UNE OLYMPIADE	
1 USA	83 à Los Angeles 1984 (USA)
2 URSS*	80 à Moscou 1980 (URSS)
3 USA	78 à St Louis 1904 (USA)

* URSS seulement (de 1952 à 1980 et en 1988) ; n'inclut ni l'équipe de Russie unifiée ni celle de la Fédération russe.
** Inclut l'Allemagne (1896-1912, 1928-1936, 1952, 1992-2008), l'équipe unifiée (1956-1964) et la RFA (1968-1976, 1984-88).

Le lac Nyos (Cameroun) est le **lac le plus mortel**. Les gaz toxiques qu'il dégage ont causé près de 2 000 morts. Une nuit d'août 1986, 1 800 personnes et de nombreux animaux sont morts après une émission massive de dioxyde de carbone.

PARALYMPIQUES

★ LE PLUS DE MÉDAILLES AUX JEUX D'ÉTÉ

Depuis les premiers jeux Paralympiques de Rome (Italie), en 1960, les États-Unis ont dominé le palmarès. À ce jour, leurs athlètes ont remporté 1 870 médailles.

GOALBALL

Cet exercice de rééducation pour les vétérans aveugles de la Seconde Guerre se pratique en intérieur, entre 2 équipes de 3 joueurs aux yeux bandés. Ils marquent en jetant la balle dans les filets adverses. Des clochettes permettent de suivre le ballon.

★ LE PLUS DE MÉDAILLES D'OR AUX JEUX D'ÉTÉ

Aux jeux de 1984, qui se sont déroulés à New York (USA) et à Stoke Mandeville (RU), les pays organisateurs ont largement dominés, avec 136 médailles d'or pour les États-Unis et 107 pour le Royaume-Uni. Les États-Unis ont aussi accumulé le ★ plus de médailles d'or paralympiques : 665 à ce jour.

★ LES PREMIERS JEUX D'ÉTÉ TÉLÉVISÉS

Les jeux de Toronto de 1976 ont été les premiers à être intégralement retransmis à la télévision. Les épreuves ont été suivies quotidiennement par plus d'un demi-million de téléspectateurs de l'Ontario (Canada).

★ LES PREMIERS ATHLÈTES AMPUTÉS ET MALVOYANTS

C'est aux jeux Paralympiques de Toronto (Canada) de 1976, que des athlètes aveugles, malvoyants et amputés ont concouru pour la première fois. Les courses en fauteuil roulant de 200 m, 400 m, 800 m et 1 500 m ont fait leur première apparition en même temps que le goalball, un jeu destiné aux malvoyants (voir bulle à gauche). En gagnant les sauts en longueur et en hauteur, Arnie Boldt (Canada), athlète amputé de 18 ans, a marqué les jeux de Toronto.

★ LA PREMIÈRE COURSE EN FAUTEUIL ROULANT

Les premières courses en fauteuil roulant ont eu lieu aux jeux Paralympiques de Tokyo (Japon), en 1964. Au début, les athlètes concouraient en fauteuil standard. Lourds et difficiles à piloter, ils ont été remplacés par des fauteuils de course en 1976, à Toronto : plus légers, plus rapides et plus manœuvrables, ils ont provoqué une pluie de nouveaux records de vitesse.

JEUX PARALYMPIQUES

Créés en 1960, les jeux Paralympiques sont un événement multidisciplinaire international qui a lieu tous les 4 ans, parallèlement aux JO. Regroupant des disciplines olympiques et quelques innovations (voir encadrés), ces jeux invitent des athlètes souffrant de différents handicaps à se mesurer.

CLASSIFICATION

Les athlètes sont classés selon la nature et la gravité de leur handicap, afin que la compétition soit équitable. Les catégories ci-dessous sont subdivisées en fonction de la gravité du handicap.

Amputés	Athlètes ayant perdu au moins un membre auquel manque une articulation majeure.
Paralysie cérébrale	Athlètes souffrant de troubles moteurs (équilibre et contrôle musculaire).
Malvoyants	Athlètes souffrant d'une affection de la vue, pouvant aller jusqu'à la cécité.
Accidents de la colonne	Athlètes qui concourent en fauteuil roulant après avoir perdu un membre inférieur.
Handicapés mentaux	Athlètes souffrant d'un handicap mental, troubles sociaux et communicationnels inclus.
Les autres	C'est ainsi que l'on désigne les athlètes dont les handicaps ne figurent pas ci-dessus.

★ LE PLUS DE REPRÉSENTATIONS AUX JEUX PARALYMPIQUES D'ÉTÉ

Les jeux Paralympiques de 2008 à Pékin (Chine) ont accueilli des athlètes originaires de 146 nations. Pékin détient aussi le record du ● **plus de participants à des jeux Paralympiques d'été**, avec 3 951 athlètes concourant pour 1 431 médailles.

★ L'HOMME LE PLUS RAPIDE AU 400 M (T44)

Aux jeux Paralympiques de 2008, à Pékin (Chine), Oscar Pistorius (Afrique du Sud), surnommé "Blade Runner", a remporté le 100 m, le 200 m et le 400 m, établissant un nouveau record du 400 m à 47,49 s, le 16 septembre 2008. Né sans péronés, Oscar a été amputé sous les genoux à 11 mois. Il court dans la classe T44 avec des lames en fibre de carbone. Il va tenter d'être le premier sprinter amputé à se qualifier pour les jeux Olympiques, en 2012.

★ LE MARATHON EN FAUTEUIL ROULANT (T52) LE PLUS RAPIDE

Le 17 septembre 2008, aux jeux de Pékin (Chine), Thomas Geierspichler (Autriche) a remporté le marathon dans la catégorie T52 (membres inférieurs inopérants), en 1 h, 40 min et 7 s.

Le ★ **premier marathon en fauteuil roulant** date des jeux de 1984, qui se sont déroulés à New York (USA) et à Stoke Mandeville (RU).

Entre 1996 et 2010, le défenseur Rigobert Song (Cameroun) a fait l'objet du **plus de qualifications consécutives pour des matchs de la coupe d'Afrique des nations** : 34.

5,6 C'est la quantité de sang en litres que pompe votre cœur pendant chacune des 41 393 520 min de votre vie. Si ce sang se déversait dans une piscine olympique, vous la rempliriez jusqu'à 16 cm de la hauteur réglementaire avant que votre cœur ne cesse de battre.

★ LE PREMIER PARALYMPIEN À PARTICIPER AUX JEUX OLYMPIQUES

Après avoir représenté son pays en 1980 au tir à l'arc, aux jeux Paralympiques d'Arnhem (Pays-Bas), Neroli Fairhall (Nouvelle-Zélande) est devenue la première athlète paralympienne à prendre part aux jeux Olympiques, concourant aux jeux d'été de 1984, à Los Angeles (USA). La médaillée d'or des jeux Paralympiques est arrivée 35e aux JO.

★ LE 5 000 M LE PLUS RAPIDE (T13)

À Pékin (Chine), en 2008, Henry Kiprono Kirwa (Kenya) a fini le 5 000 m, en 14 min et 24,02 s, dans la catégorie T13 (cas les plus légers de malvoyance).

★ LE PLUS DE TITRES DE BASKET PARALYMPIQUE

Les Américains dominent le basket paralympique avec 5 victoires, en 1960, 1964, 1972, 1976 et 1988. Depuis quelques années, le Canada et l'Australie ont le vent en poupe ; chaque pays a gagné 2 fois l'or et 1 fois l'argent au cours des 4 derniers jeux. Chez les femmes, les Canadiennes l'ont emporté à 3 reprises, en 1992, 1996 et 2000.

★ LE 5 000 M LE PLUS RAPIDE (T46)

Le 13 septembre 2008, Abraham Cheruiyot Tarbei (Kenya) a établi un nouveau record de vitesse du 5 000 m (T46), aux jeux de Pékin (Chine), en franchissant la ligne en 14 min et 20,88 s. La catégorie T46 regroupe les athlètes handicapés du bras ou du tronc, ou ayant un bras amputé au-dessus ou en dessous du coude.

★ LE 50 M NAGE LIBRE LE PLUS RAPIDE (S12)

Aux jeux de Pékin (Chine), en 2008, Maksym Veraska (Ukraine) a nagé le 50 m nage libre, dans la catégorie S12, en 23,45 s. Le même jour, le 14 septembre 2008, Oxana Savchenko (Russie) a remporté la même course dans la catégorie femme en 23,43 s. S12 regroupe les malvoyants intermédiaires.

★ LE PLUS DE MÉDAILLES AUX JEUX D'ÉTÉ (HOMME)

Jonas Jacobsson (Suède) a remporté le plus de médailles paralympiques. Ayant participé à tous les jeux depuis Arnhem (Pays-Bas), en 1980, Jonas a accumulé 27 médailles au tir, dont 16 en or. Aux jeux de Pékin (Chine), en 2008, il a remporté 3 épreuves : le tir debout à la carabine, la carabine libre 3x40 et la carabine libre mixte en position couchée.

★ LE PLUS DE MÉDAILLES D'OR INDIVIDUELLES AUX JEUX D'ÉTÉ

Trischa Zorn (USA) est la paralympienne la plus médaillée, avec 32 médailles d'or individuelles et 9 victoires en équipe, entre 1980 et 2004. La nageuse aveugle de naissance s'est fait implanter deux iris pour améliorer sa condition. Quasiment invincible, elle a gagné 55 médailles : 41 en or, 9 en argent et 5 en bronze.

BOCCIA
Proche de la pétanque, la boccia est pratiquée dans 50 pays. Inscrite aux jeux Paralympiques depuis 1984, elle est réservée aux athlètes souffrant de troubles moteurs, qui doivent jeter les boules près du cochonnet pour gagner.

★ LE PLUS DE BASKETTEUSES EN FAUTEUIL ROULANT

Les jeux Paralympiques de 2008 à Pékin (Chine) ont donné lieu au plus grand rassemblement de basketteuses de l'histoire des jeux : 120 athlètes représentant 10 pays. Grande favorite, l'équipe américaine (en blanc sur la photo) s'est imposée face à l'Allemagne 50-38 en finale.

RUGBY EN FAUTEUIL
Surnommé "murderball" (ballon assassin), le rugby en fauteuil roulant se pratique sur un terrain de basket avec 2 équipes de 4 joueurs qui doivent porter la balle derrière la ligne adverse. Mélange de basket et de hockey sur glace, c'est un sport très populaire.

Le 11 juin 2002, à Suwon (Corée du Sud), Richard Morales (Uruguay) a marqué contre le Sénégal en 18 s : c'est le **but le plus rapide d'un remplaçant lors d'une finale de coupe du monde**.

LES PLUS GROS GAINS

● MISE À JOUR
★ NOUVEAU RECORD

LES INCROYABLES REVENUS DES GRANDS SPORTIFS

Rencontrez les athlètes dont le travail acharné et les capacités physiques hors pair ont été récompensés par des salaires vertigineux et de lucratifs contrats de sponsoring. Reposant sur la liste *Forbes* "Sports Money 50-50" des athlètes les plus riches du monde, ce classement tient compte des revenus perçus entre juin 2009 et juin 2010.

FRAPPER FORT
DANS LE MONDE DU SPORT

52 M$ Gains d'Oscar de la Hoya (USA) pour son combat WBC, poids mi-moyens face à Floyd Mayweather Jr., le 5 mai 2007.

30 M$ Butin de l'Association nationale du football espagnol après la victoire de l'Espagne à la Coupe du monde 2010.

13 M$ Cagnotte décrochée par les Stanford Superstars après leur victoire aux Stanford Series de Twenty20cricket.

12 M$ Jackpot remporté par Jamie Gold (USA) au World Series of Poker Main Event, en 2006.

10 M$ Premier prix de la FedEx Cup, une compétition de golf qui se déroule sur plusieurs tournois.

6 M$ Somme des prix de la course hippique la plus lucrative du monde : la prestigieuse Dubai World Cup.

1,7 M$ Somme versée aux champions (hommes et femmes) du simple de l'US Open de tennis.

1,5 M$ Pactole du Daytona 500, la plus grande course de la NASCAR.

1 M$ Manne versée par l'ex-IAAF Golden League à tout athlète ayant remporté toutes les épreuves de la saison.

400 K$ Somme promise au vainqueur du Snooker World Championship, au Crucible de Sheffield (RU).

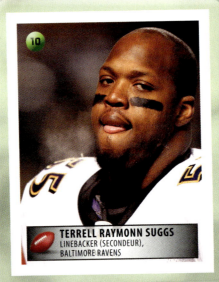

TERRELL RAYMONN SUGGS
LINEBACKER (SECONDEUR),
BALTIMORE RAVENS

$38.3M

TERRELL SUGGS (USA), né le 11/10/82
Un contrat de 63 millions $ en 2009 et un bonus de 33 millions $ ont fait de Suggs le secondeur le mieux payé de l'histoire de la National Football League (NFL).

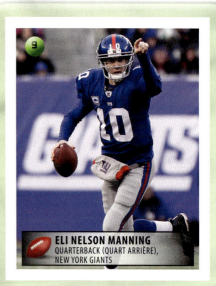

ELI NELSON MANNING
QUARTERBACK (QUART ARRIÈRE),
NEW YORK GIANTS

$39.9M

ELI MANNING (USA), né le 03/01/81
En août 2010, Manning est devenu le joueur le mieux payé de la NFL en signant un contrat de 6 ans avec les New York Giants pour 97,5 millions $.

DAVID R J BECKHAM
MILIEU DE TERRAIN, LOS ANGELES GALAXY

$43.7M

DAVID BECKHAM (RU), né le 02/05/75
La star du football anglais attire toujours les dollars. Sur les 40 millions $ qu'il a gagnés en 2009, près de 33 millions provenaient du sponsoring.

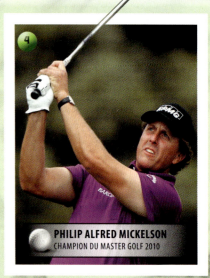

PHILIP ALFRED MICKELSON
CHAMPION DU MASTER GOLF 2010

$46M

PHIL MICKELSON (USA), né le 16/06/70
Les principaux revenus du golfeur Mickelson (numéro deux mondial) proviennent de ses sponsors ExxonMobil, Rolex et Barclays.

Emilio Arenas (Uruguay) possède la ●plus grande collection de crayons du monde. Commencée en 1956, elle comporte 11 856 crayons différents provenant de 55 pays.

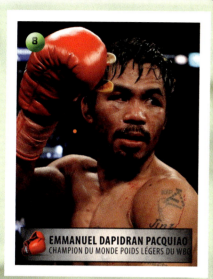

EMMANUEL DAPIDRAN PACQUIAO
CHAMPION DU MONDE POIDS LÉGERS DU WBC

$42M

MANNY PACQUIAO (Philippines), né le 17/12/78
Les combats contre Miguel Cotto et Joshua Clottey ont rapporté à "Pac-Man" la coquette somme de 35 millions $. En 2010, il est devenu membre du Congrès des Philippines.

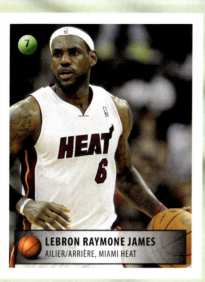

LEBRON RAYMONE JAMES
AILIER/ARRIÈRE, MIAMI HEAT

$42.8M

LEBRON JAMES (USA), né le 30/12/84
James bénéficie d'accords lucratifs avec Nike et McDonald's, entre autres. En 2010, *Forbes* l'a classé 2e athlète le plus influent du monde, après le cycliste Lance Armstrong (USA).

ROGER FEDERER
VAINQUEUR DE 16 TOURNOIS DU GRAND CHELEM

$43M

ROGER FEDERER (Suisse), né le 08/08/81
Au 31 août 2010, ses victoires lui avaient rapporté 56,9 millions $. Son contrat de plus de 10 millions $ par an avec Nike est le plus lucratif du monde du tennis.

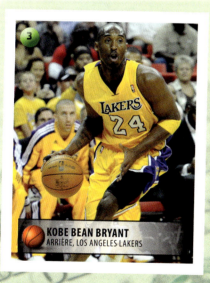

KOBE BEAN BRYANT
ARRIÈRE, LOS ANGELES LAKERS

$48M

KOBE BRYANT (USA), né le 23/08/78
Avril 2010 : avec 25 970 points cumulés, Bryant est le meilleur marqueur des Lakers de tous les temps. Son salaire en 2013-2014 devrait atteindre 30,5 millions $.

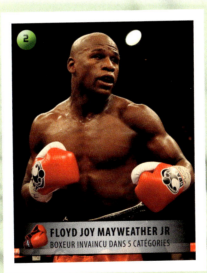

FLOYD JOY MAYWEATHER JR
BOXEUR INVAINCU DANS 5 CATÉGORIES

$65M

FLOYD MAYWEATHER JR. (USA), né le 24/02/77
Invaincu depuis ses débuts (41 victoires dont 25 par K.-O.), cette étoile de la boxe peut se vanter de 9 titres mondiaux dans 5 catégories de poids différentes.

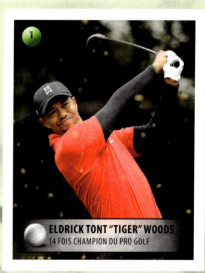

ELDRICK TONT "TIGER" WOODS
14 FOIS CHAMPION DU PRO GOLF

$105M

TIGER WOODS (USA), né le 30/12/75
Les revenus de Woods comprennent 30 millions $ versés chaque année par ses sponsors, dont Nike. Il a gagné 4 fois le Masters, la dernière fois en 2005.

Demetra Kousouridou (Grèce) possède la **plus grande collection de taille-crayons du monde** : 8 514 taille-crayons différents, collectionnés depuis 1997.

★ LE PLUS FORT POURCENTAGE DE FIELD GOALS EN CARRIÈRE NBA

Au 12 avril 2011, le centre des Boston Celtics, Shaquille O'Neal (USA), pouvait se vanter d'un pourcentage de réussite de field goals de 58,23 %, ce qui fait de lui le marqueur le plus précis de l'histoire de la NBA.

★ LE PLUS DE POINTS EN TRI-NATIONS

Le 1er août 2009, Morne Steyn (Afrique du Sud) a marqué 31 points contre la Nouvelle-Zélande, au ABSA Stadium de Durban (Afrique du Sud).

★ LE PLUS DE PANIERS À 3 POINTS EN FINALE NBA

Le 6 juin 2010, Ray Allen (USA) a marqué 8 paniers à 3 points pour les Boston Celtics dans la 2e manche de la finale NBA, à Los Angeles (USA). Il a aussi marqué le ★ plus de paniers à 3 points dans une série éliminatoire NBA : 9.

● LE PLUS DE PANIERS À 3 POINTS (WBNA)

De 1999 à la fin de la saison 2010, Katie Smith (USA) a marqué 785 paniers à 3 points pour les Minnesota Lynx, les Detroit Shocks et les Washington Mystics (USA).

★ LE PLUS DE DROPS DANS LE TOURNOI DES CINQ/SIX NATIONS

Le demi d'ouverture de Rugby Union Jonny Wilkinson (RU) a marqué 11 drops entre 1998 et 2011.

● LE PLUS DE POINTS DANS UNE CARRIÈRE NFL

De 1982 à 2007, le kicker Morten Andersen (Danemark) a marqué 2 544 points au cours de sa carrière dans la National Football League, aux côtés des New Orleans Saints, des Atlanta Falcons, des New York Giants, des Kansas City Chiefs et des Minnesota Vikings (USA).

★ LE MEILLEUR POURCENTAGE DE FIELD GOALS EN CARRIÈRE NFL

À la fin 2010-2011, Nate Kaeding (USA) avait converti 173 field goals sur 200 pour les San Diego Chargers (USA), soit une moyenne de 86,5 %. Mike Vanderjagt (Canada) arrive 2e avec une moyenne de 86,47 % (230/266) entre 1998 et 2006.

RECORDS SPORTIFS

Record		Détenteur
Le plus de buts dans une coupe du monde FIFA	13	Just Fontaine (France)
Le ● plus de centuries en test-cricket	51	Sachin Tendulkar (Inde)
Le ● plus de buts en ligue des champions UEFA	71	Raul González Blanco (Espagne)
Le plus de touchdowns NFL	208	Jerry Rice (USA)
Le plus de buts en English Premier League	260	Alan Shearer (RU)
Le ● plus de field goals NFL	565	Morten Andersen (Danemark)
Le plus de home runs MLB	762	Barry Bonds (USA)
Le ● plus de points en International Rugby Union	1 195	Jonny Wilkinson (RU)
Le ● plus de points en WNBA	6 413	Tina Thompson (USA)
Le plus de field goals en NBA	15 837	Kareem Abdul-Jabbar (USA)

LE PLUS DE BUTS AU FOOTBALL

Pelé, né Edson Arantes do Nascimento (Brésil), a marqué 1 279 buts en 1 363 matchs, du 7 septembre 1956 au 1er octobre 1977. Sa meilleure année fut 1959, avec 126 buts.

★ LE PLUS DE BUTS DANS DES MATCHS CONSÉCUTIFS DE LA CHAMPIONS LEAGUE

Entre 2009 et 2010, Marouane Chamakh (Maroc) a marqué dans 6 matchs consécutifs de la ligue des champions UEFA pour Bordeaux (France) et Arsenal (RU).

LE PLUS DE CHAMPIONNATS DU MONDE DE FLÉCHETTES

Phil Taylor (RU) a été sacré 15 fois champion du monde, par la World Darts Organization (WDO), en 1990 et 1992, et par la Professional Darts Corporation (PDC), de 1995 à 2002, de 2004 à 2006 et de 2009 à 2010.

LE PLUS DE POINTS DANS UNE CARRIÈRE NHL

Wayne Gretzky (Canada) a marqué 2 857 points au cours de sa carrière dans la National Hockey League (NHL), jouant pour les Edmonton Oilers (Canada), les Los Angeles Kings, les St Louis Blues et les New York Rangers (tous USA), de 1979 à 1999. Ce total comprend 894 goals et 1 963 assists en 1 487 matchs.

● MISE À JOUR
★ NOUVEAU RECORD

Sophia Vaharis d'Athènes (Grèce) possède la ● plus grande collection d'étiquettes de bouteilles de vin effervescent : 15 255 provenant de 50 pays.

POUR LES SPORTS DE FOUS, VOIR P. 264.

MURALITHARAN A PRIS SON 800ᵉ WICKET AVEC LA DERNIÈRE BALLE DE SON DERNIER OVER.

800 WICKETS

★ LE PLUS DE BREAKS À 147 EN SNOOKER DE COMPÉTITION

Ronnie O'Sullivan et Stephen Hendry (tous deux RU) ont marqué le maximum de 10 breaks à 147 points en snooker de compétition. Le plus récent de ces exploits est l'œuvre de Hendry (photo ci-contre), qui l'a réalisé contre Stephen Maguire, au Welsh Open, le 17 février 2011.

★ LE PLUS DE SLAM HOME RUNS EN 1 MATCH

Le record de la Major League Baseball (MLB) pour le plus de grand slam home runs en un match est de deux, un exploit réalisé par 13 joueurs. Le batteur qui a réalisé cet exploit le plus récemment est Josh Willingham (USA, droite) pour les Washington Nationals contre les Milwaukee Brewers (tous deux USA), le 27 juillet 2009.

★ LE PLUS DE 180 DANS UN CHAMPIONNAT DE FLÉCHETTES PDC

En janvier 2011, à l'Alexandra Palace de Londres (RU), pendant les championnats du monde de la Professional Darts Corporation (PDC), Adrian Lewis (RU) a atteint 60 fois le score maximum de 180 points, en compétition individuelle.

● LE PLUS DE BUTS POUR UN DÉBUT EN NHL

Le 9 octobre 2010, Derek Stepan (USA) est devenu le 4ᵉ joueur de l'histoire de la National Hockey League (NHL) à réaliser un coup de chapeau (3 buts), lors de son premier match, qui a vu son équipe les New York Rangers l'emporter 6-3 sur les Buffalo Sabres (tous deux USA). Il partage cet exploit avec Fabian Brunnstrom (Suède) des Dallas Stars (USA), Alex Smart des Montréal Canadiens et Real Cloutier des Québec Nordiques (tous Canada).

● LE PLUS DE RUNS EN TEST CRICKET

Sachin Tendulkar (Inde) a marqué 14 692 runs en test-match dans sa carrière, du 15 novembre 1989 au 6 janvier 2011. Il a aussi réalisé le ● plus de runs dans une carrière internationale : 18 111, soit une moyenne de 45,16 runs, entre le 18 décembre 1989 et la finale de la coupe du monde 2011, le 2 avril 2011.

★ LE PLUS D'ACES DANS UN MATCH DE TENNIS PROFESSIONNEL

John Isner (USA) a servi 113 aces lors du match qui l'a opposé à Nicolas Mahut (France), du 22 au 24 juin 2010, à Wimbledon (RU). Cet exploit lui vaut aussi de détenir le record du ★ plus grand nombre d'aces dans un match à Wimbledon et du ● plus grand nombre d'aces dans un tournoi du grand chelem.

● LE PLUS DE WICKETS

Du 28 août 1992 au 22 juillet 2010, Muttiah Muralitharan (Sri Lanka, à gauche) a pris 800 wickets en 133 test-matchs. Il détient aussi le record du ● plus grand nombre de wickets internationaux : 1 347, de 1992 à la finale de la coupe du monde le 2 avril 2011. Chaminda Vaas (Sri Lanka) détient le record du plus grand nombre de wickets dans un tournoi international de 1 jour, avec 8-19 contre le Zimbabwe à Colombo (Sri Lanka), le 8 décembre 2001.

Le Commandaria, vin doux chypriote, est le vin le plus ancien. Ses origines remontent à 2 000 ans avant J.-C.

PLUS VITE !

LE PLUS RAPIDE...

BUT EN 1RE DIVISION ANGLAISE MARQUÉ PAR UN REMPLAÇANT

Le 22 décembre 2007, le remplaçant d'Arsenal Nicklas Bendtner (Danemark) a marqué contre Tottenham Hotspur, 6 s après son entrée sur le terrain, au cours d'un match de 1re division à l'Emirates Stadium de Londres (RU).

BUT EN CHAMPIONS LEAGUE UEFA

L'attaquant du Bayern de Munich Roy Makaay (Pays-Bas) a marqué contre le Real Madrid, 10 s après le début de la partie, à Munich (Allemagne), le 7 mars 2007.

BUT EN COUPE DU MONDE FIFA

Le but inscrit par Hakan Sükür (Turquie), après 11 s de jeu, contre la Corée, à Daegu (Corée), le 29 juin 2002, est le plus rapide jamais marqué dans une phase finale de coupe du monde.

★ TOUCHDOWN NFL

Le 12 octobre 2003, le réceptionneur des Dallas Cowboys Randal Williams (USA) a marqué contre les Philadelphia Eagles le touchdown le plus rapide. Après un onside kick raté des Eagles, Williams s'est emparé de la balle et a couru 37 yards pour marquer. Prélude à une victoire des Cowboys 23-21, l'action a duré 3 s.

MAGIE SUR GLACE (HOCKEY)

Personne n'a jamais battu le record de Mosienko (Canada) de 3 buts en 21 s, pour les Chicago Blackhawks (USA) contre les New York Rangers (USA), le 23 mars 1952.

★ RUGBY UNION SUPER ESSAI

Le 12 mai 2001, la compétition de Super Rugby disputée par des équipes d'Australie, de Nouvelle-Zélande et d'Afrique du Sud a vu son essai le plus rapide lorsque le 2e ligne des Highlanders (NZ), Vula Maimuri (Fidji), a marqué après 12 s de jeu contre les Crusaders (NZ), à Christchurch (NZ).

● CENTURY EN COUPE DU MONDE DE CRICKET

En 2011, Kevin O'Brien (Irlande) a marqué 100 runs avec 50 balles, soit une moyenne de 12 runs par over et de 2 runs par balle ! O'Brien a fini avec un score de 113, battant l'Angleterre de 3 wickets, au M Chinnaswamy Stadium de Bangalore (Inde), le 2 mars 2011.

CENTURY EN FINALE DE COUPE DU MONDE DE CRICKET

Le 28 avril 2007, le wicket-keeper Adam Gilchrist (Australie) a réalisé le century le plus rapide, en marquant 100 runs sur 72 balles contre le Sri Lanka, à Kensington Oval, Bridgetown (La Barbade).

SNOOKER : BREAK MAXIMUM

Ronnie "The Rocket" (la fusée) O'Sullivan a réalisé le break de 147 points le plus rapide, en 5 min et 20 s, lors de son match de premier tour contre Mick Price, au championnat du monde de Sheffield (RU), le 21 avril 1997. En empochant 15 rouges, chacune suivie de 1 noire, puis les 7 couleurs restantes, il a affiché une moyenne de 8,65 s par coup.

LES HOMMES ET LES FEMMES LES PLUS RAPIDES

Sur terre, sur glace, dans les airs et dans l'eau, ces athlètes sont les plus rapides de leur discipline. Rameurs, coureurs, skieurs, patineurs, nageurs et parachutistes : tous des flèches !

Marathon féminin
42,2 km : Paula Radcliffe (RU) est la reine de la longue distance, en 2 h, 15 min et 25 s, au marathon de Londres (RU), le 13 avril 2003.

Le mile le plus rapide
Hicham El Guerrouj (Maroc), champion du 1 500 m et du 2 000 m, détient le record du mile (1 609 m) le plus rapide en 3 h, 43 min et 13 s, à Rome (Italie), le 7 juillet 1999.

50 m nage libre, bassin olympique (femme) Britta Steffen (Allemagne) est la femme la plus rapide sur 50 m, terminant en 23,73 s, aux championnats du monde, à Rome (Italie), le 2 août 2009.

2 000 m aviron en skiff
Aux championnats du monde de 2009 à Poznan (Pologne), Mahe Drysdale (NZ) a remporté le sprint de 2 km, en 6 min et 33,35 s.

VITESSES MOYENNES OU HAUTES	7,59 km/h	16,83 km/h	18,68 km/h	25,96 km/h

La ● **plus grande brochette de kebab** pesait 4 022 kg. Elle a été préparée par Zith Catering Equipment Ltd et la municipalité de Paphos, à Paphos (Chypre), le 31 décembre 2008.

1,44 trillion

C'est la distance en km que vous parcourerez dans l'espace au cours de votre vie. Notre galaxie se déplace dans l'Univers à 580 km/s. Ne laissez personne vous reprocher d'être immobile. En ce moment, vous vous déplacez à 2 088 000 km/h !

● **Chute libre**
Grâce à la gravité et à un plongeon de 3 700 m depuis un avion, le parachutisme de vitesse est le sport le plus rapide. Le 5 juin 2010, aux Speed World Series d'Utti (Finlande), Christian Labhart (Suisse) a atteint 526,93 km/h – plus rapide qu'une Bugatti Veyron lancée à pleine vitesse (431,07 km/h).

LES PLUS GRANDS FRAPPEURS

Des lancers de baseball aux tirs de football, découvrez certains des lancers, des drives et de smashs les plus rapides du monde !

Catégorie	Vitesse	Détenteur du record	Date
Lancer au cricket	161,3 km/h	Shoaib Akhtar (Pakistan)	22 févr. 2003
Lancer au baseball	162,3 km/h	Lynn Nolan Ryan (USA)	20 août 1974
★ Tir au hockey sur glace	177,5 km/h	Denis Kulyash (Russie)	5 févr. 2011
★ Tir à la crosse	178,6 km/h	Paul Rabil (USA)	8 juill. 2010
Tir au football (RU)	183,0 km/h	David Hirst (RU)	16 sept. 1996
● Service au tennis	251,0 km/h	Ivo Karlovic (Croatie)	5 mars 2011
Lancer au jai-alai	302,0 km/h	José Ramón Areitio (Espagne)	3 août 1979
★ Drive au golf	328,3 km/h	Jason Zuback (Canada)	1 déc. 2007
★ Smash au badminton	332,0 km/h	Fu Haifeng (Chine)	15 mai 2005

526,93 KM/H

100 m sprint
Surnommé l'homme le plus rapide du monde, Usain Bolt (Jamaïque) a établi le record du 100 m en 9,58 s, à Berlin (Allemagne), le 16 août

1 000 m patinage de vitesse
Entre 2 médailles d'or olympiques (2006, 2010), Shani Davisde (USA) a parcouru 1 000 m, en 1 h, 6 min et 42 s, à Salt Lake City (Utah, USA), le 7 mars 2009.

Ski de vitesse féminin
Sanna Tidstrand (Suède), la championne du monde du ski de vitesse depuis 2006, a atteint 242,59 km/h, sur les pistes des Arcs (France), le 20 avril 2006.

110 m haies
Dayron Robles (Cuba) a couru le 110 m haies, en 12,87 s, lors du meeting du Golden Spike d'Ostrava (République tchèque), le 12 juin 2008.

● MISE À JOUR
★ NOUVEAU RECORD

| 30,77 km/h | 37,58 km/h | 54,21 km/h | 242,59 km/h |

La **plus grande quantité de viande consommée lors d'un événement en plein air** est de 26,145 kg, cuisinée par La Pastoral Social Arquidiocesana de Asunción y amigos, à la Asociacion rural de Paraguay, Mariano Roque Alonso (Paraguay), le 26 octobre 2008.

RECORDS SUR ROUES

LE PLUS RAPIDE...

★ LORS D'UN GRAND PRIX DE FORMULE 1

Michael Schumacher (Allemagne) a réalisé une moyenne de 247,585 km/h lorsqu'il a gagné le GP d'Italie pour Ferrari, à Monza (Italie), le 14 septembre 2003. En dépit des progrès technologiques, son record n'a pas encore été battu.

À L'INDY 500

Arie Luyendyk (Pays-Bas) est l'homme le plus rapide sur la course des 500 Miles (804,5 km) qui se tient chaque année sur l'Indianapolis Motor Speedway (Indiana, USA). Le 27 mai 1990, sa Lola-Chevrolet a franchi la ligne d'arrivée après 2 h 41 min et 18,404 s, soit une moyenne de 299,307 km/h.

TOUR DE PISTE AUX 24 HEURES DU MANS

Le 10 juin 1989, Alain Ferté (France) a réalisé le tour de piste le plus rapide aux 24 Heures du Mans, en 3 min et 21,27 s, au volant de sa Jaguar XJR-9LM, sur le circuit de la Sarthe, au Mans (France), avec son frère Michel à ses côtés.

AU TOUR DE FRANCE

En 2005, Lance Armstrong (USA) a remporté le tour de France en 86 h, 15 min et 2 s, atteignant une vitesse moyenne de 41,654 km/h sur 3 607 km. Après avoir gagné le tour 7 fois d'affilée (un record), Armstrong a annoncé sa retraite, avant de revenir en 2010 et terminer 23e. Considéré comme l'un des plus grands athlètes du monde, il a pris sa retraite définitive en février 2011.

● SUR UNE PISTE DE CYCLISME DE 4 000 M, DÉPART ARRÊTÉ

Le 2 févier 2011, Jack Bobridge (Australie) a battu le record du 4 000 m de Chris Boardman's (RU) aux Cycling Australia Track National Championships à Sydney (Australie). Avec ses 4 min et 10,534 s, il avait une demi-seconde d'avance sur le temps de Boardman, réalisé en 1996 et que l'on croyait imbattable.

● 3 KM, DÉPART ARRÊTÉ (ÉQUIPE FEMMES)

Le 12 mai 2010, Dotsie Bausch, Sarah Hammer et Lauren Tamayo (USA) ont gagné la poursuite par équipe de 3 km, à Aguascalientes (Mexique), en 3 min et 19,569 s.

LE 500 M À VÉLO LE PLUS RAPIDE (HOMME)

Le 13 mai 2007, Chris Hoy (RU) a établi un nouveau record sur le vélodrome d'Alto Orpavi à La Paz (Bolivie), brisant le record de 500 m départ lancé en 24,758 s, plus de 1 s d'avance sur le record d'Arnaud Duble (France) établi en 2001.

★ LE PREMIER TOUR DE CIRCUIT LE PLUS RAPIDE (INDY 500)

Tony Kanaan (Brésil) a réalisé le premier tour de circuit le plus rapide de l'Indianapolis 500. En 2007, il a propulsé sa Honda à une vitesse moyenne de 350,39 km/h, terminant le premier tour en 41,335 s. Photographié à gauche en train de mener l'Andretti Green team, Kanaan a fini la course 8e.

★ LA VITESSE DE POINTE LA PLUS ÉLEVÉE EN F1

Au volant d'une McLaren-Mercedes, Juan Pablo Montoya (Colombie) a atteint 372,6 km/h, à Monza, pendant le GP d'Italie, le 4 septembre 2005. Montoya a commencé et terminé la course en 1re position.

Les Ayoreo-Totobiegosode (Paraguay) sont la **dernière tribu isolée en date à être entrée en contact avec le monde extérieur**. Ils ont été chassés de la forêt en mars 2004 par des éleveurs de bétail.

3,5 C'est le nombre d'amendes pour excès de vitesse que vous recevrez au cours de votre vie. Sans oublier les 9 demandes de remboursement que vous ferez auprès de votre assurance voiture.

● MISE À JOUR
★ NOUVEAU RECORD

★LE MARATHON DE NEW YORK EN CHAISE ROULANTE LE PLUS RAPIDE

Le 5 novembre 2006, Kurt Fearnley (Australie) a terminé le marathon de New York en chaise roulante en 1 h, 29 min et 22 s. Il a également réalisé le **London Wheelchair Marathon le plus rapide** en 1 h, 28 min et 57 s, en 2009. Il a obtenu la médaille d'or au 1 500 km des Commonwealth Games de 2010.

MARATHON MAN

Les talents de Fearnley ont été mis à rude épreuve aux jeux Paralympiques de 2004 à Athènes (Grèce). À 5 km de l'arrivée, Fearnley a crevé un pneu, il a tout de même remporté l'or.

MARATHON DE LONDRES EN FAUTEUIL ROULANT (FEMME)

Le 13 avril 2008, quelques mois avant de gagner la médaille de bronze du marathon paralympique à Pékin (Chine), Sandra Graf (Suisse) a battu Amanda McGrory et Shelly Woods en gagnant le marathon de Londres en fauteuil roulant, en 1 h, 48 min et 4 s.

●LA VITESSE DE POINTE EN NHRA DRAG RACING, MOTO PRO STOCK LA PLUS ÉLEVÉE

La vitesse de pointe la plus élevée pour une moto à essence (Pro Stock) est de 318,08 km/h, atteinte par Michael Phillips (USA), à Baton Rouge (Louisiane, USA), le 18 juillet 2010.

●LA VITESSE LA PLUS ÉLEVÉE AU NHRA DRAG RACING

Le 27 mars 2010, le pilote de dragster Greg Anderson (USA) a établi un nouveau record de vitesse à 341,92 km/h, dans une voiture roulant à l'essence (Pro Stock), à Concord (Caroline du Nord, USA).

TOUR DU CIRCUIT DE L'ÎLE DE MAN TT (FEMME)

Jenny Tinmouth (RU) est la femme à avoir parcouru le plus vite les 60,75 km du circuit de l'île de Man TT : 19 min et 22,6 s, à une vitesse moyenne de 188,02 km/h. Elle a réalisé ce record le 12 juin 2009 et est depuis devenue la ★**première femme à concourir dans le British Superbike Championship**, sous les couleurs de l'équipe Splitlath Motorsport en 2011.

[X] **POUR PLUS DE FRAYEURS, FONCEZ P. 178.**

TOUR DE CIRCUIT ET LA VITESSE LA PLUS ÉLEVÉE À L'ÎLE DE MAN TT

À l'île de Man TT (RU), en 2009, le pilote de Superbike John McGuinness (RU) a réalisé le double record du tour de circuit le plus rapide et de la vitesse la plus élevée, finissant le circuit en 17 min et 12,3 s et atteignant 211,754 km/h sur sa Honda CBR1000RR.

McGuinness a aussi réalisé la **course la plus rapide** dans la catégorie Superbike, en 1 h, 46 min et 7,16 s, le 8 juin 2009.

★LA VITESSE LA PLUS ÉLEVÉE D'UN DÉBUTANT À L'ÎLE DE MAN TT

Le champion des British Supersport 2009 Steve Plater (RU) a fait ses débuts à l'île de Man TT en 2007. En dépit de sa faible expérience sur le circuit, il a fait entrer sa Yamaha 1 000-cc dans le livre des records avec une vitesse de pointe de 202,468 km/h.

★LE 200 M DE PATINAGE EN LIGNE SUR ROUTE LE PLUS RAPIDE (HOMME)

Le 6 juillet 2006, le patineur en ligne Gregory Duggento (Italie) a parcouru 200 m en 16,209 s, lors des essais des World Road Championships de 2006, à Anyang (Corée du Sud).

★LE 10 000 M DE PATINAGE EN LIGNE SUR PISTE LE PLUS RAPIDE (HOMME)

Aux World Roller Speed Skating Championships de la Fédération internationale de Roller Sports (FIRS), à Haining (Chine), en 2009, Bart Swings (Belgique) a remporté le 10 000 m sur piste en 14 min et 41,425 s. Il a réalisé cet exploit à 18 ans, le 18 septembre 2009.

★LE 300 M DE PATINAGE EN LIGNE SUR PISTE LE PLUS RAPIDE (FEMME)

Au cours des mêmes championnats de 2009, So Yeong Shin (Corée du Sud) a battu un autre record, celui des femmes juniors au 300 m. Avec ses 26,426 s, elle a même battu la championne des seniors, établissant un nouveau record du monde.

Les **hommes les plus petits** appartiennent à la tribu des Mbutsi (République démocratique du Congo), dont la taille moyenne est de 1,37 m pour les hommes et 1,35 m pour les femmes.

JEUNES ET VIEUX

LE JOUEUR DE TENNIS LE PLUS ÂGÉ CLASSÉ N° 1

Arrivé en tête du classement masculin le 11 mai 2003, à 33 ans et 13 jours, André Agassi (USA, né le 29 avril 1970) est le joueur de tennis le plus âgé à avoir été classé n° 1 par l'Association of Tennis Professionals (ATP). Au cours de sa carrière, il a été classé n° 1 pendant un total cumulé de 101 semaines.

LE VAINQUEUR DE WIMBLEDON LE PLUS ÂGÉ

Martina Navratilova (USA, née le 18 octobre 1956) avait 46 ans et 261 jours quand elle a remporté le double mixte avec Leander Paes (Inde), le 6 juillet 2003.

VIEIL ARGENT

En remportant l'argent à Pékin en 2008 et en devenant la **médaillée olympique en natation la plus âgée**, Dara Torres (USA) a battu le record centenaire de William Robinson (RU), qui remporta l'argent lors des JO de 1908, à 38 ans.

★ LE VAINQUEUR DE ROLAND-GARROS LE PLUS ÂGÉ

Elizabeth Ryan (USA, née le 8 février 1892) a remporté, à 42 ans et 88 jours, le double féminin de 1934 avec Simone Mathieu (France).

LE JOUEUR DE LA COUPE DAVIS LE PLUS ÂGÉ

Yaka-Garonfin Koptigan (Togo) est le joueur le plus âgé à avoir participé à la Coupe Davis par équipe. Il a représenté son pays contre l'île Maurice à 59 ans et 147 jours, le 27 mai 2001.

★ LE PLUS JEUNE JOUEUR DE TENNIS À REMPORTER LE GRAND CHELEM

Rafael Nadal (Espagne) avait 24 ans et 101 jours quand il a réalisé le Grand Chelem – victoire aux quatre principaux tournois de tennis : Roland-Garros, open d'Australie, Wimbledon et US Open. Il a réalisé cet exploit en s'imposant à l'US Open, le 14 septembre 2010.

★ LE PLUS JEUNE MOTARD À REMPORTER UN GRAND PRIX

Scott Redding (RU, né le 4 janvier 1993) a remporté son premier Grand Prix moto à 15 ans et 170 jours en s'emparant du drapeau à damier du GP de Donington Park pour 125 cc (RU), le 22 juin 2008.

REDDING A ÉTÉ ÉLU MEILLEUR DÉBUTANT POUR SA VICTOIRE HISTORIQUE.

★ LE JOUEUR LE PLUS ÂGÉ À MARQUER AU SUPER BOWL (NFL)

Le 7 février 2010, le kicker des Colts d'Indianapolis (USA) Matt Stover (USA) est devenu le joueur le plus âgé de football américain à marquer lors d'une finale de la NFI , en inscrivant à 42 ans et 11 jours un field goal de 38 yards contre les New-Orleans Saints (USA) en Super Bowl XLIV. Il venait d'être consacré **joueur le plus âgé à participer au Super Bowl**.

★ LE PLUS JEUNE CHAMPION AUX POINTS DE LA NBA

À 21 ans et 197 jours, le basketteur Kevin Durant (USA, né le 29 septembre 1988) des Oklahoma City Thunder (USA) est devenu le plus jeune champion de la NBA en termes de points marqués en une saison, avec une moyenne de 30,1 points par match en 2009-2010.

★ LE PLUS JEUNE JOUEUR À RÉALISER 600 HOME RUNS EN MLB

Le 4 août 2010, le 3e baseman des New York Yankees (USA) Alex Rodriguez (USA, né le 27 juillet 1975) a frappé son 600e home run à 35 ans et 8 jours contre les Toronto Blue Jays (Canada). "A-Rod" a ainsi battu le record de "Babe Ruth" (USA, 1895-1948) avec 1 an d'avance.

LE RAMEUR LE PLUS ÂGÉ À GAGNER L'UNIVERSITY BOAT RACE

Mike Wherley (USA, né le 15 mars 1972) avait 36 ans et 14 jours quand il aida Oxford à battre Cambridge (tous deux RU), à Londres (RU), en 2008.

★ LE PLUS JEUNE RAMEUR À GAGNER L'UNIVERSITY BOAT RACE

Le 25 mars 2000, Matt Smith d'Oxford (RU né le 14 juillet 1981) est devenu le plus jeune vainqueur de l'University Boat Race à 18 ans et 255 jours.

★ LE PLUS JEUNE CHAMPION DE JUDO

Teddy Riner (France, né le 7 avril 1989) est le plus jeune judoka à avoir remporté les championnats du monde. Il avait 18 ans et 192 jours quand il a reçu l'or dans la catégorie poids lourds, aux championnats du monde de 2007, à Rio de Janeiro (Brésil).

★ LA MÉDAILLÉE OLYMPIQUE LA PLUS ÂGÉE (NATATION)

Le 9 août 2008, Dara Torres (USA), 41 ans, a rapporté une médaille d'argent aux États-Unis, aux jeux Olympiques de Pékin (Chine), assurant le dernier relais dans le 4 x 100 m nage libre.

LE PLUS JEUNE CHAMPION DE PATINAGE

Tara Lipinski (USA, né le 10 juin 1982) a remporté le titre mondial le 22 mars 1997, à 14 ans et 286 jours.

D'un diamètre de 250 m, le cratère du volcan Nyiragongo (République démocratique du Congo) abrite le **plus grand lac de lave au monde**.

350 C'est le montant en euros que vous dépenserez en déodorants au cours de votre vie, principalement entre 16 et 24 ans, lorsque vous êtes le plus enclin à faire du sport – et plus facilement embarrassé !

GUINNESS WORLD RECORDS 2012

★ LE BUTEUR LE PLUS ÂGÉ EN LIGUE DES CHAMPIONS

Le 26 avril 2011, Ryan Giggs (RU, né le 29 novembre 1973) est entré dans l'histoire de la Ligue des champions en marquant le premier but pour Manchester United (Angleterre) contre Schalke 04 (Allemagne), à 37 ans et 148 jours.

★ LE FOOTBALLEUR LE PLUS ÂGÉ À FAIRE SES DÉBUTS EN PHASE FINALE DE COUPE DU MONDE

Le gardien David James (RU) a fait sa première apparition en phase finale de coupe du monde à 39 ans et 322 jours, pour l'Angleterre contre l'Algérie au Cap (Afrique du Sud), le 18 juin 2010. Le match s'est soldé par un 0-0.

★ LE PLUS JEUNE GARDIEN À JOUER EN FINALE DE LA LIGUE DES CHAMPIONS

Le 24 mai 2000, Iker Casillas (Espagne) a joué pour le Real Madrid contre Valence (deux clubs espagnols) à 19 ans et 4 jours, au stade de France. Le Real a gagné 3-0.

★ LE BUTEUR LE PLUS ÂGÉ DANS UNE FINALE DE LIGUE DES CHAMPIONS

Capitaine de l'AC Milan (Italie) Paolo Maldini (Italie, né le 26 juin 1968) avait 36 ans et 333 jours quand il a ouvert le score dans la finale de la Ligue des champions contre Liverpool (Angleterre), le 25 mai 2005. Marqué dès la 1re minute, ce fut le **but le plus rapide de l'histoire de la Ligue des champions**. Menant 3-0 à la mi-temps, Milan a perdu aux tirs au but.

LE JOUEUR LE PLUS ÂGÉ EN COUPE DU MONDE

Le 28 juin 1994, Roger Milla (Cameroun, né le 20 mai 1952) a joué contre la Russie à 42 ans et 39 jours. En marquant pendant ce match des USA '94, il est aussi devenu le **buteur le plus âgé en phase finale de coupe du monde de la FIFA**.

★ LE PLUS JEUNE GOLFEUR À REMPORTER L'US MASTERS

Tiger Woods (USA, né le 30 décembre 1975) avait 21 ans et 104 jours quand il a gagné le Masters 1997 à l'Augusta National Golf Club (Géorgie, USA), le 13 avril 1997. Woods a maintenant 14 tournois majeurs à son palmarès, dont 3 Masters supplémentaires : 2001, 2002 et 2005.

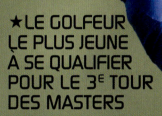

Quand il s'agit de putter, ces petits jeunes n'ont peur de personne…

Le plus jeune golfeur à avoir réalisé un trou-en-un **Christian Carpenter** (USA), 4 ans et 195 jours, le 18 décembre 1999.

La plus jeune golfeuse à avoir réalisé un trou-en-un **Soona Lee-Tolley** (USA), 4 ans et 103 jours, le 1er juillet 2007.

Le plus jeune joueur de snooker à avoir réalisé un century **Michael White** (RU), 9 ans et 268 jours, le 24 mars 2001.

Le plus jeune joueur de snooker à réaliser un break de 147 points **Ronnie O'Sullivan** (RU), 15 ans et 98 jours, le 13 mars 1991.

★ LE PLUS JEUNE CHAMPION DE F1

Le 14 novembre 2010, Sebastian Vettel (Allemagne, né le 3 juillet 1987) a décroché son premier titre en Formule 1, à 23 ans et 134 jours, au GP d'Abu Dhabi (ÉAU), le dernier jour de la saison. Avant la course, il avait 15 points de retard sur Fernando Alonso (Espagne), mais sa victoire dans le dernier tour lui a permis de battre son rival au classement.

★ LE PLUS JEUNE PILOTE À GAGNER 1 POINT EN CHAMPIONNAT DE F1

Trois ans avant d'être sacré champion du monde, Sebastian Vettel est devenu le plus jeune pilote à remporter 1 point dans le championnat, terminant 8e au GP des États-Unis du 17 juin 2007, à 19 ans et 349 jours.

LE PLUS JEUNE PILOTE À TERMINER UNE COURSE DE CHAMPIONNAT DE F1

Le 26 juillet 2009, Jaime Alguersuari (Espagne, né le 23 mars 1990) est devenu le plus jeune pilote à réussir cette épreuve, terminant à la 15e place du GP de Hongrie, à 19 ans et 125 jours.

★ LE PLUS JEUNE VAINQUEUR DES 24 H DU MANS

Alexander Wurz (Autriche, né le 15 février 1974) a fait ses armes aux 24 H du Mans. Les 15 et 16 juin 1996, pilotant pour Joest Racing (Allemagne), il est devenu le plus jeune vainqueur de l'épreuve, à 22 ans et 123 jours.

★ LE PLUS JEUNE PILOTE À GAGNER UNE COURSE NASCAR

Le 28 juin 2009, Joey Logano (USA, né le 24 mai 1990) est devenu le plus jeune pilote à remporter une épreuve de NASCAR, au volant de la Lenox Industrial Tools 301, au New Hampshire Motor Speedway (USA), à 19 ans et 35 jours.

★ LE GOLFEUR LE PLUS JEUNE À SE QUALIFIER POUR LE 3E TOUR DES MASTERS

Matteo Manassero (Italie, né le 19 avril 1993) avait 16 ans et 355 jours quand il s'est qualifié aux deux premiers tours des Masters, disputés à l'Augusta National Golf Club (Géorgie, USA), le 9 avril 2010.

BRÛLER DE LA GOMME
Jeannie Reiman (Canada, née le 19 avril 1913) est devenue la ★ **femme pilote de course la plus âgée** en concourant sur le Sunset Speedway (Canada), le 3 août 2003, à 90 ans et 106 jours.

Le 18 décembre 2009, des scientifiques américains ont annoncé qu'ils avaient filmé l'**éruption volcanique la plus profonde**, à plus de 1 200 m sous la surface du Pacifique, près de Samoa. L'éruption du Mata Ouest a été filmée par un sous-marin robotisé.

LOIN & LONGTEMPS

LA COURSE À PIED LA PLUS LONGUE

La course à pied de 1929 reliant New York à Los Angeles (USA) couvrait 5 850 km. Johnny Salo (Finlande) a remporté la course en 79 jours, soit 525 h, 57 min et 20 s, avec 2 min et 47 s d'avance sur Pietro "Peter" Gavuzzi (RU).

★ LES PLUS LONGS INNINGS INDIVIDUELS DE TEST CRICKET

Lors d'un test-match contre la Jamaïque, à La Barbade, les 17-23 janvier 1958, l'opener Hanif Mohammad (Pakistan) a rattrapé les mauvais résultats des premiers innings (17 points) en réalisant 337 runs en 16 h et 10 min.

★ LE PLUS LONG MATCH DU GRAND CHELEM (FEMMES)

À l'open d'Australie de 2011, Francesca Schiavone (Italie) a battu Svetlana Kuznetsova (Russie) à l'issue d'un set épique, le 23 janvier 2011. À égalité après deux sets, il leur a fallu 30 jeux pour se départager. L'Italienne a gagné 4-6, 6-1, 16-14, après 4 h et 44 min de jeu.

COURT No. 18

PLAYER	SETS	GAMES
Nicolas **MAHUT**	2	
John **ISNER**	3	70

★ LE PLUS LONG MATCH DE NINE-INNINGS BASEBALL

Le 18 août 2006, la seconde manche d'un match entre les New York Yankees et les Boston Red Sox (tous deux USA) a duré 4 h et 45 min, à Fenway Park, à Boston (USA), les Yankees l'emportant avec un score de 14-11.

★ LE PLUS DE VICTOIRES AVEC 30 POINTS D'ÉCART D'UN GOALTENDER DÉBUTANT

Depuis qu'il joue dans la National Hockey League avec les New York Rangers (USA), Henrik Lundqvist (Suède) est devenu le seul goaltender à aligner 5 saisons avec des victoires à plus de 30 points, de 2005-2006 à 2009-2010.

★ LE PLUS LONG TOURNOI DE FOOTBALL

Avec un coup d'envoi donné le 2 janvier et une remise du trophée le 14 novembre, la Copa Telmex qui s'est déroulée au Mexique en 2010 a duré aussi longtemps que 11 coupes du monde FIFA mises bout à bout ! Ce fut aussi ● **plus grand tournoi de football**, avec 201 287 joueurs et 11 777 équipes en lice.

★ LE PLUS LONG MATCH DE TENNIS PROFESSIONNEL

Du 22 au 24 juin 2010, au début du tournoi de Wimbledon (RU), John Isner (USA) et Nicolas Mahut (France) ont joué le plus long match de tennis, en termes de durée et de nombre de jeux. Après 11 h et 5 min sur le court et 183 jeux, Isner a fini par briser la résistance de Mahut, gagnant le match 6-4, 3-6, 6-7, 7-6, 70-68 !

LE PLUS LONG PUTT EN TOURNOI DE GOLF

Deux joueurs ont réalisé un putt de 33,5 m dans un grand tournoi : Jack Nicklaus (USA) au Tournament of Champions de 1964 et Nick Price (Zimbabwe) à l'US PGA de 1992.

LE PLUS LONG DROP EN RUGBY UNION

Gerald Hamilton Brand a marqué de 77,7 m pour l'Afrique du Sud contre l'Angleterre, à Twickenham (RU), en 1932.

★ LE PLUS LONG KICK RETURN PAR UN OFFENSIVE LINEMAN (NFL)

Le lineman des New England Patriots Dan Connolly (USA, 142 kg) a retourné un kick sur 71 yards contre les Green Bay Packers, à Foxboro (Massachusetts, USA), le 19 décembre 2010. Il est arrivé jusqu'à la ligne des 4-yards, manquant le touchdown de justesse.

SEUL CHAMPION DE SAUT À SKI À GAGNER LA COUPE DU MONDE 3 FOIS DE SUITE (2001-2003).

AU BOUT

Avant que le marquis de Queensberry limite les rounds en 1867, Jack Jones a battu Patsy Tunney (tous deux RU) lors d'un combat qui a duré 276 rounds dans le Cheshire, en 1825, soit le **plus de rounds dans un combat de boxe**.

★ LE PLUS DE SAUTS DE PLUS DE 200 M (SKI)

Quatre fois champion du monde, Adam Małysz (Pologne) a dépassé la marque des 200 m à 106 reprises en compétition entre 1994 et 2011. Son record personnel est de 225 m, en 2003, le dixième meilleur saut de tous les temps, ex-aequo.

La Patu marplesi (famille des *Symphytognathidae*) de Samoa-Occidentale est la **plus petite araignée**. Un mâle trouvé à 600 m d'altitude, à Madolelei, sur l'île d'Upolu, en janvier 1965, mesurait 0,43 mm de large, soit la taille du point qui finit cette phrase.

722 695

C'est la distance en kilomètres que vous parcourrez au cours des 18 193 h que vous passerez en voiture, soit un voyage vers la Lune suivi de 31 tours de la Lune à une vitesse moyenne de 39,7 km/h.

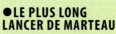

● LE PLUS LONG LANCER DE MARTEAU

Le 6 juillet 2010, Anita Wlodarczyk (Pologne) a lancé son marteau à 78,3 m, au cours de l'Enea Cup à Bydgoszcz (Pologne), brisant son précédent record de 77,96 m établi en 2009.

LE PLUS LONG MATCH NUL

Lorsque Alvechurch a rencontré Oxford City (tous deux RU) au cours de la 4e manche de la FA Cup en novembre 1971, il a fallu 5 matchs pour les départager. Alvechurch a fini par prendre le dessus après 11 h de jeu, gagnant le 6e match 1–0.

★ LE PLUS LONG CIRCUIT DE F1

Le circuit éphémère de Pescara (Italie) a été le plus long circuit de championnat de F1. Mesurant 25,8 km, il a accueilli un seul Grand Prix, en 1957. Certaines sections longeaient les falaises des Abruzzes et il comportait une portion de 6,4 km en bord de mer. Nombre d'experts le considèrent comme le circuit de F1 le plus dangereux de l'histoire.

● LE PLUS LONG TIR AU BUT

La finale de l'édition 2005 de la coupe de Namibie s'est terminée par un tir au but de 48 penalties. Les nerfs d'acier du KK Palace lui ont permis de battre les Civics 17-16, après avoir fait match nul (2-2) dans le temps réglementaire.

★ LA PLUS LONGUE SÉRIE DE VICTOIRES À DOMICILE POUR UN ENTRAÎNEUR

José Mourinho (Portugal) n'a pas perdu un seul match à domicile pendant plus de 9 ans, entre le 22 février 2002 et le 12 mars 2011, travaillant tour à tour pour Porto (Portugal), Chelsea (Angleterre), l'Inter Milan (Italie) et le Real Madrid (Espagne). La série record s'est terminée le 2 avril 2011 avec la défaite 1-0 du Real Madrid contre le Sporting Gijón (Espagne).

★ LE PLUS ANCIEN ENTRAÎNEUR DE LA PREMIER LEAGUE

Sir Alex Ferguson (RU) dirige Manchester United (RU) depuis la création de la Premier League en 1992, soit 19 saisons.

★ LE PLUS COURT CIRCUIT DE F1

Le prestigieux circuit de Monaco est le plus court du calendrier des Grands Prix de F1. Inauguré en 1929, le circuit a changé de longueur au fil des années. De 1929 à 1979, il ne mesurait que 3,1 km.

● MISE À JOUR
★ NOUVEAU RECORD

L'**araignée la plus grosse** était une araignée goliath femelle (*Theraphosa blondi*) nommée Rosi et appartenait à Walter Baumgartner d'Andorf (Autriche). Elle pesait 175 g, le 27 juillet 2007.

Sports
1RES SPORTIVES

LA 1RE *WILDCARD* À REMPORTER UN TOURNOI DE TENNIS DU GRAND CHELEM

En 2001, Goran Ivanisevic (Croatie) a remporté le tournoi de Wimbledon (RU). Classé 125e joueur mondial, Ivanisevic avait bénéficié d'une *wildcard* avant de battre Pat Rafter (Australie) 6-3, 3-6, 6-3, 2-6, 9-7.

★ LE PREMIER HOMME À COURIR 1 MILE EN MOINS DE 4 MIN

Le 6 mai 1954, Roger Bannister (RU) est devenu le premier athlète à courir 1 mile (1 609 m) en moins de 4 min. Devant 3 000 spectateurs, à l'université d'Oxford, l'athlète de 25 ans a réalisé le temps record de 3 min et 59,4 s, faisant ainsi reculer les limites du possible.

★ LE 1ER BREAK À 147 POINTS AU SNOOKER

Le 22 janvier 1955, à Londres, Joe Davis (RU) a réalisé un break à 147 points contre Willie Smith (RU). Le break à 147 points exige que toutes les billes soient empochées en un tour et dans un ordre spécifique : 15 rouges (15 points), chacune suivie de la noire (105 points), puis les six couleurs (27 points). Le **1er 147 télévisé** a été réalisé par Steve Davis (RU), lors du Lada Classic, le 11 janvier 1982.

LA 1RE PARTIE DE BASKET-BALL TÉLÉVISÉE

Le 28 février 1940, le match opposant l'équipe de Fordham à celle de l'université de Pittsburgh (toutes deux USA) a été diffusée par la NBC. Pittsburgh a gagné 57-37.

LE 1ER BOXEUR PRO SANS DEFAITE

Rocky Marciano (USA, à droite) est le seul boxeur professionnel (toutes catégories confondues) à avoir gagné tous les matchs de sa carrière, du 17 mars 1947 au 21 septembre 1955. Sur 49 combats, 43 se sont conclus par un K. O.

★ LA 1RE UTILISATION DU HAWK-EYE

Le Hawk-Eye, logiciel qui calcule la trajectoire d'une balle grâce à des caméras multiples, a révolutionné le sport télévisé. Développé en 1999, le Hawk-Eye a fait ses débuts à la télé en 2001, lors d'un test-match de cricket opposant l'Angleterre au Pakistan, au Lord's Cricket Ground de Londres.

★ LE 1ER QUAD EN PATINAGE ARTISTIQUE

Le 25 mars 1988, Kurt Browning (Canada) a réussi un saut piqué avec 4 rotations, ou quad, au championnat du monde, en Hongrie.

★ LE 1ER HOMME À COURIR 100 M EN MOINS DE 10 S

Aux jeux Olympiques de 1968, Jim Hines (USA) est devenu l'"homme le plus rapide du monde", en franchissant la barre des 10 s au 100 m. Son record de 9,95 s lui a valu la médaille d'or. Il est resté invaincu pendant 15 ans.

WILDCARD

Tout comme Ivanisevic, Kim Clijsters (Belgique) a remporté l'US Open de 2009, devenant la ★ 1re joueuse de tennis à gagner un tournoi du grand chelem avec une *wildcard*.

Le **plus grand fer à cheval forgé à la main** mesure 56 cm de haut et 61,5 cm de large. Il a été forgé par six clients et deux employés de Caritas Tagesstätte Krumbach (tous Autriche), le 21 juin 2008.

4,5 C'est le nombre de bouteilles de champagne que vous boirez au cours de votre vie, soit l'équivalent de 4 victoires en F1 et le baptême d'un petit navire. Dan Gurney est le premier pilote de F1 à avoir arrosé le podium de champagne, au Mans, en 1967.

GUINNESS WORLD RECORDS 2012

LA 1ʳᵉ ÉQUIPE ANGLAISE DE LA PREMIER LEAGUE À NE PAS PERDRE UN MATCH DE LA SAISON

En 2003-2004, Arsenal FC n'a perdu aucune de ses 38 parties, enregistrant 26 victoires et 12 matchs nuls. Il a marqué 73 buts et n'en a encaissé que 26, atteignant 90 points en fin de saison, après sa victoire contre Leicester City (2-1), le 15 mai 2004.

OLLIE QUI ?
Tony Hawk est peut-être le grand maître du skateboard actuel, mais la première figure de skate a été exécutée dès 1976, par Alan Gelfand (USA), qui a inventé le "ollie".

● MISE À JOUR
★ NOUVEAU RECORD

LA 1ʳᵉ ÉQUIPE NFL IMBATTUE PENDANT UNE SAISON ENTIÈRE

En 2007, les New England Patriots (USA) ont remporté les 16 matchs de la saison, devenant la première équipe de la NFL à ne pas perdre un seul match au cours d'une saison. Ils se sont qualifiés pour le Super Bowl, mais ont perdu 17-14 contre les New York Giants.

LE 1ᵉʳ KICKOFF RETURN AU SUPER BOWL

Le 4 février 2007, le receveur des Chicago Bears, Devin Hester (USA), a effectué un kickoff return en tout début de partie, marquant un touchdown. Après le meilleur début de partie de l'histoire du Super Bowl XLI, les Bears ont perdu face aux Indianapolis Colts 29-17.

★ LE 1ᵉʳ BUT EN OR EN COUPE DU MONDE FIFA

Le 28 juin 1998, Laurent Blanc (France) a marqué le premier but en or en coupe du monde, lors d'un match contre le Paraguay, à Lens. Le but a été marqué à la 113ᵉ min du temps supplémentaire, assurant la victoire (1-0) et la qualification de la France pour les quarts de finale. La France a remporté la coupe 3-0 contre le Brésil.

★ LA 1ʳᵉ ÉQUIPE DE HOCKEY SUR GLACE CHAMPIONNE DU MONDE ET MÉDAILLE D'OR OLYMPIQUE LA MÊME ANNÉE

Après avoir remporté la médaille d'or aux jeux Olympiques de Turin de 2006, la Suède est devenue championne du monde en battant la Tchécoslovaquie 4-0, à Riga (Lettonie), le 21 mai de la même année.

TONY HAWK A GAGNÉ 16 MÉDAILLES DANS SA CARRIÈRE.

LE PREMIER 900 EN SKATE

La légende du skate Tony Hawk (USA) a été le premier skater à exécuter un 900 en compétition, aux ESPN X Games de San Francisco (USA), le 27 juin 1999. La figure – une rotation de deux tours et demi (900°) en l'air – est une des plus difficiles.

LE PREMIER PILOTE À REMPORTER L'INDIANAPOLIS 500, LE DAYTONA 500 ET LE CHAMPIONNAT DE F1

Mario Andretti (USA) est le seul pilote à avoir remporté l'Indy 500 (1969), le Daytona 500 (1967) et le championnat de F1 (1978) : les trois prix les plus prestigieux de la course automobile.

Q. Qui a réalisé le ★ 1ᵉʳ double century lors d'un One Day International ?

R. Ce n'est ni Richards, ni Lara, ni Botham. C'est Sachin Tendulkar (Inde). En 2010, il a marqué 200 runs sur 147 lancers de balles contre l'Afrique du Sud.

Huaso, ex-Faithful, le pur-sang qui a réalisé le **record de saut en hauteur**, portait ce jour-là des fers ordinaires. Le 5 février 1949, cet ancien cheval de course chilien a franchi la barre des 2,47 m !

MARATHONS

LE MARATHON LE PLUS RAPIDE

Le 28 septembre 2008, Haile Gebrselassie (Éthiopie) a couru le marathon de Berlin (Allemagne), en 2 h, 3 min et 59 s. (Voir encadré ci-dessous à droite et p. 230.)

LE MARATHON DE LONDRES LE PLUS RAPIDE

Le 26 avril 2009, Samuel Wanjiru (Kenya, à droite) a remporté l'épreuve en 2 h, 5 min et 10 s.

Le 13 avril 2003, Paula Radcliffe (RU) a établi le record féminin du marathon de Londres, ainsi que le record féminin mondial en franchissant la ligne d'arrivée après 2 h, 15 min et 25 s. (Voir p. 242.)

★ LE MARATHON DE TOKYO LE PLUS RAPIDE

Le 17 février 2008, Viktor Rothlin (Suisse) a terminé le marathon de Tokyo (Japon), en 2 h, 7 min et 23 s.

Mizuho Nasukawa (Japon) détient le record féminin du marathon de Tokyo, qu'elle a couru en 2 h, 25 min et 38 s, le 22 mars 2009.

LE MARATHON DE NEW YORK LE PLUS RAPIDE

Le 4 novembre 2001, Tesfaye Jifar (Éthiopie) a gagné le marathon de New York en 2 h, 7 min et 43 s.

Margaret Okayo (Kenya) détient le record féminin depuis le 2 novembre 2003 : 2 h, 22 min et 31 s.

★ LE MARATHON DE CHICAGO LE PLUS RAPIDE

Le 11 octobre 2009, Samuel Wanjiru (Kenya, à droite) a couru le marathon de Chicago en 2 h, 5 min et 41 s, battant ainsi le record de Khalid Khannouchi (USA) de 1 s, qui 10 ans plus tôt l'avait gagné en 2 h, 5 min et 42 s.

Depuis le 13 octobre 2002, Paula Radcliffe (RU, à gauche et p. 242) détient le record féminin : 2 h, 17 min et 18 s.

TROP PENTU
Le 18 avril 2011, Geoffrey Mutai (Kenya) a gagné le marathon de Boston (USA) en 2 h, 3 min et 2 s, battant le record de Gebrselassie. Ce record n'a pas été ratifié par l'IAAF qui ne reconnaît pas le marathon de Boston en raison des pentes du parcours.

● LE PLUS DE VICTOIRES AUX WORLD MARATHON MAJORS (HOMME)

Les World Marathon Majors prennent en compte les marathons de Londres (RU), Berlin (Allemagne), Boston, Chicago et New York (tous USA) et donnent des points aux athlètes qui arrivent dans les 5 premiers. Ces points sont cumulés sur 2 ans. Samuel Kamau Wanjiru (Kenya, 1986-2011) est le seul homme à avoir gagné les Series 2 fois, en 2008-2009 et 2009-2010.

● LE PLUS DE VICTOIRES AUX WORLD MARATHON MAJORS (FEMME)

Irina Mikitenko (Allemagne) est la coureuse la plus décorée des World Marathon Majors, ayant remporté les Majors 2 fois, en 2007-2008 et 2008-2009.

LE VIRGIN LONDON MARATHON DE 2011 : NOUVEAUX RECORDS DU MONDE

Alors que pour une élite d'athlètes, le marathon est un sport extrêmement sérieux, pour d'autres, c'est juste une occasion de s'amuser – et quelle meilleure occasion de faire le clown que lors du marathon de Londres. Depuis la première édition en 1981, des athlètes de tous les âges, de toutes les tailles et de tous les poids ont mis leurs chaussures de course (et leur déguisement) pour soutenir une bonne cause. Voici quelques-uns des personnages les plus mémorables de la promotion 2011…

Le ★ plus rapide en tenue de démineur
John Bedford (RU)
9 h, 40 min et 1 s

Le ● plus rapide sur béquilles
John Sandford Hart (RU)
6 h, 24 min et 48 s

Le ★ couple parent/enfant (de sexe différent) le plus rapide Libby et Richard Collinson (tous deux RU)
Temps combinés
6 h, 22 min et 5 s

Le ★ couple marié le plus rapide
Jez and Lucy Mancer (tous deux RU)
Temps combinés
5 h, 46 min et 53 s

Le ● plus rapide avec un sac de 30 kg
Carl Andrew Creasey (RU)
4 h, 50 min et 56 s

Le ★ plus rapide en résolvant 100 Rubik's Cubes
Uli Kilian (Allemagne)
4 h, 45 min et 43 s

Le ★ plus rapide déguisé en M. Patate
Peter Barlow (RU)
4 h, 17 min et 38 s

La ★ plus rapide en robe de mariée
Eleanor Franks (RU)
4 h, 11 min et 1 s

La ★ plus rapide déguisée en légume
Julie Tapley (RU)
4 h, 6 min et 17 s

Le ★ plus rapide déguisé en soldat romain
Les Slinn (RU)
4 h, 5 min et 34 s

Le ● plus rapide avec un sac de 20 kg
Lee Riley (RU)
4 h, 1 min et 17 s

Le ★ plus rapide déguisé en bonne sœur
Ben Bradley (RU)
4 h et 28 s

Le ★ plus rapide déguisé en astronaute
Darren Cox (RU)
3 h, 55 min et 21 s

La **plus grosse grappe de raisin** pesait 9,4 kg. Elle a été cueillie par Bozzolo Y Perut Ltda de Santiago (Chili), en 1984.

● MISE À JOUR
★ NOUVEAU RECORD

550 C'est le nombre de kilos de pâtes – l'aliment le plus consommé la veille d'un marathon – que vous mangerez au cours de votre vie. Si ces pâtes étaient transformées en un spaghetti unique, il mesurerait 170 km de long.

● LE PLUS DE COUREURS ATTACHÉS À FINIR UN MARATHON

Le 10 avril 2011, le Paris Centipede (RU) – 53 coureurs attachés les uns aux autres – a terminé le Marathon de Paris (France), remportant 33 700 € pour une bonne cause.

LA PERSONNE LA PLUS ÂGÉE À COURIR DES MARATHONS SUR TOUS LES CONTINENTS

Entre 1995 et 2004, Margaret Hagerty (USA) a couru un marathon sur chacun des sept continents, commençant à 72 ans et 225 jours et terminant à 81 ans et

101 jours. L'★**enchaînement de marathons sur tous les continents et au pôle Nord le plus rapide (femme)** est de 324 jours. Ginny Turner (USA) a commencé avec la North Pole race, le 8 avril 2006, et terminé sur l'île King George (Antarctique), le 26 février 2007.

★ LES 10 MARATHONS COURUS EN 10 JOURS LES PLUS RAPIDES (HOMME)

Adam Holland (RU) a couru 10 marathons en 32 h, 47 min et 3 s, remportant le 2009 Brathay Challenge, qui s'est déroulé

★ RECORD EN FANFARE

Le 17 avril 2011, les 20 musiciens de la Huddersfield University Marching Band (RU) ont terminé le Virgin London Marathon en 7 h 55 min, à Londres, RU.

à Brathay Hall, à Ambleside (RU), du 8 au 17 mai 2009. Adam a tenu une moyenne de 3 h, 16 min et 42 s par marathon et a battu le record précédent de 2 h et 30 min (détenu par Steve Edwards, qui est arrivé 2e en 2009).

★ LE MARATHON PIEDS NUS LE PLUS RAPIDE

Le 10 septembre 1960, aux jeux Olympiques de Rome (Italie), Abebe Bikila (éthiopie) a terminé pieds nus le marathon en 2 h, 15 min et 16,2 s.

● LE PLUS D'ARGENT GAGNÉ POUR UNE BONNE CAUSE

Le 17 avril 2011, le marathonien Steve Chalke (RU) a gagné 2 247 120 € pour l'association caritative Oasis UK en terminant le Virgin London Marathon à Londres (RU). Il a battu son précédent record de 2 068 627 € qu'il avait gagnés lors du même événement, 4 ans plus tôt, le 22 avril 2007.

PLUS LENT   **PLUS RAPIDE**

Le ★**plus rapide avec un masque à gaz**
Andy McMahon (RU)
3 h, 54 min et 55 s

Le ●**plus rapide déguisé en bouteille (homme)**
Gavin Rees (RU)
3 h, 53 min et 26 s

Le ★**plus rapide déguisé en bonhomme de pain d'épice**
David Smith (RU)
3 h, 42 min et 20 s

Le ★**plus rapide déguisé en animal (femme, paon)**
Barbara Stcherbatcheff (USA)
3 h, 42 min et 11 s

Le ★**plus rapide déguisé en marin**
Subhashis Basu (RU)
3 h, 24 min et 12 s

Le ★**plus rapide déguisé en personnage de série télé (homme, capitaine Kirk)**
Simon Bryant (RU)
3 h, 21 min et 20 s

La ★**plus rapide déguisée en fée (femme)**
Emily Foran (RU)
3 h, 20 min et 52 s

Le ★**plus rapide déguisé en viking**
Ben Afforselles (RU)
3 h, 12 min et 11 s

Le ●**plus rapide déguisé en bouffon**
Alexander Scherz (Suisse)
3 h, 11 min et 57 s

Le ★**plus rapide déguisé en fée (homme)**
David Hellard (RU)
3 h, 10 min et 56 s

Le ★**plus rapide en uniforme de police**
Paul Swan (RU)
3 h, 9 min et 52 s

Le ●**plus rapide déguisé en animal (homme, autruche)**
Martin Indge (RU)
3 h et 4 min

Le ●**plus rapide déguisé en Dennis la Menace**
David Ross (RU)
3 h, 2 min et 30 s

Le ●**plus rapide déguisé en nurse (homme)**
Kevin Harvey (RU)
2 h, 52 min et 26 s

Le ●**plus rapide déguisé en super-héros (Superman)**
David Stone (RU)
2 h, 42 min et 46 s

Sports
FORCE & ENDURANCE

●LE PLUS DE TITRES UFC POIDS MOYEN

Au 5 février 2011, Anderson Silva (Brésil) détenait 9 titres Poids moyen d'Ultimate Fighting. Surnommé "The Spider" (l'araignée), il est ceinture noire de judo, de taekwondo et de jiu-jitsu brésilien.

●LE PLUS DE TITRES DANS DIFFÉRENTES CATÉGORIES DE BOXE

Manny Pacquiao (Philippines) a remporté des titres dans 9 catégories : WBC Super Welterweight, Flyweight, Super Featherweight et Lightweight ; The Ring Featherweight ; IBF Super Bantamweight ; IBO and The Ring Light Welterweight et WBO Welterweight.

★LE PLUS DE PARTICIPATIONS À UN ULTRA-MARATHON

Le 30 mai 2010, 14 343 coureurs ont participé au 85e Comrades Marathon, une course de 89,28 km de Pietermaritzburg à Durban (Afrique du Sud). La course a été remportée par Stephen Muzhingi (Zimbabwe) et Elena Nurgalieva (Russie).

 RENCONTREZ PLUS DE DURS À CUIRE P. 104.

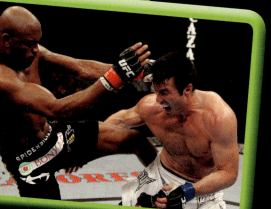

★LE PLUS DE K.-O. FLASH

Un K.-O. est dit "flash", lorsque l'adversaire est mis K.-O. en moins de 1 min. Mike Tyson (USA) en a réalisé 9 au cours de sa carrière professionnelle (1985-2006), contre Trent Singleton (USA) en 52 s, Ricardo Spain (USA) en 39 s, Michael Johnson (USA) en 39 s, Robert Colay (USA) en 37 s, Sterling Benjamin (Trinité-et-Tobago) en 54 s, Mark Young (USA) en 50 s, Marvis Frazier (USA) en 30 s, Lou Savarese (USA) en 38 s et Clifford Etienne (USA, ci-dessous) en 49 s !

DIX-NEUF FOIS !

Tyrone Brunson (USA) a débuté sa carrière par 19 K.-O. d'affilée au premier round ! Ce combat s'est terminé par un match nul contre Antonio Soriano (Mexique), le 15 août 2008.

● MISE À JOUR
★ NOUVEAU RECORD

 La **plus longue écharpe tricotée** mesure 3 463,73 m de long. Helge Johansen (Norvège) l'a terminée à Oslo (Norvège), le 10 novembre 2006, au terme de 23 années de tricot.

336

C'est le nombre d'heures que vous passerez à embrasser au cours de vote vie, soit 2 semaines – l'équivalent d'un baiser qui commencerait avec le premier service du tournoi de tennis de Wimbledon (RU) et se terminerait au set gagnant de la finale !

★ LE TOUR DU LAC LÉMAN LE PLUS RAPIDE

La course annuelle du tour du Léman à l'aviron est la **plus longue course à la rame** du monde : 160 km autour du lac Léman (Suisse et France), soit 5 traversées de la Manche sans s'arrêter. Matthias Auer, Olaf Behrend, Jochen Domscheit, Christian Klandt et Markus Neuman (tous Allemagne), qui ont remporté l'édition 2007 dans la catégorie quatre avec barreur, détiennent le record de vitesse : 11 h, 55 min et 19 s.

★ LA COURSE EN APNÉE SOUS LA GLACE (PALMES ET COMBINAISON) LA PLUS LONGUE

Nikolay Linder (Allemagne) a nagé 108 m sous 31 cm de glace, au lac Weissensee (Autriche), le 15 janvier 2011, demeurant dans l'eau glacée 1 min et 16 s.

★ LA COURSE EN APNÉE LA PLUS LONGUE (FEMME)

Le 7 janvier 2011, au Mexique, Ai Futaki (Japon) a nagé 100 m en apnée avec palmes et 90 m sans palmes.

★ LE PLUS DE VICTOIRES À LA YUKON QUEST

La Yukon Quest, une course de chiens de traîneau qui parcourt 1 600 km de Fairbanks (Alaska, USA) à Whitehorse (Yukon, Canada), a été remportée 4 fois par Hans Gatt (Canada), de 2002 à 2004 et en 2010, et par Lance Mackey (USA), de 2005 à 2008.

★ LE PLUS DE VICTOIRES DANS LA SKYRUNNER WORLD SERIES (HOMME)

La série annuelle de courses d'endurance à haute altitude Skyrunner a été gagnée 3 fois par les Catalans Kilian Jornet Burgada (photo), de 2007 à 2009, et Agustí Roc Amador, de 2002 à 2004.

★ LE PLUS DE VICTOIRES DANS LA SKYRUNNER WORLD SERIES (FEMME)

Trois femmes ont remporté la Skyrunner World Series 2 fois : Angela Mudge (RU) en 2006 et 2007 ; Corinne Favre (France) en 2005 et 2008 et Emanuela Brizio (Italie) en 2009 et 2010.

LA TRAVERSÉE DES ÉTATS-UNIS À VÉLO LA PLUS RAPIDE

Au cours de l'édition 1992 de la Race Across America (RAAM), le cycliste Rob Kish (USA) a parcouru 4 685 km de Irvine (Californie) à Savannah (Géorgie), en 8 jours, 3 h et 11 min. Cet ultra-marathon cycliste exige des concurrents qu'ils pédalent 22 h par jour.

★ LE PLUS DE FLEXIONS DE BICEPS

Eamonn Keane (Irlande) a soulevé 23 276 kg en 1 h, au Powerhouse Gym de Dublin (Irlande), le 5 octobre 2007, en réalisant 1 058 flexions de biceps avec un poids de 22 kg.

ANETA A ÉTÉ LA PREMIÈRE POLONAISE À LEVER 500 KG.

Les hommes et femmes les plus musclés, les plus vieux, les plus jeunes et les plus lourds !

● **Le plus de victoires aux Strongman World Championships :** Mariusz Pudzianowski (Pologne) – 5, en 2002, 2003, 2005, 2007 et 2008.

● **Le plus jeune participant aux Strongman World Championships :** Kevin Nee (USA) – 20 ans et 37 jours, en 2005, en Chine.

Le plus vieux bodybuilder : Ray Moon (Australie) – 81 ans aux championnats NABBA de 2010, en Australie.

L'athlète le plus lourd encore en vie : Le sumotori Emmanuel "Manny" Yarborough (USA) – 321 kg.

★ LE PLUS DE VICTOIRES AUX STRONGWOMAN WORLD CHAMPIONSHIPS

Aneta Florczyk (Pologne) a commencé le powerlifting en 1998, à l'âge de 16 ans. Elle a remporté son premier titre de Strongwoman en 2003. Depuis, elle a remporté le titre à 3 reprises, en 2005, 2006 et 2008, pour devenir l'athlète la plus décorée de la compétition.

LE PLUS DE TITRES DE MEILLEUR GRIMPEUR

Richard Virenque (France) a été couronné 7 fois meilleur grimpeur du Tour de France, endossant le célèbre maillot blanc à pois rouges, de 1994 à 1997, en 1999, 2003 et 2004.

En 1995, l'artiste Alexander Kishchenko (Biélorussie) a réalisé le **plus grand travail d'aiguille de l'histoire**, une tapisserie de 266 m².

★ **LE PLUS DE MATCHS GAGNÉS AU TOURNOI DES SIX NATIONS (RUGBY)**
Depuis que les Cinq Nations sont devenues Six avec l'arrivée de l'Italie en 2000, la France a gagné 44 matchs (tournoi 2011 inclus).
En dépit de la victoire anglaise en 2011, la France a remporté le ●**plus de victoires au tournoi des Six Nations** : 5, en 2002, 2004, 2006-2007 et 2010.

●**LE PLUS DE COUPES AU TOURNOI UNION TRI-NATIONS (RUGBY)**
La Nouvelle Zélande, l'Australie et l'Afrique du Sud ont gagné 10 fois le tournoi annuel, en 1996-1997, 1999, 2002-2003, 2005-2008 et 2010.

★ **LE PLUS DE VICTOIRES EN COUPE DAVIS (TENNIS)**
L'équipe américaine a gagné 32 fois la coupe, entre 1900 et 2007.

●**LE PLUS DE VICTOIRES EN COUPE DU MONDE DE CRICKET**
Depuis la création de la Cricket World Cup en 1975, l'Australie a gagné 4 des 9 tournois : en 1987, 1999, 2003 et 2007.

●**LE PLUS DE VICTOIRES EN INDIAN PREMIER LEAGUE**
Lancé en 2008, ce prestigieux tournoi de cricket a été remporté par 3 équipes : les Rajasthan Royals (2008), les Deccan Chargers (2009) et les Chennai Super Kings (2010).

●**LE PLUS DE VICTOIRES À LA SOLHEIM CUP (GOLF)**
La version féminine de la Ryder Cup est organisée tous les 2 ans entre les meilleures joueuses d'Europe et des États-Unis. Les États-Unis l'ont remporté 8 fois : en 1990, 1994, 1996, 1998, 2002, 2005, 2007 et 2009.

★ **LE PLUS DE VICTOIRES AUX KPWT FREESTYLE WORLD CHAMPIONSHIPS**
Sébastien Garat (France) a remporté les Kiteboard Pro World Tour Freestyle World Championships 2 fois, en 2006 et 2007. Gisela Pulido (Espagne) a gagné 3 fois, de 2004 à 2006.

★ **LE PLUS DE VICTOIRES D'AFFILÉE À LA COUPE DU MONDE DE SKI DE VITESSE (FIS)**
La skieuse la plus rapide d'Amérique du Nord, Tracie Sachs (USA), a remporté la coupe 5 fois d'affilée, de 2003 à 2007.

LE PLUS DE MÉDAILLES AUX ESPN SUMMER X GAMES
Spécialiste de BMX et pilote de rallye, Dave Mirra (USA) a remporté 24 victoires, aux Summer X Games, au 31 mars 2010.

●**LE PLUS DE VICTOIRES AU PARIS-DAKAR (CONSTRUCTEUR)**
Entre 1985 et 2007, le Paris-Dakar a été remporté 12 fois par une Mitsubishi Pajero (Japon) – une performance pour ce rallye considéré comme un des plus difficiles, parcourant 5 000 km de désert, de canyons et de montagnes en Amérique du Sud.

★ **LE PLUS DE VICTOIRES EN UNE SAISON WNBA**
En 2010, les Seattle Storm (USA) ont gagné 28 matchs sur 34. La même année, elles ont remporté le championnat féminin de la NBA.

●**LE PLUS DE VICTOIRES EN NHRA DRAG RACING**
John Force (USA) avait gagné 132 courses à la fin de la saison 2010.

●**LE PLUS DE VICTOIRES À L'ASIA CUP DE HOCKEY (HOMMES)**
Deux équipes ont remporté l'Asia Cup 3 fois : le Pakistan et la Corée du Sud.
Le Pakistan a gagné la compétition en 1982, 1985 et 1989, battant chaque fois l'Inde en finale. La Corée du Sud a gagné en 1993 (contre l'Inde), en 1999 et en 2009. L'Inde est arrivée 7 fois en finale sur 8 tournois, mais ne l'a emportée qu'en 2003 et 2007.

3 368 VICTOIRES

MCCOY A GAGNÉ TOUS LES CHAMPIONNATS DE STEEPLECHASE BRITANNIQUES DEPUIS 1996.

●**LE PLUS DE VICTOIRES EN STEEPLECHASE**
À la fin de la saison 2011, le jockey 15 fois champion Tony McCoy (RU, ci-dessus et ci-contre) avait gagné 3 368 courses au cours de sa carrière. McCoy a remporté sa 3 000ᵉ victoire avec Restless D'Artaix, à Plumpton (RU), le 9 février 2009.

● MISE À JOUR
★ NOUVEAU RECORD

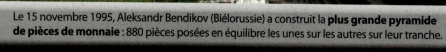

Le 15 novembre 1995, Aleksandr Bendikov (Biélorussie) a construit la **plus grande pyramide de pièces de monnaie** : 880 pièces posées en équilibre les unes sur les autres sur leur tranche.

600 C'est la somme en euros que vous consacrerez au cours de votre vie à l'achat de billets pour assister à des matchs de football. Un joueur de l'English Premier League gagnant 777 000 € par an, votre contribution et celles de 1 294 autres supporters seraient nécessaires pour le payer une saison.

LE PLUS DE PRIX MONDIAUX EN MOTO
Valentino Rossi (Italie) a remporté 6 fois le prix le plus prestigieux du circuit moto, en 2002-2005 et 2008-2009. Il a aussi gagné en 125 cc, 250 cc et 500 cc, devenant 9 fois champion du monde au cours d'une carrière spectaculaire qui a commencé à l'âge de 5 ans, au volant d'un kart.

★ LE PLUS DE GRAND PRIX EN D1
Youichi Imamura (Japon) est le seul pilote à avoir gagné 2 fois la Japanese Professional Drift Grand Series, en 2003 et 2009.

● LE PLUS DE VICTOIRES EN COUPE D'AFRIQUE
L'Égypte s'est imposé 7 fois en coupe d'Afrique de football : en 1957, 1959, 1986, 1998, 2006, 2008 et 2010.

● LE PLUS DE VICTOIRES EN COUPE DES CHAMPIONS UEFA
Entre le 15 septembre 1993 et le 4 mai 2011, Manchester United (Angleterre) a gagné 93 matchs européens.

★ LE BUT LE PLUS ATTENDU EN FINALE DE COUPE DU MONDE FIFA
Lors de la finale du 11 juillet 2010, le milieu de terrain Andrés Iniesta (Espagne, à gauche) a marqué à la 116e min. Cette victoire 1-0 sur les Pays-Bas en Afrique du Sud est la première de l'Espagne en coupe du monde et la première d'une équipe européenne sur un autre continent.

★ LE PLUS DE VICTOIRES EN COUPE DES CHAMPIONS UEFA
Au 30 avril 2011, la Champions League avait été gagnée 12 fois par des équipes espagnoles et italiennes. L'Espagne a triomphé la première fois avec le Real Madrid en 1956 et, plus récemment, en 2009 grâce à Barcelone. L'Italie a gagné la première fois avec l'AC Milan en 1963 et en 2010 avec l'Inter Milan.

NOUVEAU DÉPART
L'équipe de baseball des Caltech Beavers (USA) a gagné son premier match après 310 défaites, le 22 février 2011, battant l'Occidental College (USA) 46-45. Aucun des joueurs n'était né lors de la précédente victoire en 1985.

● LE PLUS DE VICTOIRES CONSÉCUTIVES AUX CHAMPIONNATS DU MONDE DE PLONGEON FINA
Jingjing Guo (Chine) a gagné les épreuves individuelles et synchronisées sur plate-forme de 3 m en 2001, 2003, 2005, 2007 et 2009. Elle a aussi gagné la médaille d'or dans les deux catégories aux JO de Pékin (Chine), en 2008.

● LE PLUS DE CHAMPIONNATS NBA (BASKET)
Les Boston Celtics (USA) ont gagné le titre NBA 17 fois, en 1956-1957, 1958-1966, 1967-1969, 1973-1974, 1975-1976, 1980-1981, 1983-1984, 1985-1986 et 2007-2008. Ils ont aussi terminé 2e à 4 reprises, en 1957-1958, 1984-1985, 1986-1987 et 2009-2010, lorsque les Los Angeles Lakers (USA) ont gagné 4-3 en finale NBA, après une saison de 7 matchs.

Tahar Douis (Maroc) a porté 12 membres de la troupe Hassani sur ses épaules, réalisant ainsi la **plus grande pyramide humaine** – elle pesait 771 kg ! –, aux studios de la BBC de Birmingham (RU), le 17 décembre 1979.

★ LE PLUS DE SÉLECTIONS EN WNBA

Depuis ses débuts en 1998, Tangela Smith (USA) a participé à 415 matchs de la Women's National Basketball Association, au poste d'ailier/pivot, chez les Monarchs de Sacramento, les Stings de Charlotte, les Mercury de Phoenix et, depuis février 2011, les Fever d'Indiana (USA).

● LE PLUS DE SÉLECTIONS EN HOCKEY

Teun de Nooijer (Pays-Bas), double champion olympique de hockey, a cumulé 431 sélections pour les Pays-Bas entre 1994 et le 25 janvier 2011.

★ LE PLUS DE VICTOIRES CONSÉCUTIVES EN DEMI-FINALES DE GRAND CHELEM (HOMME)

De 2004 à 2010, Roger Federer (Suisse) a participé à 23 demi-finales de grand chelem. Il a été stoppé par sa défaite face à Robin Soderling (Suède) en quart de finale de Roland Garros, le 1er juin 2010.

★ LE PLUS DE VICTOIRES CONSÉCUTIVES EN FINALES DES MASTERS DE LA FIB (INDIVIDUEL)

Le n° 1 mondial de badminton, Lee Chong Wei (Malaisie) a remporté les finales des masters de la Fédération internationale de badminton chaque année depuis leur création, de 2008 à 2010.

★ LE PLUS DE TRIPLES AXELS EN COMPÉTITION DE PATINAGE ARTISTIQUE (FEMME)

Lors des JO d'hiver 2010 de Vancouver (Canada), la championne de patinage artistique Mao Asada (Japon) a exécuté à 3 reprises un triple axel (3 rotations aériennes, voir ci-dessous), une figure réputée difficile, 1 fois dans son programme court le 23 février et 2 fois dans son programme long, le 25 février.

★ LE PLUS DE VICTOIRES EN TWENTY20

L'équipe anglaise de cricket a remporté 8 victoires consécutives en match de 20 overs, entre le 6 mai 2010 et le 12 janvier 2011, battant 3 fois le Pakistan, 2 fois l'Australie et 1 fois l'Afrique du Sud, la Nouvelle-Zélande et le Sri Lanka.

★ LE PLUS DE PASSES CAPTÉES EN FOOTBALL CANADIEN

Ben Cahoon (USA), des Alouettes de Montréal (Canada), a réalisé 1 017 passes captées, de 1998 à 2010.

★ LE PLUS DE SAISONS EN MLB AVEC PLUS DE 200 FRAPPES

Ichiro Suzuki (Japon) a frappé au moins 200 coups sûrs par saison de ligue de baseball, pendant 10 ans consécutifs, chez les Mariners de Seattle (USA), de 2001 à 2010. Ichiro détient aussi le record du **plus de coups sûrs en 1 saison de LMB**, avec 262 coups en 2004.

DANSE SUR GLACE

Ancien patineur, Alex Ovechkin (Russie) des Capitals de Washington (USA) est le ● hockeyeur à avoir atteint le plus rapidement **2 000 tirs**, établissant ce record en 2011 après 4,5 saisons.

POUR PLUS DE SUCCÈS SUR GLACE, RENDEZ-VOUS P. 124.

Avec 10 victoires (en 1997 et de 1999 à 2007), Lahcen Ahansai (Maroc) a remporté le ★ **plus de victoires au marathon des Sables**, une course longue distance de 6 jours sur 254 km, à travers le Sahara (Maroc).

78 milliards

C'est le nombre de balles de golf qui seront produites au cours de votre vie. Elles pourraient faire 78 fois le tour de la Terre. Environ 50 % vont être perdues, atterrissant dans des arbres, des buissons, des bassins...

★ LE PLUS DE VICTOIRES CONSÉCUTIVES EN CHAMPIONNAT D'ESPAGNE DE FOOTBALL

Du 16 octobre 2010 au 5 février 2011, le FC Barcelone a obtenu 16 victoires successives en ligue. Menée par le buteur Lionel Messi (Argentine, au centre), l'équipe a écrasé ses adversaires, 60 buts à 6.

★ LE MEILLEUR RETOUR DANS UN MATCH DE CHAMPIONNAT D'ANGLETERRE

Le 5 février 2011, Newcastle United a obtenu le match nul (4-4) face à Arsenal, au Saint James' Park de Newcastle, marquant ses 4 buts lors des 22 dernières minutes.

★ LE PLUS DE BUTS EN CHAMPIONNAT ÉCOSSAIS DE FOOTBALL

Kris Boyd a marqué 164 buts pour Kilmarnock et les Rangers entre 2001 et 2010.

● LE PLUS DE BUTS MARQUÉS PAR UN GARDIEN

Le gardien du FC São Paulo, Rogério Ceni (Brésil) a marqué son 100e but le 27 mars 2011. Son tir a permis à son équipe de gagner face aux Corinthiens.

★ LE PLUS DE POINTS EN COUPE D'EUROPE DE RUGBY À XV

Ronan O'Gara (Irlande) a marqué 1 196 points en coupe d'Europe de rugby à XV, pour la province de Munster (Irlande), de 1997 à 2009.

★ LE PLUS DE PASSES COMPLÉTÉES EN UNE SAISON DE NFL

Lors de la saison 2010-2011, le quarterback des Colts d'Indianapolis, Peyton Manning (USA), a réalisé 450 passes.

★ LE PLUS DE TOUCHDOWN SUR RETOUR DANS UNE CARRIÈRE DE NFL

Le receveur/returner des Bears de Chicago, Devin Hester (USA), est le plus efficace de l'histoire du football américain. Il a renvoyé 14 touchdowns sur retour à la fin de la saison 2010. Cette performance émane de 10 punts et 4 kickoffs.

● LE PLUS DE VICTOIRES DE SUMO EN UNE ANNÉE CIVILE

Hakuhō Shō (Mongolie) a remporté 86 de ses 90 combats en 2009. Nommé *yokozuna*, le plus haut grade des sumos, en 2007, Hakuhō a remporté 18 tournois de championnat dans sa carrière.

● MISE À JOUR
★ NOUVEAU RECORD

Avec 4 titres de 2006 à 2009, Zersenay Tadese (Érythrée) a remporté le ★ plus de victoires en championnat du monde de semi-marathon de l'Association internationale des fédérations d'athlétisme (homme).

MERVEILLEUX CAPITAINES

★ LE CAPITAINE LE PLUS TITRÉ EN LIGUE DES CHAMPIONS (UEFA)

Carles Puyol (Espagne) est l'un des deux capitaines à avoir soulevé le trophée de la ligue des champions par 2 fois, avec le FC Barcelone, en 2006 et 2009. Le second est le retraité Paolo Maldini (Italie), sous les couleurs du Milan AC, en 2003 et 2007. Cependant, à l'heure où nous mettons sous presse, Puyol a acquis un 3ᵉ titre historique, avec la victoire sur Manchester United (RU) lors de la finale 2011.

★ LE PLUS DE VICTOIRES CONSÉCUTIVES EN TEST-MATCH PAR UN CAPITAINE

Du 26 décembre 2005 au 2 janvier 2008, le capitaine de l'équipe de cricket australienne Ricky Ponting (avec le trophée) a conduit son équipe à 16 victoires consécutives en test-match, atteignant celui de son prédécesseur, Steve Waugh, du 14 octobre 1999 au 27 février 2001. R. Ponting a été présent à chaque match, alors que S. Waugh n'a participé qu'à 15 d'entre eux, une blessure l'ayant empêché d'assister au 13ᵉ match.

● LE PLUS DE VICTOIRES EN TEST-MATCH

Le 19 décembre 2010, Ricky Ponting a remporté sa 48ᵉ victoire à la tête de l'équipe australienne lors du 3ᵉ test-match des Ashes contre l'Angleterre, à Perth (Australie). Avec Clive Lloyd, des West Indies, il détient le ★ plus de victoires en coupe du monde de cricket en tant que capitaine, après avoir mené son équipe au succès en 2003 et 2007.

★ LA PLUS GRANDE LONGÉVITÉ AU POSTE DE CAPITAINE EN CRICKET

Le batteur Allan Border a conduit l'équipe australienne lors de 93 test-matchs consécutifs, de 1978 à 1994.

LE CAPITAINE LE PLUS ÂGÉ VAINQUEUR DE LA LIGUE DES CHAMPIONS

En 2007, Paolo Maldini soulève pour la 2ᵉ fois le trophée de la Ligue des champions et devient le capitaine le plus âgé à y parvenir. Le 23 mai, à 38 ans et 331 jours, il conduit le Milan AC (Italie) à une victoire 2-1 contre Liverpool (RU), à Athènes (Grèce). La saison suivante, il bat son propre record en tant que ●capitaine le plus âgé d'une équipe de Ligue des champions de l'UEFA. Âgé de 39 ans et 239 jours, il obtient avec son équipe un match nul (0-0) contre Arsenal, à Londres (RU), le 28 février 2008.

●LE PLUS JEUNE CAPITAINE DE CRICKET

Le 6 mai 2004, Tatenda Taibu (Zimbabwe) est nommé capitaine de l'équipe de cricket du Zimbabwe à 21 ans et 2 jours, pour un match contre le Sri Lanka, à Harare (Zimbabwe).

LE PLUS DE RUNS MARQUÉS EN TEST-MATCH

Lors du premier des 3 tests matchs contre l'Inde en 1990, Graham Gooch (RU) frappe 456 runs

(333 lors de la 1ʳᵉ manche, 123 pendant la 2ᵈᵉ), faisant gagner son équipe avec 247 runs, à Lord's (GB), du 26 au 31 juillet.

LE PREMIER À GAGNER LA COUPE DU MONDE DE LA FIFA EN TANT QUE JOUEUR ET ENTRAÎNEUR

Franz Beckenbauer (Allemagne) a remporté la coupe du monde en tant que capitaine et entraîneur, en 1974 et 1990. En 1974, l'Allemagne a gagné 2-1 face aux Pays-Bas.

POUR PLUS DE LEADERS, RENDEZ-VOUS P. 156.

LE PLUS DE FINALES DE COUPE DU MONDE DE LA FIFA COMME CAPITAINE

Diego Maradona a mené l'Argentine lors de 16 matchs de finale de coupe du monde, entre 1982 et 1994. Maradona a brandi la coupe en 1986, a perdu en finale contre la RFA de Beckenbauer en 1990 et a été contrôlé positif en 1994.

TOUCHE-À-TOUT

Alaa El-din Gabr (Égypte) a été capitaine de l'équipe nationale dans trois sports : natation (1970-1978), pentathlon moderne (1980) et bowling à 10 quilles (1997-1998).

★ LE PLUS DE MATCH DE CRICKET ODI EN TANT QUE CAPITAINE

Belinda Clark (Australie) a dirigé l'équipe nationale lors de 101 matchs de One-Day International entre 1994 et 2005. Batteuse talentueuse, elle a marqué le **score le plus élevé en coupe du monde**, avec 229 contre l'Inde, en 1997.

D'après le premier rapport sur la sécurité routière dans le monde de l'Organisation mondiale de la santé, l'Érythrée est le **lieu le plus mortel où circuler en voiture** : 48 morts pour 100 000 personnes en 2007.

1 / 140 000 Chances que vous avez de devenir footballeur professionnel. Sur les 7 milliards de personnes dans le monde, quelque 50 000 jouent au foot de manière professionnelle. Alors, continuez de pratiquer et vous deviendrez peut-être un pro un jour !

GUINNESS WORLD RECORDS 2012

LA PLUS GRANDE LONGÉVITÉ AU POSTE DE CAPITAINE EN RUGBY À XV INTERNATIONAL

John Smit des Springboks a conduit l'équipe sud-africaine de rugby à XV lors de 67 matchs internationaux de 2003 à 2009.

● MISE À JOUR
★ NOUVEAU RECORD

★ LE PLUS DE VICTOIRES COMME CAPITAINE EN COUPE DU MONDE DE RUGBY À XV (FEMMES)

En battant l'Angleterre 25 à 17 en finale de la coupe du monde de l'IRB en 2006, Farah Palmer (Nouvelle-Zélande) a décroché son 3e titre, après avoir mené les Black Ferns à la victoire en 1998 et 2002. En 10 ans au poste de capitaine, de 1996 à 2006, la Nouvelle-Zélande a enregistré une seule défaite, face à l'Angleterre, en 2001.

★ LE PLUS DE VICTOIRES D'UN CAPITAINE EN TRI-NATIONS DE RUGBY

Richie McCaw a permis aux All blacks (Nouvelle-Zélande) d'enregistrer 4 victoires en tournoi annuel tri-nations, contre l'Australie et l'Afrique du Sud, de 2006 à 2008 et en 2010.

★ LE PLUS DE SÉLECTIONS COMME CAPITAINE DES LIONS BRITANNIQUES ET IRLANDAIS

Martin Johnson (RU) a été à la tête des Lions en 1997 et 2001. En 1997, son équipe a triomphé en Afrique du Sud, mais s'est effacée 2-1 en Australie.

★ LE PREMIER CAPITAINE ÉLU MEILLEUR JOUEUR À L'UNANIMITÉ PAR LA NFL

Le 6 février 2011, le capitaine et quarterback des Patriots de New England Tom Brady (USA) a été élu meilleur joueur 2010, rassemblant les 50 voix émises pour la première fois depuis la création de la récompense, il y a 53 ans.

★ LE PLUS DE VICTOIRES COMME CAPITAINE EN COUPE STANLEY DE HOCKEY SUR GLACE

Centre chez les Oilers d'Edmonton (Canada) en 1990 et les Rangers de New York (USA) en 1994, Mark Messier (Canada) est le seul joueur à avoir occupé le poste de capitaine au sein de deux équipes en coupe Stanley. Cette coupe récompense chaque année le vainqueur de la Ligue nationale de hockey.

LE PLUS JEUNE CAPITAINE VAINQUEUR DE LA COUPE STANLEY

À 21 ans et 309 jours, Sidney Crosby (Canada, né le 7 août 1987) est devenu le plus jeune capitaine à remporter la coupe Stanley de hockey sur glace, en battant avec les Penguins de Pittsburgh (USA) les Red Wings de Detroit (USA) 4-3, lors de la finale des play-offs, le 12 juin 2009. Crosby était alors déjà le **plus jeune capitaine d'une équipe de NHL** lorsqu'il a été nommé

le 31 mai 2007, à 19 ans et 297 jours.

★ LE PLUS DE VICTOIRES COMME CAPITAINE EN RYDER CUP

Lorsqu'il était à la tête de l'équipe américaine de golf, Walter Hagen (USA) a enregistré 4 victoires en Ryder Cup opposant les États-Unis et l'Europe, en 1927, 1931, 1935 et 1937.

★ LE PLUS DE VICTOIRES COMME CAPITAINE EN AFL PREMIERSHIP

Trois capitaines ont remporté l'Australian Football League Premiership 4 fois : Syd Coventry (Australie) avec Collingwood, de 1927 à 1930, Dick Reynolds (Australie) avec Essendon en 1942, 1946, 1949 et 1950, et Michael Tuck (Australie) avec Hawthorn en 1986, 1988, 1989 et 1991.

LE PLUS DE MATCHS CONSÉCUTIFS COMME CAPITAINE (AFL)

Stephen Kernahan (Australie) a mené l'équipe de Carlton de l'Australian Football League à 226 reprises de 1986 à 1997, devenant le buteur le plus prolifique du club, avec 738 buts.

LA PLUS GRANDE LONGÉVITÉ À LA TÊTE D'UNE ÉQUIPE DE HOCKEY SUR GLACE

Steve Yzeman (Canada) a été capitaine des Red Wings de Detroit (USA) pendant 20 ans, de 1986 à 2006, menant son équipe à 3 victoires en coupe Stanley (de 1997 à 1998 et en 2002). Son numéro de maillot, le 19, a été retiré en hommage au joueur, lors d'une cérémonie à la Joe Louis Arena, le 2 janvier 2007.

Évitant la route, la **lettre affranchie la plus chère au monde** a voyagé de l'île Maurice, dans l'océan Indien, à Bordeaux (France), en 1847. Elle a été vendue 5,75 millions de francs suisses aux enchères, en 1993, en raison de la rareté de ses timbres mauriciens.

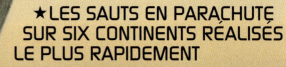

★ LES SAUTS EN PARACHUTE SUR SIX CONTINENTS RÉALISÉS LE PLUS RAPIDEMENT

Martin Downs (GB) a sauté en parachute en Afrique, en Europe, en Amérique du Sud, en Amérique du Nord, en Océanie et en Asie, en 8 jours, 7 h et 30 min. Son dernier saut a eu lieu à Nha-Trang (Vietnam), le 6 mars 2008.

★ LA PLUS GRANDE FORMATION EN PARACHUTE (FEMME)

250 femmes parachutistes de diverses nationalités se sont mises en formation au-dessus de Perris Valley (Californie, USA), le 17 octobre 1997.

La ●formation féminine de freefly tête en bas la plus grande comptait 41 parachutistes internationales qui ont sauté au-dessus d'Eloy (Arizona, USA), le 26 novembre 2010. Eugene Andreev (ex-URSS, actuelle Russie) détient le record officiel de la Fédération aéronautique internationale du plus long saut en chute libre.

Le 1er novembre 1962, il a parcouru 24 500 m, soit presque la hauteur de la plus haute montagne du système solaire, le mont Olympe, sur Mars, en s'élançant de 25 458 m près de Saratov (Russie).

★ LE PLUS DE VICTOIRES EN CHAMPIONNAT DU MONDE DE PARAPENTE (FEMME)

Louise Crandal (Danemark) a remporté 3 championnats du monde de parapente en 1999, en 2001 et en 2005. Le ★ plus de victoires en championnats du monde de parapente en équipe nationale est détenu par la Suisse, en 1991 et 1993, et la République tchèque, en 2007 et 2009.

★ LE PLUS DE VICTOIRES EN CHAMPIONNAT DU MONDE DE VOLTIGE EN PLANEUR (ÉQUIPE)

La Pologne a remporté 8 fois le championnat du monde de voltige en planeur en équipe, en 1985, 1987, 1989, 1991, 1993, 1999, 2001 et 2003.

Le plus de victoires en championnat du monde de voltige en planeur en individuel est détenu par Jerzy Makula (Pologne), vainqueur en 1985, 1987, 1989, 1991, 1993 et 1999.

★ LE PLUS DE VICTOIRES EN BASE RACE

La BASE Race est une compétition annuelle de BASE Jump qui s'est tenue 3 fois. Les concurrents s'élancent d'un point en hauteur, sur 750 m. Ronny Risvik, Forde Johannessen et Espen Fadnes (tous Norvège) ont chacun connu une victoire, respectivement en 2008, 2009 et 2010.

★ LE FLAT SPIN EN ROLLER EN LIGNE LE PLUS HAUT

Sven Boekhorst (Pays-Bas) a réalisé un flat spin en roller en ligne, à 4,6 m de haut, sur le plateau de l'émission L'Été de tous les records, à Biscarrosse (France), le 1er juillet 2004.

Le ★ McTwist de 900° réalisé en roller en ligne sur une rampe de half-pipe le plus haut s'élève à 1,15 m. Kevin Marron (Belgique) a décroché ce record sur le plateau de L'Été de tous les records, à La Tranche-sur-Mer (France), le 28 juillet 2005.

Le ★ McTwist en roller en ligne le plus haut a atteint 2,35 m, une performance accomplie par Taïg Khris (France), sur le plateau de L'Été de tous les records, à Benodet (France), le 2 août 2004.

Il a également réalisé le saut vertical en salle le plus haut en s'élançant à 3,1 m, depuis une rampe, sur le plateau de L'Émission des records, à Paris (France), le 6 décembre 2000.

● LE SAUT DE RAMPE EN MOTONEIGE LE PLUS LONG

Le 26 mars 2009, Paul Thacker (USA) a effectué un saut de 91,7 m en motoneige (une distance supérieure à la longueur d'un avion 747), à Brainerd (Minnesota, USA).

★ LE PLUS DE PILOTES EN CHAMPIONNAT DU MONDE RED BULL DE COURSE AÉRIENNE

Quinze pilotes ont participé aux six courses de l'édition 2009, le 7e championnat de la série. Paul Bonhomme (RU) a reporté le titre pour la première fois cette année.

● MISE À JOUR
★ NOUVEAU RECORD

La **première traversée de l'océan Indien par un équipage de 8 personnes** a été réalisée par l'équipe Pirate Row, sur le navire *Aud Eamus* (île Maurice), du 28 avril au 25 juin 2009.

★ LE SALTO ARRIÈRE LE PLUS LONG

Lukas Steiner (Allemagne) a réalisé un salto arrière de 4,11 m de long, sur le plateau de *Zheng Da Zong Yi – Guinness World Records Special*, à Pékin (Chine), le 25 mai 2010.

● LE TRAJET EN KITE SURF LE PLUS LONG

Phillip McCoy Midler (USA) a voyagé en kite surf de l'île de South Padre vers Matagorda (Texas, USA), du 10 au 11 mai 2010, sur 369,71 km.

Le ★ **trajet en kite surf le plus rapide** a atteint 55,65 nœuds (103 km/h), un record réalisé par Rob Douglas (USA), lors du Luderitz Speed Challenge à Luderitz (Namibie), le 28 octobre 2010.

★ LA VITESSE LA PLUS ÉLEVÉE ATTEINTE EN KITE SURF (FEMME)

Charlotte Consorti (France) a atteint 50,43 nœuds (93 km/h) en kite surf lors du Luderitz Speed Challenge 2010, à Luderitz (Namibie), le 28 octobre 2010.

LE TRAJET EN PARAMOTEUR LE PLUS LONG

Du 15 mai au 24 août 2009, Benjamin Jordan (Canada, en haut et à droite) a parcouru en paramoteur le ciel canadien d'ouest en est, de Tofino (Colombie-Britannique) au golfe du Saint-Laurent (Nouvelle-Écosse), soit 8 008 km.

LE PLONGEON LE MIEUX NOTÉ

En 2000, lors des championnats du monde de plongeon, du haut d'une falaise à Kaunolu (Hawaii, USA), Orlando Duque (Colombie) a réalisé un double salto arrière et quatre vrilles de 24,4 m de haut. Ce plongeon lui a valu un 10 de la part des sept juges et une note de 159 points.

LE SAUT LE PLUS HAUT DEPUIS UN PLONGEOIR

La hauteur de saut record depuis un plongeoir s'élève à 53,9 m (plus haut que la statue de la Liberté). Elle a été atteinte par Olivier Favre (Suisse), à Villers-le-Lac (France), le 30 août 1987.

LE SAUT EN HAUTEUR LE PLUS HAUT

Javier Sotomayor (Cuba) a réalisé un saut de 2,45 m de haut, à Salamanque (Espagne), le 27 juillet 1993. **Le plus haut saut en salle** s'élève à 2,43 m et est également une performance de Javier Sotomayor à Budapest (Hongrie), le 4 mars 1989. Stefka Kostadinova (Bulgarie) a réalisé le **saut en hauteur féminin le plus haut**, avec une performance de 2,09 m, à Rome (Italie), le 30 août 1987.

Le **saut en hauteur féminin en salle le plus haut** est de 2,08 m ; son auteur est Kajsa Bergqvist (Suède), à Arnstadt (Allemagne), le 4 février 2006.

LE SAUT À LA PERCHE LE PLUS HAUT

Le 31 juillet 1994, Sergei Bubka (Ukraine) a réalisé le plus haut saut à la perche de l'histoire, avec une performance à 6,14 m, à Sestriere (Italie). Le 21 février 1993, il avait réalisé le **saut à la perche en salle le plus haut**, à Donetsk (Ukraine), avec une hauteur de 6,15 m. En 20 ans, ce remarquable athlète a battu 35 fois le record mondial.

Chez les femmes, Yelena Isinbayeva (Russie) a placé la barre à 5,06 m, à Zurich (Suisse), le 28 août 2009. Elle a également réalisé le **saut à la perche en salle féminin le plus haut**, à 5 m, le 15 février 2009, à Donetsk (Ukraine).

LA PERCHE DU SUCCÈS
Avec 2 médailles d'or olympiques et 5 championnats du monde (3 en salle, 2 en extérieur), Yelena Isinbayeva est bien la meilleure perchiste au monde.

Couvrant environ 2 900 km² et rassemblant près de 255 îles, Huvadhu (Maldives) est l'**atoll qui compte le plus d'îles**.

WWW.GUINNESSWORLDRECORDS.COM 263

DRÔLES DE COMPÉTITIONS

●LE TRIATHLON DE BOG SNORKELLING LE PLUS RAPIDE

Daniel et Natalie Bent (RU) sont le meilleur duo frère-sœur de *bog snorkelling* (nage en marécage). En juillet 2009, Daniel a établi le record masculin à 2 h, 21 min et 5 s, tandis que Natalie plaçait la barre à 2 h, 45 min et 40 s pour les femmes en juillet 2010.

RÈGLES
Le triathlon mondial de bog snorkelling, à Llanwrtyd Wells (RU), se compose d'une course de 12 km, d'un aller-retour de 41 m dans un marécage et d'une course cycliste de 31 km.

D'autres compétitions :

Record du 100 m en ballon sauteur : 30,2 s (Ashrita Furman, USA)

Record du 100 m en jouant avec un yo-yo : 13,9 s (Taro Yamashita, USA)

● **Record du 50 m sur des échasses en boîtes de conserve et corde : 9,7 s** (Steven Bell, USA)

Furet le plus rapide sur 10 m : 12,59 s ("Warhol", furet albinos de Jacqui Adams, RU)

Record de vitesse dans un marathon, en tenant un œuf dans une cuillère : 3 h et 47 min (Dale Lyons, RU)

● LE PLUS DE PARTICIPANTS AU CHAMPIONNAT DU MONDE DE BOG SNORKELLING

Le 31 août 2009, le championnat du monde de Waen Rhydd (Llawnrtyd Wells, RU) a accueilli 200 candidats.

★ RECORD DE VITESSE EN BOG SNORKELLING

Les records masculin et féminin ont été établis lors de l'édition 2010 du championnat du monde : Dan Morgan (RU) a décroché la victoire en 1 min et 30,66 s et Dineka Maguire (Irlande) a terminé son parcours en 1 min et 31,90 s.

★ LA PLUS LONGUE COURSE MAN *VS* HORSE

La course Man *vs* Horse (homme contre cheval) a lieu chaque année depuis 1980, à Llanwrtyd Wells (RU). Opposant coureurs à pied et cavaliers, elle se tient sur 35,4 km de terrain irrégulier.

★ LE PLUS DE TITRES AU MARATHON MAN *VS* HORSE

Deux coureurs seulement ont battu les cavaliers de ce marathon : Huw Lobb (RU) en 2004 et Florian Holzinger (Allemagne) en 2007. La victoire de Lobb lui a rapporté 25 000 £ (45 777 $).

●LE PLUS DE PARTICIPANTS À UNE COURSE EN TALONS

Le 11 septembre 2010, 967 coureurs en talons se sont rassemblés à Headwaters Park, à Fort Wayne (Indiana, USA). Organisé par le Woman's bureau, l'événement a battu le précédent record de 763 concurrents.

LE PLUS DE LANCERS DE FER À CHEVAL (FEMME)

Ce sport d'adresse consiste à lancer des fers à cheval sur des piquets enfoncés dans le sol. En 2008, lors du championnat du monde, Sylvianne Moisan (Canada) a comptabilisé 126 lancers réussis.

★ LE PLUS ANCIEN CHAMPIONNAT DE KUBB

Le championnat du monde de Kubb a lieu tous les ans depuis 1995 à Gotland (Suède). Le Kubb est un sport d'adresse où les concurrents doivent renverser des blocs de bois en lançant des bâtons.

LE PLUS DE TITRES EN LANCER DE PETITS POIS (HOMME)

Deadeye Mike Fordham (RU) détient 7 victoires au championnat du monde de lancer de petits pois : en 1977-1978, 1981, 1983-1985 et 1992.

LE PLUS DE PERSONNES REPASSANT EN PLONGÉE

Le 10 janvier 2009, 86 aventuriers du National Diving and Activity Centre, près de Chepstow (Gloucestershire, RU), ont revêtu leur combinaison et leur équipement de plongée pour une session de repassage sous l'eau de 10 min.

DES SPORTS PLUS "CLASSIQUES", RENDEZ-VOUS P. 258.

La **plus longue dent de lait** est celle d'Ahmed Afrah Ismail (Maldives) : 2,3 cm de long, dont 1 cm de couronne et 1,3 de racine.

0,3 C'est le nombre de skate-boards que l'on achète dans une vie, bien qu'un individu lambda n'en possède aucun, ni ne pratique ce sport. Un skateur moyen achète en revanche 8 planches et 10 jeux de roues.

LE PLUS LONG CRACHÉ DE BIGORNEAU

La plus longue distance franchie par un bigorneau craché est de 10,4 m. Alain Jourden (France) détient ce record et a conservé son titre de champion du monde grâce à sa victoire, le 16 juillet 2006, à Moguériec (France), avec un craché à 9,38 m.

●LA PLUS LONGUE DISTANCE AU LANCER DE PORTABLE (INDIVIDUEL)

Le 12 août 2007, Chris Hughff (RU) a jeté un téléphone portable à 95,83 m, lors des championnats de lancer de téléphones portables. Venu défendre son titre de 2006, le champion a battu son record dès le premier de ses 3 lancers.

★ LE PLUS HAUT SAUT EN BOBBAGE

Les participants à la compétition d'Association Bobbage doivent porter des palmes et sauter dans une piscine sans que leur tête n'entre dans l'eau. Le saut le plus haut est de 2,4 m et a été réalisé par Laszlo Fazekas (Hongrie), en 2002.

LE PREMIER CHAMPION DU MONDE DE CHESSBOXING

Le premier championnat du monde de chessboxing s'est tenu en 2003, à Amsterdam (Pays-Bas). Il a été remporté par Lepe Rubingh (Pays-Bas). Ce sport associe échecs et boxe, les deux disciplines s'alternant en 11 rounds éprouvant le corps et l'esprit. Seuls les boxeurs affichant un score de 1800 au classement Elo peuvent y participer.

LA PLUS ANCIENNE COMPÉTITION DE LUTTE AVEC LES DOIGTS

Le *Fingerhakeln* (compétition de lutte avec les doigts) existe en Bavière (Allemagne) depuis le xive siècle. Les rivaux s'affrontaient alors pour gagner les faveurs d'une femme. Cette compétition perdure. Les participants tirent sur une cordelette en cuir enroulée autour d'un des majeurs de chacun.

★ LE PLUS DE TITRES DE COMBAT DANS LA PURÉE

Steve O'Gratin, de son vrai nom Steve Barone (USA), détient 4 victoires depuis 2006. Ce championnat, qui a lieu à Barnesville (Minnesota, USA), est disputé sur un ring recouvert de tonnes de purée de pomme de terre. Steve Barone, musicien, réalisateur et comédien, est également le fondateur de la Mashed Potato Wrestling Federation, qui sanctionne l'événement.

●LE PLUS DE VICTOIRES AU CHAMPIONNAT DE GRIMACES (HOMME)

Tommy Mattinson (RU) est le seul homme à détenir le record de 12 victoires en championnat du monde. Grâce à son visage souple, il a remporté le prix du championnat du monde annuel de grimaces, à Egremont Crab Fair (Cumbria, RU), en 1986, 1987 et 10 fois entre 1999 et 2010.

TRISTE MINE Anne Woods (RU) a dépassé Tommy en contorsion faciale, avec 27 victoires en championnat depuis 1977 : le ★ plus de titres en grimaces.

LES 1 000 COUPS D'ÉPÉE EXÉCUTÉS LE PLUS RAPIDEMENT

Le samouraï Isao Machii (Japon) a tranché 1 000 nattes de paille en 36 min et 4 s, sur le plateau de *The Best House 123*, à Tokyo (Japon), le 19 septembre 2007.

● MISE À JOUR
★ NOUVEAU RECORD

13 380 : c'est le **plus grand nombre de personnes rassemblées pour se brosser les dents** lors d'un événement organisé par Colgate Palmolive Inc. (Amérique centrale), au stade Cuscatlán (San Salvador, El Salvador), le 5 novembre 2005.

SPORTS EXTRÊMES

★ LE PLUS HAUT BASE JUMP D'UN IMMEUBLE

Le 5 janvier 2010, Nasser Al Neyadi et Omar Alhegelan (tous deux ÉAU) ont réalisé le plus haut saut en BASE jump depuis un immeuble, s'élançant de 672 m de haut, depuis le 160e étage de la tour Burj Khalifa de Dubaï (ÉAU). Le duo a atteint 220 km/h avant d'ouvrir les parachutes.

LE PLUS HAUT BASE JUMP

Pour battre le record du plus haut BASE jump, Glenn Singleman et Heather Swan (tous deux Australie) se sont tournés vers les sommets de l'Inde. Le 23 mai 2006, ils ont escaladé le mont Meru. Équipés de leurs combinaisons et parachutes, ils ont sauté d'une falaise à 6 604 m de haut.

● LE PLUS HAUT SITE DE SAUT À L'ÉLASTIQUE (COMMERCIAL)

Ouvert le 17 décembre 2006, sur la tour de Macao (Chine), le plus haut site de saut à l'élastique exploité est la AJ Hackett Macau Tower Bungy Jump, de 233 m de haut.

LE PLUS HAUT SAUT À L'ÉLASTIQUE

Curtis Rivers (GB) a sauté d'une montgolfière, à 4 632 m au-dessus de Puertollano (Espagne), le 5 mai 2002.

★ LE PLUS DE VICTOIRES À L'ULTRA-TRAIL

La course de 267 km à travers les Alpes a été remportée 2 fois par Marco Olmo (Italie) en 2006-2007 et par Kilian Jornet (Espagne) en 2008 et 2009.

★ LE TREMPLIN DE SAUT À SKI LE PLUS HAUT

Le tremplin de saut à ski le plus haut construit pour accueillir des compétitions internationales est le Vikersundbakken, à Vikersund (Norvège). D'une hauteur de 225 m, il est aussi haut que 5 statues de la Liberté empilées.

★ LES ULTRAMARATHONS CONSÉCUTIFS LES PLUS LONGS

Enzo Caporaso (Italie) a couru 7 ultramarathons pendant 7 jours consécutifs, du 13 au 19 juin 2010. Toutes ses courses, d'une longueur de 100 km, se sont déroulées au Ruffini Park de Turin (Italie) et ont été validées par la Fédération italienne d'athlétisme. Caporaso a parcouru la première épreuve en 11 h, 28 min et 43 s, mais a terminé son défi en 19 h, 23 min et 11 s.

LE MARATHON LE PLUS HAUT

Tous les deux ans, le marathon de l'Everest (Népal) commence à Gorak Shep (5 212 m) et s'achève à Namche Bazar (3 444 m). Hari Roka (Népal) est l'homme le plus rapide de cette compétition : 3 h, 50 min et 23 s, en 2000. Anna Frost (Nouvelle-Zélande) l'a réalisée en 2009 en 4 h, 35 min et 4 s.

LE MARATHON LE PLUS SEPTENTRIONAL

Certifié par l'Association internationale des marathons et des courses sur route (AIMS), le marathon du pôle Nord se tient chaque année depuis 2002. Thomas Maguire (Irlande) est le coureur le plus rapide. En 2007, il a terminé le parcours en 3 h, 36 min et 10 s. Chez les femmes, Cathrine Due (Danemark) a réalisé en 2008 un temps de 5 h, 7 min et 40 s.

LE MARATHON LE PLUS MÉRIDIONAL

Le marathon et le semi-marathon de l'Antarctique sont les seuls événements sportifs se déroulant dans le continent le plus au sud du globe. En février, sur l'île de King George, la course part de la base antarctique uruguayenne vers les bases russe, chilienne et chinoise. Malgré les conditions extrêmes, les coureurs intrépides portent des chaussures de course ordinaires.

★ LA PLUS GRANDE VAGUE SURFÉE

Le 5 janvier 2008, le surfeur Mike Parsons (USA) s'est élancé sur une vague estimée à 23,4 m de haut, à Cortes Bank, une chaîne de montagnes sous-marine de 160 km, au large de la côte sud de la Californie (USA). Cette vague est née d'une tempête les 4 et 6 janvier, qui a engendré une houle évaluée à 25-30 m de haut.

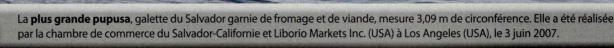

La **plus grande pupusa**, galette du Salvador garnie de fromage et de viande, mesure 3,09 m de circonférence. Elle a été réalisée par la chambre de commerce du Salvador-Californie et Liborio Markets Inc. (USA) à Los Angeles (USA), le 3 juin 2007.

1,5 C'est la quantité de biscuits en tonne que vous consommerez dans votre vie. Même si les biscuits ne font pas partie du régime d'un sportif, nous en mangeons l'équivalent du poids de 10 sumos.

L'APNÉE NO LIMITS (FEMME) LA PLUS LONGUE

Tanya Streeter (RU) a commencé la plongée en apnée à 25 ans et s'est rapidement découvert un talent pour cette pratique. Le 17 août 2002, elle a plongé à 160 m de profondeur au large des îles Turques et Caïques, dépassant pour une courte période le record masculin.

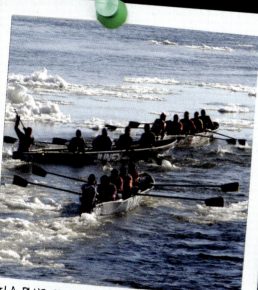

★ **LA PLUS GRANDE COURSE EN CANOT À GLACE**
Chaque année, le fleuve glacé du Saint-Laurent (Canada) accueille la plus grande course en canot. L'édition de 2011 a réuni 49 équipes de 5 hommes.

AU PLUS PROFOND

Herbert Nitsch détient 31 records du monde de plongée en apnée. Sachant que cette discipline cause chaque année jusqu'à 40 décès, la performance est phénoménale.

LA COURSE SUR ROUTE LA PLUS RAPIDE

La Silver State Classic, qui se déroule sur la route 318, dans le Nevada (USA) est la course sur route la plus rapide, les pilotes atteignant en moyenne 305 km/h sur un parcours de 145 km. Les vainqueurs de 2010 dans la catégorie "Unlimited speed" (vitesse illimitée) sont Pal-Arvid Blytt et Vegard Robberstad (Norvège), avec une vitesse moyenne de 294,67 km/h en Pontiac TransAM de 1986.

★ LE CIRCUIT MOTO LE PLUS DANGEREUX

L'île de Man, qui accueille le Tourist Trophy de l'île de Man et le Manx Grand Prix, est aussi le site de la Snaefell Mountain Course, le circuit le plus dangereux au monde. Depuis ses débuts en 1911, la course perfide et tortueuse a fait 229 victimes.

L'APNÉE NO LIMITS LA PLUS PROFONDE (HOMME)

Tanya Streeter a détenu momentanément le record absolu en apnée no limits, elle a vite été rattrapée par deux hommes. D'abord Loïc Leferme (France) en 2002, puis Herbert Nitsch (Autriche) le 14 juin 2007, qui est descendu à 214 m, près de Spetses (Grèce).

★ LA DISTANCE LA PLUS LONGUE PARCOURUE EN APNÉE (EAUX LIBRES)

En une seule inspiration, l'apnéiste Carlos Coste (Venezuela) a nagé sur 150 m, en 2 min et 32 s, dans le réseau de grottes Dos Ojos, à Quintana Roo (Mexique), le 3 novembre 2010.

LA PLONGÉE SOUS-MARINE À LA PLUS HAUTE ALTITUDE

Plusieurs séances de plongée sous-marine ont eu lieu à une altitude de 5 900 m, dans le lagon du cratère du Licancabur, volcan situé à la frontière du Chili et de la Bolivie.

LE PARCOURS EN PLANCHE À VOILE À LA PLUS HAUTE LATITUDE

Le 14 juillet 1985, Gerard-Jan Goekoop (Pays-Bas) a surfé avec sa planche à voile sur la banquise de l'océan Arctique à une latitude de 80°40,3'N, 13°43'E, au nord de l'île de Spitzberg.

LE TERRAIN DE GOLF LE PLUS HAUT

Situé à 3 970 m au-dessus du niveau de la mer, le terrain de golf de Yak, à Kupup, dans l'est du Sikkim (Inde), a ouvert ses portes le 10 octobre 2006.

★ LA COURSE EN CHIENS DE TRAÎNEAU LA PLUS LONGUE

La course Iditarod Trail couvre 1 688 m à travers l'Alaska (USA). Les coureurs y subissent des conditions météorologiques et des températures extrêmes, allant jusqu'à –73 °C. John Baker (USA) est le ★ **coureur le plus rapide de l'Iditarod Trail**. Il a terminé le parcours en 8 jours, 18 h, 46 min et 39 s, en 2011.

Le plus grand taco du monde pèse 750 kg. Il a été confectionné par la ville de Mexicali et Cocinex SA de CV, à Mexicali (Basse-Californie, Mexique), le 8 mars 2003.

● 800 M OUTDOOR (HOMME)

Le 29 août 2010, David Lekuta Rudisha (Kenya) a parcouru 800 m en 1 min et 41,01 s, lors du meeting de Rieti (Italie), dépassant de 8 s son précédent record, réalisé en Allemagne.

SITES OFFICIELS

ULTRAMARATHON
www.iau-ultramarathon.org

ATHLÉTHISME
www.iaaf.org

ATHLÉTISME – OUTDOOR

HOMMES	TEMPS/DISTANCE	NOM & NATIONALITÉ	LIEU	DATE
100 m	9"58	Usain Bolt (Jamaïque)	Berlin (Allemagne)	16 août 2009
200 m	19"19	Usain Bolt (Jamaïque)	Berlin (Allemagne)	20 août 2009
400 m	43"18	Michael Johnson (USA)	Séville (Espagne)	26 août 1999
● 800 m	1'41"01	David Lekuta Rudisha (Kenya)	Rieti (Italie)	29 août 2010
1 000 m	2'11"96	Noah Ngeny (Kenya)	Rieti (Italie)	5 sept. 1999
1 500 m	3'26"00	Hicham El Guerrouj (Maroc)	Rome (Italie)	14 juill. 1998
1 mile	3'43"13	Hicham El Guerrouj (Maroc)	Rome (Italie)	7 juill. 1999
2 000 m	4'44"79	Hicham El Guerrouj (Maroc)	Berlin (Allemagne)	7 sept. 1999
3 000 m	7'20"67	Daniel Komen (Kenya)	Rieti (Italie)	1 sept. 1996
5 000 m	12'37"35	Kenenisa Bekele (Éthiopie)	Hengelo (Pays-Bas)	31 mai 2004
10 000 m	26'17"53	Kenenisa Bekele (Éthiopie)	Bruxelles (Belgique)	26 août 2005
20 000 m	56'26"00	Haile Gebrselassie (Éthiopie)	Ostrava (Rép. tchèque)	26 juin 2007
1 heure	21,285 metres	Haile Gebrselassie (Éthiopie)	Ostrava (Rép. tchèque)	27 juin 2007
25 000 m	1 h 13'55"80	Toshihiko Seko (Japon)	Christchurch (N.-Zélande)	22 mars 1981
30 000 m	1 h 29'18"80	Toshihiko Seko (Japon)	Christchurch (N.-Zélande)	22 mars 1981
3 000 m steeple	7'53"63	Saif Saaeed Shaheen (Qatar)	Bruxelles (Belgique)	3 sept. 2004
110 m haies	12"87	Dayron Robles (Cuba)	Ostrava (Rép. tchèque)	12 juin 2008
400 m haies	46"78	Kevin Young (USA)	Barcelone (Espagne)	6 août 1992
relais 4 x 100 m	37"10	Jamaïque (Asafa Powell, Nesta Carter, Michael Frater, Usain Bolt)	Pékin (Chine)	22 août 2008
relais 4 x 200 m	1'18"68	Santa Monica Track Club, USA (Michael Marsh, Leroy Burrell, Floyd Heard, Carl Lewis)	Walnut (USA)	17 avr. 1994
relais 4 x 400 m	2'54"29	USA (Andrew Valmon, Quincy Watts, Harry Reynolds, Michael Johnson)	Stuttgart (Allemagne)	22 août 1993
relais 4 x 800 m	7'02"43	Kenya (Joseph Mutua, William Yiampoy, Ismael Kombich, Wilfred Bungei)	Bruxelles (Belgique)	25 août 2006
relais 4 x 1 500 m	14'36"23	Kenya (Geoffrey Rono, Augustine Choge, William Tanui, Gideon Gathimba)	Bruxelles (Belgique)	4 sept. 2009

ATHLÉTISME – OUTDOOR

FEMMES	TEMPS/DISTANCE	NOM & NATIONALITÉ	LIEU	DATE
100 m	10"49	Florence Griffith-Joyner (USA)	Indianapolis (USA)	16 juill. 1988
200 m	21"34	Florence Griffith-Joyner (USA)	Séoul (Corée du Sud)	29 sept. 1988
400 m	47"60	Marita Koch (ex-RDA)	Canberra (Australie)	6 oct. 1985
800 m	1'53"28	Jarmila Kratochvílová (ex-Tchécoslovaquie)	Munich (Allemagne)	26 juill. 1983
1 000 m	2'28"98	Svetlana Masterkova (Russie)	Bruxelles (Belgique)	23 août 1996
1 500 m	3'50"46	Qu Yunxia (Chine)	Pékin (Chine)	11 sept. 1993
1 mile	4'12"56	Svetlana Masterkova (Russie)	Zurich (Suisse)	14 août 1996
2 000 m	5'25"36	Sonia O'Sullivan (Irlande)	Édimbourg (RU)	8 juill. 1994
3 000 m	8'06"11	Wang Junxia (Chine)	Pékin (Chine)	13 sept. 1993
5 000 m	14'11"15	Tirunesh Dibaba (Éthiopie)	Oslo (Norvège)	6 juin 2008
10 000 m	29'31"78	Wang Junxia (Chine)	Pékin (Chine)	8 sept. 1993
20 000 m	1 h 05'26"60	Tegla Loroupe (Kenya)	Borgholzhausen (Allemagne)	3 sept. 2000
1 h	18 517 m	Dire Tune (Éthiopie)	Ostrava (Rép. tchèque)	12 juin 2008
25 000 m	1 h 27'05"90	Tegla Loroupe (Kenya)	Mengerskirchen (Allemagne)	21 sept. 2002
30 000 m	1 h 45'50"00	Tegla Loroupe (Kenya)	Warstein (Allemagne)	6 juin 2003
3 000 m steeple	8'58"81	Gulnara Samitova-Galkina (Russie)	Pékin (Chine)	17 août 2008
100 m haies	12"21	Yordanka Donkova (Bulgarie)	Stara Zagora (Bulgarie)	20 août 1988
400 m haies	52"34	Yuliya Pechonkina (Russie)	Tula (Russie)	8 août 2003
relais 4 x 100 m	41"37	ex-RDA (Silke Gladisch, Sabine Rieger, Ingrid Auerswald, Marlies Göhr)	Canberra (Australie)	6 oct. 1985
relais 4 x 200 m	1'27"46	United States "Blue" (LaTasha Jenkins, LaTasha Colander-Richardson, Nanceen Perry, Marion Jones)	Philadelphie (USA)	29 avr. 2000
relais 4 x 400 m	3'15"17	ex-URSS (Tatyana Ledovskaya, Olga Nazarova, Maria Pinigina, Olga Bryzgina)	Séoul (Corée du Sud)	1er oct. 1988
relais 4 x 800 m	7'50"17	ex-URSS (Nadezhda Olizarenko, Lyubov Gurina, Lyudmila Borisova, Irina Podyalovskaya)	Moscou (Russie)	5 août 1984

● MISE À JOUR
★ NOUVEAU RECORD

● 4 X 800 M EN SALLE (FEMMES)

Yekaterina Martynova, Aleksandra Bulanova, Anna Balakshina et Elena Kofanova (de gauche à droite, Russie) a couru le 4 x 800 m en 8 min et 6,24 s, lors des championnats de Russie d'athlétisme en salle à Moscou, le 18 février 2011. Elles ont battu de plus de 6 s le précédent record, établi par une autre équipe russe en 2010.

En 1997, Sergio Rodriguez Vilarreal (Mexique) a fabriqué la **plus grande bougie de Noël décorative**. Haute de 3,9 m et large de 3,1 m, elle contient 1 789 morceaux de miroirs et 1 164 bouteilles.

ATHLÉTISME – INDOOR

HOMMES	TEMPS/DISTANCE	NOM & NATIONALITÉ	LIEU	DATE
50 m	5"56	Donovan Bailey (Canada)	Reno (USA)	9 févr. 1996
60 m	6"39 6"39	Maurice Greene (USA) Maurice Greene (USA)	Madrid (Espagne) Atlanta (USA)	3 févr. 1998 3 mars 2001
200 m	19"92	Frank Fredericks (Namibie)	Liévin (France)	18 févr. 1996
400 m	44"57	Kerron Clement (USA)	Fayetteville (USA)	12 mars 2005
800 m	1'42"67	Wilson Kipketer (Danemark)	Paris (France)	9 mars 1997
1 000 m	2'14"96	Wilson Kipketer (Danemark)	Birmingham (RU)	20 févr. 2000
1 500 m	3'31"18	Hicham El Guerrouj (Maroc)	Stuttgart (Allemagne)	2 févr. 1997
1 mile	3'48"45	Hicham El Guerrouj (Maroc)	Ghent (Belgique)	12 févr. 1997
3 000 m	7'24"90	Daniel Komen (Kenya)	Budapest (Hongrie)	6 févr. 1998
5 000 m	12'49"60	Kenenisa Bekele (Éthiopie)	Birmingham (RU)	20 févr. 2004
50 m haies	6"25	Mark McKoy (Canada)	Kobe (Japon)	5 mars 1986
60 m haies	7"30	Colin Jackson (RU)	Sindelfingen (Allemagne)	6 mars 1994
relais 4 x 200 m	1'22"11	RU & Irlande du Nord (Linford Christie, Darren Braithwaite, Ade Mafe, John Regis)	Glasgow (RU)	3 mars 1991
relais 4 x 400 m	3'02"83	USA (Andre Morris, Dameon Johnson, Deon Minor, Milton Campbell)	Maebashi (Japon)	7 mars 1999
relais 4 x 800 m	7:'13"94	Global Athletics & Marketing, USA (Joey Woody, Karl Paranya, Rich Kenah, David Krummenacker)	Boston (USA)	6 févr. 2000
5 000 m marche	18'07"08	Mikhail Shchennikov (Russie)	Moscou (Russie)	14 févr. 1995
FEMMES	TEMPS/DISTANCE	NOM & NATIONALITÉ	LIEU	DATE
50 m	5"96	Irina Privalova (Russie)	Madrid (Espagne)	9 févr. 1995
60 m	6"92 6"92	Irina Privalova (Russie) Irina Privalova (Russie)	Madrid (Espagne) Madrid (Espagne)	11 févr. 1993 9 févr. 1995
200 m	21"87	Merlene Ottey (Jamaïque)	Liévin (France)	13 févr. 1993
400 m	49"59	Jarmila Kratochvílová (ex-Tchécoslovaquie)	Milan (Italie)	7 mars 1982
800 m	1:55"82	Jolanda Ceplak (Slovénie)	Vienne (Autriche)	3 mars 2002
1 000 m	2:30"94	Maria de Lurdes Mutola (Mozambique)	Stockholm (Suède)	25 févr. 1999
1 500 m	3:58"28	Yelena Soboleva (Russie)	Moscou (Russie)	18 févr. 2006
1 mile	4:17"14	Doina Melinte (Roumanie)	East Rutherford (USA)	9 févr. 1990
3 000 m	8:23"72	Meseret Defar (Éthiopie)	Stuttgart (Allemagne)	3 févr. 2007
5 000 m	14:24"37	Meseret Defar (Éthiopie)	Stockholm (Suède)	18 févr. 2009
50 m haies	6"58	Cornelia Oschkenat (ex-RDA)	Berlin (Allemagne)	20 févr. 1988
60 m haies	7"68	Susanna Kallur (Suède)	Karlsruhe (Allemagne)	10 févr. 2008
relais 4 x 200 m	1:32"41	Russie (Yekaterina Kondratyeva, Irina Khabarova, Yuliya Pechonkina, Yulia Gushchina)	Glasgow (RU)	29 janv. 2005
relais 4 x 400 m	3:23"37	Russie (Yulia Gushchina, Olga Kotlyarova, Olga Zaytseva, Olesya Krasnomovets)	Glasgow (RU)	28 janv. 2006
● relais 4 x 800 m	•8:06"24	Moscou (Aleksandra Bulanova, Yekaterina Martynova, Elena Kofanova, Anna Balakshina)	Moscou (Russie)	18 févr. 2011
3 000 m marche	11:40"33	Claudia Stef (Roumanie)	Bucharest (Roumanie)	30 janv. 1999

• En attente d'homologation au moment de la mise sous presse.

ATHLÉTISME – ULTRA LONGUE DISTANCE

HOMMES	TEMPS/DISTANCE	NOM & NATIONALITÉ	LIEU	DATE
50 km	2 h 48'06	Jeff Norman (RU)	Timperley (RU)	7 juin 1980
100 km	6 h 10'20	Donald Ritchie (RU)	Londres (RU)	28 oct. 1978
100 miles	11 h 28'03	Oleg Kharitonov (Russie)	Londres (RU)	20 oct. 2002
1 000 km	5 jours 16 h 17'00	Yiannis Kouros (Grèce)	Colac (Australie)	26 nov.-1er déc. 1984
1 000 miles	11 jours 13 h 54'58	Peter Silkinas (Lituanie)	Nanango (Australie)	11-23 mars 1998
6 h	97,2 km	Donald Ritchie (RU)	Londres (RU)	28 oct. 1978
12 h	162,4 km	Yiannis Kouros (Grèce)	Montauban (France)	15-16 mars 1985
24 h	303,506 km	Yiannis Kouros (Grèce)	Adélaïde (Australie)	4-5 oct. 1997
48 h	473,495 km	Yiannis Kouros (Grèce)	Surgères (France)	3-5 mai 1996
6 jours	1 038,851 km	Yiannis Kouros (Grèce)	Colac (Australie)	20-26 nov. 2005
FEMMES	TEMPS/DISTANCE	NOM & NATIONALITÉ	LIEU	DATE
50 km	3 h 18'52	Carolyn Hunter-Rowe (RU)	Barry (RU)	3 mars 1996
100 km	7 h 14'06	Norimi Sakurai (Japon)	Vérone (Italie)	27 sept. 2003
100 miles	14 h 25'45	Edit Bérces (Hongrie)	Vérone (Italie)	21-22 sept. 2002
1 000 km	7 jours 1 h 28'29	Eleanor Robinson (RU)	Nanango (Australie)	11-18 mars 1998
1 000 miles	13 jours 1 h 54'02	Eleanor Robinson (RU)	Nanango (Australie)	11-23 mars 1998
6 h	83,2 km	Norimi Sakurai (Japon)	Vérone (Italie)	27 sept. 2003
12 h	147,6 km	Ann Trason (USA)	Hayward (USA)	3-4 août 1991
● 24 h	254,425 km	Kudo Mami (Japon)	Taipei (Taiwan)	12-13 déc. 2009
● 48 h	397,103 km	Inagiki Sumie (Japon)	Surgères (France)	21-23 mai 2010
6 jours	883,631 km	Sandra Barwick (N.-Zélande)	Campbelltown (Australie)	18-24 nov. 1990

● 48 H SUR PISTE (FEMME)
Du 21 au 23 mai 2010, Inagiki Sumie (Japon) a parcouru 397,103 km en 48 h, sur la piste de Surgères (France). Ci-dessus, elle termine une course de 24 h en Finlande en janvier 2010.

Energisa Sergipe (Brésil) a organisé la création de la ●**plus grande structure de sapin de Noël**. D'une hauteur de 127,99 m, il était visible en décembre 2009, à Aracaju, Sergipe (Brésil).

TABLEAUX SPORTIFS

● 15 KM SUR ROUTE

Leonard Patrick Komon (Kenya) a remporté une course de 15 km sur route en 41 min et 13 s, à Nimègue (Pays-Bas), le 21 novembre 2010. Ce record s'ajoute à celui sur 10 km décroché 2 mois plus tôt.

ATHLÉTISME – COURSE SUR ROUTE

HOMMES	TEMPS	NOM & NATIONALITÉ	LIEU	DATE
● 10 km	26'44"	Leonard Patrick Komon (Kenya)	Utrecht (Pays-Bas)	26 sept. 2010
● 15 km	41'13"	Leonard Patrick Komon (Kenya)	Nimègue (Pays-Bas)	21 nov. 2010
20 km	55'21"	Zersenay Tadese (Érytrée)	Lisbonne (Portugal)	21 mars 2010
Semi-marathon	58'23"	Zersenay Tadese (Érytrée)	Lisbonne (Portugal)	21 mars 2010
25 km	1 h 11'50"	Samuel Kiplimo Kosgei (Kenya)	Berlin (Allemagne)	9 mai 2010
30 km	1 h 27'49"	Haile Gebrselassie (Éthiopie)	Berlin (Allemagne)	20 sept. 2009
Marathon	2 h 03'59"	Haile Gebrselassie (Éthiopie)	Berlin (Allemagne)	28 sept. 2008
100 km	6 h 13'33"	Takahiro Sunada (Japon)	Tokoro (Japon)	21 juin 1998
Relais sur route	1 h 57'06"	Kenya (Josephat Ndambiri, Martin Mathathi, Daniel Mwangi, Mekubo Mogusu, Onesmus Nyerere, John Kariuki)	Chiba (Japon)	23 nov. 2005
FEMMES	TEMPS	NOM & NATIONALITÉ	LIEU	DATE
10 km	30'21"	Paula Radcliffe (RU)	San Juan (Porto Rico)	23 févr. 2003
15 km	46'28"	Tirunesh Dibaba (Éthiopie)	Nimègue (Pays-Bas)	15 nov. 2009
● 20 km	•1 h 02'36"	Mary Jepkosgei Keitany (Kenya)	Ras Al Khaimah (ÉAU)	18 févr. 2011
● Semi-marathon	•1 h 05'50"	Mary Jepkosgei Keitany (Kenya)	Ras Al Khaimah (ÉAU)	18 févr. 2011
● 25 km	•1 h 19'53"	Mary Jepkosgei Keitany (Kenya)	Berlin (Allemagne)	9 mai 2010
30 km	1 h 38'49"	Mizuki Noguchi (Japon)	Berlin (Allemagne)	25 sept. 2005
Marathon	2 h 15'25"	Paula Radcliffe (RU)	Londres (RU)	13 avr. 2003
100 km	6 h 33'11"	Tomoe Abe (Japon)	Tokoro (Japon)	25 juin 2000
Relais sur route	2 h 11'41"	Chine (Jiang Bo, Dong Yanmei, Zhao Fengting, Ma Zaijie, Lan Lixin, Li Na)	Pékin (Chine)	28 févr. 1998

• En attente d'homologation au moment de la mise sous presse.

ATHLÉTISME – MARCHE

HOMMES	TEMPS	NOM & NATIONALITÉ	LIEU	DATE
20 000 m	1 h 17'25"6	Bernardo Segura (Mexique)	Bergen (Norvège)	7 mai 1994
20 km (route)	1 h 17'16"	Vladimir Kanaykin (Russie)	Saransk (Russie)	29 sept. 2007
30 000 m	2 h 01'44"1	Maurizio Damilano (Italie)	Cuneo (Italie)	3 oct. 1992
● 50 000 m	•3 h 35'27"2	Yohann Diniz (France)	Reims (France)	12 mars 2011
50 km (route)	3 h 34'14"	Denis Nizhegorodov (Russie)	Cheboksary (Russie)	11 mai 2008
FEMMES	TEMPS	NOM & NATIONALITÉ	LIEU	DATE
10 000 m	41'56"23	Nadezhda Ryashkina (ex-URSS)	Seattle (USA)	24 juill. 1990
20 000 m	1 h 26'52"3	Olimpiada Ivanova (Russie)	Brisbane (Australie)	6 sept. 2001
20 km (route)	1 h 25'41"	Olimpiada Ivanova (Russie)	Helsinki (Finlande)	7 août 2005

• En attente d'homologation au moment de la mise sous presse.

● 50 000 M MARCHE

Le 12 mars 2011, Yohann Diniz (France) a fini le 50 000 m marche en 3 h, 35 min et 27,2 s, à Reims (France).

ATHLÉTISME – INDOOR

HOMMES	RECORD	NOM & NATIONALITÉ	LIEU	DATE
Saut en hauteur	2,43 m	Javier Sotomayor (Cuba)	Budapest (Hongrie)	4 mars 1989
Saut à la perche	6,15 m	Sergei Bubka (Ukraine)	Donetsk (Ukraine)	21 févr. 1993
Saut en longueur	8,79 m	Carl Lewis (USA)	New York (USA)	27 janv. 1984
● Triple saut	•17,92 m	Teddy Tamgho (France)	Paris (France)	6 mars 2011
Lancer du poids	22,66 m	Randy Barnes (USA)	Los Angeles (USA)	20 janv. 1989
● Heptathlon*	•6 568 points	Ashton Eaton (USA)	Tallinn (Estonie)	6 févr. 2011
FEMMES	RECORD	NOM & NATIONALITÉ	LIEU	DATE
Saut en hauteur	2,08 m	Kajsa Bergqvist (Suède)	Arnstadt (Allemagne)	4 févr. 2006
Saut à la perche	5,00 m	Yelena Isinbayeva (Russie)	Donetsk (Ukraine)	15 févr. 2009
Saut en longueur	7,37 m	Heike Drechsler (ex-RDA)	Vienne (Autriche)	13 févr. 1988
Triple saut	15,36 m	Tatyana Lebedeva (Russie)	Budapest (Hongrie)	6 mars 2004
Lancer du poids	22,50 m	Helena Fibingerová (Tchécoslovaquie)	Jablonec (Tchécoslovaquie)	19 févr. 1977
Pentathlon†	4 991 points	Irina Belova (EUN – équipe unifiée)	Berlin (Allemagne)	15 févr. 1992

• En attente d'homologation au moment de la mise sous presse.

* 60 m, 6,66 s ; saut en longueur : 7,77 m ; lancer de poids : 14,45 m ; saut en hauteur : 2,01 m ; 60 m haies : 7,60 s ; saut à la perche : 5,20 m ; 1 000 m : 2 min et 34,74 s.

† 60 m haies : 8,22 s ; saut en hauteur : 1,93 m ; lancer de poids : 13,25 m ; saut en longueur : 6,67 m ; 800 m : 2 min et 10,26 s.

Le **plus grand livre publié** est une édition de 128 pages du *Petit Prince*, d'Antoine de Saint-Exupéry. Ce volume mesure 2,01 m de haut et 3,08 m une fois ouvert. Il a été publié par Ediouro Publicações SA (Brésil), en 2007.

9 C'est la longueur en mètres de votre intestin. Si on le dépliait pour former une ligne droite, il dépasserait légèrement le record actuel de saut en longueur masculin de 8,95 m.

ATHLÉTISME – OUTDOOR

HOMMES	RECORD	NOM & NATIONALITÉ	LIEU	DATE	
Saut en hauteur	2,45 m	Javier Sotomayor (Cuba)	Salamanque (Espagne)	27 juill. 1993	* 100 m : 10,64 s ; saut en longueur : 8,11 m ; lancer de poids : 2,12 m ; 400 m : 47,79 s ; 110 m haies : 13,92 s ; lancer de disque : 47,92 m ; saut à la perche : 4,80 m ; lancer de javelot : 70,16 m ; 1 500 m : 4 min et 21,98 s.
Saut à la perche	6,14 m	Sergei Bubka (Ukraine)	Sestriere (Italie)	31 juill. 1994	
Saut en longueur	8,95 m	Mike Powell (USA)	Tokyo (Japon)	30 août 1991	
Triple saut	18,29 m	Jonathan Edwards (RU)	Gothenburg (Suède)	7 août 1995	
Lancer de poids	23,12 m	Randy Barnes (USA)	Los Angeles (USA)	20 mai 1990	
Lancer de disque	74,08 m	Jürgen Schult (ex-RDA)	Neubrandenburg (Allemagne)	6 juin 1986	
Lancer de marteau	86,74 m	Yuriy Sedykh (ex-URSS)	Stuttgart (Allemagne)	30 août 1986	
Lancer de javelot	98,48 m	Jan Železný (République tchèque)	Jena (Allemagne)	25 mai 1996	
Décathlon*	9 026 points	Roman Šebrle (République tchèque)	Götzis (Autriche)	27 mai 2001	
FEMMES	**RECORD**	**NOM & NATIONALITÉ**	**LIEU**	**DATE**	
Saut en hauteur	2,09 m	Stefka Kostadinova (Bulgarie)	Rome (Italie)	30 août 1987	† 100m haies : 12,69 s ; saut en hauteur : 1,86 m ; lancer de poids : 15,80 m ; 200 m : 22,56 s ; saut en longueur : 7,27 m ; lancer de javelot : 45,66 m ; 800 m : 2 min et 8,51 s.
Saut à la perche	5,06 m	Yelena Isinbayeva (Russie)	Zurich (Suisse)	28 août 2009	
Saut en longueur	7,52 m	Galina Chistyakova (ex-URSS)	St Petersburg (Russie)	11 juin 1988	
Triple saut	15,50 m	Inessa Kravets (Ukraine)	Gothenburg (Suède)	10 août 1995	
Lancer de poids	22,63 m	Natalya Lisovskaya (ex-URSS)	Moscou (Russie)	7 juin 1987	** 100 m : 12,49 s ; saut en longueur : 6,12 m ; lancer de poids : 16,42 m ; saut en hauteur : 1,78 m ; 400 m : 57,19 s ; 100 m haies : 14,22 s ; lancer de disque : 46,19 m ; saut à la perche : 3,10 m ; lancer de javelot : 48,78 m ; 1 500 m : 5 min et 15,86 s.
Lancer de disque	76,80 m	Gabriele Reinsch (ex-RDA)	Neubrandenburg (Allemagne)	9 juill. 1988	
● Lancer de marteau	78,30 m	Anita Wlodarczyk (Pologne)	Bydgoszcz (Pologne)	6 juin 2010	
Lancer de javelot	72,28 m	Barbora Špotáková (Rép. tchèque)	Stuttgart (Allemagne)	13 sept. 2008	
Heptathlon†	7 291 points	Jacqueline Joyner-Kersee (USA)	Séoul (Corée du Sud)	24 sept. 1988	
Décathlon**	8 358 points	Austra Skujyte (Lituanie)	Columbia (USA)	15 avr.2005	

LANCER DE JAVELOT (FEMME)

Barbora Špotáková (Rép. tchèque) a atteint 72,28 m au premier tour de la finale mondiale d'athlétisme, à Stuttgart (Allemagne), le 13 septembre 2008.

CYCLISME SUR PISTE

HOMMES	TEMPS/DISTANCE	NOM & NATIONALITÉ	LIEU	DATE
200 m (départ lancé)	9"572	Kevin Sireau (France)	Moscou (Russie)	30 mai 2009
500 m (départ lancé)	24"758	Chris Hoy (RU)	La Paz (Bolivie)	13 mai 2007
Équipe 750 m (départ arrêté)	42"950	RU (Chris Hoy, Jason Kenny, Jamie Staff)	Pékin (Chine)	15 août 2008
1 km (départ arrêté)	58"875	Arnaud Tournant (France)	La Paz (Bolivie)	10 oct. 2001
● 4 km (départ arrêté)	4'10"534	Jack Bobridge (Australie)	Sydney (Australie)	2 févr. 2011
Équipe 4 km (départ arrêté)	3'53"314	RU (Ed Clancy, Paul Manning, Geraint Thomas, Bradley Wiggins)	Pékin (Chine)	18 août 2008
1 h	*49,7 km	Ondrej Sosenka (République tchèque)	Moscou (Russie)	19 juill. 2005
FEMMES	**TEMPS/DISTANCE**	**NOM & NATIONALITÉ**	**LIEU**	**DATE**
● 200 m (départ lancé)	10"793	Simona Krupeckaite (Lituanie)	Moscou (Russie)	29 mai 2010
500 m (départ lancé)	29"655	Erika Salumäe (ex-URSS)	Moscou (Russie)	6 août 1987
500 m (départ arrêté)	33"296	Simona Krupeckaite (Lituanie)	Pruszków (Pologne)	25 mars 2009
● Équipe 500 m (départ arrêté)	32"923	Australie (Kaarle McCulloch, Anna Meares)	Copenhague (Danemark)	25 mars 2010
● 3 km (départ arrêté)	3'22"269	Sarah Hammer (USA)	Aguascalientes (Mexique)	11 mai 2010
● Équipe 3 km (départ arrêté)	3'19"569	USA (Sarah Hammer, Lauren Tamayo, Dotsie Bausch)	Aguascalientes (Mexique)	12 mai 2010
1 h	*46 065 km	Leontien Zijlaard-Van Moorsel (Pays-Bas)	Mexico (Mexique)	1ᵉʳ oct. 2003

*De meilleures distances ont été atteintes sur des vélos qui ne sont plus autorisés par l'Union cycliste internationale (UCI). Les records établis en 1 h respectent les nouvelles règles de l'UCI.

SITES OFFICIELS

ATHLÉTISME & MARCHE
www.iaaf.org

CYCLISME
www.uci.ch

●500 M DÉPART ARRÊTÉ (ÉQUIPE)

Le 25 mars 2010, Kaarle McCulloch (gauche) et Anna Meares (toutes deux Australie) ont réalisé le sprint le plus rapide, en 32,923 s, dépassant leur propre record pour la 2ᵉ fois la même journée.

Le **plus grand livre de coloriage** est une version géante d'un livre qui incite les enfants à se brosser les dents. Créé par Salma Al-Jeddi (Koweït) en 2008, il mesure 1,8 m de haut et 1,5 m de long.

PLONGÉE EN APNÉE

● **APNÉE FÉMININE (POIDS VARIABLE)**

Le 5 octobre 2010, Annelie Pompe (Suède) a atteint une profondeur de 126 m dans la catégorie poids variable, à Sharm el Sheik (Égypte).

HOMMES	PROFONDEUR	NOM & NATIONALITÉ	LIEU	DATE
Poids constant avec palmes	124 m	Herbert Nitsch (Autriche)	Bahamas	22 avr. 2010
● Poids constant sans palmes	101 m	William Trubridge (N.-Zélande)	Bahamas	16 déc. 2010
Poids variable	142 m	Herbert Nitsch (Autriche)	Bahamas	7 déc. 2009
No limit	214 m	Herbert Nitsch (Autriche)	Spetses (Grèce)	14 juin 2007
● Immersion libre	•121 m	William Trubridge (N.-Zélande)	Bahamas	10 avr. 2011
APNÉE DYNAMIQUE (HOMMES)	**PROFONDEUR**	**NOM & NATIONALITÉ**	**LIEU**	**DATE**
● Avec palmes	265 m	Dave Mullins (N.-Zélande)	Porirua (N.-Zélande)	2 sept. 2010
● Sans palmes	218 m	Dave Mullins (N.-Zélande)	Porirua (N.-Zélande)	27 sept. 2010
APNÉE STATIQUE (HOMMES)	**TEMPS**	**NOM & NATIONALITÉ**	**LIEU**	**DATE**
Durée	11'35"	Stephane Mifsud (France)	Hyères (France)	8 juin 2009
FEMMES	**PROFONDEUR**	**NOM & NATIONALITÉ**	**LIEU**	**DATE**
● Poids constant avec palmes	•100 m	Natalia Molchanova (Russie)	Bahamas	16 avr. 2011
Poids constant sans palmes	62 m	Natalia Molchanova (Russie)	Bahamas	3 déc. 2009
● Poids variable	126 m	Annelie Pompe (Suède)	Sharm el Sheik (Égypte)	5 oct. 2010
No limit	160 m	Tanya Streeter (USA)	Îles Turques-et-Caïques	17 août 2002
Immersion libre	85 m	Natalia Molchanova (Russie)	Crète (Grèce)	27 juill. 2008
APNÉE DYNAMIQUE (FEMMES)	**PROFONDEUR**	**NOM & NATIONALITÉ**	**LIEU**	**DATE**
Avec palmes	225 m	Natalia Molchanova (Russie)	Moscou (Russie)	25 avr. 2010
Sans palmes	160 m	Natalia Molchanova (Russie)	Aarhus (Danemark)	20 août 2009
APNÉE STATIQUE (FEMMES)	**TEMPS**	**NOM & NATIONALITÉ**	**LIEU**	**DATE**
Durée	8'23"	Natalia Molchanova (Russie)	Aarhus (Danemark)	21 août 2009

• En attente d'homologation au moment de la mise sous presse.

AVIRON

HOMMES	TEMPS	NOM & NATIONALITÉ	LIEU	DATE
Skiff	6'33"35	Mahe Drysdale (Nouvelle-Zélande)	Poznan (Pologne)	29 août 2009
2 de couple	6'03"25	Jean-Baptiste Macquet, Adrien Hardy (France)	Poznan (Pologne)	17 juin 2006
4 de couple	5'36"20	Christopher Morgan, James McRae, Brendan Long, Daniel Noonan (Australie)	Pékin (Chine)	10 août 2008
2 sans barreur	6'14"27	Matthew Pinsent, James Cracknell (RU)	Séville (Espagne)	21 sept. 2002
4 sans barreur	5'41"35	Sebastian Thormann, Paul Dienstbach, Philipp Stüer, Bernd Heidicker (Allemagne)	Séville (Espagne)	21 sept. 2002
2 barré*	6'42"16	Igor Boraska, Tihomir Frankovic, Milan Razov (Croatie)	Indianapolis (USA)	18 sept. 1994
4 barré*	5'58"96	Matthias Ungemach, Armin Eichholz, Armin Weyrauch, Bahne Rabe, Jörg Dederding (Allemagne)	Vienne (Autriche)	24 août 1991
8 barré	5'19"85	Deakin, Beery, Hoopman, Volpenhein, Cipollone, Read, Allen, Ahrens, Hansen (USA)	Athènes (Grèce)	15 août 2004
POIDS LÉGERS	**TEMPS**	**NOM & NATIONALITÉ**	**LIEU**	**DATE**
Skiff*	6'47"82	Zac Purchase (RU)	Eton (RU)	26 août 2006
2 de couple*	6'10"02	Mads Rasmussen, Rasmus Quist (Danemark)	Amsterdam (Pays-Bas)	23 juin 2007
4 de couple*	5'45"18	Francesco Esposito, Massimo Lana, Michelangelo Crispi, Massimo Guglielmi (Italie)	Montréal (Canada)	août 1992
2 sans barreur*	6'26"61	Tony O'Connor, Neville Maxwell (Irlande)	Paris (France)	1994
4 sans barreur	5'45"60	Thomas Poulsen, Thomas Ebert, Eskild Ebbesen, Victor Feddersen (Danemark)	Lucerne (Suisse)	9 juill. 1999
8 barré*	5'30"24	Altena, Dahlke, Kobor, Stomporowski, Melges, März, Buchheit, Von Warburg, Kaska (Allemagne)	Montréal (Canada)	août 1992
FEMMES	**TEMPS**	**NOM & NATIONALITÉ**	**LIEU**	**DATE**
Skiff	7'07"71	Rumyana Neykova (Bulgarie)	Séville (Espagne)	21 sept. 2002
2 de couple	6'38"78	Georgina et Caroline Evers-Swindell (Nouvelle-Zélande)	Séville (Espagne)	21 sept. 2002
4 de couple	6'10"80	Kathrin Boron, Katrin Rutschow-Stomporowski, Jana Sorgers, Kerstin Köppen (Allemagne)	Duisburg (Allemagne)	19 mai 1996
2 sans barreur	6'53"80	Georgeta Andrunache, Viorica Susanu (Roumanie)	Séville (Espagne)	21 sept. 2002
4 sans barreur*	6'25"35	Robyn Selby Smith, Jo Lutz, Amber Bradley, Kate Hornsey (Australie)	Eton (RU)	26 août 2006
8 barré	5'55"50	Mickelson, Whipple, Lind, Goodale, Sickler, Cooke, Shoop, Francia, Davies (USA)	Eton (RU)	27 août 2006
POIDS LÉGERS	**TEMPS**	**NOM & NATIONALITÉ**	**LIEU**	**DATE**
Skiff*	7'28"15	Constanta Pipota (Roumanie)	Paris (France)	19 juin 1994
2 de couple	6'49"77	Dongxiang Xu, Shimin Yan (Chine)	Poznan (Pologne)	17 juin 2006
4 de couple*	6'23"96	Hua Yu, Haixia Chen, Xuefei Fan, Jing Liu (Chine)	Eton (RU)	27 août 2006
2 sans barreur*	7'18"32	Eliza Blair, Justine Joyce (Australie)	Aiguebelette-le-Lac (France)	7 sept. 1997

* Désigne des catégories d'embarcations non olympiques.

Le ★**plus grand rassemblement de personnes habillées en infirmiers** s'est tenu le 11 octobre 2008 : 116 personnes ont participé à un événement organisé par l'association des étudiants en médecine du Dar Al Shifa Hospital (Koweït).

2 400 C'est la longueur en kilomètres des voies respiratoires de nos poumons, une longueur 6 fois supérieure à celle du réseau du métro de Londres. Si on les dépliait, nos poumons couvriraient 75 m², la moitié d'un court de tennis.

PATINAGE DE VITESSE – PISTE LONGUE

HOMMES	TEMPS/POINTS	NOM & NATIONALITÉ	LIEU	DATE
500 m	34"03	Jeremy Wotherspoon (Canada)	Salt Lake City (USA)	9 nov. 2007
2 x 500 m	68"31	Jeremy Wotherspoon (Canada)	Calgary (Canada)	15 mars 2008
1 000 m	1'06"42	Shani Davis (USA)	Salt Lake City (USA)	7 mars 2009
1 500 m	1'41"04	Shani Davis (USA)	Salt Lake City (USA)	11 déc. 2009
3 000 m	3'37"28	Eskil Ervik (Norvège)	Calgary (Canada)	5 nov. 2005
5 000 m	6'03"32	Sven Kramer (Pays-Bas)	Calgary (Canada)	17 nov. 2007
10 000 m	12'41"69	Sven Kramer (Pays-Bas)	Salt Lake City (USA)	10 mars 2007
500/1 000/500/1 000 m	137 230 points	Jeremy Wotherspoon (Canada)	Calgary (Canada)	18-19 janv. 2003
500/3 000/1 500/5 000 m	146 365 points	Erben Wennemars (Pays-Bas)	Calgary (Canada)	12-13 août 2005
500/5 000/1 500/10 000 m	145 742 points	Shani Davis (USA)	Calgary (Canada)	18-19 mars 2006
Poursuite par équipe (8 tours)	3'37"80	Pays-Bas (Sven Kramer, Carl Verheijen, Erben Wennemars)	Salt Lake City (USA)	11 mars 2007
FEMMES	TEMPS/POINTS	NOM & NATIONALITÉ	LIEU	DATE
500 m	37"00	Jenny Wolf (Allemagne)	Salt Lake City (USA)	11 déc. 2009
2 x 500 m	74"42	Jenny Wolf (Allemagne)	Salt Lake City (USA)	10 mars 2007
1 000 m	1'13"11	Cindy Klassen (Canada)	Calgary (Canada)	25 mars 2006
1 500 m	1'51"79	Cindy Klassen (Canada)	Salt Lake City (USA)	20 nov. 2005
3 000 m	3'53"34	Cindy Klassen (Canada)	Calgary (Canada)	18 mars 2006
● 5 000 m	•6'42"66	Martina Sáblíková (Rép. tchèque)	Salt Lake City (USA)	18 févr. 2011
500/1 000/500/1 000 m	149 305 points / 149 305 points	Monique Garbrecht-Enfeldt (Allemagne) / Cindy Klassen (Canada)	Salt Lake City (USA) / Calgary (Canada)	11-12 janv. 2003 / 24-25 mars 2006
500/1 500/1 000/3 000 m	155 576 points	Cindy Klassen (Canada)	Calgary (Canada)	15-17 mars 2001
500/3 000/1 500/5,000 m	154 580 points	Cindy Klassen (Canada)	Calgary (Canada)	18-19 mars 2006
Poursuite par équipe (6 tours)	2'55"79	Canada (Kristina Groves, Christine Nesbitt, Brittany Schussler)	Calgary (Canada)	6 déc. 2009

• En attente d'homologation au moment de la mise sous presse.

500 M SUR PISTE LONGUE (FEMME)

Le 11 décembre 2009, lors de la coupe du monde de patinage de vitesse à Salt Lake City (USA), Jenny Wolf (Allemagne) a parcouru 500 m en 37 s.

SITES OFFICIELS
APNÉE
www.aida-international.org
AVIRON
www.worldrowing.com
PATINAGE DE VITESSE
www.isu.org

PATINAGE DE VITESSE – PISTE COURTE

HOMMES	TEMPS/POINTS	NOM & NATIONALITÉ	LIEU	DATE
500 m	40.651	Sung Si-Bak (Corée du Sud)	Marquette (USA)	14 nov. 2009
1 000 m	1'23"454	Charles Hamelin (Canada)	Montréal (Canada)	18 janv. 2009
1 500 m	2'10"639	Ahn Hyun-Soo (Corée du Sud)	Marquette (USA)	24 oct. 2003
3 000 m	4'32"646	Ahn Hyun-Soo (Corée du Sud)	Pékin (Chine)	7 déc. 2003
Relais 5 000 m	6'38"486	Corée du Sud (Kwak Yoon-Gy, Lee Ho-Suk, Lee Jung-Su, Sung Si-Bak)	Salt Lake City (USA)	19 oct. 2008
FEMMES	TEMPS/POINTS	NOM & NATIONALITÉ	LIEU	DATE
500 m	42"609	Wang Meng (Chine)	Pékin (Chine)	29 nov. 2008
1 000 m	1'29"049	Zhou Yang (Chine)	Vancouver (Canada)	26 févr. 2010
1 500 m	2'16"729	Zhou Yang (Chine)	Salt Lake City (USA)	9 févr. 2008
3 000 m	4'46"983	Jung Eun-Ju (Corée du Sud)	Harbin (Chine)	15 mars 2008
Relais 3 000 m	4'06"610	Chine (Sun Linlin, Wang Meng, Zhang Hui, Zhou Yang)	Vancouver (Canada)	24 févr. 2010

1 000 M SUR PISTE COURTE (FEMME)

Le 26 février 2010, Zhou Yang (Chine) a battu le record de patinage sur 1 000 m sur piste courte de près de 0,5 s, avec un temps de 29,049 s, lors des JO d'hiver de Vancouver (Canada), en 2010.

● MISE À JOUR
★ NOUVEAU RECORD

Laurence Wicks (RU) a couru le ★**marathon le plus rapide habillé en docteur (homme)** en 4 h, 16 min et 9 s, lors du marathon de Leicester (RU), le 10 août 2010.

100 M NAGE LIBRE (HOMME)

Le 30 juillet 2009, Cesar Cielo Filho (Brésil) a battu le record masculin de nage libre en grand bassin sur 100 m de 0,03 s, avec un temps de 46,91 s, lors de la finale des 13e championnats du monde de natation à Rome (Italie).

200 M PAPILLON (FEMME)

Liu Zige (Chine), représentée ici lors des championnats du monde de 2009 à Rome (Italie), a décrochée le record du monde sur 200 m en course longue papillon, le 21 octobre de la même année, en 2 min 1,81 s, à Jinan (Chine).

NATATION – COURSE LONGUE (BASSIN DE 50 M)

HOMMES	TEMPS	NOM & NATIONALITÉ	LIEU	DATE
50 m nage libre	20"91	Cesar Cielo Filho (Brésil)	Sao Paulo (Brésil)	18 déc. 2009
100 m nage libre	46"91	Cesar Cielo Filho (Brésil)	Rome (Italie)	30 juill. 2009
200 m nage libre	1'42"00	Paul Biedermann (Allemagne)	Rome (Italie)	28 juill. 2009
400 m nage libre	3'40"07	Paul Biedermann (Allemagne)	Rome (Italie)	26 juill. 2009
800 m nage libre	7'32"12	Zhang Lin (Chine)	Rome (Italie)	29 juill. 2009
1 500 m nage libre	14'34"56	Grant Hackett (Australie)	Fukuoka (Japon)	29 juill. 2001
relais 4 x 100 m nage libre	3'08"24	USA (Michael Phelps, Garrett Weber-Gale, Cullen Jones, Jason Lezak)	Pékin (Chine)	11 août 2008
relais 4 x 200 m nage libre	6'58"55	USA (Michael Phelps, Ricky Berens, David Walters, Ryan Lochte)	Rome (Italie)	31 juill. 2009
50 m papillon	22"43	Rafael Muñoz (Espagne)	Malaga (Espagne)	5 avr. 2009
100 m papillon	49"82	Michael Phelps (USA)	Rome (Italie)	1er août 2009
200 m papillon	1'51"51	Michael Phelps (USA)	Rome (Italie)	29 juill. 2009
50 m dos	24"04	Liam Tancock (RU)	Rome (Italie)	2 août 2009
100 m dos	51"94	Aaron Peirsol (USA)	Indianapolis (USA)	8 juill. 2009
200 m dos	1'51"92	Aaron Peirsol (USA)	Rome (Italie)	31 juill. 2009
50 m brasse	26"67	Cameron van der Burgh (Afrique du Sud)	Rome (Italie)	29 juill. 2009
100 m brasse	58"58	Brenton Rickard (Australie)	Rome (Italie)	27 juill. 2009
200 m brasse	2'07"31	Christian Sprenger (Australie)	Rome (Italie)	30 juill. 2009
200 m 4 nages	1'54"10	Ryan Lochte (USA)	Rome (Italie)	30 juill. 2009
400 m 4 nages	4'03"84	Michael Phelps (USA)	Pékin (Chine)	10 août 2008
relais 4 x 100 m 4 nages	3'27"28	USA (Aaron Peirsol, Eric Shanteau, Michael Phelps, David Walters)	Rome (Italie)	2 août 2009
FEMMES	TEMPS	NOM & NATIONALITÉ	LIEU	DATE
50 m nage libre	23"73	Britta Steffen (Allemagne)	Rome (Italie)	2 août 2009
100 m nage libre	52"07	Britta Steffen (Allemagne)	Rome (Italie)	31 juill. 2009
200 m nage libre	1'52"98	Federica Pellegrini (Italie)	Rome (Italie)	29 juill. 2009
400 m nage libre	3'59"15	Federica Pellegrini (Italie)	Rome (Italie)	26 juill. 2009
800 m nage libre	8'14"10	Rebecca Adlington (RU)	Pékin (Chine)	16 août 2008
1 500 m nage libre	15'42"54	Kate Ziegler (USA)	Mission Viejo (USA)	17 juin 2007
relais 4 x 100 m nage libre	3'31"72	Pays-Bas (Inge Dekker, Ranomi Kromowidjojo, Femke Heemskerk, Marleen Veldhuis)	Rome (Italie)	26 juill. 2009
relais 4 x 200 m nage libre	7'42"08	Chine (Yang Yu, Zhu Qian Wei, Liu Jing, Pang Jiaying)	Rome (Italie)	30 juill. 2009
50 m papillon	25"07	Therese Alshammar (Suède)	Rome (Italie)	31 juill. 2009
100 m papillon	56"06	Sarah Sjöström (Suède)	Rome (Italie)	27 juill. 2009
200 m papillon	2'01"81	Liu Zige (Chine)	Jinan (Chine)	21 oct. 2009
50 m dos	27"06	Zhao Jing (Chine)	Rome (Italie)	30 juill. 2009
100 m dos	58"12	Gemma Spofforth (RU)	Rome (Italie)	28 juill. 2009
200 m dos	2'04"81	Kirsty Coventry (Zimbabwe)	Rome (Italie)	1er août 2009
50 m brasse	29"80	Jessica Hardy (USA)	Federal Way (USA)	7 août 2009
100 m brasse	1'04"45	Jessica Hardy (USA)	Federal Way (USA)	7 août 2009
200 m brasse	2'20"12	Annamay Pierse (Canada)	Rome (Italie)	30 juill. 2009
200 m 4 nages	2'06"15	Ariana Kukors (USA)	Rome (Italie)	27 juill. 2009
400 m 4 nages	4'29"45	Stephanie Rice (Australie)	Pékin (Chine)	10 août 2008
relais 4 x 100 m 4 nages	3'52"19	Chine (Zhao Jing, Chen Huijia, Jiao Liuyang, Li Zhesi)	Rome (Italie)	1er août 2009

De 1982 à 1990, le joueur de cricket David Gower (RU) a joué dans 119 manches de test-match consécutives au poste de batteur. Dans chacune, il a marqué au moins une course avant d'être éliminé. C'est le **plus de manches en test-match sans duck pour un batteur.**

8 150 C'est le nombre de portions de chips que vous consommez au cours de votre vie, soit 1,63 t, l'équivalent de 12 joueurs et 4 arbitres présents sur la glace au cours d'un match de hockey sur glace.

NATATION – COURSE COURTE (BASSIN DE 25 M)

HOMMES	TEMPS	NOM & NATIONALITÉ	LIEU	DATE
50 m nage libre	20"30	Roland Schoeman (Afrique du Sud)	Pietermaritzburg (Afrique du Sud)	8 août 2009
100 m nage libre	44"94	Amaury Leveaux (France)	Rijeka (Croatie)	13 déc. 2008
200 m nage libre	1'39"37	Paul Biedermann (Allemagne)	Berlin (Allemagne)	15 nov. 2009
400 m nage libre	3'32"77	Paul Biedermann (Allemagne)	Berlin (Allemagne)	14 nov. 2009
800 m nage libre	7'23"42	Grant Hackett (Australia)	Melbourne (Australie)	20 juill. 2008
1 500 m nage libre	14'10"10	Grant Hackett (Australia)	Perth (Australie)	7 août 2001
relais 4 x 100 m nage libre	3'03"30	USA (Nathan Adrian, Matt Grevers, Garrett Weber-Gale, Michael Phelps)	Manchester (RU)	19 déc. 2009
● relais 4 x 200 m nage libre	6'49"04	Russie (Nikita Lobintsev, Danila Izotov, Evgeny Lagunov, Alexander Sukhorukov)	Dubaï (ÉAU)	16 déc. 2010
50 m papillon	21"80	Steffen Deibler (Allemagne)	Berlin (Allemagne)	14 nov. 2009
100 m papillon	48"48	Evgeny Korotyshkin (Russie)	Berlin (Allemagne)	15 nov. 2009
200 m papillon	1'49"11	Kaio Almeida (Brésil)	Stockholm (Suède)	10 nov. 2009
50 m dos	22"61	Peter Marshall (USA)	Singapour	22 nov. 2009
100 m dos	48"94	Nick Thoman (USA)	Manchester (RU)	18 déc. 2009
200 m dos	1'46"11	Arkady Vyatchanin (Russie)	Berlin (Allemagne)	15 nov. 2009
50 m brasse	25"25	Cameron van der Burgh (Afrique du Sud)	Berlin (Allemagne)	14 nov. 2009
100 m brasse	55"61	Cameron van der Burgh (Afrique du Sud)	Berlin (Allemagne)	15 nov. 2009
200 m brasse	2'00"67	Daniel Gyurta (Hongrie)	Istanbul (Turquie)	13 déc. 2009
100 m 4 nages	50"76	Peter Mankoc (Slovénie)	Istanbul (Turquie)	12 déc. 2009
● 200 m 4 nages	1'50"08	Ryan Lochte (USA)	Dubaï (ÉAU)	17 déc. 2010
● 400 m 4 nages	3'55"50	Ryan Lochte (USA)	Dubaï (ÉAU)	16 déc. 2010
relais 4 x 100 m 4 nages	3'19"16	Russie (Stanislav Donets, Sergey Geybel, Evgeny Korotyshkin, Danila Izotov)	Saint-Pétersbourg (Russie)	20 déc. 2009
FEMMES	**TEMPS**	**NOM & NATIONALITÉ**	**LIEU**	**DATE**
50 m nage libre	23"25	Marleen Veldhuis (Pays-Bas)	Manchester (RU)	13 avr. 2008
100 m nage libre	51"01	Lisbeth Trickett (Australie)	Hobart (Australie)	10 août 2009
200 m nage libre	1'51"17	Federica Pellegrini (Italie)	Istanbul (Turquie)	13 déc. 2009
400 m nage libre	3'54"92	Joanne Jackson (RU)	Leeds (RU)	8 août 2009
800 m nage libre	8'04"53	Alessia Filippi (Italie)	Rijeka (Croatie)	12 déc. 2008
1 500 m nage libre	15'28"65	Lotte Friis (Danemark)	Birkerod (Danemark)	28 nov. 2009
relais 4 x 100 m nage libre	3'28"22	Pays-Bas (Hinkelien Schreuder, Inge Dekker, Ranomi Kromowidjojo, Marleen Veldhuis)	Amsterdam (Pays-Bas)	19 déc. 2008
● relais 4 x 200 m nage libre	7'35"94	Chine (Chen Qian, Tang Yi, Kiu Jing, Zhu Qianwei)	Dubaï (ÉAU)	15 déc. 2010
50 m papillon	24"38	Therese Alshammar (Suède)	Singapour	22 nov. 2009
100 m papillon	55"05	Diane Bui-Duyet (France)	Istanbul (Turquie)	12 déc. 2009
200 m papillon	2'00"78	Liu Zige (Chine)	Berlin (Allemagne)	15 nov. 2009
50 m dos	25"70	Sanja Jovanovic (Croatie)	Istanbul (Turquie)	12 déc. 2009
100 m dos	55"23	Sakai Shiho (Japon)	Berlin (Allemagne)	15 nov. 2009
200 m dos	2'00"18	Sakai Shiho (Japon)	Berlin (Allemagne)	14 nov. 2009
50 m brasse	28"80	Jessica Hardy (USA)	Berlin (Allemagne)	15 nov. 2009
100 m brasse	1'02"70	Rebecca Soni (USA)	Manchester (RU)	19 déc. 2009
200 m brasse	2'14"57	Rebecca Soni (USA)	Manchester (RU)	18 déc. 2009
100 m 4 nages	57"74	Hinkelien Schreuder (Pays-Bas)	Berlin (Allemagne)	15 nov. 2009
200 m 4 nages	2'04"60	Julia Smit (USA)	Manchester (RU)	19 déc. 2009
400 m 4 nages	4'21"04	Julia Smit (USA)	Manchester (RU)	18 déc. 2009
relais 4 x 100 m 4 nages	3'47"97	USA (Margaret Hoelzer, Jessica Hardy, Dana Vollmer, Amanda Weir)	Manchester (RU)	18 déc. 2009

●RELAIS 4 X 200 M NAGE LIBRE (HOMME)

Nikita Lobintsev, Danila Izotov, Evgeny Lagunov et Alexander Sukhorukov (tous Russie) ont nagé le relais 4 x 200 m nage libre hommes en 6 min et 49,04 s, lors des 10e championnats du monde de natation (25 m), à Dubaï (ÉAU), le 16 décembre 2010.

SITE OFFICIEL
NATATION : Fédération internationale de natation
www.fina.org

200 M BRASSE (FEMME)

Le 18 décembre 2009, au cours du Duel in the Pool à Manchester (RU), Rebecca Soni (USA) a parcouru le 200 m course courte en brasse en 2 min et 14,57 s.

● MISE À JOUR
★ NOUVEAU RECORD

Muttiah Muralitharan (Sri Lanka) a décroché le **plus de titres "homme de la série" en test-cricket par un joueur individuel** avec 11 titres entre 1992 et 2009.

● ÉPAULÉ-JETÉ TOTAL (HOMME 69 KG)

Liao Hui (Chine) a battu le record des 198 kg en épaulé-jeté et de 358 kg au total lors des Championnats du monde d'Antalya (Turquie), le 21 septembre 2010. Ces performances lui ont valu une 2e médaille d'or aux championnats du monde en catégorie 69 kg, qui s'ajoute à celle gagnée 1 an plus tôt à Goyang (Corée du Sud) (voir image).

SITES OFFICIELS

HALTÉROPHILIE
www.iwf.net

SKI NAUTIQUE
www.iwsf.com

● ARRACHÉ, ÉPAULÉ-JETÉ TOTAL (FEMME 75 KG)

Lors des championnats d'Antalya (Turquie), le 23 septembre 2010, Svetlana Podobedova (Kazakhstan) a pris la tête de la compétition dans la catégorie 75 kg (femme), décrochant un nouveau record en arraché (134 kg), en épaulé-jeté (161 kg) et en total (295 kg).

HALTÉROPHILIE

HOMMES	CATÉGORIE	POIDS	NOM & NATIONALITÉ	LIEU	DATE
56 kg	Arraché	138 kg	Halil Mutlu (Turquie)	Antalya (Turquie)	4 nov. 2001
	Épaulé-jeté	168 kg	Halil Mutlu (Turquie)	Trencín (Slovaquie)	24 avr. 2001
	Total	305 kg	Halil Mutlu (Turquie)	Sydney (Australie)	16 sept. 2000
62 kg	Arraché	153 kg	Shi Zhiyong (Chine)	Izmir (Turquie)	28 juin 2002
	Épaulé-jeté	182 kg	Le Maosheng (Chine)	Busan (Corée du Sud)	2 oct. 2002
	Total	326 kg	Zhang Jie (Chine)	Kanazawa (Japon)	28 avr. 2008
69 kg	Arraché	165 kg	Georgi Markov (Bulgarie)	Sydney (Australie)	20 sept. 2000
	● Épaulé-jeté	198 kg	Liao Hui (Chine)	Antalya (Turquie)	21 sept. 2010
	● Total	358 kg	Liao Hui (Chine)	Antalya (Turquie)	21 sept. 2010
77 kg	Arraché	174 kg	Lu Xiaojun (Chine)	Goyang (Corée du Sud)	24 nov. 2009
	Épaulé-jeté	210 kg	Oleg Perepetchenov (Russie)	Trencín (Slovaquie)	27 avr. 2001
	Total	378 kg	Lu Xiaojun (Chine)	Goyang (Corée du Sud)	24 nov. 2009
85 kg	Arraché	187 kg	Andrei Rybakou (Biélorussie)	Chiang Mai (Thaïlande)	22 sept. 2007
	Épaulé-jeté	218 kg	Zhang Yong (Chine)	Ramat Gan (Israël)	25 avr. 1998
	Total	394 kg	Andrei Rybakou (Biélorussie)	Pékin (Chine)	15 août 2008
94 kg	Arraché	188 kg	Akakios Kakhiasvilis (Grèce)	Athènes (Grèce)	27 nov. 1999
	Épaulé-jeté	232 kg	Szymon Kolecki (Pologne)	Sofia (Bulgarie)	29 avr. 2000
	Total	412 kg	Akakios Kakhiasvilis (Grèce)	Athènes (Grèce)	27 nov. 1999
105 kg	Arraché	200 kg	Andrei Aramnau (Biélorussie)	Pékin (Chine)	18 août 2008
	Épaulé-jeté	237 kg	Alan Tsagaev (Bulgarie)	Kiev (Ukraine)	25 avr. 2004
	Total	436 kg	Andrei Aramnau (Biélorussie)	Pékin (Chine)	18 août 2008
105+ kg	Arraché	213 kg	Hossein Rezazadeh (Iran)	Qinhuangdao (Chine)	14 sept. 2003
	Épaulé-jeté	263 kg	Hossein Rezazadeh (Iran)	Athènes (Grèce)	25 août 2004
	Total	472 kg	Hossein Rezazadeh (Iran)	Sydney (Australie)	26 sept. 2000

FEMMES	CATÉGORIE	POIDS	NOM & NATIONALITÉ	LIEU	DATE
48 kg	Arraché	98 kg	Yang Lian (Chine)	Saint-Domingue (Rép. dominicaine)	1er oct. 2006
	● Épaulé-jeté	121 kg	Nurcan Taylan (Turquie)	Antalya (Turquie)	17 sept. 2010
	Total	217 kg	Yang Lian (Chine)	Saint-Domingue (Rép. dominicaine)	1er oct. 2006
53 kg	● Arraché	103 kg	Li Ping (Chine)	Guangzhou (Chine)	14 nov. 2010
	Épaulé-jeté	129 kg	Li Ping (Chine)	Taian City (Chine)	22 avr. 2007
	● Total	230 kg	Li Ping (Chine)	Guangzhou (Chine)	14 nov. 2010
58 kg	Arraché	111 kg	Chen Yanqing (Chine)	Doha (Qatar)	3 déc. 2006
	Épaulé-jeté	141 kg	Qiu Hongmei (Chine)	Taian City (Chine)	23 avr. 2007
	Total	251 kg	Chen Yanqing (Chine)	Doha (Qatar)	3 déc. 2006
63 kg	Arraché	116 kg	Pawina Thongsuk (Thaïlande)	Doha (Qatar)	12 nov. 2005
	● Épaulé-jeté	143 kg	Maiya Maneza (Kazakhstan)	Antalya (Turquie)	20 sept. 2010
	Total	257 kg	Liu Haixia (Chine)	Chiang Mai (Thaïlande)	23 sept. 2007
69 kg	Arraché	128 kg	Liu Chunhong (Chine)	Pékin (Chine)	13 août 2008
	Épaulé-jeté	158 kg	Liu Chunhong (Chine)	Pékin (Chine)	13 août 2008
	Total	286 kg	Liu Chunhong (Chine)	Pékin (Chine)	13 août 2008
75 kg	● Arraché	134 kg	Svetlana Podobedova (Kazakhstan)	Antalya (Turquie)	23 sept. 2010
	● Épaulé-jeté	161 kg	Svetlana Podobedova (Kazakhstan)	Antalya (Turquie)	23 sept. 2010
	● Total	295 kg	Svetlana Podobedova (Kazakhstan)	Antalya (Turquie)	23 sept. 2010
75+ kg	● Arraché	145 kg	Tatiana Kashirina (Russie)	Antalya (Turquie)	25 sept. 2010
	Épaulé-jeté	187 kg	Jang Mi-Ran (Corée du Sud)	Goyang (Corée du Sud)	28 nov. 2009
	Total	326 kg	Jang Mi-Ran (Corée du Sud)	Pékin (Chine)	16 août 2008

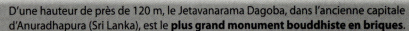

D'une hauteur de près de 120 m, le Jetavanarama Dagoba, dans l'ancienne capitale d'Anuradhapura (Sri Lanka), est le **plus grand monument bouddhiste en briques**.

16 C'est l'âge moyen d'un corps humain. À l'exception des yeux, du cœur et du cerveau, les cellules vivent moins de 16 ans avant d'être renouvelées. À 17 ans, votre premier souvenir fait déjà partie des plus vieux éléments de votre être.

MARATHONS SPORTIFS LES PLUS LONGS

SPORT	TEMPS	NOM & NATIONALITÉ	LIEU	DATE
● Aérobic	29 h 5 min	Julian Hitch (RU)	Londres (RU)	24-25 avr. 2010
Baseball	48 h 9 min 27 s	Jonny G Foundation Cardinals and Edward Jones Browns (USA)	St Louis (Missouri, USA)	9-11 oct. 2009
● Basket-ball	107 h	György Boronkay Technical and Grammar School (Hongrie)	Vác (Hongrie)	1-5 juill. 2010
Basket-ball (fauteuil roulant)	26 h 3 min	University of Omaha students and staff (USA)	Omaha (Nebraska, USA)	24-25 sept. 2004
● Bowling (10 quilles)	134 h 57 min	Stephen Shanabrook (USA)	Plano (Texas, USA)	14-19 juin 2010
Boules (en salle)	36 h	Arnos Bowling Club (RU)	Southgate (Londres, RU)	20-21 avr. 2002
Boules (extérieur)	170 h 3 min	Goulburn Railway Bowling Club (Australie)	Goulburn (Nouv. Galles du Sud, Australie)	19-26 janv. 2009
● Cricket	105 h	Blunham Cricket Club (RU)	Blunham (Bedfordshire, RU)	26-30 août 2010
Curling	54 h 1 min	The Burlington Golf and Country Club (Canada)	Burlington (Ontario, Canada)	12-14 mars 2010
● Fléchettes (double)	32 h 4 min	Scott Maynard, Nathanael Hubbard, Chris Taylor, Shane Rose (Australie)	Chapel Hill (Queensland, Australie)	22 mai 2010
● Fléchettes (individuel)	32 h 25 min	Joanne and Danielle Tonks (RU)	Stafford (Staffordshire, RU)	30 avr.-1 mai 2010
● Unihockey (floorball)	25 h 13 min	London Sharks and friends (RU)	Haywards Head (West Sussex, RU)	29-30 mai 2010
● Football	60 h	Pink Panthers and Black Eagles (RU)	Loughborough (Leicestershire, RU)	22-24 oct. 2010
● Football (à 5)	33 h 30 min	Youghal United AFC (IrlandE)	Youghal (Irlande)	5-7 juin 2010
Hockey sur glace	241 h 21 min	Brent Saik and friends (Canada)	Strathcona (Alberta, Canada)	8-18 févr. 2008
Hockey (en salle)	50 h	Bert & Macs and Mid-Town Certigard teams (Canada)	Lethbridge (Alberta, Canada)	25-27 mars 2008
● Hockey (rollers en ligne)	25 h 20 min	Roller Hockey Guernerin (France)	La Guérinière (France)	3-4 déc. 2010
Hockey (rue)	105 h 17 min	Molson Canadian and Canadian Tire teams (Canada)	Lethbridge (Alberta, Canada)	20-24 août 2008
Korfball	30 h 2 min	Kingfisher Korfball Club (RU)	Larkfield (Kent, RU)	14-15 juin 2008
Netball	58 h	Sleaford Netball Club (RU)	Sleaford (Lincolnshire, RU)	25-27 juill. 2008
Pétanque (boules)	52 h	Gilles de B'Heinsch (BelgiQUE)	Arlon (Belgique)	18-20 sept. 2009
Billard (individuel)	53 h 25 min	Brian Lilley and Daniel Maloney (USA)	Spring Lake (Caroline du Nord, USA)	10-12 oct. 2008
Ski	202 h 1 min	Nick Willey (Australie)	Thredbo (Nouv. Galles du Sud, Australie)	2-10 sept. 2005
Snowboard	180 h 34 min	Bernhard Mair (Autriche)	Bad Kleinkirchheim (Autriche)	9-16 janv. 2004
Baby-foot	51 h 52 min	Alexander Gruber, Roman Schelling, Enrico Lechtaler, Christian Nägele (Autriche)	Bregenz (Autriche)	27-29 juin 2008
Tennis de table (doubles)	101 h 1 min 11 s	Lance, Phil and Mark Warren, Bill Weir (USA)	Sacramento (Californie, USA)	9-13 avr. 1979
Tennis de table (individuel)	132 h 31 min	Danny Price and Randy Nunes (USA)	Cherry Hill (New Jersey, USA)	20-26 août 1978
● Tennis (doubles)	56 h 37 min 13 s	Gavin White, Jeganathan Ramasamy, Simon Burk, David Sears (Australie)	Sydney (Nouv. Galles du Sud, Australie)	10-12 sept. 2010
● Tennis (simple)	55 h 55 min 55 s	Christian Masurenko and Denis Heitmann (Allemagne)	Herford (Allemagne)	6-8 août 2010
● Beach-volley	25 h 39 min	Mateusz Baca, Sebastian Lüdke, Tomasz Olszak, Wojciech Kurczynski (Allemagne)	Görlitz (Allemagne)	3-4 juill. 2010
Volley-ball (en salle)	76 h 30 min	Zespól Szkól Ekonomicznych students (Pologne)	Sosnowiec (Pologne)	4-7 déc. 2009

SKI NAUTIQUE

HOMMES	RECORD	NOM & NATIONALITÉ	LIEU	DATE
● Slalom	2 bouées	9,75 m de corde	58 km/h	Chris Parrish (USA)	Covington (USA)	13 juin 2010
Slalom barefoot	20,6 traversées du sillage en 30 s	Keith St Onge (USA)	Bronkhorstspruit (Afrique du Sud)	6 janv. 2006
Figures	12 400 points	Nicolas Le Forestier (France)	Lac de Joux (Suisse)	4 sept. 2005
● Figures barefoot	12 150 points	David Small (RU)	Adna (USA)	12 juin 2010
Saut	75,2 m	Freddy Krueger (USA)	Seffner (USA)	2 nov. 2008
● Saut barefoot	29,9 m	David Small (RU)	Brandenburg (Allemagne)	11 août 2010
Vols à skis	91,1 m	Jaret Llewellyn (Canada)	Orlando (USA)	14 mai 2000
Combiné	2 818,01 points*	Jaret Llewellyn (Canada)	Seffner (USA)	29 sept. 2002

FEMMES	RECORD	NOM & NATIONALITÉ	LIEU	DATE
● Slalom	1,5 bouée	10,25 m de corde	55 km/h	Regina Jaquess (USA)	Santa Rosa (USA)	24 oct. 2010
Slalom barefoot	17 traversées du sillage en 30 s	Nadine de Villiers (Afrique du Sud)	Witbank (Afrique du Sud)	5 janv. 2001
● Figures	9 690 points	Natallia Berdnikava (Biélorussie)	Winter Garden (USA)	26 oct. 2010
Figures barefoot	4 400 points	Nadine de Villiers (Afrique du Sud)	Witbank (Afrique du Sud)	5 janv. 2001
● Saut	57,1 m	June Fladborg (Danemark)	Lincoln (RU)	24 août 2010
● Saut barefoot	21 m	Elaine Heller (USA)	Brandenburg (Allemagne)	12 août 2010
Vols à skis	69,4 m	Elena Milakova (Russie)	Pine Mountain (USA)	26 mai 2002
● Combiné	2 945,85 points**	Regina Jaquess (USA)	Santa Rosa (USA)	20 juin 2010

*5@11,25 m, figures : 10 730 points, saut : 71,7 m **4@10,75 m, figures : 7 920 points, saut : 53,6 m ; méthodes de calcul de 2006.

● **SAUT BAREFOOT (FEMME)**
Représentée ici lors des Barefoot Ski Nationals 2009, à Mystic Lakes, à Maize (Kansas, USA), Elaine Heller (USA) a réalisé un saut de 21 m, à Brandebourg (Allemagne), le 12 août 2010.

Haut de 127,64 m, le Zhongyuan Buddha (bouddha du temple du Printemps), la ●**plus haute statue de Bouddha**, se trouve dans le Xian de Lushan (province du Henan, Chine).

INDEX THÉMATIQUE

Cette année, l'index est organisé en deux parties : un index thématique et un index des superlatifs. Les mots en gras se réfèrent aux entrées principales, les entrées en capitales et en gras se rapportent à un chapitre. Les noms de personnes ne sont pas indexés.

INDEX DES SUPERLATIFS

INDEX DES SUPERLATIFS

CRĒDITS & REMERCIEMENTS

Guinness World Records remercie sincèrement les personnes, les entreprises, les associations, les sites Internet, les établissements scolaires et universités qui ont apporté leur contribution à la création de cette édition :

3Run ; Academy of Motion Picture Arts & Sciences ; Shabir Ahluwalia ; *Airboating Magazine* LLC (Matt Hartman) ; Carmen Alfonzo Portillo ; Alfons Andresson Gidlöf ; Vilgot Andresson Gidlöf ; Ulla Anlander ; Paulina Amaya ; Arctic Kingdom ; Ascent Media ; Attenda (Charlotte, Phil, Mark et leur équipe) ; Bender Helper Impact (Eric Kanner, Alyson Hagert, Mark Karges, Brian Reinert) ; Back-to-back worldwide competition ; BBC Radio 3 ; Bender Media (Susan et Sally) ; Maud Bissier ; Baby Boatface ; Joseph Boatfield ; Luke Boatfield ; Box Office Mojo ; British Airways ; British Film Institute ; The Bronx Zoo (Linda Wied) ; Sarah Brown ; Bureau of Indian Affairs, United States Department of the Interior (Dr Richard Meyers, Mme Teddi Penland) ; CAN Networks (Paul, Damaris et leur équipe) ; Angelo Carbone ; Clara Chambers ; Camille Chambers ; Georgina Charles ; Mark Chisnell ; Christie's - London (Meg Ford) ; Simone Ciancotti ; Vincenzo Di Cillo ; Adam Cloke ; Antonia Coffman ; Collaboration (M. Suzuki, Miho, Masumi et tous nos amis) ; Comic Relief ; Connection Cars (Tracey Dunkerley, Rob Dunkerley) ; Consumer Electronics Association (Carolyn Slater) ; *Coronation Street* (ITV) ; Council on Tall Buildings and Urban Habitat (Marshall Gerometta) ; CYCLO IMAGE Co. Ltd (Ken Arai) ; Deep Metal Piercing, Dortmund, Allemagne ; Denmaur Independent Papers Limited ; East Looe Town Trust, Cornwall, RU ; The Eden Project, Londres ; Louis Epstein ; Kate Ereira ; Europroduzione/Veralia (Marco, Stefano, Gabriel, Renato, Carlo et tous nos amis) ; Amelia Ewen ; Toby Ewen ; Explorersweb (Tom et Tina Sjögren) ; Eyeworks Australie & Nouvelle-Zélande (Julie, Alison et tous les autres) ; Eyeworks Allemagne (Kaethe, Andi, Michael et tous les autres) ; Rebecca Fall ; Benjamin Fall ; Joanna Fells ; Rebecca Fells ; Simon Fells ; *First Drop* magazine, European Coaster Club (Justin Garvanovic) ; F.J.T. Logistics Limited (Ray Harper, Gavin Hennessey) ; Alexis Forcada Zamora ; Forbes ; Formulation Inc (Marcus, Ayako, Kei et tous nos amis) ; Fuji Television Network, Inc (Ryu Utsui) ; Gerontology Research Group ; Thomasina Gibson ; Gobierno delegacional de Iztapalapa ; Green Events, Llanwrtyd Wells, RU ; Brandon Greenwood ; Jordan Greenwood ; Ryan Greenwood ; Victoria Grimsell ; Grover Cleveland

Birthplace (Sharon Farrell) ; Hampshire Sports & Prestige Cars (Richard Johnston) ; High Noon Entertainment (Pam, Jim, Adam, Ian, Mark, Jeremy et tous les autres) ; Hikone Castle, Shiga, Japon ; Lorena Hinojosa ; Tamsin Holman ; Marsha Hoover ; Hunter College of The City University of New York (Dr Richard Belsky) ; ICM (Michael et Greg) ; IGFA (Jack Vitek) ; IMDB. com ; INP Media (Bryn Downing) ; Integrated Colour Editions Europe (Roger Hawkins, Susie Hawkins, Clare Merryfield) ; Intelligent Textiles ; International Jugglers' Association ; International Sport Juggling Federation ; Anita Ives ; Dominique Jando ; Dr Lewis Jones ; Juggling Information Service ; Lambiek (Amsterdam) ; Orla Langton ; Thea Langton ; The Leigh Bureau (Jennifer Bird Bowen) ; London Cocktail Club, Goodge St, Londres ; Sean Macaulay ; Lourdes Mangas ; Luke Meloy ; Metropolis Collectibles, Inc. & ComicConnect, Corp. (Ben Smith) ; Miditech (Niret, Nivedith, Vidyuth, Tarun, Niraja, Komal, Nischint, Alphi, Mazin, Sunil, Denzil, Monil, Nikita et toute l'équipe de production) ; Harriet Molloy ; Joshua Molloy ; Sophie Molloy ; Matilda Morales ; Dora Morales ; Moulin Rouge (Fanny Rabasse) ; Adrian Muscari ; NASA ; National Geographic Society (Michael Fry) ; National Oceanic & Atmospheric Administration ; National TV Awards ; New Jersey State History Fair (Beverly Weaver) ; New York Times (John Noble Wilford) ; Caroline Newby ; Matilda Nieberg ; Saúl Nuñez Sanchez ; Shaun Opperman ; Andrew Peacock ; Charlotte Peacock ; Stefano Perni ; Clara Piccirillo ; Robert Pullar ; Queens College of The City University of New York (Dr Morris Rossabi) ; R & G Productions (Stéphane, Jérôme, David, Éric et tous nos amis) ; Lauren Randolph ; Elizabeth Rayner ; Re : fine Group (Alex) ; David Rea ; Restaurante Bismark ; Martyn Richards ; Ritz-Carlton Hotel, Bachelor Gulch, États-Unis ; Fabián Rojas y familia ; Roller Coaster Database (Duane Marden) ; Rosa Romero Vélez ; Royal Geographic Society (Dr Steven Toole, Lis Parham) ; Pablo Rubio ; MTG Rummery Esq. ; James Rushmere ; Elley Rushmere ; Scarborough Book Festival ; Christopher W Schneider ; *The Scottish Sun* ; Abdulla Shareef ; Mauro Di Sí ; Richard Sisson ; Society For American Baseball Research (Lyle Spatz) ; Sotheby's - Londres (Catherine Slowther, Peter Selley) ; Sotheby's - New York (Elizabeth R Muller, Selby Kiffer, Justin Caldwell) ; Ian Starr ; Nick Steel ; Stora Enso Veitsiluoto ; The Sun Newspaper (Caroline Iggulden) ; Holly Taylor ; Charlie Taylor ; Kevin Thompson ; Spencer Thrower ; TomTom (Rosie Tickner) ;

Top 8 Magic (Brian David-Marshall, Matthew Wang) ; TNR ; truTV (Marissa, Robyn, Angel, Mark, Stephen, Michael et tous les autres) ; UNESCO ; University of Cambridge (Dr Lisa Maher, Dr Jay T Stock) ; Majorie Vallee ; Andres Vallejo ; Donna Vano ; Lorenzo Veltri ; Viacom18 (Vivek, Rmil, Ashvini, Smitha, Shivani, Sachin, Tanushree et tous les autres) ; Visit Britain (Charlotte Tuffin) ; Screech Washington ; The Water Rocket Achievement World Record Association ; David White ; Wildlife Conservation Society Library (Kerry Prendergast) ; Wildlife Conservation Society (Madeleine Thompson) ; Beverley Williams ; Adam Wilson ; Barry Woods ; Dan Woods ; Lydia Wood ; World Juggling Federation ; World Sailing Speed Record Council (John Reed) ; Xara Computers (Adnaan, Muzahir et l'équipe) ; X Games ; Yale University (Dr Jonathan D Spence) ; YouTube ; Preity Zinta ; Zippy Production (Mitsue).

Richard Bradbury/GWR ; **130** USAF/Jay Williams/GWR/Reuters ; **131** Carl De Souza/Getty Images/Thierry Boccon-Gibod-Pool/Getty Images/USAF/Ryan Schude/GWR ; **132** Reuters ; **134** Worldmapper. org/Getty Images ; **135** Getty Images/Getty Images ; **136** Reuters/Rodrigo Arangua/Getty Images/David Greedy/Getty Images/Jaime Saldarriaga/Reuters ; **137** Larry W Smith/Getty Images/Maya Vidon/Getty Images/Getty Images/Veronique de Viguerie/Getty Images ; **138** Mahmoud Ahmadinejad/Getty Images/Vitaly Armand/Getty Images ; **139** Alexander Nemenov/Getty Images/Ben Stansall/Getty Images/Manpreet Romana/Getty Images/Chung Sung-Jun/Getty Images ; **140** Paul Michael Hughes/GWR ; **142** Ryan Schude/GWR ; **143** Anwar Amro/Getty Images/Umit Bektaş/Reuters/Paul Michael Hughes/GWR ; **144** Paul Michael Hughes/GWR ; **145** Geoffrey Swaine/Rex Features/Rex Features/Rex Features ; **146** Paul Michael Hughes/GWR/Ryan Schude/GWR ; **147** Lu Liang/Paul Michael Hughes/GWR/Jacob Chinn/GWR ; **148** Ryan Schude/GWR/Ryan Schude/GWR ; **149** Rex Features ; **150** Ranald Mackechnie/GWR ; **151** Ryan Schude/GWR ; **152** Shinsuke Kamioka/GWR/Ranald Mackechnie/GWR ; **153** Ranald Mackechnie/GWR/Stuart Hendry/GWR ; **154** Geoff Pugh/Rex Features/Amit Dave/Reuters/Divya Bhaskar/Barcroft Media ; **156** Paula Bronstein/Getty Images/Rex Features/Sukree Sukplang/Reuters/Getty Images ; **157** Alastair Muir/Rex Features/Miramax/Kobal/Nils Jorgensen/Rex Features/Fox TV/Getty Images/Fred Duval/Getty Images/Paul Grover/Getty Images ; **158** Alamy/Alamy/Getty Images/Betsie Van der Meer/Getty Images ; **159** AP/PA/Scott J Ferrel/Getty Images ; **160** Stuart Hendry/GWR ; **162** AFP/Getty Images/Alamy/Alamy/Los Alamos National Laboratory/SPL ; **163** PA/Getty Images/Getty Images/Los Alamos National Laboratory/PA/Kevin Murrell/Getty Images ; **164** Colorado State University/Steve Allen/AFP/Ho New/Reuters ; **165** CERN/CERN/ESA/Alexander Nemenov/Getty Images ; **166** SII Nanotechnology Inc/M Fuchsle/AFP/Hari Manoharan/Stanford University/Periodic Videos/Periodic Videos/D Carr et H Craighead/Cornell University ; **167** Advanced Materials/Science/AAAS/NIST/CU ; **170** Alexa Reach/Getty Images/Getty Images/Ian Dagnall/Alamy ; **171** zynga/youtube. com/Judson Laipply ; **172** Vanderbilt Cup Races/Getty Images/E Bacon/Getty Images/Corbis/Getty Images/Corbis/Corbis/Troxx/AP/PA ; **173** Nathan Allred ; **174** John Gaps/AP/PA/Ho New/Reuters/NASA ; **175** Rajan Chaughule/Getty Images/AP/PA/Alamy ; **176** Alamy/Joao Abreu Miranda/Getty Images ; **177** PA ; **178** Charlie Magee/Sean Gallup/Getty Images/Tim Wallace/Newspress ; **179** Getty Images ; **180** Miniatur Wunderland/Yoshikazu Tsuno/Getty Images/Getty Images ; **181** Getty Images/Photolibrary/K K Arora/Reuters ; **182** WENN/Patrik Stollarz/Getty Images/Geoffrey Robinson/Rex Features ; **183** Richard Bradbury/GWR/David Torrence/GWR ; **184** Jack Guez/Getty Images ; **185** Todd Reichert/Todd Reichert/Laurent Gillieron/Getty Images ; **186** US Navy/US Navy ; **187** Getty Images/Getty Images ; **188** Patrick H Corkery/Unitel Launch Alliance ; **189** Jo Yong/Reuters/David Silverman/Getty Images ; **190** Photolibrary/WENN ; **191** Mitchell Funk/Getty Images ; **192** Chris Cheadle/Alamy/Getty Images/Mosab Omar/Reuters/Ho New/Reuters ; **193** Michael James Brown/Alamy/Phil Roche/MDC ; **194** Getty Images ; **195** Getty Images ; **196** WENN/Ranald Mackechnie/GWR ; **198** Tim Anderson/GWR ; **199** Ranald Mackechnie/GWR ; **200** Disney/Pixar ; **202** George Doyle/Getty Images/Lucasfilm Ltd/Ronald Grant Archive/20th Century Fox/Rex Features/Chelsea Lauren/Getty Images ; **203** Daniel Sakow/PA ; **204** Shinsuke Kamioka/GWR ; **205** Ryan Schude/GWR ; **206** Wizards of the Coast/Sonny Meddle/Rex Features ; **207** Wizards of the Coast/Wizards of the Coast ; **208** Getty Images ; **209** Timothy A Clary/AFP/Alamy ; **210** Warner Bros./Warner Bros./Warner Bros./Disney ; **211** 20th Century Fox/Warner Bros. ; **212** Getty Images/Globo Films/Kobal Collection/Melampo/Kobal Collection/Touhoku Shinsha/Kobal Collection/Kobal Collection/Getty Images ; **213** Kobal Collection/Rex Features/Paramount/Rex Features/Kobal Collection/Kobal Collection/Yogen Shah/Getty Images ; **214** Michael Tran/Getty Images/Kevin Winter/Getty Images/Rex Features ; **215** Tom Watkins/Rex Features ; **216** Carlos R Alvarez/Getty Images/Kevin Winter/Getty Images ; **217** Ian West/PA/Kevin Winter/Getty Images/Charlie Gray ; **218** Marjorie Curty ; **219** Ranald Mackechnie/GWR ; **220** CBS/HBO/ITV/HBO ; **221** NBC/Rex Features/Rex Features/Rex Features ; **222** Kobal Collection/Rex Features ; **223** Popperfoto/Getty Images/BBC ; **224** Alamy/Rex Features/Roger Bamber/Rex Features/Getty Images/Rex Features ; **225** ITV/Rex Features/BBC/CBS ; **226** Getty Images/Peter Macdiarmid/Getty Images ; **227** Gjon Mili/Getty Images/Peter Macdiarmid/Getty Images/Julian Andrews/Getty Images/Getty Images/Getty Images/Getty Images/Getty Images ; **228** Red Bull ; **230** Getty Images/Getty Images/Andy Lyons/Getty Images/Reuters/Mike Blake/Reuters/Philippe Huguen/Getty Images/Getty Images ; **231** Rex Features/Christopher Lee/Getty Images ; **232** Alamy/British Museum Images/Getty Images/Getty Images/Getty Images/Getty Images ; **233** Getty Images/Getty Images/Phil Walter/Getty Images/Getty Images/Jason Lee/Reuters ; **234** Getty Images/Stuart Franklin/Action Images/Adam Pretty/Getty Images ; **235** Ron Kuntz/Getty Images/Daniel Garcia/Getty Images/Jerry Cooke/Getty Images ; **236** Mark Ralston/Getty Images/Frederic J Brown/Getty Images ; **237** Bob Thomas/Getty Images/Scott Barbour/Getty Images/Ng Han Guan/AP/PA ; **238** Dennis Flaherty/Getty Images/Joe Robbins/Getty Images/Nick Laham/Getty Images/Victor Decolongon/Getty Images/Donald Miralle/Getty Images ; **239** Al Bello/Getty Images/Jamie Squire/Getty Images/Jonathan Nackstrand/Getty Images/Ethan Miller/Getty Images/Jed Jacobsohn/Getty Images/Robyn Beck/Getty Images ; **240** Allen Einstein/Getty Images/Lee Warren/Getty Images/Reuters/Rex Features ; **241** Getty Images/Morry GashAP/PA/Hamish Blair/Getty Images/Tim Wimborne/Reuters ; **242** Phil Walter/Getty Images/Shaun Botterill/Getty Images/Clive Mason/Getty Images/Jewel Samad/Getty Images ; **243** John MacDougall/Getty Images/Doug Pensinger/Getty Images/Getty Images/Gerard Julien/Getty Images ; **244** Aizar Raldes/Getty Images/Matthew Stockman/Getty/Damien Meyer/Getty Images ; **245** Don Emmert/Getty Images/Patin Carrera/Brian Bahr/Getty Images ; **246** Timothy A Clary/Getty Images/Jose Jordan/Getty Images/Guillaume Baptiste/Getty Images ; **247** Patrik Stollarz/Getty Images/Fred Dufour/Getty Images/David Cannon/Getty Images ; **248** Torsten Blackwood/Getty Images/PA/Nancy Lane/AP/PA/Stanko Gruden/Getty Images ; **249** Adam Nurkiewicz/Getty Images/Matthew Peters/Getty Images/Getty Images/Robert Riger/Getty Images ; **250** Gerry Penny/Getty Images/Getty Images/Getty Images/Walter Iooss Jr./Getty Images ; **251** Clive Mason/Getty Images/Brendan McDermid/Reuters/Getty Images/Getty Images ; **252** Julian Finney/Getty Images/Shaun Curry/Getty Images ; **254** Rogan Ward/Reuters/Josh Hedges/Getty Images/Peter Jones/Reuters/Richard Bouhet/Getty Images ; **255** Stefano Rellandini/Reuters ; **256** Albert Gea/Reuters/Julian Herbert/Getty Images/Alan Crowhurst/Getty Images ; **257** Vincent Jannink/Getty Images/Paul Gilham/Getty Images/Al Bello/Getty Images/Jesse D Garrabrant/Getty Images ; **258** Christian Petersen/Getty Images/Mark Dadswell/Getty Images/Shuji Kajiyama/AP/PA/AP/PA ; **259** David Ramos/Getty Images/Graham Stewart/Getty Images/Sankei/Getty Images ; **260** Shaun Botterill/Getty Images/Emmanuel Dunand/Getty Images/Paul Kane/Getty Images ; **261** Alexander Joe/Getty Images/Getty Images/David E Klutho/Getty Images ; **262** Tom Lovelock/AP/PA ; **264** Richard Bradbury/GWR/Images Of Life ; **265** Miguel Villagran/Getty Images/Emma Wood/Shinsuke Kamioka/GWR/Paul Michael Hughes/GWR ; **266** Terje Bendiksby/Getty Images/PA/Robert Brown/Billabong XXL. com ; **267** Heinz Kluetmeier/Getty Images/Alamy/Andy Hooper/Rex Features ; **268** Tiziana Fabi/Getty Images ; **269** Esko Anttila ; **270** Wim Van Hemert/Francois Nascimbeni/Getty Images ; **271** John MacDougall/Getty Images/Vincent Jannink/Getty Images ; **273** Jonathan Ferrey/Getty Images/Ivan Sekretarev/AP/PA ; **274** Clive Rose/Getty Images/Clive Rose/Getty Images/Shaun Botterill/Getty Images ; **275** Jamie McDonald/Getty Images ; **276** Lee Jin-man/AP/PA/Mustafa Özer/Getty Images ; **277** Paul Adams ; **286** Marwan Naamani/Getty Images/Emmanuel Aguirre/Getty Images ; **287** Sean Bell/Mark Allan/BBC.IN

En mémoire de :
Alexander (**le plus long spectacle de magie**), Walter Breuning (**l'homme le plus âgé**), Herbert Fischer (**une "moitié" du couple marié le plus âgé**), Fluffy (**le plus long serpent en captivité**), James Fuchs (**le plus de victoires en compétition de lancer de poids**), Oscar (**le plus vieux cochon de l'histoire**), Eunice Sanborn (**la femme la plus âgée**), Valerio De Simoni (**le plus long voyage en ATV**), Jack Stepham (**l'âge combiné le plus élevé pour 4 frères et sœurs**), Grete Waitz (**le plus de victoires au marathon de New York, femme**), Samuel Wanjiru (**les marathons de Londres** et de **Chicago les plus rapides**).

PAGES DE GARDE

AVANT (de gauche à droite) :

La plus grande distribution de sauce
la plus longue distance parcourue sur des échasses en 24 h
Le plus de top-modèles dans un défilé
la plus grande promenade dans une charrette de foin
Le plus de personnes se tapant la tête et se frottant le ventre
Le plus de personnes jouant avec un Rubik's cube
Le plus d'œufs écrasés en 1 min avec une main
Le plus de personnes se serrant la main
Temps record pour poser 12 m^2 de moquette
La plus longue distance en 24 h parcourue en ski nordique (homme)
Le plus d'artistes à contribuer à une même peinture en même temps
La plus grande crèche
Le plus d'éponges humides lancées en 1 min (2 personnes)
La plus grande collection de livres – guides de voyages
La plus grande serviette de plage
La langue de chien la plus longue de l'histoire
Le parcours en ski nautique le plus rapide (femme)
Le plus de tapes dans la main en 24 h (individuel)
Le plus de pompes sur deux doigts (un bras) en 1 min
La plus grande collection de soldats de plomb
Le plus long marathon d'accordéon
Le plus de head spins en 1 min
Le parcours le plus rapide sur des échasses faites de canettes et de ficelle – 50 m
La plus grande collection de crayons
Le plus d'accolades données par un individu en 1 h
Le plus long défilé de voitures électriques
Le plus de personnes faisant tourner des drapeaux
La plus grande collection de dictionnaires
Le plus de nœuds défaits par un chien en 3 min
Le plus grand point d'amarrage d'un bateau
La plus grande robe tyrolienne
La plus grande distribution de gâteau de riz

ARRIÈRE (de gauche à droite) :

La plus grande danse de robots
Le plus de personnes faisant du hula hoop (lieux divers)
La plus longue ligne mouvante de chaises roulantes
La plus longue chaîne d'élastiques – individuel
Le plus d'œufs écrasés en 1 heure avec une main
Le plus de personnes dans une bataille de tartes à la crème
Le plus de riz mangé en 3 min
Temps record pour parcourir le métro de New York
Le plus de personnes foulant du raisin
Le plus long parcours pieds nus
Le plus grand rassemblement de sosies d'Elvis
Le plus de wheelies en bicyclette en 1 min
Le plus grand origami
Le plus long barbecue
Temps record pour fabriquer 1 l de crème glacée
Le plus long circuit de billes
Le plus grand ensemble de coquillages
La plus longue distance couverte sur un toboggan de piscine en 24 h (équipe, femmes)
Le plus long nose wheelie (manuel) sur un vélocross
La plus grande sculpture en savon
Le plus de personnes dans un défilé de mode
Le plus long roulement de tambour en solo
La plus grande casserole en Inox
Le plus grand ensemble de melodica
La plus grande bague en argent
Le plus de danseurs de ballet sur les pointes
Le plus grand cannolo
Le wheelie sur bicyclette le plus long en 1 h
Le plus grand rassemblement de personnes déguisées en personnages de dessins animés
Le plus grand cours d'art (lieux divers)
Le plus de clous enfoncés dans un bloc de bois en 1 min

DERNIĒRE MINUTE

★ ABSENCE RECORD DE GOUVERNEMENT EN TEMPS DE PAIX

Au 16 mai 2011, la Belgique se trouvait toujours sans gouvernement 337 jours après les élections de juin 2010. Le record (qui sera peut-être battu à l'heure où vous lirez ces lignes) est de 354 jours : le 27 juillet 2003, les élections législatives au Cambodge n'ont pas permis de donner une majorité des deux tiers à l'un des partis, majorité requise pour former un gouvernement. Cette impasse n'a trouvé d'issue que le 15 juillet 2004.

● LE PLUS LONG VOYAGE EN QUAD

À l'heure où nous mettions sous presse, l'équipe Expedition Squad – Valerio De Simoni, Kristopher Davant et James Kenyon (tous Australie) – avait battu le record précédent des 27 141 km parcourus sur un quad. Elle a poursuivi son voyage, espérant couvrir 50 000 km.

● LE PODCAST LE PLUS TÉLÉCHARGÉ

Le show d'Adam Carolla (USA) a fait l'objet de 59 574 843 téléchargements uniques entre mars 2009 et le 16 mars 2011.

★ LA PLUS LONGUE DISTANCE PARCOURUE EN LIMBO ET EN SKATE SOUS DES VOITURES

Rohan Ajit Kokane (Inde) a fait du limbo en skate sur 38,68 m sous des voitures pour *Guinness World Records – Ab India Todega* à l'aérodrome de Juhu, à Bombay (Inde), le 17 février 2011.

★ LE PLUS DE COMMENTAIRES SUR UN POST DE FACEBOOK

Un post sur la page Facebook de Roberto Esposito (Italie) a reçu 389 141 commentaires, le 10 janvier 2011.

★ LE PLUS DE PERSONNES PEIGNANT DES ŒUFS

317 personnes ont peint des œufs à Carowinds (USA), à Charlotte (Caroline du Nord, USA), le 23 avril 2011. Cette tentative de record sur le thème de Pâques a inauguré un partenariat pendant tout l'été 2011 entre Guinness World Records et Cedar Fair Entertainment Company.

★ LE PLUS D'ESPRESSOS EN 1 H (ÉQUIPE)

Le Coffee Club Aspley (Australie) a préparé 5 061 espressos à Brisbane (Australie), le 7 octobre 2010. Cinq machines espresso ont été utilisées, avec 4 personnes par machine.

★ LE POIDS LE PLUS LOURD SOULEVÉ PAR LES GLOBES OCULAIRES

Le 28 avril 2011, Yang Guang He (Chine) a soulevé 23,5 kg (deux seaux d'eau) juste avec les globes oculaires sur le plateau de *Lo Show dei Record*, à Milan (Italie).

DÉFIS IPAD GWR

Après le lancement de l'appli *Guinness World Records at Your Fingertips*, 3 personnes ont établi de nouveaux records mondiaux sur iPad : ★ record de temps pour taper l'alphabet à l'envers : "Neurojc", 2,03 s (31 janvier 2011) ; ★ record de temps au 100 m : "Kenny !", 6,28 s (23 avril 2011) ; le ★ plus de séquences en couleurs mémorisées : "ilyas. isk", 67 (29 mars 2011).

● LE PARCOURS LE PLUS LONG À TRAVERS UN TUNNEL DE FEU

Shabir Ahluwalia (Inde) a conduit sa moto sur un parcours défiant la mort dans un tunnel de feu de 68,49 m sur le plateau de *Guinness World Records – Ab India Todega*, à Bombay (Inde), le 13 mars 2011. Plus impressionnant encore, il a traversé 2 fois le tunnel.

★ LE PLUS GRAND ÉCRAN DE CINÉMA EN 3D

LG Electronics (Corée du Sud) a dévoilé un écran de cinéma en 3D de 297 m² au Grand Palais à Paris (France), le 21 avril 2011. L'écran a été créé pour mettre en valeur leur dernière technologie 3D. Il mesurait 27 m de long et 11 m de large.

Lors du même événement, la société a aussi réuni le ★ plus de spectateurs pour une projection de film en 3D. 1 148 personnes ont vu le dessin animé *Rio* (USA, 2011).

C'EST CHAUD !

Les escalades d'Alain lui ont valu quelques conflits avec les autorités. Il a été arrêté et emprisonné plusieurs fois. Grâce à ses escalades, il a permis de réunir plusieurs milliers d'euros pour des associations.

★ RECORD DE TEMPS POUR ESCALADER LA BURJ KHALIFA EN SOLO

Alain Robert (France) a mis 6 h, 13 min et 55 s pour escalader la tour Burj Khalifa, l'**édifice le plus haut** du monde, à Dubaï (ÉAU). Il a atteint son sommet à 12 h 17, le 29 mars 2011.

Alain n'avait encore jamais escaladé cet édifice ; il a demandé l'autorisation du promoteur Emaar Properties, qui l'a convaincu de porter un équipement de sécurité. Alain s'est exécuté, mais il a choisi sa propre méthode d'escalade, à mains nues et avec des chaussures en caoutchouc.

★ LE RONRONNEMENT DE CHAT LE PLUS SONORE

Le 25 mars 2011, Smokey, le chat de Lucinda Ruth Adams (RU), a émis un ronronnement de 67,7 dB (mesuré à 1 m). C'est le ronronnement le plus sonore d'un chat domestique. Une prouesse réalisée à Spring Hill farm, à Pitsford (Northampton, RU) !

● LE PLUS LONG COLLIER LUMINESCENT

Lors de l'Edinburgh Science Festival en Écosse (RU), le 9 avril 2011, le chercheur fou Dr Bunhead – alias Tom Pringle (RU) – et la Glow Company ont créé un collier chimiluminescent d'une longueur incroyable de 326 m. Ce collier a été porté par 100 bénévoles en même temps.

● LE PLUS GRAND ENSEMBLE DE KAZOUS

Un ensemble de 5 190 kazous (ou mirlitons) est entré en scène le 14 mars 2011, lors du "Big Red Nose Show", au Royal Albert Hall de Londres (RU). Accompagné par le BBC Concert Orchestra, et dirigé par la comédienne Sue Perkins, il a joué la *Chevauchée des Valkyries* de Richard Wagner et la *Dambusters March* d'Eric Coates.

★ TEMPS RECORD POUR TRACTER UN AVION SUR 25 M

Le 21 avril 2011, Žydrūnas Savickas (Lituanie) a tracté un avion sur 25 m en 48,97 s, sur le plateau de *Lo Show dei Record*, à Milan (Italie). Pour ce record, l'avion doit peser plus de 10 t, pilote compris.

● LE JOUEUR DE GUITARE LE PLUS RAPIDE

Vanny Tonon (Italie) a joué *Le Vol du bourdon* de Nikolaï Rimsky-Korsakov à une vitesse de 340 battements par minute (BPM), sur le plateau de *Lo Show dei Record*, à Milan (Italie), le 21 avril 2011.

● TEMPS RECORD POUR RETENIR SA RESPIRATION SOUS L'EAU (HOMME)

Ricardo da Gama Bahia (Brésil) a retenu sa respiration pendant 20 min et 21 s sous l'eau, à l'école de natation d'Estilo, à Rio de Janeiro (Brésil), le 16 septembre 2010.

QUEL BUZZ !
En photo, la présentatrice de BBC Radio 3, Katie Derham et le renard Basil Brush, membres de l'ensemble de kazous. Aucune formation n'est requise : il faut juste mettre l'instrument en bouche et chantonner !

GWR EN INDE

Alors que nous mettons sous presse, nous sommes ravis d'annoncer le lancement de notre nouvelle émission télévisée en Inde : *Guinness World Records – Ab India Todega*. Voici quelques exemples de ce qui a déjà eu lieu lors de l'émission. Nous espérons voir d'autres records sensationnels établis en Inde l'année prochaine !

★ LE PLUS DE POSITIONS DE YOGA CONSÉCUTIVES SUR UNE MOTO

Yogaraj C P (Inde) a réalisé 23 positions de yoga consécutives en conduisant une moto, à Bombay (Inde), le 17 février 2011.

Le ★ plus de ballons lâchés lors d'une inauguration d'avion est de 5 734. Anil Thapar s'y est employé avec Preity Zinta (tous deux Inde), à Baramati (Inde), le 24 février 2011.

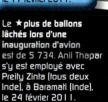
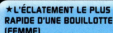

★ L'ÉCLATEMENT LE PLUS RAPIDE D'UNE BOUILLOTTE (FEMME)

Shobha S Tipnis (Inde) a gonflé une bouillotte standard et l'a fait éclater en 41,20 s, à Bombay (Inde), le 17 mars 2011.

Le ★ 20 m le plus rapide en portant sa femme sur son dos a été réalisé en 9,82 s par Manav Gohil et Shweta Kawaatra (tous deux Inde), à Jogeshwari, Bombay, le 18 mars 2011.

★ LE LIT DE CLOUS LE PLUS COMPLEXE

Vispi et son équipe (tous Inde), soit 5 personnes, ont créé un incroyable lit de clous à Bombay (Inde), le 23 février 2011. Ils sont restés en position pendant 26 s.

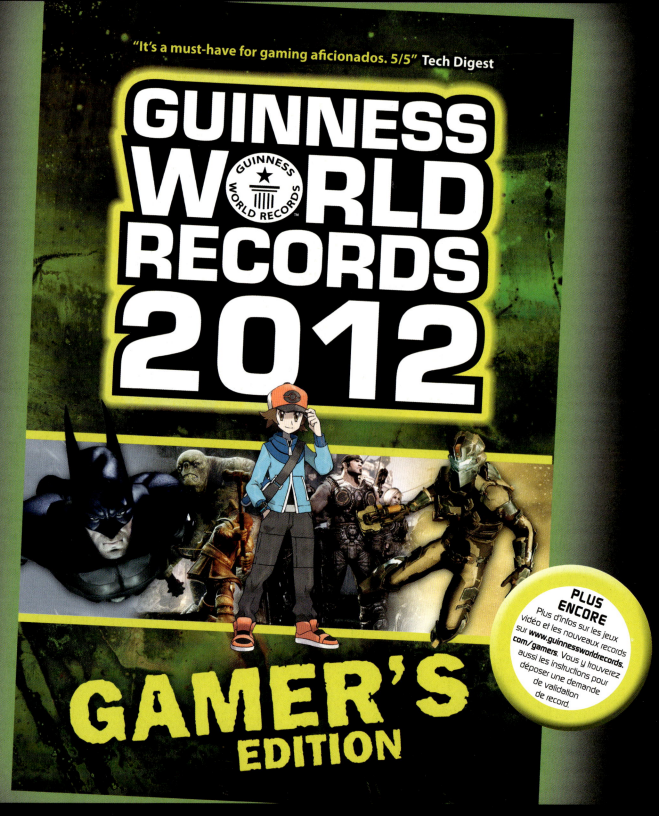